VIDA Y P

EL ACTO DE LAS PALABRAS

ENRICO MARIO SANTÍ

EL ACTO DE LAS PALABRAS

Estudios y diálogos con Octavio Paz

FONDO DE CULTURA ECONÓMICA
MÉXICO

Primera edición, 1997

Portada: Estudio para IN AN IMAGE, Lydia Rubio, 1997
Fotografía de Teresa Dielh

D. R. © 1997, Fondo de Cultura Económica
Carretera Picacho-Ajusco, 227; 14200 México, D. F.

ISBN 968-16-4923-0

Impreso en México

PRÓLOGO

> Entre el hacer y el ver,
> $\qquad\qquad$ acción o contemplación,
> escogí el acto de palabras:
> $\qquad\qquad\qquad$ hacerlas, habitarlas,
> dar ojos al lenguaje.
>
> $\qquad\qquad\qquad$ *Nocturno de San Ildefonso*

El acto de las palabras recoge una serie de ensayos sobre la obra de Octavio Paz y entrevistas con el autor que he realizado durante los últimos 18 años. Mis tentativas por llegar a conocer de cerca la obra del gran poeta y ensayista mexicano forman parte de un proyecto más vasto, que aún no he terminado, de reconstrucción de su biografía intelectual. De ahí que este libro no sea, ni pretenda ofrecer, un estudio sistemático de toda la obra de Paz. Se trata más bien de los caminos atravesados durante los últimos años en la comprensión de algunos importantes momentos poéticos y ensayísticos que constituyen su obra. He optado por llamar al libro *El acto de las palabras*: evidente alusión a la autodescripción, en el gran poema "Nocturno de San Ildefonso", por la que el escritor se sitúa entre la acción del intelectual y la visión del poeta. He querido que mis estudios y diálogos con Paz compartan con él ese espacio intermedio.

Debo a mis amigos Danubio Torres Fierro y Adolfo Castañón, del Fondo de Cultura Económica, la idea de recopilar buena parte de lo que llevo publicado de investigación sobre la obra de Paz. Son muchos los amigos, de México y otros países, a quienes debo el desarrollo de mis investigaciones. A todos les expreso aquí mi agradecimiento, pero sobre todo a Octavio y Marie-José Paz, fuentes de amistad y buen humor.

Aprovecho esta oportunidad para agradecer igualmente el apoyo institucional de tres entidades: la John Simon Guggenheim Memorial

Foundation, el Woodrow Wilson International Center for Scholars, de Washington, D. C., y Conaculta, de México, que en varias ocasiones han apoyado mis investigaciones.

Por último, dejo constancia de la ayuda de mi familia, y en particular de mi mujer, Nivia Montenegro, junto a quien he forjado el acto de estas palabras.

Claremont, California,
Acción de Gracias, 1995

I. INTRODUCCIÓN A OCTAVIO PAZ*

Comencé a escribir poemas. No sabía qué me llevaba a escribirlos: estaba movido por una necesidad interior difícilmente definible. Apenas ahora he comprendido que entre lo que he llamado mi expulsión del presente y escribir poemas había una relación secreta. La poesía está enamorada del instante y quiere revivirlo en un poema; lo aparta de la sucesión y lo convierte en presente fijo. Pero en aquella época yo escribía sin preguntarme por qué lo hacía. Buscaba la puerta de entrada al presente: quería ser de mi tiempo y de mi siglo. Un poco después esta obsesión se volvió idea fija: quise ser un poeta moderno. Comenzó mi búsqueda de la modernidad.

"La búsqueda del presente"

CON esas palabras, Octavio Paz recibió el Premio Nobel de Literatura de 1990 el pasado 10 de diciembre. Al otorgárselo, la Academia Sueca invocaba en particular la "escritura apasionada de amplios horizontes" del escritor, "caracterizada por una inteligencia sensual e integridad humanista". Las palabras de la Academia reconocían, a su vez, 60 años de una obra poética e intelectual que ha hecho de Paz una figura cardinal de nuestro tiempo. La noticia no fue una sorpresa para los que estudiamos a diario la literatura latinoamericana, y la mayoría reaccionó con el convencimiento de que Paz se merecía el premio desde hace años. No es exagerado decir, por eso, que con este premio la Academia Sueca contrarrestaba las críticas que le ganaron su antigua e injusta indiferencia hacia otros candidatos latinoamericanos igualmente merecedores (como Borges o Lezama Lima) que pasaron a la historia sin jamás haber recibido el laurel. No era sólo un premio a Octavio Paz, sino una reivindicación más de la nueva literatura latinoamericana.

---

* Texto preparado para el libro titulado *Premio Nobel* que recopiló mi amiga y colega de Georgetown, la doctora Bárbara Mújica. Una versión más extensa es la introducción a mi libro *Retrato de Octavio Paz*, de próxima aparición en Círculo de Lectores de Barcelona.

El escritor nació en la ciudad de México el 31 de marzo de 1914, año doblemente marcado por el comienzo de la primera Guerra Mundial y por esa crisis nacional que se conoce como la Revolución mexicana. A los pocos días de nacido, el niño y su familia se mudan a Mixcoac, que en aquel entonces era apenas una aldea en las afueras de la ciudad, a la casa del abuelo paterno, Ireneo Paz. En su tiempo, Ireneo había sido un escritor liberal y periodista de renombre, dueño de un importante periódico y autor de una popular serie de novelas históricas. Para 1918, en medio de los años más duros de la Revolución, el niño y sus padres se marcharon a los Estados Unidos (primero a San Antonio y luego a Los Ángeles), donde su padre hizo las veces de delegado personal del líder agrario Emiliano Zapata.

De regreso a Mixcoac en 1920, el niño Octavio cursa su educación primaria primero en la escuela marista local y luego en el Williams College, de corte liberal británico. Pero es en la fabulosa biblioteca de su abuelo, uno de dos centros vitales de esa casona, que el niño descubrirá los clásicos: "Vivía en un pueblo de las afueras de la ciudad de México, en una vieja casa ruinosa con un jardín selvático y una gran habitación llena de libros... El jardín se convirtió en el centro del mundo y la biblioteca en una caverna encantada", recordará en su discurso del Nobel. Además de los padres y los abuelos, la familia incluye en esos años a una tía, Amalia Paz, quien le enseña francés al niño; con el tiempo, ese idioma, más que una nueva lengua, será una ventana al mundo exterior. Ya para 1929, cuando el joven de 15 años estaba por graduarse de la secundaria, sus lecturas incluían a los anarquistas rusos, cuya doctrina rebelde le vale en un momento una expulsión de la escuela. Y es con esos antecedentes que el joven Paz ingresa al año siguiente en la Escuela Nacional Preparatoria de San Ildefonso, la más prestigiosa del país y cuna de líderes mexicanos. Durante sus años en la "Prepa", Paz publica sus primeros escritos. Un primer poema, titulado "Cabellera", aparece el 2 de agosto de 1931 en el suplemento del domingo de *El Nacional;* y un primer ensayo, "Ética del artista", se publica el mismo mes de agosto en *Barandal,* la revista estudiantil que Paz y un grupo de amigos fundan y la primera de varias que Paz organizará a lo largo de su vida intelectual. Esa doble vocación —poeta y ensayista volcado sobre el sentido de la poesía— será una de sus definiciones más consistentes. "Cabellera" era algo más que su primer poema erótico, pues contenía el germen de lo que con el tiempo llegaría a ser uno de los temas constantes en su imaginación poética: la analogía del mundo y el cuerpo de la mujer. Y su primer ensayo demuestra, a su vez, las tensiones entre compromiso ético y libertad estética que entonces se debatían en el espíritu del escritor adolescente. Para 1932, año en que Paz ingresa en la Escuela de Derecho de la Universidad de México, ha fundado ya una segunda revista (*Cuadernos del Valle de México*), y justo al año siguiente publica su primera *plaquette*: *Luna silvestre*, colección de siete poemas líricos que muestran una primera influencia de Juan Ramón Jiménez. Esa naciente vocación poética se reforzará apenas un año después, cuando el poeta español Rafael Alberti, entonces en gira de recitales en México, le da un espaldarazo público durante el recital de un grupo de jóvenes mexicanos.

El comienzo de la guerra civil en España en el verano de 1936 hará que Paz se una a la legión de poetas que reaccionaron en favor de la joven República. Su contribución inmediata fue "¡No pasarán!", un poema político cuya venta, en forma de panfleto, el autor donó íntegramente a la filial mexicana del Frente Popular Español. El contraste entre el tono estridente de este poema y el muy distinto de *Raíz del hombre*, un extenso poema erótico de 17 secciones que publica al año siguiente, demuestra las tensiones de esos tanteos poéticos. Pero es ese segundo libro de poemas el que resulta el primero en ser reseñado, y nada menos que por Jorge Cuesta, miembro del célebre grupo los Contemporáneos, para quien el libro es toda una promesa. Su publicación, en cambio, coincide también con una serie de rupturas: "Dejé, al mismo tiempo, la casa, los estudios y la ciudad de México. Fue mi primera salida", ha dicho el escritor de 1937, año axial en su vida. Faltándole apenas el examen final para obtener su título de derecho se marcha a Mérida, capital del estado de Yucatán, para fundar una escuela pública para hijos de obreros y campesinos. De su experiencia de tres meses con la pobreza de Yucatán concebirá el poema extenso *Entre la piedra y la flor*, su tercer libro, que no se publicará hasta cuatro años después. Y otra serie de cambios le aguardan a su regreso a México: su matrimonio con Elena Garro y su aceptación de una invitación al segundo Congreso Internacional de Escritores en Defensa de la Cultura, a celebrarse en julio en medio de una España en guerra.

El viaje a España fue decisivo para Paz, política y personalmente. Su asistencia al Congreso fue más bien simbólica, pues Paz no era miembro de la Liga de Escritores y Artistas Revolucionarios (LEAR), pero la invitación significaba un importante reconocimiento de su promesa. Pablo Neruda, el poeta chileno que con los años llegaría a ser él mismo otro laureado del Nobel, era uno de los organizadores del Congreso, y había invitado a Paz después de recibir un ejemplar de *Raíz del hombre*. Es en ese Congreso donde Paz tiene la oportunidad de conocer a muchos de los escritores más importantes del momento: además de Alberti, quien organiza el evento junto a Neruda, se contaban escritores españoles de renombre, como Luis Cernuda, Miguel Hernández y Antonio Machado, amén de los más jóvenes como Arturo Serrano-Plaja o Juan Gil-Albert; o bien latinoamericanos como César Vallejo y Vicente Huidobro; o europeos como André Malraux, Stephen Spender e Ilya Ehrenburg. El Congreso dura ocho días, con sesiones sucesivas en Valencia, Madrid y Barcelona, y tiene sus últimas reuniones en París. El propio Paz, sin embargo, permanece en España hasta octubre, y durante ese tiempo llega a visitar el frente y a publicar un pequeño libro de poemas, *Bajo tu clara sombra y otros poemas sobre España,* en la imprenta del poeta Manuel Altolaguirre.

A su regreso a México, a principios de 1938, Paz vuelve a emprender la defensa de la República española. De ahí que se incorpore a la redacción del diario sindicalista *El Popular,* que participe en demostraciones en favor de la República, recopile *Voces de España,* una antología de poetas españoles, y poco después ayude a fundar *Taller,* la tercera de sus revistas, donde acoge a muchos de los escritores españoles que llegan "transterrados" a México. Si bien en política Paz estaba cerca de los comunistas (aun cuando nunca llegara a ser miembro del partido), en cuestiones estéticas seguía defendiendo el derecho del artista a crear más allá de toda restricción ideológica. Pero a partir de 1939, como reacción al pacto Hitler-Stalin, se profundiza esa diferencia. Paz renuncia a su puesto en *El Popular,* se acerca a escritores europeos disidentes exiliados en México durante la segunda Guerra (como Jean Malaquais, Victor Serge y Benjamin Péret) y termina alejándose de la izquierda oficial. El cambio llega al punto de mayor tensión en 1942, cuando Paz y Pablo Neruda, otrora amigos íntimos, tienen un altercado público y terminan enemistándose.

A diferencia de las anteriores revistas fundadas por Paz, *Taller* tenía un programa: "llevar la revolución a sus últimas consecuencias". No era estrictamente una revista surrealista, aunque su tentativa de hacer de la poesía "una actividad vital más que un ejercicio de expresión" (como años después lo calificara el propio Paz) la acercara a ese movimiento. De ahí su afinidad con la poesía española posterior a la llamada generación de 1927, la obra de Aleixandre, Cernuda, Prados, por ejemplo, y también con autores propios de la tradición romántica —Blake, Novalis, D. H. Lawrence o Rimbaud. Al cierre de *Taller* a principios de 1941, Paz publica dos poemas extensos: *Bajo tu clara sombra* (1935, 1938) y *Entre la piedra y la flor,* basado en su experiencia yucateca; a ellos sucede, al año siguiente, *A la orilla del mundo,* una recopilación de cinco de sus libros. Para 1943, cuando Paz se une al magnate mexicano Octavio Barreda en la fundación de la revista *El Hijo Pródigo,* ya es por tanto un poeta conocido en todo México. La nueva revista de Barreda, que surge como una alternativa cosmopolita a *Cuadernos Americanos,* de corte nacionalista, pronto se convierte en un importante foro de crítica y creación. Y es tanto ahí como en una columna semanal para el diario *Novedades* que Paz comienza a fustigar a la sociedad mexicana en una actitud de creciente crítica que con los años culminará en la escritura de *El laberinto de la soledad* (1950).

A principios de 1944 Paz decide marcharse de México con una beca Guggenheim para estudiar en los Estados Unidos el tema de "la poesía de las Américas". Su decisión obedece tanto a su difícil situación económica como a una ruptura moral con su entorno. De esta experiencia estadounidense ha dicho que "no fue menos decisiva que la de España. Por una parte, la maravillosa y terrible realidad de la civilización norteamericana; por otra, el descubrimiento de sus poetas: Eliot, Pound, Williams, Stevens, Cummings". Su primer año en Berkeley (amén de una breve estancia en Los Ángeles) le revelará lo que no había conocido antes: la vida de un mexicano-norteamericano sobre la que habrá de reflexionar en las primeras páginas de *El laberinto de la soledad*. Justo al año, al terminársele la beca, comienza a trabajar como corresponsal de la revista mexicana *Mañana* en la fundación de la ONU en San Francisco y después de algunos meses de vicisitudes económicas (durante los cuales da un curso de verano en el Middlebury College y conoce allí a dos grandes poetas: Jorge Guillén y Robert Frost) lo nombran tercer secretario de la embajada mexicana en París.

Los seis años que Paz vive en el París de la posguerra son quizá los más importantes en toda su formación intelectual. Para entonces cuatro grupos dominaban la vida cultural parisiense: los existencialistas, los comunistas, los católicos y los surrealistas. Con ese último fue con el que Paz sintió más afinidad. Había conocido a Benjamin Péret en México, y fue él quien a su vez le presentó a André Breton, líder del grupo. A partir de entonces Breton se convierte en uno de los indiscutibles mentores espirituales de nuestro escritor. La afinidad de Paz con el surrealismo se remontaba a los años de *Taller*, como ya dijimos, pero siempre, antes y después, fue mucho más ética que estética. Lo atraía la subversión surrealista de códigos morales y políticos, pero poco o nada su método de creación: el onirismo, por ejemplo, o la escritura automática. Esta diferencia, unida al hecho de que Paz era más joven que los otros miembros del grupo y venía de una cultura diferente a la suya, le hicieron un surrealista más bien marginal y disidente. Resulta difícil, por eso, llamar a Paz un surrealista, aun cuando gran parte de su obra durante estos años muestra rastros de su influencia. En todo caso, los frutos de su estadía en París se reflejarán en su amistad con múltiples escritores importantes del momento, y no sólo surrealistas: Samuel Beckett y Albert Camus, E. M. Cioran y Henri Michaux, además de escritores hispanoamericanos como Adolfo Bioy Casares, o pintores como Rufino Tamayo. Su incesante trabajo durante esos años culminará en los tres libros que cierran la década y este importante periodo en su obra: *Libertad bajo palabra*, esa colección de poemas que Paz ha llamado "mi verdadero primer libro"; *El laberinto de la soledad*, su célebre ensayo sobre el mexicano y su historia, y *¿Águila o sol?*, su colección de poemas en prosa de corte surrealista.

Durante 1951 y 1952 Paz vive durante breves periodos en Nueva Delhi y Tokio como funcionario en las embajadas mexicanas de la India y Japón. Aunque este primer encuentro con el Oriente no tendrá el impacto del segundo y más decisivo de la próxima década, sí bastará para acercarlo a una zona de la cultura y las artes que con los años dará importantes frutos en su obra. Tan pronto como Paz está de vuelta en México en 1954, emprende la traducción, junto a Eikiri Hayashiya, del *Oku no hosomichi (Sendas de Oku)*, uno de los más célebres diarios poéticos del poeta japonés Matsuo Basho. Y el mismo año organizará, para la revista *Sur* de Buenos Aires, un número especial sobre literatura japonesa. Lo cierto es que, después de una ausencia de nueve años (y que Paz ha llamado "una verdadera gestación, sólo que al revés, fuera de México"), el poeta regresa a un México distinto al que había dejado al partir y a un escenario cultural totalmente cambiado. Lo que bien podría llamarse el segundo periodo mexicano en la obra de Paz coincide con un momento "incierto" (así lo ha llamado el propio Paz) en el arte y la literatura mexicanos, un periodo que se caracteriza por la lucha contra "dos actitudes gemelas: el nacionalismo y el espíritu de sistema". Lo cual no significa que, a pesar de esa lucha contra el nacionalismo, el escritor desdeñe el valor artístico del arte indígena mexicano, lejos éste de un estricto arte nacionalista. Al contrario: será precisamente en este periodo cuando Paz producirá sus más importantes tentativas de poemas inspirados en motivos indígenas mexicanos: *Semillas para un himno* (1954), por ejemplo, o ese gran poema que lleva un título clave: *Piedra de sol* (1957).

A los dos años de su regreso, en 1956, Paz publica *El arco y la lira*, sus importantes reflexiones sobre "el poema, la revelación poética, y poesía e historia". El libro era la culminación de una serie de obras anteriores: la colección de nuevos poemas inspirados en parte en la poesía náhuatl (*Semillas para un himno,* de 1954), la revisión de un importante poema extenso anterior (*Entre la piedra y la flor,* 1956), y hasta una obra de teatro (*La hija de Rappaccini,* 1956) que prepara para el grupo experimental Poesía en Voz Alta que él mismo ayuda a fundar durante estos años. El periodo mexicano culmina, de esta manera, no sólo con *El arco y la lira,* que hasta ese momento es su esfuerzo más sostenido de libro, sino con otras dos importantes obras: la colección de ensayos *Las peras del olmo* (1957) y *Piedra de sol,* cuya estructura se basa en el calendario azteca, y que con el tiempo pasará a formar parte de la colección *La estación violenta.* En 1959, recién divorciado de Elena Garro, es trasladado una vez más a París por el servicio diplomático mexicano, y ha de permanecer allí durante los siguientes tres años. Esta segunda estancia parisiense no será tan fructífera como la anterior, aunque sí verá la producción de ediciones revisadas de *El laberinto de la soledad* y *Libertad bajo palabra* (la segunda de las cuales recopila casi toda su obra poética anterior). Para 1962, el mismo año en que publica *Salamandra,* su más reciente colección de poemas, el gobierno mexicano lo nombra embajador en la India.

Los seis años en la India, que él mismo ha llamado "un descubrimiento constante", se contarán entre los más felices y productivos en toda la vida y obra de Octavio Paz. Es allí donde conoce a su segunda esposa, Marie-José Tramini, donde produce una obra enorme —nada menos que trece libros, tres de poemas y diez de prosa ensayística— y donde se desarrolla como intelectual de altura internacional. Entre los libros más conocidos de esta época se cuentan las colecciones de poemas *Ladera este* (1969) y *El mono gramático* (1974); y entre los ensayos hay textos tan conocidos como *Cuadrivio* (1965), *Claude Lévi-Strauss, o el nuevo festín de Esopo* (1967), *Corriente alterna* (1967) y *Conjunciones y disyunciones* (1969). Pero es sobre todo su nuevo pensamiento sobre la poesía y su significación en el mundo moderno lo que más ocupa la atención del escritor. Ése será el tema del ensayo clave "Los signos en rotación" (1965), que anuda sus preocupaciones mejor que cualquier otro y que en una carta de la época el propio Paz resumió como "una 'declaración de principio', en singular y en el doble sentido de la palabra: mi idea de la poesía de medio siglo y lo que pienso o creo acerca del principio de una nueva poesía".

En efecto, Paz se refiere en este ensayo clave a cómo una poesía del futuro reconciliaría poema y acto, palabra viva y vivida: una poesía encarnada y, por tanto, *práctica*. A pesar de su pesimismo sobre los tiempos con que ha coincidido esta nueva poesía —"nunca como en los últimos treinta años habían parecido de tal modo incompatibles la acción revolucionaria y el ejercicio de la poesía"—, sí se muestra esperanzado, en cambio, con el papel compensatorio que cumple el nuevo poeta en torno a la pérdida de la imagen del mundo. Si la tecnología es responsable por habernos hecho perder esa imagen, la misma tecnología, o al menos su lenguaje, en manos de un nuevo poeta, lo compensará. Así, el nuevo poema formaría una "configuración" de "signos en rotación... plantado sobre lo informe a la manera de los signos de la técnica y, como ellos, en busca de un significado sin cesar elusivo", "el poema es un espacio vacío pero cargado de inminencia", "una parvada de signos que buscan su significado y que no significan más que ser búsqueda". De esta manera, la nueva poesía será una poesía de la *otredad,* concepto clave este último que en el pensamiento de Paz significa una poesía en la que se juega "una percepción simultánea de que somos otros sin dejar de ser lo que somos y que, sin cesar de estar en donde estamos, nuestro verdadero ser está en otra parte". Son éstos los principios (o mejor dicho: la poética) que el propio Paz pondrá en práctica en los grandes poemas que escribe durante estos años: poemas como "Viento entero", *Renga, El mono gramático,* y sobre todo esa obra maestra, texto en varias voces y en varios espacios, que se llama *Blanco* (1967).

El periodo de la India concluye abruptamente en octubre de 1968 con la renuncia de Paz a su puesto como embajador en protesta por la masacre de 350 estudiantes perpetrada por su gobierno el 2 de octubre. Terminan así 23 años de servicio diplomático con un revuelo —ya que tanto la renuncia como las posteriores declaraciones del escritor ocurren en son de crítica— y Paz y su esposa comienzan, a partir de entonces y durante los próximos tres años, una vida nómada que los llevará a vivir de puestos universitarios en diversas ciudades: Pittsburgh, Austin, Cambridge, San Diego y, finalmente, en Cambridge, Massachusetts, en la Universidad de Harvard, donde ocupará la cátedra Charles Eliot Norton de Poesía, y donde seguirá enseñando, esporádicamente, hasta 1976. Muchas de las conferencias que Paz dará en estas universidades se basarán en libros que escribe entonces. La conferencia "México: la última década", por ejemplo, que da en la Universidad de Texas en Austin, se convertirá en *Postdata*, puesta al día y revisión de su lejano pero aún vigente *Laberinto de la soledad;* escribe *El mono gramático* en Cambridge, Inglaterra, mientras enseña un curso sobre poesía moderna; y las conferencias Norton en Harvard pronto se convierten en *Los hijos del limo,* su polémica historia de la poesía moderna.

No será hasta 1971, por tanto, año en que Paz regresa a México, cuando se abra lo que podríamos llamar un tercer "periodo mexicano" en su obra, y que aún no termina. La característica principal de este periodo, además de la continua creación poética, es la crítica moral, política y social de México, condicionada en gran parte por la crisis de 1968. Para esa crítica resulta esencial la dirección de las dos revistas que Paz funda a su regreso a México: primero *Plural,* la revista cultural del diario *Excélsior;* y a partir de 1976, *Vuelta.* No es exagerado decir que la labor de estas revistas las coloca a la cabeza de la producción cultural en todo el mundo hispánico. Y que gran parte de su éxito se debe no sólo a la excelencia directiva de Paz, al reunir en sus páginas a tantos escritores de valía, sino a sus propias contribuciones. Es en estas revistas donde Paz publicará gran parte de la obra que dará a conocer durante este periodo: muchos de los poemas de sus últimas colecciones, como *Vuelta* (1976), *Pasado en claro* (1975) y *Árbol adentro* (1988), o bien los ensayos que recoge en libros de reflexión política, como *El ogro filantrópico* (1978), literaria, como *Xavier Villaurrutia, en persona y en obra* (1978), y moral, como el muy reciente *La otra voz* (1991). Pero acaso la obra magna de todo este periodo, la culminación de toda su obra ensayística, sea *Sor Juana Inés de la Cruz, o las trampas de la fe* (1982), la biografía de la célebre escritora mexicana del siglo XVII que es, a un tiempo, un tratado de revisión histórica, una brillante lectura de la obra de Sor Juana, y un ensayo de crítica política y moral.

Resultaría ocioso decir, a estas alturas, que tanto la poesía como el pensamiento de Octavio Paz forman parte crucial del espacio intelectual no ya del mundo hispánico, sino del mundo entero. ¿Qué escritor o intelectual, hoy por hoy, se puede comparar con Paz en excelencia, variedad y abundancia de obra? Sabemos que lo mismo podría decirse sobre escritores como Borges o Neruda, cuya influencia se ha extendido más allá del estricto ámbito hispánico. En el caso particular de Paz, su influencia ha sido aún mayor por razones a un tiempo personales e institucionales. Lo primero obedecería al atractivo de lo que podríamos llamar la "poética universalista" de Paz. "La poesía —nos dice en *El arco y la lira*— es la revelación de nuestra condición humana [...] la revelación de una experiencia en la que participan todos los seres humanos diariamente, aunque está escondida por la rutina. La escritura poética es la revelación dentro de esa rutina, que el hombre se hace a sí mismo." Tal definición ecuménica de la poesía, que encuentra su origen en el Ser mismo, le ha ganado a Paz adeptos a todo lo largo de naciones y lenguajes, generaciones e ideologías. Y tanto más cuanto consideramos que en la poética de Paz, la poesía tiene equivalentes en otras experiencias universales, tales como el amor (la experiencia erótica) o la religión (la de lo sagrado). Así, la poesía, el amor y lo sagrado —poema, amante y Dios— significan, para Paz, los tres caminos hacia la experiencia de lo absoluto, que no es más que la experiencia del encuentro con nosotros mismos: la reconciliación con ese Otro que cada uno lleva dentro de sí.

La segunda razón, que he llamado institucional, tiene que ver con la influencia de Paz no sólo como poeta sino como ensayista, o aun con esa doble y poderosa vocación. Difícilmente encontraremos algún tema de la cultura contemporánea que Paz no haya tocado en su obra: poesía y antropología, historia y política, artes visuales y filosofía, medicina y mitología... Y si bien no podemos descontar la influencia que sigue ejerciendo Paz como director de *Vuelta*, tampoco podemos reducirla toda a ese solo hecho. Con más de 40 años de curiosidad y trabajo intelectual en su aval, gran parte de su obra ha sido la de un verdadero corresponsal hispanoamericano dentro de las corrientes artísticas e intelectuales de este siglo. Cuando en los años cincuenta temas como el psicoanálisis o el existencialismo eran mera especulación (o en el peor de los casos, chisme) en los círculos culturales latinoamericanos, ya Paz —en libros como *El laberinto de la soledad* y *El arco y la lira*— los aplicaba sistemáticamente a sus estudios sobre historia o teoría poética. Cuando, a su vez, la *contracultura* de los años sesenta puso de moda los temas del misticismo hindú, la alucinación por drogas o la revolución estudiantil, ya Paz los comentaba en sus ensayos de *Corriente alterna* o en su estudio sobre *Claude Lévi-Strauss*. Y aún más recientemente, cuando el conflicto entre Este y Oeste amenazó con fracturar las estructuras políticas de América Latina, Paz también le prestó atención en sus oportunos ensayos de *El ogro filantrópico* o *Tiempo nublado*.

Es precisamente esta "búsqueda del presente", a la que aludió Paz en su discurso del Premio Nobel, la búsqueda de un tiempo contemporáneo al del resto del mundo, que el escritor latinoamericano no siempre ha visto como el suyo. Con obras como la de Paz, y el reconocimiento mundial que el Nobel significa, se va abriendo la posibilidad de que esa búsqueda se convierta en encuentro. Así, el tiempo de los otros será también el nuestro.

II. INTRODUCCIÓN A "PRIMERAS LETRAS"*

EN LA docena de años entre 1931 y 1943, Octavio Paz escribió y publicó mucha prosa, gran parte de la cual no ha sido recogida, hasta hoy, en forma de libro. Esos años, hoy lejanos, delimitan una primera época en la vida y obra de Paz: comienza con el año de sus primeras publicaciones y termina con el de su primera salida larga de México a los 30 años de edad. Es bien conocida la afición de Paz por recoger en libros trabajos dispersos de temas más o menos afines, sobre todo a partir de 1957, con la primera edición de *Las peras del olmo*. Ya en aquella primera colección se reunían, muchas veces en versión revisada, al menos seis textos de esa primera época.[1] Pero la gran mayoría de ellos han quedado, hasta hoy, o bien rezagados en las revistas y periódicos donde se publicaron por primera vez, o bien inéditos y sepultados en el archivo del escritor. Y tan asidua ha sido la práctica del periodismo literario y político, que constituye uno de los rasgos más definitorios de toda su obra.

Primeras letras no es una excepción. Recopila una buena cantidad de prosa poética, amén de ensayos y artículos sobre arte, literatura, política y actualidad social, reseñas sobre toda suerte de publicaciones y respuestas a encuestas solicitadas por revistas mexicanas. Incluye también seis textos inéditos. Dada la notable cantidad de buena y rica prosa de esta época, fundamental para el estudioso de las letras hispánicas, así como el hábito de Paz de recopilar trabajos dispersos, sorprende que los escritos que hoy ofrecemos hayan tenido que esperar tantos años para ser publicados en conjunto. Análoga, en este

---

* Ésta es la introducción que escribí para mi edición de los primeros textos de Paz, titulada *Primeras letras 1931-1943*, que en 1988 publicaron las editoriales Vuelta, de México (que es la que aquí se reproduce), y Seix Barral, de Barcelona.
[1] Véase *Las peras del olmo*, UNAM, México, 1957. Los seis textos son "Émula de la llama" (antes "Pura, encendida rosa..."), "Poesía de soledad y poesía de comunión", "Recoged esa voz...", "Silvestre Revueltas", "Rostros de Juan Soriano" (antes "Juan Soriano") y "Pinturas de José María Velasco" (antes "José María Velasco").

sentido, es la impresión del investigador cuando coteja el destino de la primera poesía de Paz. El poeta nunca ha recogido sus primeros poemarios, desde *Luna silvestre* (1933) hasta *A la orilla del mundo* (1942), en sus recopilaciones de poemas. Y cuando ha reunido, en posteriores ediciones, poemas dispersos, sólo lo ha hecho en versiones revisadas. El propio Paz se ha encargado de señalar, en la "Advertencia" a su libro *Poemas (1935-1975)* (1979), que, si bien existen "poetas precoces que pronto dicen lo que tienen que decir", él mismo, en cambio, se considera un poeta "tardío y nada de lo que escribí en mi juventud me satisface". Paz extrema la paradoja, en el mismo texto, señalando que "mi primer libro, mi verdadero primer libro, apareció en 1949: *Libertad bajo palabra",* sin duda con pleno conocimiento de que en su bibliografía éste figura como su octavo libro.[2] La ambivalencia que ha sentido Paz hacia su primera época como escritor resulta evidente, por tanto, en su testimonio sobre los orígenes de su poesía. Refleja, entre otras cosas, la ambivalencia del escritor consagrado hacia una etapa superada: el ojo crítico del poeta maduro mirando al principiante que fuera una vez.

Para explicar esa ambivalencia —y, de paso, la demora en el conocimiento de estos primeros escritos—, hemos de remontarnos a los años de esta primera época, exponer los datos conocidos de la biografía del escritor y estudiar en detalle el reflejo de su pensamiento en los textos que poseemos. Baste recalcar, para empezar, que la docena de años en que se producen estos primeros escritos delimita una época o periodo dentro de la biografía de Paz, y que esa época termina con una salida de México que, si bien no fue la primera, sí posee un carácter de ruptura. El propio Paz, en la primera conferencia del ciclo "Cuarenta años de escribir poesía," ofrecido en El Colegio Nacional de México en 1975, se refirió a esa ruptura señalando que su partida hacia los Estados Unidos a principios de 1944 había sido "una vía de salida del enredo moral, político y estético que me asfixia-

---

[2] Véase *Poemas (1935-1975)*, Seix Barral, Barcelona, 1979, p. 11. Los datos esenciales de la obra de Paz se pueden consultar en la indispensable *Octavio Paz: bibliografía crítica*, ed. Hugo J. Verani, UNAM, México, 1983. He tenido el privilegio, además, de manejar otra bibliografía, aún inédita, sobre el mismo tema compilada por Luis Mario Schneider. Agradezco a mi amigo el profesor Schneider la oportuna consulta de esta bibliografía.

ba al iniciarse la década de los cuarenta".[3] A mí mismo, en una entrevista hecha a propósito de esta recopilación, me contestó, a la pregunta sobre qué termina y qué comienza en 1944: "me ahogaba en México. Necesitaba irme. Creo por eso que fue bueno romper en un momento dado con mi pasado e irme primero a los Estados Unidos y luego a Europa. ¿Qué acabó? Pues acabaron los años de iniciación. ¿Qué comenzó? Pues una tentativa de exploración de la poesía moderna, una reconciliación".

La "reconciliación" a la que alude Paz vendrá sólo lentamente a lo largo de los siguientes nueve años de ausencia de México y culminará en la publicación de sus dos "primeros" libros de poesía y prosa respectivamente: *Libertad bajo palabra* (1949) y *El laberinto de la soledad* (1950). Para entonces, Paz no sólo se habrá reconciliado con su pasado de iniciación; los cambios ocurridos en su vida y la evolución de su pensamiento habrán hecho de él *otro* escritor, *otro* poeta, *otra* persona.

Antes: 1931-1937

En 1931, cuando empieza a publicar sus obras, Octavio Paz cuenta 17 años de edad. Ese mismo año había ingresado en la Escuela Nacional Preparatoria de San Ildefonso, una de las más prestigiadas del país, en momentos en que el claustro de sus profesores incluía a figuras de renombre como José Gorostiza y Samuel Ramos. México vivía entonces una época de fervor político e intelectual a la zaga de la Revolución mexicana y de la política nacionalista que la Revolución había inspirado y que culminará con el ascenso de Lázaro Cárdenas a la presidencia. Apenas dos años antes, en 1929, la campaña presidencial de José Vasconcelos, ministro de Educación bajo el gobierno de Obregón, había inspirado a la juventud mexicana a acoger las entusiastas reformas políticas y culturales que proponía el célebre educador y filósofo. El movimiento de simpatía hacia Vasconcelos se

---

[3] Cito del resumen de la conferencia que ofrece Margarita García Flores, "Es preferible escribir a reventar", *La Onda*, 91, 9 de marzo de 1975, p. 8. He cotejado la cita con la grabación en cinta magnetofónica de la conferencia, a la cual me diera acceso, generosamente, mi amigo el poeta Carlos Montemayor.

reflejó ese mismo año en una huelga estudiantil que paralizó a casi todas las escuelas de la capital. La huelga, que duró algún tiempo, estuvo motivada en parte por el asesinato del estudiante Germán del Campo durante una reunión multitudinaria en la plaza de San Fernando de la ciudad. Ese suceso sangriento sirvió de aglutinante para los miembros de la generación que entonces despuntaba.

"Confieso que nunca he sido vasconcelista —recordará Paz en una reseña que se recoge en ese libro— aunque a los quince años haya gritado '¡Viva Vasconcelos!'" Paz ha evocado esos años de lucha estudiantil al recordar las circunstancias que lo llevaron a conocer a José Bosch, trasunto del poema "Elegía a un compañero muerto en el Frente de Aragón" (1937). Junto con Bosch, e incitado por él, Paz pronto se aficionó a la lectura clandestina de literatura anarquista (Kropotkin, Réclus, Ferrer, Proudhon y otros) dentro de la cerrada atmósfera de la Escuela Secundaria número 3. Influidos por esa lectura, un buen día la pareja de amigos intenta sublevar a los compañeros e incitarlos a declararse en huelga. Dos noches de arresto y la amenaza de expulsión de la escuela no les sirvieron de escarmiento. "Yo era demasiado chico y continué mis estudios. En cambio, sí tomé parte en la huelga que paralizó durante varios meses los colegios y facultades de la ciudad de México."[4] En este ambiente de tensiones políticas Paz ingresa en la Preparatoria y junto con Bosch y otros pronto forma parte de una agrupación radical, la Unión de Estudiantes Pro Obreros y Campesinos, con fines doctrinarios que no llegaron a tener mucho alcance.

En una crónica reciente, José Alvarado, condiscípulo de Paz en esa época, recuerda que aquel muchacho de 16 años era "inquieto, vivaz, lector infatigable y dueño de una dilatada curiosidad".[5] Alvarado recuerda igualmente que al año siguiente de ingresar en la Preparatoria, Paz organiza *Barandal*, una pequeña revista literaria, con la ayuda de sus condiscípulos Rafael López Malo, Salvador Toscano y Arnulfo Martínez Lavalle. La revista estudiantil apenas llegó

[4] *Poemas (1935-1975)*, p. 668. Paz también se refiere ampliamente a la campaña de Vasconcelos en su entrevista con Julio Scherer García, "Suma y sigue", recogida en *El ogro filantrópico. Historia y política, 1971-1978*, Seix Barral, Barcelona, 1979, pp. 322-338.
[5] "Nociones incompletas acerca de un poeta joven", *La Cultura en México*, núm. 491, 7 de julio de 1971, p. 2.

a los siete números (hasta marzo de 1932), pero ya sus páginas transparentan el cruce entre la vanguardia poética y política que define el momento: textos de Joyce, Marinetti y Valéry se alternan con los de Alberti, Stalin y otros. También en esas mismas páginas Paz publica sus primeros poemas, que coinciden en el tiempo con su debut poético en las páginas de *El Nacional Dominical* el 2 de agosto de 1931.[6] Pero es en *Barandal,* en cambio, donde Paz publica "Ética del artista", su primera tentativa de ensayo, que define no sólo al joven escritor sino también, como premonición, al futuro moralista. En ese su primer ejercicio de ensayo, Paz divide la experiencia estética en "arte de tesis o arte puro" y opta por el primero. El ejercicio parecerá, a ojos maduros, algo gratuito. Pero no sólo permite que el joven Paz comience a indagar dentro de su propia convicción estética; también le sirve para situarse ante los Contemporáneos, la generación de vanguardia inmediatamente anterior a la suya y cuyo contexto condiciona y determina sus primeras nociones sobre arte y poesía. Porque rechazar el arte puro en este momento no significa otra cosa que criticar, a manera de reacción, la posición estética de *Contemporáneos,* su aparente actitud "deshumanizada" (para invocar el manido término de Ortega) ante la realidad y su aparente irresponsabilidad poética, moral o política. No eran otras las críticas que entonces se le dirigían al grupo de *Contemporáneos.* De entre las diversas tendencias que proliferan durante los años veinte —los movimientos estridentista y agorista son otras dos, por ejemplo— la de los Contemporáneos es, sin duda, la más cercana: su revista informa al ávido lector en Paz, la presencia de sus miembros lo inspira, y el entorno total determina una primera toma de posición, siquiera anodina, ante la vocación literaria.

La contrapartida, si bien un poco tardía, de este ejercicio inicial se encuentra en el otro primer escrito de estos años, "Distancia y cercanía de Marcel Proust", al que Paz ha llamado su "verdadero primer ensayo". Aunque se demorará en publicarse hasta 1939 (y aun entonces sólo su primera mitad), el ensayo se remonta a 1933, con el descubrimiento juvenil de la obra del novelista francés. *(Primeras*

---

[6] El poema, nunca recogido en libro, se titula "Cabellera" y fue reproducido por Hugo J. Verani en *Revista de la Universidad de México,* vol. XXXVIII, núm. 12, abril de 1982, p. 3.

letras reproduce todo el ensayo por vez primera.) Aparte del entusiasmo evidente, su interés radica en la interpretación peculiar de Paz sobre la obra de Proust: su amoralidad, por ejemplo, y su carácter "poético", constituido por la irrupción de la vida en el arte ("En Proust la literatura se convierte y adquiere el carácter de la vida"). Es decir, la lectura de Proust, y su consiguiente meditación sobre ésta, le permite al joven Paz profundizar en las relaciones internas entre vida y literatura —tal como las mediatizan, entre otros, la memoria y el deseo— y de ahí refinar lo que en su lejano primer ejercicio Paz había llamado, con torpeza de principiante, "arte de tesis".

No es éste el lugar para realizar la crónica detallada ni de Proust ni de *Contemporáneos*.[7] (A ésta hemos de regresar, más adelante y forzosamente, cuando abordemos la época de *Taller*.) Baste señalar, por el momento, la distancia que ya va separando al joven Paz de la generación anterior en 1932, año en que pasa de la Preparatoria a la Escuela de Derecho, donde permanecerá el siguiente lustro. Transcurren los años treinta, que en México y en todas partes son una década de fermento económico, social y político. Y son años de cambio no sólo para Paz sino para el ambiente intelectual mexicano. El paso hacia el sexenio de Lázaro Cárdenas (1934-1940) aparece atravesado por las tensiones entre un nuevo nacionalismo de corte socialista y los restos del humanismo liberal de la generación del Ateneo. Ejemplo concreto de esa tensión será el debate que sostienen, en 1933 y en el primer Congreso de Universitarios Mexicanos, Antonio Caso, maestro de la vieja generación, y el joven Vicente Lombardo Toledano, entonces profesor de sociología de la preparatoria donde estudia Paz, en torno al materialismo dialéctico. Fuera de la universidad, el ambiente intelectual se vuelve ferozmente institucional: en 1931 se funda en México la Lucha Intelectual Proletaria (LIP), y unos años después tanto una Liga de Escritores y Artistas Revolucionarios (LEAR) como un Sindicato de Escritores Revolucionarios (SER). Casi como un emblema de esta época nacionalista, Samuel Ramos, profe-

---

[7] Ya ha sido hecha, por otra parte, en el notable estudio de Guillermo Sheridan, *Los Contemporáneos, ayer*, FCE, México, 1985. Sigue siendo vigente, en cambio, el estudio pionero de Merlin H. Forster, *Los Contemporáneos, 1920-1932, perfil de un movimiento vanguardista mexicano*, Ediciones de Andrea, México, 1964.

sor de filosofía de la misma universidad, publica en 1934 su *Perfil del hombre y la cultura en México*, suerte de interpretación psicológica del carácter del mexicano y temprano ejercicio de filosofía nacional. Y el poeta Rafael Alberti, ya para entonces comunista, visita México ese mismo año en una gira oficial.

Pero, si bien el joven Paz vive el trasiego diario de estas luchas, los primeros poemas que recoge en *Luna silvestre* (1933) no lo reflejan, y no será hasta el estallido de la guerra de España, tres años después, cuando el referente social irrumpirá en su poesía. Esa primera *plaquette* de siete poemas sí recoge, en cambio, un lirismo intimista de vagos ecos románticos y modernistas. Heine, Juan Ramón Jiménez, Rilke y Salinas confluyen en la elaboración del típico repertorio temático: la meditación nocturna, la poesía como deseo, la mujer como símbolo de la naturaleza, la memoria como imaginación erótica, el lenguaje siempre insuficiente, la soledad del poeta-amante:

> Mudo seré en el nocturno Amor,
> vigilando memorias y recuerdos.
>
> Amor, quedan las voces agotadas,
> el silencio seré de tu silencio.[8]

La publicación de *Luna silvestre* estará lejos de consagrar al joven poeta. El librito, hoy una rareza bibliográfica, apenas circula y de él no aparece ninguna reseña. Pero significa un notable inicio poético, como otros han señalado.[9] Pronto lo complementan otros poemas que aparecen ese mismo año en *Cuadernos del Valle de México*, la segunda revista literaria que Paz ayuda a fundar y que durará apenas dos números. Aparte de una serie de sonetos neobarrocos que muestran una huella vanguardista, todos los poemas de la época extreman la misma nota intimista. Muy a propósito Paz recordará en 1973, en una de sus conversaciones con Julián Ríos, la reacción que entonces tuvo Rafael Alberti a la lectura de esos poemas durante una velada

---

[8] *Luna silvestre*, Fábula, México, 1933.

[9] Por ejemplo, el ensayo de Klaus Müller-Bergh, "La poesía de Octavio Paz en los años treinta", *Revista Iberoamericana*, núm. 74, 1971, pp. 114-133, así como el de Carlos H. Magis, *La poesía hermética de Octavio Paz*, El Colegio de México, 1978, especialmente las pp. 9-25.

del poeta español con los jóvenes mexicanos: "Y cuando yo le enseñé mis poemas a Alberti él me dijo: 'Bueno, esto no es poesía social...' (al contrario, era una poesía intimista —una palabra horrible ésta, intimista, pero eso era: intimista—); 'no es una poesía revolucionaria en el sentido político —dijo Alberti— pero Octavio es el único poeta revolucionario entre ustedes, porque es el único en quien hay una tentativa por transformar el lenguaje'. Y estas frases de Alberti me impresionaron mucho".[10]

El elogio calificado de Alberti —ya para entonces el poeta político de *Consignas*— es una muestra más de las tensiones que la época va perfilando y que delata la actividad del joven Paz. Los tiempos eran "revolucionarios"; no su poesía, al menos en el estricto sentido político, aunque sí en el formal. La nota intimista que Alberti acierta en identificar no refleja una simple moda literaria: revela una necesidad de introspección en el joven Paz. A su vez, la introspección está motivada por un deseo: el de conocerse por medio de la poesía. El poema adquiere así un propósito: descifrar la identidad personal del poeta, servirle de "espejo". No será otro, por cierto, el título de un poema clave de 1934, recogido sólo 15 años después (en *Libertad bajo palabra*, 1949), donde el proverbial símbolo organiza nítidamente el tema de la identidad:

> De una máscara a otra
> hay siempre un yo penúltimo que pide.
> Y me hundo en mí mismo y no me toco.[11]

En 1934, a los 20 años de edad, el poeta en ciernes va tomando posesión de sus obsesiones. Junto con la identidad personal, el erotismo. De hecho, de ese mismo año es la primera versión de *Bajo tu clara sombra* (1941), que recogerá en otro libro de poemas de 1937. La toma de posesión que revela la irrupción, en 1934, de esos dos temas centrales se origina, a su vez, en un suceso central en la familia

---

[10] Octavio Paz y Julián Ríos, *Solo a dos voces*, Lumen, Barcelona, 1973, p. 25. Paz se ha referido por lo menos una vez a esa aparente "contradicción entre mis opiniones políticas y mis gustos poéticos", en *Xavier Villaurrutia en persona y en obra*, FCE, México, 1978, p. 12. La cita se refiere a una anécdota de 1937.

[11] Cito por *Libertad bajo palabra*, FCE (Tezontle), México, 1949. El título es "El espejo".

del poeta. Octavio Paz Solórzano, su padre, muere en un accidente ferroviario. Salvo en unos cuantos memorables versos de *Pasado en claro* (1974) ("Por los durmientes y los rieles / de una estación de moscas y de polvo / una tarde juntamos sus pedazos"), Paz se ha referido pocas veces a este suceso.[12] Lo cierto es que ocurre precisamente en 1934, y que esa pérdida, trágica y debida al alcoholismo del padre, desata sentimientos oscuros que se irán resolviendo, dentro de un marco introspectivo, en la posesión de sus obsesiones personales.

No es casual, por eso, que de ese año sean también las *Vigilias*, que *Primeras letras* recoge en su primera sección. Las *Vigilias* forman parte de un diario íntimo que Paz comienza a escribir, precisamente a raíz de la muerte del padre, en los ratos libres que le permitía su trabajo de escribiente en el Archivo de la Nación de México. Los fragmentos de calidad literaria los fue publicando con el tiempo; pero lo que no publicó, porque era demasiado íntimo, fue suprimido y luego se perdió. Publicadas en cuatro "capítulos" entre 1938 y 1945, las *Vigilias* llevan el subtítulo general de "Fragmentos del diario de un soñador". Salvo el primero, que consiste en cinco entradas fechadas entre agosto y septiembre de 1935, los demás no llevan fecha. Los otros —publicados en 1939, 1941 y 1945— abandonan paulatinamente el formato del diario y van adoptando el de la miscelánea de fragmentos y reflexiones —con seis, 37 y 50 secciones, respectivamente. *Primeras letras* reúne, además, otros dos fragmentos inéditos, "El trabajo vacío" e "Inocencia", que aunque resulte imposible fecharlos, complementan, según Paz, los capítulos III y IV, respectivamente. Más que meros fragmentos, esos textos rezagados son verdaderos poemas en prosa.

El cruce entre diario íntimo y miscelánea dramatiza el doble propósito de las *Vigilias*: la introspección y la reflexión. La una está dirigida al interior del poeta, su relación consigo mismo; la otra, al exterior, su relación con los otros. Los dos propósitos apuntan, a su vez, hacia un solo objetivo: la definición moral. El propio título lo dice: no el sueño libre, sino la *vigilia* dirigida por la conciencia. No

---

[12] *Poemas (1935-1975)*, p. 653.

exagero al decir que las *Vigilias* contienen, en germen, los orígenes del moralismo por el que Paz será conocido años más tarde. También contienen, casi sin proponérselo, un compendio de los temas del joven poeta: enajenación y soledad, amor y comunión, conocimiento y pasión, la mujer y el deseo. Una vez más, esas meditaciones no son mera crítica literaria. Mejor dicho, son la mejor crítica literaria porque son mucho más que eso: calan más hondo. Dentro del mismo marco introspectivo, constituyen la articulación de una serie de temas que preocupan al joven en su drama personal. Tanto es así que en los primeros dos capítulos, donde el formato del diario es más sostenido, el poeta llega a glosar, sin identificarlos, dos poemas suyos (en esa época aún inéditos) a fin de objetivar y descifrar el oscuro sentido de esos textos. Como Dante en la *Vita Nuova*, o san Juan de la Cruz, cuya figura y obra las *Vigilias* invocarán más de una vez, o como Antonio Machado a través de sus "Complementarios", el poeta se desdobla en lector de sus poemas para descifrar su lenguaje —lo cual equivale a descifrarse a sí mismo. Será al extender estas autoglosas, sobre todo al principio del segundo capítulo, cuando se insertará una extensa meditación sobre las relaciones entre poesía y mito, entre éstos y el amor y, a su vez, con la moral y la razón. Esas glosas constituyen el meollo y origen del pensamiento poético de Octavio Paz. Al tema regresaré hacia el final de esta introducción, pero por el momento resultan evidentes, en este sentido, las conexiones entre esta temprana meditación y otros dos textos que recoge *Primeras letras* y que anticipan las posteriores meditaciones de *El arco y la lira* (1956). Me refiero a "Poesía y mitología (I)", una conferencia inédita de 1942, y al célebre ensayo "Poesía de soledad y poesía de comunión", de 1943. En ambos textos Paz recogerá los mismos temas para situarlos en un marco más amplio y objetivo.

Las meditaciones "intimistas" en prosa y verso sufren, en 1936, un encontronazo con esa historia que tientan tímidamente. El 18 de julio de ese año el general Francisco Franco se levanta en armas con una facción del ejército español en contra del gobierno constituido de la República. Si la reacción del mundo entero fue de indignación ante tal abuso de poder contra el joven gobierno peninsular, la de México en particular produjo una identificación nacional colectiva.

La antigua colonia —lejana Nueva España— bajo un gobierno revolucionario y nacionalista, veía en esa guerra civil un reflejo tardío de la suya. El fantasma de Porfirio Díaz regresaba como Francisco Franco, sólo que esta vez la Revolución ya tenía el poder para exorcizarlo. "El cardenismo —ha escrito Carlos Monsiváis sobre esa época— despliega valerosamente las reivindicaciones del nacionalismo revolucionario."[13] Y como en ese momento el Estado mexicano empleaba a la mayor parte de los intelectuales, la cultura "oficial" dictamina la militancia del escritor y el artista. Las consecuencias son evidentes: se destituye de sus cargos a los llamados "artepuristas". No sólo a los Contemporáneos que aún sobreviven; también a artistas más jóvenes que son víctimas de la misma etiqueta: Rufino Tamayo, María Izquierdo, Manuel Álvarez Bravo. En su lugar se entroniza a los "oficiales", cuyo emblema viviente ha de ser el ubicuo pintor muralista —Diego Rivera y David Alfaro Siqueiros, entre los más conocidos. Al igual que la España en armas, el México cardenista se convierte en Meca de intelectuales; a Alberti le siguen, pronto y sucesivamente, Nicolás Guillén, Juan Marinello, León Trotsky y André Breton, entre otros.

Paz reacciona de inmediato al levantamiento. Apenas dos meses después, el 30 de septiembre, publica su poema "¡No pasarán!" El poema es desigual. A diferencia de otros de inspiración republicana (la "Elegía a un compañero muerto en el frente de Aragón", por ejemplo, o "El barco"), Paz nunca lo recoge en ninguna de sus posteriores colecciones. Pero la reacción del poeta es sincera y fervorosa —y no sólo por el título explícito que escoge. Dona todo el usufructo de su edición de 3 500 ejemplares al Frente Popular Español en México, como dice el colofón, "en prenda de simpatía y adhesión para el pueblo de España, en la lucha desigual y heroica que actualmente sostiene".[14]

La guerra en España viene a ser como el reflejo de un conflicto interior suyo que estalla a principios de año. "En 1937 —ha recordado

---

[13] "Notas sobre la cultura mexicana en el siglo XX", en *Historia general de México*, ed. Daniel Cosío Villegas, El Colegio de México, 1976, II, p. 390.

[14] Cito por "¡No pasarán!", *Repertorio Americano*, tomo XXII, núm. 16, 31 de octubre de 1936, p. 1. La edición original de 12 páginas fue hecha en México: Simbad, 1936. El poema también se publicó en *El Nacional,* 4 de octubre de 1936, p. 7.

a propósito— abandoné, al mismo tiempo, la casa familiar, los estudios universitarios y la ciudad de México. Fue mi primera salida."[15] La salida es en dirección a Mérida, capital del estado de Yucatán, para fundar una escuela para hijos de obreros y campesinos. La reacción ante la guerra española, unida a su desilusión ante la carrera de abogado, cataliza en Paz el radicalismo soterrado de los años de estudiante. El resultado, como veremos, es la búsqueda de un "compromiso" con la realidad del campesino mexicano fuera de la metrópoli. También la motiva, sin duda, la seguridad que le concede la publicación, a principios de año, de *Raíz del hombre*, su segundo libro de poemas.[16] A diferencia de la poesía anterior, el libro (que es en verdad un solo poema extenso de 17 cantos) demuestra aliento y ambición. En su minucioso registro de la pasión erótica, también equivale al intento de posesión de su propia intensidad personal que preconizaban, dos años antes, las *Vigilias*. Nombrar esa pasión supone también cierta torpeza. El poema incurre en repeticiones, redundancias e imprecisiones que, si bien permanecen fieles al testimonio erótico, arrecian la retórica y la estructura. Jorge Cuesta, en su reseña al libro, la primera que jamás recibiera la obra de Paz, destacó esa precipitación retórica del poema: "la poesía de Octavio Paz no se resiste a una pasión de recomenzar, de repetir, de reproducir una voz de la que no llega a salir la satisfacción esperada por la impaciencia que la golpea. El efecto de esta violencia es que sus sentimientos destrozan las formas que lo solicitan, aunque sin apagarse, y como enloqueciendo".[17] La reseña de Cuesta no es sólo un elogio: significa una relativa consagración por quien fuera el ensayista más lúcido de entre los Contemporáneos. Y el efecto de su saludo en Paz ha de haber sido la benéfica infusión de una seguridad interior cuyo resultado inmediato fue la decisión de romper con su vida en la ciudad de México y marcharse a Yucatán.

La estancia en Yucatán dura apenas cuatro meses. Pero es sin duda una temporada de reflexión cuyo resultado poético, al cabo del tiempo, será *Entre la piedra y la flor* (1941), un poema extenso de

---

[15] *Poemas (1935-1975)*, p. 665.
[16] *Raíz del hombre*, Simbad, México, 1937.
[17] "*Raíz del hombre*, Octavio Paz", *Letras de México*, núm. 2, 1" de febrero de 1937, p. 9.

tema social. En Yucatán participará en actividades a favor de la República y ayudará a fundar, además de la escuela, un "Comité pro Democracia Española". Mérida no es la ciudad de México: es un pueblo, es más pobre, es más india y más mestiza, y es el trópico. Las diferencias implican un desplazamiento no sólo en el espacio sino en su interior, lo que, a su vez, propicia una distancia reflexiva. De ese momento yucateco *Primeras letras* recoge "Notas", un testimonio de recién llegado, que Paz escribe a petición de Clemente López Trujillo, un amigo poeta entonces director del *Diario del Sureste* de Yucatán. En esas "Notas", que son como la contrapartida en prosa de lo que después llegará a ser *Entre la piedra y la flor,* el joven Paz manifiesta su asombro ante las diferencias geográficas y humanas entre México y Mérida y su gusto en el análisis del aspecto físico de la antigua ciudad. También expresa, al igual que en sus poemas, su indignación ante la explotación económica del indio y el prejuicio que lo asuela.

La temporada en Yucatán termina en junio, cuando Paz regresa a la capital. Allí contrae matrimonio con Elena Garro y le aguarda una sorpresa: una invitación para asistir a un congreso internacional de escritores.

España, 1937

La invitación al segundo Congreso Internacional de Escritores en Defensa de la Cultura, a celebrarse en la España en guerra, la extiende Pablo Neruda, uno de sus coorganizadores. Neruda y Paz no se conocían, pero Paz le había enviado un ejemplar de *Raíz del hombre* que impresionó al poeta chileno.[18] El Congreso era, desde luego, una fachada soviética. En el primer Congreso de Escritores, celebrado en París dos años antes, el cisma entre los partidarios de Moscú y los escritores independientes había desatado varias pugnas; la más famosa había sido la del grupo surrealista, motivada por el cisma Breton-Aragon a propósito de la independencia del grupo ante la política

---

[18] Dice Neruda al respecto, con cierta imprecisión u olvido: "Había publicado un solo libro, que yo había recibido hacía dos meses y que me pareció contener un germen verdadero. Entonces nadie lo conocía", en su *Confieso que he vivido. Memorias,* Seix Barral, Barcelona, 1975, p. 182.

cultural de la Unión Soviética. A su vez, las polémicas de ese primer Congreso se remontaban al Congreso de Escritores Soviéticos de 1934, donde, entre otros acontecimientos, Máximo Gorki había expuesto con relativo éxito la teoría del realismo socialista. Celebrar el segundo congreso en medio de la guerra española equivalía, por tanto, a poner en práctica lo que antes sólo existía en teoría: la resistencia armada al fascismo. Y a la tensión de la guerra en la que se convoca el congreso se añadía otra más, directamente relacionada con los intelectuales: apenas unos meses antes André Gide, hasta entonces "niño mimado" de la Unión Soviética, condena los males del sistema en dos polémicos panfletos. Esa condena le cuesta a Gide no sólo el apoyo de los soviéticos sino el desprecio de los congresistas.

En esas circunstancias el congreso convoca a 30 delegaciones y más de cien delegados en las cuatro ciudades donde se celebran las distintas sesiones: París, Valencia (entonces la capital republicana), Madrid y Barcelona. La lista de delegados constituye un *who's who* del mundo intelectual de los años treinta: Cowley, Ehrenburg, Landsberg, Lukács, Malraux, Spender, entre otros. Y la representación del mundo hispánico es, desde luego, aún mayor: Carpentier, Huidobro, Vallejo, sin contar a los numerosos anfitriones españoles.[19] Los delegados de México eran, junto con Paz, el poeta Carlos Pellicer y José Mancisidor, este último como miembro de la LEAR mexicana. A ellos se unen, a la semana de terminarse el Congreso, otros delegados de la LEAR, entre ellos, el compositor Silvestre Revueltas, el pintor José Chávez Morado, Fernando Gamboa, Juan de la Cabada y María Luisa Vera. (El México cardenista era entonces, junto con la Unión Soviética, muy popular: son los únicos dos países que proporcionan ayuda militar a la República.) No todos viajan juntos. Paz, Garro y Pellicer van por barco —en un itinerario que los lleva a París (adonde llegan el 1º de julio), vía Nueva York, Quebec y Cherburgo— junto a Nicolás Guillén y Juan Marinello. Estos dos, que unidos a Alejo Carpentier y Félix Pita Rodríguez constituían la delegación

---

[19] Para más datos sobre el Congreso, véase *II Congreso Internacional de Escritores Antifascistas (1937)*, eds. Manuel Aznar Solá y Luis Mario Schneider, Laia, Barcelona, 1979. El primer tomo recoge las ponencias leídas en el Congreso. Para una interesante reseña contemporánea, véase también el ensayo de Corpus Barga, "El III Congreso Internacional de Escritores. Su significación", *Hora de España*, núm. VII, agosto de 1937, pp. 5-10.

cubana, vivían entonces en México, auspiciados por la LEAR mexicana en el disfrute del ambiente favorable del cardenismo. De París todos viajan en tren hasta Barcelona.[20]

El congreso dura dos semanas, del 4 al 17 de julio, aunque Paz permanecerá en España hasta fines de septiembre. Al cabo de ese mes regresa a París, y allí se queda hasta fin de año. La estancia en Europa dura un total de seis meses. Que Paz, a diferencia de Mancisidor o Pellicer, no tuviese ponencia en el congreso, demuestra su juventud y relativa marginalidad dentro de la delegación mexicana. En México no había sido miembro de la LEAR; y en la Agrupación de Escritores Antifascistas, que organiza el viaje de la delegación y a la cual tampoco pertenecía Paz, un grupo estalinista había censurado su invitación, acusándolo de trotskista. Paz participa en el congreso, por tanto y mayormente, como un poeta invitado por otro, y esa circunstancia determina sus actividades. Asiste a las numerosas reuniones oficiales y actos aledaños, lee sus poemas en recitales, da conferencias por radio y en persona, entabla una relación de trabajo y amistad con los jóvenes poetas españoles, publica tanto fervorosos artículos de adhesión a la República como un libro de poemas, visita el frente de combate. Vigorosa marginalidad.

De los artículos, que son en verdad prosa de propaganda, se conocen al menos tres; dos de ellos se publicaron en México y el tercero figuró prominentemente en la primera plana de *El Mono Azul*.[21] Los tres reflejan, con ese entusiasmo juvenil que a veces raya en la franca ingenuidad, la solidaridad de Paz con la República, con su lucha, su heroísmo y su juventud. Nada menos pedía el momento, y la respuesta de Paz es total. De la prosa de este momento, *Primeras letras* sólo recoge un texto inédito: "Noticia de la poesía mexicana contemporánea". Se trata de una conferencia que Paz lee en la semana

---

[20] Ángel Augier (en su *Nicolás Guillén*, UNEAC, La Habana, 1965, pp. 191-194) provee el itinerario detallado del viaje. Para la versión del propio Guillén, véase los fragmentos pertinentes de sus *Páginas vueltas. Memorias*, Presencia Latinoamericana, México, 1983, pp. 117-119. Para la de Elena Garro, véase su "Con Octavio Paz en el Frente de Escritores Antifascistas", *Informaciones de las Artes y las Letras*, 16 de noviembre de 1978, pp. 5-7.

[21] Los tres artículos son: "A la juventud española", *El Mono Azul*, núm. 32, 9 de septiembre de 1937, p. 1; "Palabras de Octavio Paz en el Ateneo Valenciano", *El Nacional*, 23 de noviembre de 1937, 2ª sección, p. 1; y "Raíces españolas de los mexicanos", *El Nacional*, 7 de diciembre de 1937, 2ª sección, p. 1.

dedicada a México y los artistas, del 17 al 23 de agosto, patrocinada por la Alianza de Intelectuales de Valencia, en el Ateneo Popular de la ciudad.[22] Como una de tres intervenciones directas de Paz, la conferencia fue el preámbulo a un recital de poesía mexicana contemporánea en el que, tras una presentación del poeta español Arturo Serrano Plaja, leyó poemas de Efraín Huerta, Neftalí Beltrán y Alberto Quintero Álvarez, además de los suyos propios. El valor documental de la conferencia es indudable: es el primero de una larga serie de textos, como "Pura, encendida rosa..." (1942) (que *Primeras letras* también recoge), o la célebre "Introducción a la historia de la poesía mexicana" (1952), en los que Paz ha discutido la tradición poética de su país. En este primer texto la crónica de esa tradición no provee un mero catálogo de nombres y obras; aparece vinculada, en cambio, a la naturaleza dialéctica de la identidad mexicana. "Lo mexicano —dirá textualmente— no es una inalterable esencia, una estática y pareja suma de reacciones, sino una cambiante, como la propia vida, voluntad y comprensión humanas frente a hechos objetiva e irremediablemente concretos, específicos, nacionales." La importancia de esta formulación reside no sólo en su descripción de la naturaleza histórica de esa identidad, sino también y sobre todo en el lugar central que ocupa la poesía en su revelación. Ante la proverbial mitificación del carácter mexicano —las meditaciones de Samuel Ramos, entre otras—, Paz plantea, en este momento de crisis histórica, un análisis concreto que tiene su origen, como comprueba este texto, en una reflexión sobre la historia de la poesía mexicana y en la necesidad de definir sus rasgos diferenciales frente a un público extranjero. Con el tiempo, ese análisis tendrá su mayor alcance en la meditación de *El laberinto de la soledad*.

España en ese momento es sobre todo su juventud, y el joven Paz pronto hace amistad con muchos congéneres españoles, sobre todo poetas como él. El grupo con el que "muestra más afinidad es el de la revista *Hora de España*: Altolaguirre, Cernuda, Gaya, Gil-Albert,

---

[22] Tomo la información del excelente prólogo de Luis Mario Schneider, "De la raíz al pulso", a su edición de *México en la obra de Octavio Paz*, Promexa, México, 1979, p. XXIX. Durante esa misma semana, las otras intervenciones fueron dos discursos en una exposición del grabado político y en una discusión sobre "La revolución en marcha". Véanse "Palabras de Octavio Paz en el Ateneo Valenciano" y "Raíces españolas".

Prados, Sánchez Barbudo, Serrano Plaja. (Apenas dos años después, varios miembros del grupo pasarán a México y allí formarán parte de la redacción de otra revista, *Taller,* a instancias de Paz, su director.) *Hora de España* se publicaba, en su primera etapa, en Valencia, una de las sedes del Congreso. A diferencia de algunas revistas de la época *(Octubre,* por ejemplo, o el propio *Mono Azul),* se distingue por su posición relativamente independiente ante el compromiso social del arte y la literatura. Ante la ortodoxia ideológica a que se prestaba la crisis de la época, *Hora de España* elude inteligentemente la demagogia. No asume, por ejemplo, una actitud condescendiente hacia el pueblo (a pesar de que, o quizá precisamente por eso, su lema explícito era el de estar "al servicio de la causa popular"). La revista sí pide, en cambio, con insistencia y a veces oposición, una cultura madura de contenido crítico e intelectual. En sus editoriales, así como en la propia obra de creación que publicaba, resalta la circunspección con que se alude a la causa del pueblo y la desconfianza ante consignas o retóricas partidistas. La revista se equilibra, de esta manera, entre el compromiso y la independencia del escritor. La estrategia equivalía, en ese momento, a preservar la independencia artística sin romper con los comunistas, la búsqueda de un *modus vivendi* con la izquierda oficial.[23] Y es precisamente en la moral poética de *Hora de España* donde Paz encuentra una afinidad sorprendente. Como él mismo, los jóvenes españoles atraviesan una etapa de transición: todos rechazan el arte puro, pero no el aspecto crítico, el rigor estético, de la vanguardia. Desean un arte comprometido, pero sin renunciar a la independencia del arte y del artista. "Una serie de contradicciones nos atormentaban", dice explícitamente la "Ponencia colectiva" (aunque redactada por el propio Serrano Plaja) del grupo ante el congreso:

> Lo puro, por antihumano, no podía satisfacernos en el fondo; lo revolucionario, en la forma, nos ofrecía tan sólo débiles signos de una propa-

---

[23] Para un lúcido análisis de la significación de *Hora de España,* véase J[ohannes] Lechner, *El compromiso en la poesía española del siglo* XX, Universitaire Pers Leiden, Leiden, Holanda, 1968, I, pp. 179-201. Hay amplias discusiones sobre la época en los estudios de Juan Cano Ballesta, *La poesía española entre pureza y revolución (1930-1936),* Gredos, Madrid, 1972, y Natalia Calamai, *El compromiso de la poesía en la guerra civil española,* Laia, Barcelona, 1979.

ganda cuya necesidad social no comprendíamos y cuya simpleza de contenido no podía bastarnos [...] La pintura, la poesía y la literatura que nos interesaban no eran revolucionarias; no era una consecuencia ideológica y sentimental, o si lo era, lo era tan sólo en una tan pequeña parte, en la parte de una consigna política, que el problema quedaba en pie. De manera que, por un lado, habíamos abominado del escepticismo mas, por otro, no podíamos soportar la ausencia absoluta y total.[24]

En las dramáticas palabras de la ponencia el joven Paz se reconoce amplia y profundamente. El grupo de jóvenes españoles había logrado lo que su propia generación mexicana no había hecho antes y no podrá hacer hasta la época de *Taller,* y aun entonces sólo relativamente: articular una posición que fuese, a la vez, responsable ante la sociedad y libre ante el arte y la conciencia. Esa posición expresaba, a su vez, las preocupaciones del propio Paz, escindidas desde aquel balbuciente primer ejercicio que había pedido una "ética del artista". Mientras que los jóvenes españoles se habían referido, principalmente, a su descontento ante la actitud estética de la generación del 27, ese descontento era análogo al que sentían Paz y los suyos hacia los Contemporáneos, el grupo mexicano paralelo a los poetas españoles del 27.

La adhesión a la comunidad de jóvenes españoles pronto se expresa en textos explícitos de una y otra parte. El número VII de *Hora de España* (septiembre de 1937), por ejemplo, publica la "Elegía a un compañero muerto en el frente"; y Manuel Altolaguirre, por su parte, publica en la célebre Colección Héroe, que él mismo dirige, *Bajo tu clara sombra y otros poemas sobre España,* el tercer libro de poemas de Paz.[25] Su contenido es otro reflejo más de las tensiones que permean la obra del poeta mexicano. La mitad del libro la ocupan poemas eróticos: "Helena" (1934), primer fragmento de lo que con el tiempo llegará a ser *Bajo tu clara sombra* (1941), y seis cantos de *Raíz del hombre.* La otra mitad la ocupan poemas de tema civil o, como dice el

---

[24] *II Congreso,* I, pp. 134-136. La ponencia se publicó por primera vez en *Hora de España,* VII, agosto de 1937, pp. 83-95, en el número dedicado al Congreso Internacional de Escritores.

[25] *Noticia,* por Manuel Altolaguirre, Ediciones Españolas-Nueva Colección Héroe, Valencia, 1937.

libro, "Cantos españoles": "¡No pasarán!", la "Elegía" y una "Oda a España". El propio Altolaguirre, en su breve prólogo, subraya la presencia de esta tensión: "pero antes, en primer lugar, se imprimen algunos de sus poemas de amor, de su *Raíz del hombre,* porque de esa raíz ha nacido siempre lo épico: el amor como origen de todos los sacrificios". Y la presencia de los dos temas ha de haber sido lo suficientemente dramática para que Juan Gil-Albert, entonces secretario de *Hora de España,* le dedicara espacio en su elegante y fervorosa reseña:

> En los versos de Octavio Paz nada indica una falsa preocupación ni un abandono desgraciado al tema del momento, por lo cual sus cantos a España no producen esa desagradable impresión de impotencia que origina el confundir en la mayoría de los casos el interés por una causa con el ímpetu poético. Los poemas que dedica a los españoles no quiebran la línea de inspiración de esas trémulas palabras de amor que les preceden y en virtud de las cuales sabemos que el que entona aquí su asombro, su lamento y su esperanza con nuestro pueblo es un joven enamorado al que algunos se permitirán tildar por ello mismo de indiferente a otras realidades menos íntimas.[26]

Los elogios de Altolaguirre y Gil-Albert no dejan de tener un residuo de justificación. No porque el libro yuxtaponga los dos temas del amor y la guerra —el tópico, tan antiguo como el *ars amandi, ars bellandi* clásico, abunda en la poesía de la Guerra Civil— sino precisamente porque los separa en dos discretas secciones. Los poemas eróticos no abordan el tema bélico y los "Cantos españoles" no incluyen, salvo de una manera que por demasiado general resulta inocua, ninguna alusión amorosa. El libro reúne dos voces y dos momentos distintos en la obra del joven Paz, dos retóricas en verdad irreconciliables que en el libro aparecen apenas hiladas por esa "línea de inspiración" que ahora, bajo la sombra de la guerra, invocan los amigos del poeta. Lo que sí refleja el libro, en cambio, es un primer

---

[26] "Octavio Paz", *Hora de España,* XI, noviembre de 1937, p. 76. Gil-Albert volvió a escribir sobre Paz una vez exiliado en México ("América en el recuerdo y la poesía de Octavio Paz", *Letras de México,* vol. 4, núm. 1, 15 de enero de 1943, pp. 5 y 11) y a su regreso a España: *Memorabilia,* Tusquets, Barcelona, 1975, pp. 229-231. A su vez, Paz escribió sobre Gil-Albert, Sánchez Barbudo y Serrano Plaja en su triple reseña: "A tres jóvenes amigos", *Ruta,* núm. 4, septiembre de 1938, pp. 25-33.

intento de síntesis que a su vez responda a la poética implícita en la "Ponencia colectiva" de *Hora de España:* una poesía que mostrase, a la vez, tanto la "revolución" como la "forma", el "símbolo" de la guerra junto con el "contenido vivísimamente concreto" de la pasión amorosa.

"¡No pasarán!", como se sabe, no pasará la lectura crítica del poeta maduro. Tampoco, y acaso injustamente, la "Oda a España". Y la "Elegía" será rescatada sólo después de muchos años de autocensura ("me sigue pareciendo tributario de una retórica que repruebo") por tratarse de "el doble testimonio de una convicción y una amistad".[27] El único poema que sobrevive a la época ni siquiera figura en el libro. Se trata de "El barco" (luego retitulado "Los viejos"), una conmovedora meditación de 66 versos escrita a bordo del buque de regreso a América y que publicó *Hora de España* en su último número.[28] El poema se basa en una anécdota que Paz cuenta en la primera edición del poema:

> A mi regreso, en Lisboa, subieron trescientos españoles, viejos todos, gente de campo. Habían escapado, puesto que rebasaban la edad militar, de la zona facciosa. Ningún testimonio más horrendo que el de estos pobres viejos, que no querían de su suelo, de su patria, sino un pedazo de tierra. Y el hecho de huir de sus tumbas arroja fuego sobre la realidad espantosa del franquismo.

La indignación personal ante los efectos de la guerra es la misma que se transparenta en los anteriores "Cantos españoles", pero el lenguaje poético, o al menos su estrategia, ha sufrido un cambio. "El barco" es un ejemplo casi perfecto de lo que Johannes Lechner ha llamado, a propósito del "compromiso" en la poesía española, un "poema directo": "Se toma una saludable distancia hacia los hechos bélicos y lo que domina es la reflexión sobre las consecuencias humanas, las causas y las perspectivas de la guerra".[29] No es casual que

---

[27] *Poemas (1935-1975)*, p. 666. Paz incluye a continuación (pp. 666-673) una extensa nota al poema.
[28] Cito por *Hora de España*, núm. XXIII, noviembre de 1938, pp. 43-45. Agradezco a mi amigo el profesor Klaus Müller-Bergh el haberme alertado sobre la importancia de este poema. El poema está dedicado a Arturo Serrano Plaja {*Poemas (1935-1975)*, pp. 102-103].
[29] Lechner, I, p. 185.

Lechner, en el mismo estudio, asocie este tipo de poesía con la que abundaba en las páginas de *Hora de España*. Como aquéllos, el poema de Paz responde más de cerca a ese "contenido esencial" que el grupo de la revista había propuesto como poética y que ahora él acoge definitivamente.

Durante los tres meses de su estancia en España, Paz visitó el frente dos veces. Como resultado de esas sesiones, según declaraciones hechas a Luis Mario Schneider, Paz pensó enrolarse como combatiente. Pero no llegó a hacerlo.[30] Su compromiso era de otra índole: una identificación con el sentido de la lucha del pueblo español. Años después, en medio de una meditación sobre la soledad mexicana, Paz evocaría el efecto de esa temporada en su conciencia de poeta:

> Recuerdo que en España, durante la guerra, tuve la revelación de "otro hombre" y de otra clase de soledad: ni cerrada ni maquinal, sino abierta a la trascendencia. Sin duda, la cercanía de la muerte y la fraternidad de las armas producen, en todos los tiempos y en todos los países, una atmósfera propicia a lo extraordinario, a todo aquello que sobrepasa la condición humana y rompe el círculo de soledad que rodea a cada hombre. Pero en aquellos rostros, semejantes a los que, sin complacencia y con un realismo acaso encarnizado, nos ha dejado la pintura española, había algo como una desesperación esperanzada, algo muy concreto y al mismo tiempo muy universal. No he visto después rostros parecidos.[31]

El mismo recuerdo será evocado, en clave personal, en una anécdota contada a Rita Guibert:

> Un domingo fui con dos amigos, los poetas Manuel Altolaguirre y Arturo Serrano Plaja, a un lugar cercano a Valencia y tuvimos que regresar a pie porque perdimos el último autobús. Ya era de noche, caminábamos por la carretera y de pronto el cielo se incendió con los disparos de la artillería antiaérea. Los aviones que no podían penetrar en Valencia debido al fuego de las baterías republicanas arrojaban sus bombas en los

---

[30] Schneider, "De la raíz al pulso", p. xxx.
[31] Cito por *El laberinto de la soledad*, Ediciones Cuadernos Americanos, México, 1950, pp. 25-26.

alrededores de la cuidad, precisamente por donde nosotros estábamos. El pueblo al que llegamos estaba iluminado por los disparos. Lo atravesamos cantando la *Internacional* [...] y nos refugiamos en una huerta. Los campesinos nos fueron a ver y cuando supieron que yo era mexicano se conmovieron. México ayudaba a la República y algunos de aquellos campesinos eran anarquistas. En pleno bombardeo regresaron a sus casas a buscar comida y nos trajeron un poco de pan, un melón, queso y vino. Haber comido con los campesinos bajo las bombas..., yo esto no lo puedo olvidar.[32]

Después: 1938-1943

Para octubre Paz ya está en París y allí se encuentra a varios de los colegas del congreso. Además de Pellicer, quien había regresado a mediados de julio, después de las últimas sesiones, coincide con Miguel Hernández, cuya "presencia", como dice en "Recoged esa voz...", fue una ráfaga de sol. También encuentra, entre otros, a Alejo Carpentier, quien a la sazón vivía y trabajaba en la capital francesa. El encuentro con Carpentier es importante porque es él quien a su vez le presenta a Robert Desnos, poeta surrealista y miembro del bando Aragon. "Yo no sabía entonces bien lo que era el surrealismo —le ha confesado Paz a Rita Guibert— aunque tenía una gran simpatía por ellos."[33] Más adelante abordaré de lleno el tema de las relaciones con el surrealismo durante estos años. Baste señalar, por el momento, que ese primer contacto con el grupo, a través de Carpentier y Desnos, es fugaz pero de todos modos significativo, aun cuando el bando de Desnos no sea precisamente con el que Paz tendrá después más afinidades.

La estancia parisiense se extiende hasta fin de año, cuando Paz y Carlos Pellicer se embarcan de regreso a su país vía La Habana. Durante la escala en la capital cubana, el Partido Socialista Popular festeja a los veteranos del ya célebre Congreso de Escritores, y el

---

[32] Rita Guibert, *Siete voces,* Organización Editorial Novaro, México, 1974, p. 279.
[33] *Ibid.* Para más referencias sobre la estancia de Paz en España, recomiendo la consulta de *Solo a dos voces,* las conversaciones con Julián Ríos, especialmente las páginas 25-28, y la entrevista con Héctor Tajonar, "Con Octavio Paz y España como tema", *Siempre!,* 246, 11 de mayo de 1977, pp. 30-34.

órgano oficial del partido hasta llega a publicar, para consumo local, la "Elegía a un compañero muerto en el frente".[34] Un encuentro inesperado en La Habana con Juan Ramón Jiménez, quien acababa de iniciar lo que con el tiempo llegaría a ser un largo exilio, sin duda ha de haber impresionado a su lejano discípulo. De ese encuentro se conoce poco. A su llegada a México, y con no poco candor, Paz relatará a Luis Cardoza y Aragón, en una entrevista a los delegados mexicanos, que la conversación con el poeta español había sido "una interrogación constante acerca de sus amigos de España". Y casi dos años después, en una carta al propio poeta español, le confesará directamente, al recordar aquella visita, su respeto y admiración.[35]

Pero la experiencia de España ya habrá hecho de Paz un poeta muy distinto de Juan Ramón, y su regreso a México, en 1938, estará marcado por una actividad febril en favor de la causa republicana. La entrevista con Cardoza y Aragón (el 16 de enero) registra bien pronto tanto el recuerdo generoso del año anterior como el proyecto entusiasta de los meses siguientes. En abril, por ejemplo, Paz participa con una conferencia sobre "Los nuevos poetas españoles y la guerra" en un ciclo sobre España que organiza la LEAR mexicana. Apenas un par de meses después publica su edición de *Voces de España*, una antología de la poesía que explicara en su conferencia, donde se recogen textos de poetas tanto consagrados (Machado, Jiménez, Felipe, Alberti, Moreno Villa y Cernuda), como jóvenes (Gil-Albert, Hernández, Prados, Serrano Plaja, Aparicio). Y su compromiso parece culminar a mediados de año, cuando comienza a escribir para *El Popular* (el diario que en esas fechas funda la Confederación de Trabajadores Mexicanos), con dos artículos sobre la juventud revolucionaria española.[36]

[34] "Elegía a un joven {sic} muerto en el frente", *Mediodía*, vol. 2, núm. 4, 27 de diciembre de 1937, p. 13. Véase también, en el mismo número, "Carlos Pellicer de paso por La Habana", p. 16, que contiene la crónica de la visita. En un número anterior de la misma revista (vol. 2, núm. 37, 11 de octubre de 1937, p. 9), el nombre de Paz suscribe una "Apelación desde Madrid a los escritores latinoamericanos".

[35] "México en el Congreso de Valencia", *El Nacional (suplemento)*, 16 de enero de 1938, p. 2. La carta a la que me refiero, con fecha de "Dic., 39" {sic}, es una de las dos de Paz que se conservan en el archivo de Juan Ramón Jiménez de la Sala Zenobia-Juan Ramón de la Universidad de Puerto Rico, Río Piedras. Agradezco a Raquel Sárraga, encargada de la sala, su generosa ayuda.

[36] "La enseñanza de una juventud", 23 de julio de 1938, p. 5, y "Las enseñanzas de una juventud. El camino de la unidad", 3 de agosto de 1938, pp. 5-6.

El Popular era un diario sindicalista, y Vicente Lombardo Toledano, su director. En el diario, Paz colabora de dos maneras: como periodista, sin firma, en muchas secciones; y con firma, en la página editorial. Pronto, sin embargo, su colaboración firmada se reduce sólo a dos artículos más: el ya citado fragmento sobre Proust (en noviembre de 1939) y la reproducción de su respuesta a la encuesta que, sobre el tema de la poesía, realizó *Letras de México* (en octubre de 1941).[37]

La relativa escasez de artículos firmados refleja, una vez más, las tensiones de esos años. Paz mantiene firme su apoyo a España y a la causa republicana. (*Primeras letras* recoge nada menos que seis ensayos, de los tantos publicados entre 1938 y 1941, donde se aborda el tema, directa o indirectamente, amén de las muchas reseñas donde también se menciona el asunto.) Pero ese firme apoyo no significa un ciego respaldo a la política de *El Popular,* y mucho menos al estalinismo. A los pocos meses de empezar a trabajar en el diario, Paz presencia la renuncia de un grupo de redactores en protesta por el Pacto de Munich y el papel que en ese pacto le atribuyen a la tercera Internacional. Al año siguiente, el pacto germano-soviético de no agresión lo lleva a suspender su colaboración en el diario. El ataque nazi a la Unión Soviética, más tarde, atenúa por un tiempo sus diferencias con sus antiguos amigos, pero el asesinato de Trotsky vuelve a agravarlas. La ruptura se retarda, como muestra la bibliografía, hasta octubre de 1941.

Los escritos políticos de la época, aun aquellos que se publican antes de la ruptura, registran ese lento cambio. Los dos primeros artículos de *El Popular,* por ejemplo, son como los de España: prosa sentimental de denuncia y propaganda. En cambio, una serie de ensayos posteriores, como "Americanidad de España" (1939), "Régimen de Vichy" (1940) y "América, ¿es un continente?" (1941), todos recogidos en *Primeras letras,* revela la paulatina evolución hacia una postura mucho más realista ante la historia. Es decir, que estos ensayos —amén de algunas de las columnas de *Novedades*— demuestran el cambio no sólo hacia un desengaño político; también, simul-

[37] "Un mundo sin herederos", *El Popular,* 25 de noviembre de 1939, p. 3, y "Sobre literatura mexicana", *El Popular,* 14 de octubre de 1941, p. 5, y 28 de octubre de 1941, pp. 4-5.

táneamente, hacia una capacidad crítica y una amplitud de visión ante la realidad social e histórica. No basta decir, en este sentido, que un ensayo como "América, ¿es un continente?", por ejemplo, rebasa los estrechos límites de los que le anteceden. El argumento del ensayo ya de por sí constituye una excepción dentro del entorno (los años cuarenta) en el que se publica: una América Latina que en esos momentos está desarrollando, a la zaga de la influencia de Spengler, todo un discurso sobre la pretendida superioridad de la conciencia americana frente a la "decadencia de Occidente". Cuestionar la propia "continentalidad" de América, como hace Paz en esta ocasión, equivale a desinflar esas pretensiones y a replantear la discusión sobre una base mucho más realista.

Paralelamente a su trabajo político dentro y fuera de *El Popular,* Paz reanuda su vida literaria en el ámbito mexicano. Su adhesión al grupo de *Taller Poético,* la revista que dos años antes había fundado Rafael Solana, es quizá el acontecimiento más importante. Antes de marcharse a Yucatán, Paz había colaborado en el *Tercer Taller Poético* (marzo de 1937) con cinco sonetos neobarrocos. La revista, que entonces publicaba poemas exclusivamente, sólo había durado un número más, que por su evidente demora en publicarse (en junio de 1938) sugiere su estado moribundo. En el curso de una comida con Efraín Huerta y Alberto Quintero Álvarez, según menciona Paz en un recuento reciente,

> Solana nos dijo que había decidido transformar *Taller Poético* en una revista literaria más amplia y en la que se publicasen también cuentos, ensayos, notas críticas y traducciones. Para realizar esa idea deseaba contar con nuestra ayuda. Aceptamos inmediatamente y así se formó el pequeño grupo de "responsables", como se decía en esos años, de la primera época de *Taller.*[38]

---

[38] "Antevíspera: *Taller (1938-1941)*", en su *Sombras de obras. Arte y literatura,* Seix Barral, Barcelona, 1983, p. 96. El Fondo de Cultura Económica ha hecho ediciones facsimilares tanto de *Taller Poético* (1981) como de *Taller* (1982). Para la versión contemporánea de Solana, véase su "Política literaria", *El Popular,* 13 de noviembre de 1938, pp. 5-6, así como su posterior conferencia sobre *"Barandal, Taller Poético, Taller, Tierra Nueva",* en *Las revistas literarias de México,* Instituto Nacional de Bellas Artes, México, 1963, pp. 185-207. Sobre la generación entera he consultado con provecho la tesis inédita de Ronni L. Gordon Stillman, "Octavio Paz y la generación de *Taller",* Rutgers, The State University, Nueva Jersey, 1967.

Con el tiempo, *Taller* llegará a ser el emblema cultural de la generación de Paz. Tanta fue su importancia. En aquel entonces existían en México otras revistas literarias (*Letras de México* y *Ruta* eran, quizá, las más sonadas). Pero a diferencia de éstas, *Taller* se convierte en el portavoz de los escritores jóvenes, aun cuando no excluía a los mayores. Desde *Contemporáneos* (1928-1931), el fenómeno no se había repetido con tanto éxito. *Taller* logra reunir a figuras hasta entonces dispersas: además de los propios Contemporáneos, a escritores jóvenes como Huerta, Revueltas, Henestrosa; más tarde, a muchos de los españoles desterrados. Y al incorporarse el propio Paz, la revista logra atraer al escritor más importante de la joven generación. De hecho, en una encuesta sobre "los nuevos valores de la poesía" publicada en México durante su viaje a España, Paz había figurado prominentemente en las respuestas de cinco de los seis entrevistados (por cierto, en esa ocasión Efraín Huerta lo elogia como "primer capitán de nuestra nave").[39] Y que esa encuesta versara justamente sobre la relación entre la nueva generación y Contemporáneos revela en parte el vacío que *Taller* viene a llenar dentro del ambiente mexicano.

El reciente recuento de Paz sobre su participación en *Taller* hace redundante, hasta cierto punto, cualquier otro resumen. El mío se limitará, por eso, a los datos más pertinentes. *Taller* dura 12 números: el primero es de diciembre de 1938; el último, de enero-febrero de 1941. Paz y Solana, junto con Huerta y Quintero Álvarez, son los "responsables" hasta el número 4; a partir del quinto (octubre de 1939), Paz funge de director y Juan Gil-Albert, recién exilado en México, de secretario. En *Taller* Paz publica 14 textos: dos de poesía y 12 en prosa. De esa docena, *Primeras letras* recoge nueve. De éstos, a su vez, el más importante sin duda es "Razón de ser", el editorial del segundo número (abril de 1939), cuyo título da la tónica de la nueva empresa.

El texto advierte, precisamente, la relación polémica con Contemporáneos. Reconoce, por una parte, la disciplina, rigor y carácter inte-

---

[39] Antonio Magaña Esquivel, "Los nuevos valores de la poesía en México", *Hoy*, núm. 95, diciembre de 1937, pp. 50-51 y 61. En la encuesta participaron, además de Huerta, José Gorostiza, Ermilo Abreu Gómez, Luis Cardoza y Aragón, Miguel N. Lira y Alberto Quintero Álvarez.

lectual de ese grupo de vanguardia. Lamenta, por otra, su desengaño ante la historia, su consiguiente deportismo irresponsable y su abstracta frialdad. La nota de Paz constituye, en ese momento, una especie de manifiesto, aunque carece de la estridencia de ese tipo de documentos y sus planteamientos resultan, finalmente, reconciliadores. Plantea un proyecto y una crítica, pero esa crítica no rechaza de plano a los Contemporáneos. Antes bien, los acoge reconociendo y aprovechando sus conquistas. ("La 'tarea', llamemos así nuestra afición y vocación, es *profundizar* la renovación iniciada por los anteriores.") *Taller,* en este sentido, "no quiere ser el sitio donde se asfixia una generación, sino el lugar en donde se construye el mexicano y se le rescata de la injusticia, la incultura, la frivolidad y la muerte".

La revista construye no sólo al mexicano. También al español intelectual recién desterrado en México.[40] El núcleo de *Hora de España* (Gaya, Gil-Albert y Sánchez Barbudo) pronto ingresa en la redacción de *Taller.* (Serrano Plaja se había exiliado en la Argentina.) A los de este grupo se unen otros: Herrera Petere y Juan Rejano, amén de muchos otros colaboradores: León Felipe, María Zambrano, Luis Cernuda y Rafael Alberti. Se subraya así el carácter *hispánico* (o "hispanomexicano", como dice una nota al frente del número 5) de la revista. La lengua provee la unidad de propósito. También, a no dudarlo, la moral poética común que, antes articulada en la "Ponencia colectiva" y en las páginas de *Hora de España,* ahora se perfila en "Razón de ser" y subyace a toda la empresa de *Taller.* Se trata no ya de la libertad de creación ante una retórica partidista sino de una confluencia entre poesía e historia, de una concepción del arte como experiencia vivida. "La poesía —escribirá Paz años más tarde en un ensayo polémico sobre el tema— era actividad vital más que ejercicio de expresión":

> No queríamos tanto decir algo personal como, personalmente, realizarnos en algo que nos trascendiese. Para los Contemporáneos el poema era un

---

[40] Sobre la emigración española en México se pueden consultar, con relativo provecho, la monumental recopilación *El exilio español en México, 1939-1982,* Salvat/FCE, México, 1982, así como los estudios de Lois Elwyn Smith, *Mexico and the Spanish Republicans,* University of California Press, Berkeley, 1955, y Patricia W. Fagen, *Exiles and Citizens. Spanish Republicans in Mexico,* University of Texas Press, Austin, Texas, 1973. De este último hay también edición en español.

objeto que podía desprenderse de su creador; para nosotros, un acto. O sea: la poesía era un ejercicio espiritual [...] A todos nos interesaba la poesía como experiencia, es decir, como algo que tenía que ser vivido. Veíamos en ella a una de las formas más altas de la comunión. No es extraño, así, que amor y poesía nos pareciesen las dos caras de una misma realidad. O más exactamente: las dos alas. El amor, como la poesía, era una tentativa por recobrar al hombre adánico, anterior a la escisión y a la desgarradura.[41]

En qué consiste la pertinencia de la poesía, cuál es la relación entre ésta y la vida y cómo se puede realizar su confluencia para beneficio de ambas son las preguntas que se hacen Paz y la generación de *Taller*. Son las mismas preguntas, desde luego, que se habían planteado y contestado, mucho antes, los románticos, y que, a través de su herencia, infunden a toda la poesía moderna. De ahí la importancia del amor, que el poema debe emular: algo que, cuando ocurre, nos turba y transforma. Si las *Vigilias* anunciaban un "neorromanticismo" ("que busca, defiende y rescata no a la conciencia del hombre, no al individuo, no a lo que separa y aísla sino a lo que liga"), en 1940, en otro artículo de ese año que también recoge *Primeras letras,* afirma: "Sentimientos los tiene cualquiera; es la experiencia la que hace al poeta". Es evidente la coincidencia de todas estas ideas con las del surrealismo. Pero en estos momentos, por razones que examinaremos en breve, esa coincidencia resulta secreta, o al menos solapada. Otra coincidencia, más explícita, también es evidente: la obra de D. H. Lawrence, con cuyo pensamiento Paz encuentra enormes afinidades. El eco lejano de Lawrence se escucha en las *Vigilias,* parte de las cuales proveen el trasfondo del ardiente erotismo de *Raíz del hombre* (Lawrence, nos dice a propósito, "no pretende crear una moral sino una religión"). Y aún más explícita es la breve reseña que Paz le dedica a la traducción al español de *La mujer que se fue a caballo* (1928, 1939), donde subraya, entre otras cosas, el "verdadero ALIMENTO espiritual" y la "comunión" que para Lawrence es la obra de arte.[42]

---

[41] Cito por "Poesía mexicana contemporánea", *México en la Cultura,* 271, 30 de mayo de 1954, p. 4.
[42] En "Distancia y cercanía de Marcel Proust" Paz habla de "el soplo primordial y salvaje que atraviesa los relatos de Lawrence". Paz también menciona a Lawrence como influencia

Pero son dos textos escritos y publicados el mismo año de 1938 sobre dos poetas muy distintos —la reseña sobre *Nostalgia de la muerte*, de Xavier Villaurrutia, y el ensayo "Pablo Neruda en el corazón"— los que, leídos en conjunto, revelan con más claridad y en toda su complejidad las implicaciones de esta poética. En la reseña misma se contraponen los dos nombres y el tipo de poesía que cada autor representa: la "poderosa corriente" de Neruda frente a la "contenida dignidad" del mexicano. Pero la oposición, aunque válida, no es tan sencilla como parece a primera vista. En *Nostalgia de la muerte* Paz no ve ni su aparente nihilismo ni su bagaje romántico sino su revelación de la identidad mexicana:

> Por estas razones, me parece el libro de Xavier Villaurrutia, más allá de las escuelas poéticas, más allá quizá de él mismo, como un "rescate" que hace la conciencia mexicana del sentido profundo, creador, de la muerte, y puesto que el poeta nos enseña cómo crece la muerte, al compás de nuestra vida, no es remoto que mañana, él mismo o algún otro, que lo que importa es la Poesía, nos muestre también cómo de la muerte nace la vida, la vida mortal, limitada, que tiene un fin.

En su reseña, Paz realiza la lectura histórica de una poesía metafísica. En el ensayo, en cambio, hace exactamente lo inverso: la lectura metafísica de una poesía histórica y social. En *España en el corazón* Paz no ve ni su ideología ni su bagaje civil sino la revelación de un estrato metafísico: "Como universal y metafísica afirmación que es, significa que la invisible corrupción de la nada se muestra *visiblemente* y con su doble realidad, histórica e ideal, en la tierra y en los hechos, medible por el hombre y sus ojos".

Las dos lecturas se reflejan mutuamente, como en un espejo: Villaurrutia, poeta esencial, nos remite, en sus buceos en la muerte, a la historia concreta; Neruda, historiador de lo concreto, nos revela, en sus cantos sobre la materia, la poesía esencial. Las dos lecturas se complementan hasta cierto punto y son consecuencia de una poética en que confluyen poesía e historia. Sólo que una lectura invierte los

decisiva en un proyecto de novela que después pasó a ser *El laberinto de la soledad*; véase *Solo a dos voces*, p. 64.

elementos de la otra. Es decir, cada una demuestra, a su manera, hasta qué punto poesía e historia son intercambiables. Y el intento de síntesis que subyace a ambas revela no sólo una poética común; también un intento de autodefinición para el joven Paz, escindido en su admiración por dos modelos, dos poetas y dos tipos de poesía, distintos y, acaso, irreconciliables.

La llegada de Neruda a México en 1940, como cónsul general de Chile, extrema las tensiones ya implícitas en esa doble lectura. Con Neruda, Paz comparte, además de la poesía, la amistad de los españoles desterrados. También, durante esos años en que recrudecía la guerra, una decidida oposición al fascismo. Pero para entonces ya Paz empezaba a distanciarse de la izquierda, como indica el paulatino enfriamiento de sus relaciones con *El Popular,* y Neruda en cambio se afincaba en su estalinismo militante. La ruptura ocurre a raíz de la preparación de *Laurel* (1941), la célebre "Antología de la poesía moderna en lengua española", en cuya selección Paz trabajó junto con Villaurrutia, Gil-Albert y Emilio Prados. Como en otras ocasiones Paz ha contado la historia de su participación en esa empresa, resulta innecesario repetirla aquí.[43] Baste decir que Neruda se negó a colaborar, junto con León Felipe. La negación de Neruda no se debe enteramente, por cierto, al recelo mutuo entre él y Paz, aunque sí refleja e ilustra en parte las diferencias políticas y estéticas que separan a los dos poetas. Se debió, como éste cuenta, a la enemistad entre Neruda y José Bergamín, director de la editorial Séneca, que publica *Laurel;* así como también a su antipatía hacia Villaurrutia. En los meses que suceden a la publicación de *Laurel,* la amistad se desintegra: los poetas tienen un altercado y luego debaten públicamente. La ruptura violenta con Neruda no significa, tampoco, una ciega adhesión a Villaurrutia o una vuelta nostálgica a los Contemporáneos. Sí señala el inicio de un periodo de crisis y búsqueda en que ningún modelo, salvo el propio, satisface al poeta e intelectual que hay en

---

[43] "Poesía e historia *(Laurel* y nosotros)", en *Sombras de obras,* especialmente las pp. 48-56, y su *Xavier Villaurrutia,* especialmente las pp. 16-18. En este último Paz dice, explícitamente: "A mí se me ocurrió la idea de hacer la antología. Con ella quería mostrar la continuidad y la unidad de la poesía en nuestra lengua" (p. 16). Véase también, en esta misma recopilación, el posterior ensayo sobre la antología: "Espejo del alma".

Paz. No en balde José Luis Martínez, compañero de generación que por entonces lo conoce, lo recuerda como apasionado, distraído, discutidor, curioso lector, "pero también un poco perdido y confundido en este mundo en que siempre parece un recién llegado".[44]

En realidad, la ruptura con Neruda viene a culminar una serie de desencantos de signo político entre los cuales se distinguen dos hechos centrales. Uno de ellos fue, como he dicho, el pacto entre Alemania y la Unión Soviética en 1939. El pacto tuvo el efecto no sólo de suspender las relaciones con *El Popular;* también dividió al grupo de *Taller* y creó las suficientes disensiones en torno a la política de Stalin como para influir en el cierre de la revista en enero de 1941. El otro hecho fue el asesinato de Trotsky en México, cuyo extraño efecto en muchos intelectuales fue el de la indignación personal recubierta por una hipócrita reticencia pública. "Todavía en 1940 —recuerda Paz— seguíamos inmovilizados por el perverso sofisma que ha degradado a tantos intelectuales: criticar al régimen soviético es atacar a la revolución, denunciar los crímenes de la burocracia rusa y de sus cómplices es aliarse con los fascistas y con los imperialistas."[45] Es ese "perverso sofisma", por cierto, lo que explica la secreta coincidencia entre la poética de *Taller* y la del surrealismo a la que antes me referí. Secreto a voces, desde luego: la confluencia entre poesía e historia, al igual que la experiencia vital de la poesía, son postulados que *Taller* recoge secreta o indirectamente del surrealismo. Sólo que, por tratarse de postulados asociados con la figura de André Breton —quien desde 1930 había roto con la política cultural de la Unión Soviética—, su verdadera filiación no podía ser reconocida. Antes bien, *Taller* publica en su número 8-9 (enero-febrero de 1940), bajo la dirección de Paz, un violento ensayo de Luis Cardoza y Aragón que denuncia todo el movimiento como "demagogia de la poesía".

Son esas circunstancias políticas las que determinan, en gran parte, la errática, por no decir distorsionada, recepción del surrealismo en América Latina. Esa errática recepción determina, a su vez, un prejuicio estético generalizado en contra de lo que durante los años

---

[44] En José Luis Martínez, *El trato con escritores,* Instituto Nacional de Bellas Artes, México, 1961, p. 134.
[45] *Sombras de obras,* pp. 107-108.

cuarenta se percibe como el "amaneramiento" o retórica surrealista: mera mala literatura. Ya en "Ética del artista" el surrealismo aparece como "un motivo doctrinario". Las *Vigilias* hablan, a su vez, de "cierta clase de 'irracionalistas' a quienes mueve, más que la desesperación o la fe, el apetito impotente, la desesperación pequeña". Todavía en mayo de 1940 el propio Paz, al responder a una encuesta de la revista *Romance* (que se recoge en *Primeras letras),* afirma que "el surrealismo no ha hecho más que continuar lo que el romanticismo inició; ahora, abandonado por las *musas moderadoras* —las musas del lenguaje— ha caído en la literatura. Es decir, en un lenguaje hecho de lugares comunes". (Otro texto de Paz, que aparece en la sección de "Fuentes" de este libro, explica las circunstancias de esta respuesta.) Por último, dos años después, al final de la célebre conferencia "Poesía de soledad y poesía de comunión", se hablará de "las revueltas aguas del inconsciente" y de "toda esa literatura de erotómanos". Son todas típicas reacciones del momento. César Vallejo, en ataques mucho más violentos, utilizará fórmulas parecidas; y es bien conocida, en su célebre "Prólogo" a *El reino de este mundo* (1949), la referencia de Alejo Carpentier a "la artimaña literaria, tan aburrida" que para él representaba el surrealismo europeo. El propio Paz es, pues, partícipe, o quizá víctima, de ese prejuicio generalizado. Y en vano buscaremos referencias en estas *Primeras letras* a las respectivas visitas a México de Artaud o de Breton en 1936 o 1938, por ejemplo, o siquiera a la Exposición Internacional Surrealista que se realizara, justamente en México, en 1940.

La ruptura entre Paz y Neruda también tiene, a mi modo de ver, otro aspecto, ritual o simbólico si se quiere. En 1941 Paz cumple 27 años, ya ha publicado cuatro libros de poemas (si contamos el "cuaderno" de "¡No pasarán!"), amén de muchos poemas que aún no recoge en libro y una buena cantidad de prosa. Ha sido también, por otra parte, director de una importante revista literaria y colaborador, junto con otros poetas consagrados, en una antología de toda la poesía moderna en lengua española. Precisamente en ese año publicará otros dos libros suyos que son poemas extensos: *Bajo tu clara sombra* y *Entre la piedra y la flor.* Y a éstos seguirá, al año siguiente, la colección *A la orilla del mundo,* su séptimo libro, que recoge casi todos los poemas de esos años. Por tanto, el volumen de toda esa obra ya acredita para esa fecha una relativa madurez que a su vez suscita la independencia poética, moral y política. La ruptura con Neruda significa, a la vez, causa y efecto de esa independencia, sobre todo en vista de las múltiples diferencias que surgían entre los dos poetas, y la necesidad, por parte de Paz, de desarrollar una voz propia. Para 1941 Paz empieza a reclamar esa voz.

La voz se empieza a escuchar en esos dos poemas extensos. A diferencia de la recopilación que Altolaguirre había publicado en España, ahora los dos temas de erotismo y sociedad aparecen por separado. *Bajo tu clara sombra* de inmediato suscita comparaciones con *Raíz del hombre*, el otro poema de tema erótico que le antecede. Más que comparación, contraste. Ambos poemas trazan la trayectoria de la pasión amorosa: ávido comienzo, exultante culminación y solitaria resolución. Difieren, en cambio, en su estilo de presentación. *Raíz del hombre* es un poema desbordante, imperioso, un cruce entre el Neruda erótico y el sensualismo de D. H. Lawrence; *Bajo tu clara sombra*, en cambio, es un poema contenido, intelectual, casi retórico, que hace eco de la poesía de los románticos alemanes (sobre todo Hölderlin y Novalis) y de Rilke. Las fechas consignadas en el subtítulo ("1935, 1938") dan a entender, además, que es un poema "trabajado" a lo largo del tiempo; de hecho, su primera versión se remonta a "Helena" (1934), que recogía el librito publicado en España. En suma: *Raíz del hombre* es un canto apasionado que dramatiza el amor; *Bajo tu clara sombra* es una oda intelectual sobre el amor. El uno termina en una nota violenta y mortífera ("un ciego amor de ira, torbellino sombrío / donde tu nombre en sangre me devasta"); el otro, con ansias de un sosegado renacimiento ("que así me resucitas y me llevas, / inerme ante tu gracia / y por tu inmóvil música hechizado").

Entre *Raíz del hombre* y *Bajo tu clara sombra* media la misma distancia que entre los "Cantos españoles" y *Entre la piedra y la flor*. El último es un poema contenido de tema social: denuncia, sin gritar, la explotación del campesino yucateco. Describe los efectos de esa explotación, no las causas abstractas que la promueven. Para encontrar la explicación de esas causas hay que remontarse a aquellas lejanas "Notas", sobre todo sus últimas dos secciones, que Paz había redactado recién llegado a Yucatán. Incluso la actitud explícita hacia el paisaje mexicano, que forma el trasfondo del poema, ha de encontrarse en otro texto de la época: la reseña sobre la obra del paisajista José María Velasco, que *Primeras letras* también recoge, el segundo de los ensayos de Paz sobre arte (el primero es "Isla de gracia", de 1939). El poema, en cambio, reflexiona, a partir de una saludable distancia, sobre consecuencias concretas: la miseria del hombre, su tristeza y su soledad. En este sentido, *Entre la piedra y la flor* es un ejemplo más, como "El barco", de "poesía directa", sólo que ahora aplicada a un tema local, mexicano, y con un propósito igualmente ideológico y civil.

A la altura de 1941, por tanto, se oye en estos dos libros una sola voz sobria y contenida que reclama el derecho a explorar, por separado, los temas del amor y de la sociedad mexicana. *Bajo tu clara sombra* no será reseñado en ese momento. Pero de *Entre la piedra y la flor* Ermilo Abreu Gómez dirá, haciendo excepción de su acostumbrado malhumor: "No creo que se haya escrito, en la moderna poesía de México, ningún poema de más honda resonancia humana ni de más entrañable responsabilidad poética". Y José Luis Martínez, por su parte, dará en el blanco del poema: *"Entre la piedra y la flor* da un cierto paso, ya seguro, hacia una poesía mexicana auténtica y no nacional ni cosmopolita, porque se profiere desde México, y México no es en ella el tópico pintoresco ni revolucionario, sino la eternidad y la aspereza de un destino".[46]

En efecto, al subrayar que el poema no era ni nacionalista ni cosmopolita, Martínez hacía eco de la respuesta que el propio Paz había dado tan sólo un mes antes a la encuesta sobre poesía mexicana que publica *Letras de México*, la misma revista que incluía su reseña: "Tenemos que luchar contra el cosmopolitismo y el regionalismo —había escrito Paz entonces— para encontrar el acento justo, verdadero, nacional y universal". Esa defensa de Paz de la universalidad y contra el nacionalismo literario hacía eco, a su vez, de otras discusiones sobre el tema (el ensayo de Jorge Cuesta sobre "El clasicismo mexicano", por ejemplo) que circulaban desde los años treinta. Pero el

---

[46] Las reseñas se publicaron en *Tierra Nueva*, año II, núms. 9 y 10, mayo-agosto de 1941, pp. 173-174, y en *Letras de México*, año 5, vol. III, 15 de mayo de 1941, p. 4.

"acento justo, verdadero" que invoca será lo que él mismo llama, al final de su respuesta, la "autenticidad que rechaza, como indignos y falsos, todos esos intentos alevosos y preconcebidos de 'mexicanidad'". A esa conclusión llega Paz sólo después de haber trazado un proceso de enajenación histórica en el que la poesía desempeña un papel saludable, el mejor índice de la conciencia histórica del mexicano. Condicionado por una actitud de rechazo (de España, de lo indígena), el mexicano no se puede afirmar en su ser; y la única vez en su historia en que llega a lograr esto durante la reciente Revolución, es para corromperlo y perderlo: "Ahora todos hemos vuelto a la soledad y el diálogo está roto como están rotos y quebrados los hombres". La poesía, como la Revolución, provee la posibilidad de reanudar ese diálogo: una manera de conocerse y de combatir la soledad. La idea se remonta, desde luego, a aquella lejana "Noticia de la poesía mexicana", donde la historia de la poesía revela, en sus cambios, la historia de la identidad cultural; así como también a la reseña sobre *Nostalgia de la muerte,* que ilustraba un caso concreto de esa revelación. A su vez, cada una de las posteriores meditaciones de Paz sobre autores mexicanos —Pellicer, Revueltas, Ruiz de Alarcón, Vasconcelos— constituyen capítulos adicionales de esa misma historia. Pero la respuesta a la encuesta de *Letras de México* aporta otra cosa: un vínculo lógico entre historia nacional y soledad individual, además del papel saludable, diríase terapéutico, que tiene la poesía en relación con estos dos.

Ya hacia el final de *Entre la piedra y la flor* se invocaba, para condenarlo, un paisaje cuya topografía encarnaba el rencor y la soledad mexicanos:

> Arde en la soledad que nos deshace,
> tierra de piedra ardiente,
> de raíces heladas y sedientas.
> ....
> arde como la soledad que te devora,
> arde en ti mismo, ardor sin llama,
> soledad sin imagen, sed sin labios.[47]

---

[47] *Entre la piedra y la flor,* Nueva Voz, México, 1941, pp. 14-15. Paz incluye una interesante nota a este texto en *Poemas (1935-1975),* pp. 665-666.

Pero lo que con el tiempo llegará a ser el tema central de la obra de Paz ni siquiera era nuevo entonces. Las primeras formulaciones en torno a la soledad se encuentran, fuera de los primeros poemas, en las *Vigilias,* sobre todo en los primeros dos capítulos, donde el poeta, aislado del mundo, la somete a un análisis somero. Y aparece de manera aún más explícita en los dos poemas en prosa que complementan el diario y miscelánea: "El trabajo vacío" e "Inocencia". El tema aflora esporádicamente, desde luego, a todo lo largo de *Primeras letras.* De hecho, las líneas que Paz dedica, en 1942, a la pintura de Velasco valen para describir igualmente el escenario del diario íntimo y el paisaje yucateco: "Nada de lo que allí vemos intenta la complicidad de nuestros sentidos o de nuestros apetitos y su misión se reduce a aislarnos de lo humano y a provocar, más que un contagio o una comunión, un estado de soledad". Buena parte de lo que Paz escribirá durante sus últimos años en México estará dedicado a descifrar, por medio de la poesía, las causas de esa soledad. "Nuestra poesía es, en fin", escribirá entonces, en palabras que años más tarde serán casi citadas en *El laberinto de la soledad:*

> la otra cara, la de la vigilia, de un pueblo que si bien es callado y cortés, triste y resignado, ama el desorden y la incuria, un pueblo que grita y mata cuando se emborracha, aunque el resto del día permanezca hermético y velado, y que ha hecho, ciego y vidente a un tiempo, una revolución ayuna de teorías y a la que no podemos calificar de universal, sino de todo lo contrario: intuitiva y oscura, cargada de pasiones más que de ideas, de impulsos más que de propósitos, explosión, más que revolución, de una conciencia reprimida.

La observación es parte del preámbulo de "Pura, encendida rosa...", un ensayo de 1943 con el que Paz gana el primer premio en un concurso literario que patrocina ese año la Editorial Séneca. Pero al igual que aquella lejana "Noticia de la poesía mexicana", ofrecía más que sólo una crónica de nombres y títulos, ahora el ser del tímido mexicano se revela en la historia reciente de la poesía mexicana, de Othón a Villaurrutia. Una paradoja sintetiza esa historia: "la poesía mexicana es la expresión de esta timidez, de esta vergüenza".

No es accidental esa concepción práctica —o mejor dicho, *herme-*

néutica— de la poesía. Es una consecuencia más de la poética confluyente entre poesía e historia. A la interrogación, en los días de *Taller*, sobre la pertinencia histórica de la poesía, Paz responde descubriendo en ella una metáfora o síntoma de la conciencia reprimida, un "espejo del alma", como dirá más tarde a propósito de la antología de *Laurel*. En los escritos más tempranos esa conciencia encarna, como hemos visto, la propia identidad de México. Pero en ensayos posteriores la precisión histórica se atenúa para dar lugar a la identidad a secas. El paso decisivo se da en "Poesía y mitología", una conferencia inédita de 1942 (recogida en *Primeras letras*), y una de las dos que Paz lee durante una Semana Cultural del Instituto Nacional de Bellas Artes en el estado de Oaxaca. Con ambición histórica e información más actual (sobre todo la lectura de Roger Caillois, a quien el Paz de este momento tanto debe), la conferencia logra identificar en el mito la forma precisa del testimonio poético, o como dice: "la fabulación maravillosa de un conflicto psicológico colectivo". A su vez, la Poesía (que con mayúscula significa el espíritu de la literatura) figura como "creadora de mitos modernos", y sus obras como "condensaciones imaginativas, creación de mundos y de héroes que expresan conflictos sociales y contradicciones nacionales". De esta manera, el vocabulario derivado en este momento de la psicología profunda permite precisar las ideas que se habían esbozado en aquel lejano primer "capítulo" de las *Vigilias,* donde en lenguaje lírico e impreciso el joven Paz había aludido a "dos órdenes vitales distintos" de la realidad, y a cómo el mito constituía "una verdad más pura y duradera" por ser "el fruto de los sentidos y de la imaginación, de las más hondas exigencias y las más atroces necesidades del hombre".

Otros aspectos de la conferencia resultan más discutibles, desde luego, empezando por la evidente falta de distinción entre mito y mitología. Todo el recuento histórico de las relaciones entre poesía y mito —que abarca la segunda conferencia sobre la novela— incurre además en una serie de generalizaciones galopantes. Sin duda han de haber sido los ingenuos defectos de ese recuento los que hicieron que la primera conferencia permaneciera inédita y que sólo se rescatasen sus últimos párrafos en otra que con el tiempo sí llegará a hacerse célebre: "Poesía de soledad y poesía de comunión". En ese texto posterior, que Paz también lee en 1942 dentro de un ciclo que patrocina la Editorial Séneca sobre la obra de san Juan de la Cruz, se reduce la importancia del anterior recuento histórico y se favorece, a cambio, un corte transversal en el que la poesía "es, simplemente, poesía de soledad o de comunión". En "Poesía y mitología", san Juan y sus autocomentarios representan un primer momento en que se resquebraja la identidad entre poeta y obra; en "Poesía de soledad y poesía de comunión", en cambio, el santo encarna un momento histórico ejemplar en el que todavía resulta posible conciliar inspiración y razón, amor y sociedad, individuo y masa. Será en la obra posterior de Quevedo donde recaerá el polo de autoconciencia y soledad que se opone al comunitario de san Juan y que para Paz señala las primicias de la enajenación del poeta moderno. El argumento histórico resulta, desde luego, menos válido para san Juan que para Quevedo: la época del santo es también la de la Inquisición, mientras que Quevedo sigue siendo el verdadero precursor del "poeta maldito" moderno. Pero no es ésta la aportación más original del ensayo. Además de precisar el tema general de la soledad, realiza un valioso acercamiento entre poesía y religión que se viene gestando, por cierto, desde la época de las *Vigilias*. Como la religión, la poesía "procura tornar sagrado el Mundo", con la palabra "sacramenta la experiencia de los hombres", constituye "la revelación de la inocencia", de esa experiencia única "que está oculta por la rutina y la diaria amargura" y "rescata a lo cotidiano de la vulgaridad y unge con lo irreparable al instante". A diferencia de la religión, en cambio, la poesía es "sacrílega", "disidente" y "marginal", y la comunión que revela no organiza ni reparte, sino que la "dispersa en una empresa estéril y antisocial". He aquí el meollo de la poética de Paz, que con el tiempo habrá de articularse en *El arco y la lira* (1956), y que con justicia él mismo ha llamado "la maduración, el desarrollo y, en algún punto, la rectificación de aquel lejano texto".[48]

Leído hoy, en el contexto de estos primeros escritos, "Poesía de soledad y poesía de comunión" casi parece un manifiesto. Sus últimos

---

[48] *El arco y la lira*, FCE, México, 1956, p. 7.

párrafos (lo único que se salva de "Poesía y mitología") arremeten contra todo lo que huela a insincero dentro y fuera del entorno inmediato —desde "las revueltas aguas negras del inconsciente" a los "contrabandistas de la Hispanidad", pasando por "los papagayos y culebras nacionalistas que cantando expolian a la triste Revolución mexicana". Toda esa diatriba desaparecerá, desde luego, en la posterior versión revisada del ensayo, en parte sin duda por la contradicción que implicaba yuxtaponer las consabidas pullas contra el surrealismo a la defensa de "la parte hermética del romanticismo" y su "conciencia del delirio" que el ensayo también incluye. La defensa de una voz auténtica en esa tradición sobre la base de la marginalidad de los "herméticos" (Novalis, Nerval, Baudelaire, Lautréamont, Poe) ya revelaba, por cierto, el tipo de modelo que Paz el poeta reclama para sí. De hecho, buena parte de los poemas que recoge *A la orilla del mundo* en 1942 se asemeja a ese "hermetismo". Más de la mitad del tomo recoge poemas anteriores, desde los lejanos sonetos neobarrocos del *Tercer Taller Poético* hasta *Raíz del hombre* y *Bajo tu clara sombra*. La otra mitad la ocupan poemas más recientes, fechados entre 1939 y 1941, que en su tono sosegado y concepción intelectual continúan la misma veta de *Bajo tu clara sombra* y evocan los mismos ecos: Novalis está tan presente en "Noche de resurrecciones", por ejemplo, como lo están Hölderlin, Keats y Nerval en las nueve odas que constituyen la última sección.[49] Dentro de un tomo ambiciosamente recopilatorio, casi como proponiéndose demostrar la acumulación de una obra, los poemas más recientes resultan deliberadamente equilibrados, contenidos, maduros, como si buscaran (y en muchos casos de hecho lograran) ese punto medio entre intimismo y poesía social que había intentado la anterior recopilación publicada en la España en guerra.

La primera versión de "Poesía de soledad y poesía de comunión" se había publicado en el número 5 de *El Hijo Pródigo*, la última revista que Paz ayuda a fundar durante estos años y donde más colabora durante el año inmediatamente anterior a su partida de México. La

---

[49] La reseña de Eduardo González Lanuza subraya la presencia del romanticismo en el libro: *Sur*, 109, noviembre de 1943, pp. 70-74. Otra reseña de interés es la de Antonio Sánchez Barbudo en *El Hijo Pródigo*, año 1, núm. 1, 15 de abril de 1943, pp. 44-48.

revista, que se concebía "exclusivamente literaria" y artística, según Octavio Barreda, su fundador y primer director, logra reunir varios grupos dispersos de escritores: Contemporáneos como Villaurrutia, españoles desterrados como Sánchez Barbudo, y algunos como Paz, del disuelto grupo de *Taller*.[50] En este momento *El Hijo Pródigo* representa, sobre todo, una alternativa a *Cuadernos Americanos,* la otra prestigiosa revista que se había fundado en México un año antes. A diferencia del tono nacionalista de ésta ("un poco cerrada", según el propio Barreda, "a determinados valores mexicanos de promociones jóvenes"), *El Hijo Pródigo* permanece abierta a Europa y declara una fervorosa defensa del arte y la imaginación. "La poesía —reza el editorial del quinto número que precede al ensayo de Paz y que sin duda fue escrito por él— es una invitación a la rebelión y, por tanto, no una fuga de la realidad, sino un deseo de transformarla en algo menos estúpido y mecánico, en algo más libre e individual."[51]

Con tal defensa de la independencia de la imaginación frente a las exigencias de la política inmediata —corrían los años más duros de la guerra en Europa—, *El Hijo Pródigo* se situaba de esta manera en la misma línea de *Hora de España* y *Taller*. Paz es corresponsable de la revista hasta el número 7 (octubre de 1943), aunque sigue colaborando hasta el 31 (octubre de 1945) y forma parte del consejo de redacción hasta el último número. Colabora directamente 16 veces, con 12 textos de prosa y cuatro poemas. *Primeras letras* recoge toda esa docena, incluyendo "Poesía de soledad y poesía de comunión" y el cuarto capítulo de las *Vigilias*. Las afiladas reseñas de Paz rescatan las obras de los españoles desterrados (Aub, Cernuda, Dieste, García-Bacca y Varela), así como también de autores mexicanos (Othón y Yáñez). Pero aún más importante es la influencia indirecta que ejerce en la política editorial de la revista. Los tiempos han cambiado y *El Hijo Pródigo* publica a autores que antes habían sido semiprohibidos: surrealistas como César Moro y Benjamin Péret, trotskistas como Victor Serge, o escritores independientes como Jean Malaquais. Es a ese trío de escritores europeos, por cierto, entonces todos refugiados políticos en México, a quienes Paz ha identificado repetidamente

[50] *Las revistas literarias en México*, p. 236.
[51] "Imaginación y realidad", *El Hijo Pródigo*, año 1, núm. 5, 15 de abril de 1943, p. 270.

como los responsables de haberle mostrado "otra versión del marxismo", su aspecto crítico y disidente que en parte representan figuras como Trotsky o Breton.[52] Es Péret, de hecho, quien informa a Paz de la historia interna del cisma Breton-Aragon, de la cual el propio Péret fue testigo; al igual que es Serge, compatriota y admirador de Trotsky, el que lo pone al tanto de la disidencia de la cuarta Internacional.

Las nuevas influencias llevan, por tanto, a una visión política mucho más crítica. Crítica de la corrupción política del estalinismo, no de la validez del marxismo como pensamiento o visión del hombre. Entre los pensadores que Paz menciona en la primera versión de "Poesía de soledad y poesía de comunión" Marx figura, por cierto, como "el más profundo". Y en otro importante texto del mismo año, su reseña a *El positivismo en México*, del profesor Leopoldo Zea, emprende lo que equivale a una crítica marxista de ese célebre estudio. En él, Paz señala, por ejemplo, la omisión de Marx entre los autores del concepto de ideología; omisión inexplicable si pensamos que Marx es la fuente de todos los autores que Zea sí cita. Y al discrepar de las categorías históricas que el estudio utiliza, lo hace justamente para distinguir entre "los intereses sociales de la burguesía mexicana" y "la realidad política que se llamó el porfirismo" y que forman "los grandes latifundistas, verdaderos señores feudales, herederos de los bienes de la Iglesia". La crítica es relativa, pero significativa: muestra el marco de referencia específico que utiliza Paz a despecho de su marcada disidencia personal ante la política del momento. Emblema de esas tensiones será la publicación, a poco más de un mes de aparecer la reseña sobre el libro de Zea en *Sur*, de la polémica "Respuesta a un cónsul", que marca la ruptura definitiva con Neruda.[53] Pero la reseña sobre *El positivismo en México* (1943) tiene otro aspecto saludable: demuestra que no desaparece la preocupación por el tema nacional. Paz podrá criticar el método de Zea, pero merced a ese valioso estudio llega a entender que el positivismo, en México, había sido "un feudalismo anacrónico y que quiere vestirse a la moderna", así como "la incapacidad de los diversos gobiernos para resolver el

---

[52] "Es preferible escribir a reventar", p. 8.
[53] *Letras de México*, 15 de agosto de 1943, p. 5.

problema educativo en términos de coherencia con nuestra realidad". Años más tarde, en las páginas de *El laberinto de la soledad*, estas observaciones se resumirán bajo un solo rubro: "la simulación porfirista". En efecto, a la par que la diatriba final de "Poesía de soledad y poesía de comunión" y la crítica al libro de Zea, Paz se encuentra escribiendo una columna semanal para el diario capitalino *Novedades* en la que explora en parte los múltiples aspectos de "La mentira de México", para citar el título de una de ellas. La colaboración en *Novedades* viene a llenar el vacío que había dejado la renuncia a *El Popular*. Pero en tanto que éste había sido un periodismo partidario y, a veces, anónimo, el de aquél es independiente y con la responsabilidad de una firma en la página editorial. Las columnas se publican por intermedio de Edmundo Valadés, tío del escritor trotskista José Ferrer, cuya agencia periodística compraba y colocaba artículos en los diarios del país. Paz llega a publicar un total de 32 columnas semanales entre el 11 de marzo y el 24 de noviembre. De esas 32, *Primeras letras* recoge 26; dos fueron desechadas por el autor y las cuatro restantes reproducen artículos publicados en otras partes.[54] Al menos 11 de las columnas tratan el tema de México y muchas de ellas constituyen lo que podría denominarse una prehistoria de *El laberinto de la soledad*. De hecho, son su primera versión, o al menos su premonición. Las columnas de *Novedades* continúan la meditación sobre los rasgos del mexicano que se habían anticipado en otros artículos dispersos que ya he comentado y que el libro explorará en detalle: la desconfianza hermética del mexicano, el "ninguneo" de sus semejantes, el sentido profundo de su vocabulario privado, su gusto por la simulación y la doblez, su nihilismo reprimido. Falta en ellas tanto la perspectiva histórica como el afilado análisis psicológico —la fenomenología de la cultura mexicana—, que será la aportación más original del libro. No todas, desde luego, tratan el

[54] "Una nueva novela mexicana" (17 de mayo de 1943, p. 4) reproduce la reseña del mismo título en *Sur*, 105, julio de 1943, pp. 93-96; "Presentimiento de México" (21 de junio de 1943, p. 4) reproduce la misma reseña sobre *Juan Ruiz de Alarcón*, de Antonio Castro Leal (en *Sur*, núm. 106, agosto de 1943, pp. 107-110); "Un nuevo poeta" (12 de julio de 1943, p. 4) reproduce la misma reseña sobre *Entre apagados muros*, de Efrén Hernández, en *El Hijo Pródigo*, año 1, núm. 4, julio de 1943, p. 255; y "Prosa de poeta" (26 de julio de 1943, p. 4) reproduce la misma reseña de *Ocnos* en *El Hijo Pródigo*, año 1, núm. 3, junio de 1943, pp. 188-189.

tema de México: muchas abordan o bien la actualidad de la guerra o de la cultura, o bien temas más generales de filosofía e historia. Pero todas están regidas por el mismo afán costumbrista cuya motivación es el análisis moral. Y algunas, como por ejemplo "Los caballeros águilas" o "La jauría", rayan en la cólera y la indignación. Desde su columna, el Paz que frisa en los 30 años fustiga a su país y a su cultura —su corrupción política, la mala voluntad del nacionalismo, la retórica de una mal llamada izquierda— como muestra de su desilusión absoluta. El análisis moral de los fenómenos que Paz observa a su alrededor intenta desentrañar las razones de ese descontento.

"Y así, gracias a mis amigos de *El Hijo Pródigo* y a mis nuevos amigos europeos —dirá Paz al cabo de los años— pude encontrar una vía de salida del enredo moral, político y estético que me asfixiaba al iniciarse la década de los cuarenta."[55] A mediados de 1943, el joven ya autor de nueve libros (si incluimos éste) decide romper otra vez con su contexto. Para ello solicita y obtiene una beca Guggenheim con el proyecto de estudiar el tema de "América y su expresión poética". Como se sabe, Paz nunca llegó a escribir ese estudio, cuyo proyecto pedía encontrarle a toda la poesía del continente americano "aquellos rasgos que, sin aislarla de la tradición universal, la individualizan, le dan un perfil, un acento y una dirección nativas, originales".[56] Su estancia de más de dos años en los Estados Unidos, "no menos decisiva que la de España", como él mismo ha dicho, la dedicó a otra cosa: la lectura de la poesía norteamericana, que con el tiempo llegará a transformar la suya propia.[57] También, simultáneamente, a estudiar la cultura cuya comparación con la suya con el tiempo formará la base de *El laberinto de la soledad*. Una aventura que llevará a la reconciliación —con su país y consigo mismo. La salida de México en 1944 es muy distinta a las dos anteriores. A diferencia de Yucatán o España, Estados Unidos es otra cultura, otro idioma y otro clima intelectual. La beca sólo dura un año, pero la

[55] "Es preferible escribir a reventar", p. 8.
[56] Cito por el "Proyecto de estudio" que Paz presentó en 1943 a la John Simon Guggenheim Memorial Foundation como base de su solicitud de beca. Agradezco al autor y a la Fundación Guggenheim, sobre todo a su secretario, el señor Stephen Schlesinger, la consulta de este valioso documento.
[57] *Siete voces*, p. 231.

ausencia de México se prolonga otros ocho, y no será hasta 1953 (después de una larga estancia ininterrumpida en Europa, Asia y la India, donde Paz desempeña distintos cargos en el servicio diplomático mexicano) cuando Paz regresa —nuevo hijo pródigo— a su país.

Durante su ausencia, Paz seguirá colaborando en revistas mexicanas y del continente, sobre todo con los nuevos poemas que iba escribiendo. A más de dos años de su partida, una vez radicado en París, le envía a la revista *Letras de México* uno en el que reflexiona sobre su nueva vida e, indirectamente, sobre la época y la circunstancia cuya ruptura la había posibilitado. El texto completo dice:

> Llamar al pan el pan y que aparezca
> sobre el mantel el pan de cada día;
> darle al sudor lo suyo y darle al sueño
> y al breve paraíso y al infierno
> y al cuerpo y al minuto lo que piden;
> reír como el mar ríe, el viento ríe,
> sin que la risa suene a vidrios rotos;
> beber y en la embriaguez asir la vida,
> su plenitud redonda y fugitiva;
> bailar el baile sin perder el paso
> y dormir junto a un cuerpo luminoso
> que es un sol que se tiende en una playa;
> tocar la mano de un desconocido
> en un día de piedra y agonía
> y que esa mano tenga la firmeza
> que no tuvo la mano del amigo;
> probar la soledad sin que el vinagre
> haga torcer mi boca, ni repita
> mis muecas el espejo, ni el silencio
> se erice con los dientes que rechinan:
> estas cuatro paredes —papel, yeso,
> alfombra rala y foco amarillento—
> no son aún el prometido infierno;
> que no me duela más aquel deseo,
> helado por el miedo, llaga fría,
> quemadura de labios no besados:
> el agua clara nunca se detiene,

sólo una vez se abren ciertos cuerpos
y hay frutas que se caen de maduras;
en unos ojos descubrir el cielo,
el mismo en que de niño me perdía,
y volver a perderme en esos ojos;
saber partir el pan y repartirlo,
el pan de una verdad común a todos,
verdad de pan que a todos nos sustenta,
por cuya levadura soy un hombre,
un semejante entre mis semejantes;
pelear por la vida de los vivos,
dar la vida a los vivos, y a la vida,
y enterrar a los muertos y olvidarlos
como la tierra los olvida: en frutos...
Y que a la hora de mi muerte logre
morir como los hombres y me alcance
el perdón y la vida perdurable
del polvo, de los frutos, y del polvo.[58]

El poema se titula "La vida sencilla" y, cuando se recoge tres años después en *Libertad bajo palabra,* es el texto que cierra una sección de poemas llamada "Puerta condenada".

Primeras letras no es sino un esfuerzo por empezar a abrir esa puerta, por esclarecer una parte importante de los orígenes de un gran escritor, y por dar a conocer un volumen importante de prosa lúcida y valiosa que nunca antes se había recogido en forma de libro.

APÉNDICE
PRIMERAS PALABRAS SOBRE "PRIMERAS LETRAS"
(DIÁLOGO CON OCTAVIO PAZ)*

Los orígenes de la obra de Octavio Paz están en México a partir de 1931, cuando escribe sus primeros poemas y ensayos, y en España, donde en 1937, cuando asiste al Congreso de Escritores Antifascistas, descubre su

---

[58] *Libertad bajo palabra,* pp. 123-125.
* Éste es el texto de la entrevista que le hice a Paz con motivo de mis investigaciones para

mayor comunidad cultural. Durante esa primera docena de años (hasta 1943), Paz exploró su mundo, poblado con figuras tan brillantes como distintas entre sí —Xavier Villaurrutia y Pablo Neruda, Alfonso Reyes y Antonio Machado, Benjamin Péret y Victor Serge, Luis Cernuda y Juan Gil-Albert. A ese mundo respondió con su obra. El diálogo entre ambos la formó. Paralela a una media docena de libros de poemas tuvo una fecunda actividad editorial que abarca la fundación de cuatro revistas, incluyendo dos —*Taller* y *El Hijo Pródigo*— que a su vez tuvieron el genio de acoger la diáspora española de estos años. Junto a todo ello, una cincuentena de ensayos, notas, reseñas y poemas en prosa que, hasta muy recientemente, el autor nunca publicó en forma de libro.

La ausencia de un libro orgánico en esos primeros años resalta aún más si se compara con gran parte de la obra posterior, que a partir de *Las peras del olmo* (1957) recoge casi todos los ensayos publicados. Esa ausencia inicial obedece a dos razones. Una es la dispersión con que el joven Paz encara los temas que le interesan durante esos años y que dificultan su lógica cohesión en forma de libro —desde un diario poético hasta comentarios sobre la guerra de España, y desde primerizas críticas de arte hasta artículos de costumbre sobre México. La otra es la evolución personal de Paz inmediatamente posterior a este primer periodo. En 1943, en lo que no se puede llamar menos de una crisis moral, Paz rompe con su medio y se marcha de México. La ruptura significa un autoexilio que ha de durar toda una década, durante la cual Paz rehace su obra: literalmente *se* rehace, se hace otro. Con *Libertad bajo palabra* (1949), que el poeta ha llamado su "verdadero primer libro", y *El laberinto de la soledad* (1950) (re)comienza su obra. Todo, o casi todo, lo escrito antes de esa fecha por tanto quedará disperso —o bien será re-escrito en nueva clave.

La dispersión y re-escritura de ese primer e importante periodo en su obra ha llevado, a menudo, a la mala comprensión de sus orígenes. Así como todavía abundan estudios parciales que enfocan en este o aquel tema de la obra de Paz, excluyendo sus nexos con lo aledaño, así también abundan aquellos que confunden la autoconcepción del autor —y que es siempre una forma de invención— con los más austeros datos de la bibliografía. Fue esa confusión, y que por desgracia aún persiste, la que primero me llevó a investigar una biografía intelectual del célebre escritor mexicano, hoy laureado con el más alto premio de letras en el mundo. Los resultados de

la recopilación de dicho libro; se publicó en *Ínsula,* núm. 532-533, Madrid, abril-mayo de 1991, en el número de homenaje al otorgamiento del Premio Nobel.

esa investigación —que ya hoy, después de casi diez años, va llegando a su fin— dieron su primer fruto hace dos años en *Primeras letras (1931-1943)* [México y Barcelona, Editorial Vuelta y Editorial Seix Barral], la organización y estudio preliminar de este primer periodo de formación del escritor. Para ello, como digo en mi prólogo e introducción a este libro, realicé muchas investigaciones en bibliotecas mexicanas y españolas, así como también tuve el privilegio de conversar varias veces con el poeta sobre sus experiencias durante esos lejanos años.

Cuando, después de varias sesiones de trabajo en las que organizamos el libro, nos dispusimos a idear una presentación, nuestra primera intención fue incluir una conversación detallada en la que repasaríamos los temas de esas "primeras letras". Una vez sostenida y leída su transcripción, sin embargo, cambiamos de parecer y la remplazamos con nuestros respectivos textos. Nuestra decisión no invalida, en cambio, los méritos de la entrevista —en la que el autor abunda en no pocos datos sobre su vida en esos años— y es por eso que hoy me atrevo a darla a conocer.

El lector avisado comprobará, en efecto, que gran parte de mi introducción a aquel libro se basó en las revelaciones que me hizo Paz en ese día de principios de 1985. Al releer la transcripción ahora, con la distancia de cinco años, compruebo con sorpresa que en esa ocasión nuestro diálogo fue circular. Empezamos y terminamos hablando sobre José Lezama Lima —otro grande de las letras latinoamericanas, congénere de Paz y compatriota mío— y que, como Borges, nunca fue visitado por el laurel sueco. Mi lector sabe, sin embargo, que de alguna manera el Premio Nobel a Paz los reconoce a ellos. También, lo que representan los tres: la verdadera poesía.

Claremont, Ca., a 8 de enero de 1991

SANTÍ: *¿Serán éstos los años de* Orígenes?

PAZ: No, no. Son anteriores a la revista cubana. Es la década de los treinta, en realidad. En 1929 hubo un acontecimiento en la ciudad de México que unió a todos los jóvenes, la huelga estudiantil que tomó forma en la protesta universitaria. La huelga tomó una coloración vasconcelista, pero las razones no eran puramente políticas. Lo interesante es que había distintas escuelas secundarias, preparatorias y los que estudiábamos el bachillerato nos conocimos en ese momento. Ahí conocí yo a muchos jóvenes que después se hicieron escritores, otros se dedicaron a la ciencia, como Alberto Barajas, un matemático que fue buen amigo mío. Pero fue en ese momento que nos pudimos conocer todos.

—¿*Podría decirse que ése fue el origen de* Barandal?

—No, *Barandal* nació en la preparatoria. Pero claro, yo había conocido a varios de los muchachos que después hicieron *Barandal*. Un año después, en la última parte de la preparatoria, empezamos a hacer la revista. La vida universitaria en nuestros países de alguna manera siempre ha tenido relaciones con la evolución general de la sociedad y de las ideas. La generación anterior a la nuestra, los Contemporáneos, había sido la última en la que la influencia francesa fue definitiva. Algunos de ellos leyeron la literatura norteamericana, pero en general fueron muy influidos por la francesa. Nosotros, en cambio, también leímos a los franceses, pero nos interesó mucho la literatura hispanoamericana. En primer lugar, los españoles, por la *Revista de Occidente* y después *Cruz y Raya,* y además por la gran importancia en ese momento de la generación del 27. Hay que decir que los grandes libros de la generación del 27 van desde 1923 (los primeros libros de Alberti, Lorca, etc.) hasta 1936, cuando Cernuda publica la primera edición de *La realidad y el deseo*. De modo que este arco poético-literario de España fue muy importante. Leímos mucho a Ortega y Gasset, leímos mucho también a Gómez de la Serna. Y después en esos años aparece *Sur*. Había habido siempre relaciones bastante íntimas entre los mexicanos y los argentinos. Pero con *Sur* fue mayor. La primera revista extranjera donde yo colaboré fue ahí. En *Sur* empezamos a leer a Borges. Cuando Borges se convirtió en una figura mundial, a mí no me extrañó. Yo era un viejo lector de Borges. Incluso me parece que el último Borges no añade al Borges que hacía aquellos cuentos y notas tempranos. Aparte de esto se conocía a varios sudamericanos. En mi generación fue mucho más conocido primero Neruda que Huidobro. Fue un error de perspectiva. A Huidobro lo descubrí después, tardíamente. A los primeros poetas chilenos que leímos fue a Neruda y Gabriela Mistral. Ésta era muy leída en México —era semi-mexicana, tenía muchos amigos aquí. José Vasconcelos la había traído para trabajar en la reforma educacional. Otra cosa interesante eran los cubanos. Había la *Revista de Avance,* de la generación anterior a la mía, y por ella conocimos bastante a Jorge Mañach y a Juan Marinello (quien después vino a México y se hizo profesor), a Nicolás Guillén, Eugenio Florit y Emilio Ballagas. Eran muy leídos en México. Había ese conocimiento de los autores hispanoamericanos de ese momento. Al mismo tiempo, leímos mucho a los autores de la época —leíamos a los franceses. Ya te he contado que Proust para mí fue una pasión. Malraux también, aunque en otro momento de mi vida.

—*Ahora, Octavio, ése no es el momento de* Taller, *que es posterior al de la guerra española...*

—Claro, estoy hablando de los años de la universidad. Por cierto, otra cosa que leímos muchísimo fue los filósofos alemanes. No sólo los leímos: los tuvimos que estudiar. La influencia de Ortega y Gasset fue tan grande que, por ejemplo, en el curso de lógica del bachillerato, el profesor nos puso como texto no el antiguo positivista del profesor Parra, un profesor mexicano, sino uno de un discípulo de Husserl que se llamaba Pfänder. Una lógica absolutamente fenomenológica. Es decir, que la fenomenología era la filosofía que nosotros estudiábamos. Teníamos otras lecturas aparte. Leíamos muchísimo a Nietzsche y bastante bien a Marx y los marxistas. Las editoriales españolas publicaban mucho a Marx. Era el renacimiento de la izquierda española, por ejemplo la revista *Leviatán* de Luis Araquistain. También había una fascinación por el marxismo por parte de los católicos a través de la revista *Cruz y Raya*. Los católicos —como Bergamín y todo este grupo— sienten esa fascinación. Viene entonces el primer Congreso de Escritores Antifascistas que influyó muchísimo. Cuando André Gide, que era el santo y patrón de la generación de Contemporáneos, declara su crítica al comunismo, eso estremeció a todo el mundo, y sobre todo a los que éramos más jóvenes. Fue cuando leímos muchísimo a Malraux. Esto, claro, es anterior a *Taller*. Son años de fermentación desde *Barandal* hasta la guerra de España.

—*Cuando regresas de España ya te encuentras en un contexto completamente diferente.*

—Bueno, sí, en muy poco tiempo surgió el cardenismo en México. La izquierda empieza a tener una enorme influencia en el campo de la educación pública. No en la universidad, donde ocurre lo contrario. La universidad entonces sigue siendo el campo cerrado de la especulación pura y también del pensamiento más bien conservador.

—*Es esa circunstancia lo que permite, creo, que gente como Gaos, por ejemplo, desarrolle su obra sobre Heidegger.*

—Exactamente. Cuando Gaos llega ya nosotros teníamos una preparación, por más ligera que fuese. Conocíamos a Husserl, Scheler, Marx y habíamos leído los textos de Heidegger que se habían publicado en España y en Francia.

—*Y a Ortega, naturalmente. La preparación en el existencialismo parece haber sido muy fuerte.*

—Todo eso penetró profundamente. Pero antes de que llegasen los españoles había habido ya tomas de posiciones muy claras por parte de los marxistas. En el campo de la literatura, por ejemplo, había un grupo nacionalista, "telurista". Había que ser "telúrico", "americano". Los grandes modelos eran autores como José Eustasio Rivera, los novelistas de la tierra. Había un odio generalizado a los Contemporáneos, y naturalmente a la llamada literatura "artepurista" y cosmopolita.

—*Entonces, de alguna manera* Taller *trata de hacer su propio contexto porque no rechaza a los Contemporáneos.*

—Ahí está. Como en el caso de *Hora de España*, nuestra revista hermana, Taller trata de salvar lo mejor de la literatura anterior y se opone a la barbarie de los partidarios del realismo socialista y el nacionalismo literario.

—*Es el mismo gesto que se había visto en* Barandal, *¿no? Allí se habían publicado textos de Pellicer, Novo y Villaurrutia.*

—Sí, siempre hubo ese intento. Aunque hubo disensiones y críticas también. En realidad, el único que estuvo en contra fue el poeta Efraín Huerta, quien seguía la línea del partido comunista. Los demás, al contrario, fuimos amigos de los Contemporáneos. En *Taller* hicimos lo mismo. Aparecen con mucha frecuencia los nombres de Cuesta, Villaurrutia, Ortiz de Montellano, Pellicer, de todos ellos. Uno de los primeros comentarios a la obra de Gorostiza, por ejemplo, aparece en *Taller.*

—*Ese texto, "Razón de ser", explica un poco la postura.*

—Sí, ahí se explica nuestra simpatía por la Revolución. Al mismo tiempo, no excluía nuestra antipatía por los programas literarios de los revolucionarios, ni nuestra solidaridad con la vanguardia de los años veinte.

—*¿Esa postura abarcadora les valió críticas y censuras de otros grupos?*

—Sí, pero no demasiado. Había un poco el espejismo del Frente Popular. Pensaban que nuestra actitud no era totalmente reprobable. A veces nos criticaban pero no mucho porque fundamentalmente coincidíamos en nuestra actitud antifascista, que era lo esencial. Es lo que nos preservaba un poco. Sin embargo, en el seno de *Taller,* como he explicado en otra parte, había muchas disensiones internas. Sobre todo después del pacto germano-soviético en 1938. Ese pacto nos dividió. Tanto que *Taller* dejó de salir. La causa fue que ya no teníamos dinero, pero es cierto que las diferencias eran muy violentas. Esto fue muy terrible. Después ya surgió *El Hijo Pródigo* que extrema la nota, sobre todo en los primeros números. Creo que influí bastante, como también Villaurrutia, en que aparecieran algunos escritores surrealistas, como César Moro y Benjamin Péret. No habían aparecido normalmente en *Taller* porque ellos eran trotskistas. Finalmente, aparece Víctor Serge. Por desgracia, *El Hijo Pródigo* después cambió de ruta. Yo me siento corresponsable hasta el número 7. Esta línea de independencia —imaginación y realidad, independencia de la imaginación frente a las exigencias de la política inmediata— se quebró poco a poco, y al final se convirtió en una revista ecléctica. Yo creo que el eclecticismo ha sido uno de los vicios, pecados, de la clase intelectual mexicana. Estoy por el escepticismo pero no por el eclecticismo. Un buen escéptico no es ecléctico. El escéptico es más bien intransigente.

—*Uno de los textos más interesantes que publicaste en* Taller *es ese diario, las* Vigilias. *Según me has dicho, las escribías en una libreta, parte de la cual luego se perdió. Las partes que ahora publicamos fueron las que se salvaron. ¿Qué te hizo llevar un diario?*

—Yo creo que lo escribí por necesidad de expresarme. No tenía en dónde escribir. Lo que escribía era demasiado íntimo, y lo escribí en 1935, un poco antes de que empezara a publicar. Fue un momento en que trabajaba en el Archivo General de la Nación, acababa de perder a mi padre, estaba muy pobre y vivía muy mal. En el archivo me habían dado ese empleo. Había muy poco trabajo porque yo no era paleógrafo ni nada que se le pareciera. Me usaban para llevar y traer papeles. Y así en muchas horas libres, en aquellas tardes de tedio, leía muchísimo. Y cuando no leía me ponía a escribir con la idea de hacer algo. Y eso fue lo que salió.

—*Sí, evidentemente es un diario íntimo. Lo que a mí más me llama la atención es que no sólo te sirvió para conocerte, sino también para analizar tu propia poesía. A veces me recuerda* La Vita Nuova.

—¿Tanto? Bueno, es un gran elogio...

—*Aunque no te lo digo por la calidad sino por el formato. Me refiero a yuxtaposición de poesía y prosa con el propósito de desentrañar lo que revela el poema.*

—Quizá sea una predisposición mía (y de Dante, ¿por qué no?). Creo que es una línea constante en la historia de la poesía europea, de Occidente. Aparece en Dante, de un modo muy claro, en Baudelaire, en Antonio Machado. En mí siempre ha habido una necesidad de reflexionar sobre lo que he escrito. Pero te diré que a veces el diario me parece un poco cursi, ingenuo. Yo fui publicándolo porque me parecía que tenía una calidad literaria. Lo que no publiqué, porque era demasiado íntimo, lo suprimí y luego se perdió.

—*Ahora, Octavio, antes de la guerra y antes de* Taller *tú habías ido a Yucatán, ¿no es cierto?*

—Sí, yo escribí las *Vigilias* antes de irme a Yucatán. Me fui en 1937.

—*¿Qué fuiste a hacer ahí?*

—Yo había estudiado literatura en la Facultad de Filosofía y Letras de la Universidad. Toda mi familia era de abogados, aunque ninguno ejerció derecho y todos eran escritores. Estudié derecho porque mi familia lo quería. Pero cuando terminé no quise recibirme. Me pareció todo aquello horrible. Murió mi padre. Me fui a Yucatán porque me ofrecieron un puesto y era la manera de alejarme de México, y de no terminar la carrera de abogado y de hacer algo distinto. Me ofrecieron el puesto de director de una escuela para hijos de obreros, pero yo era muy joven y entonces fui de secretario. Invité a un amigo mío mayor, abogado, que sí lo podía hacer. La escuela para hijos de obreros y campesinos me enfrentó a la realidad real de México. Ahí estuve unos meses. Al poco tiempo recibí una invitación para ir al Congreso de Escritores Antifascistas, y me fui.

—*A tu llegada a Yucatán, escribiste ese hermoso texto, "Notas".*

—Sí, me lo pidió un amigo poeta, Clemente López Trujillo, hoy olvidado, que era dueño del *Diario del Sureste.* También me lo pidió el director del suplemento de *El Nacional,* Héctor Pérez Martínez. Son mis impresiones de recién llegado. Imagínate que era para mí la primera vez fuera de mi casa. En una sola ocasión, a los 17 o 18 años, había viajado a Veracruz. Hasta entonces no había conocido el mar. Después, decidí vivir solo durante una temporada larga cuando era estudiante y rompí con mi familia. Pero nunca había vivido fuera de la ciudad de México. De modo que la primera vez que lo hago fue en Yucatán. Y Yucatán no es sólo una provincia de México como cualquiera otra. Es mucho más. Es casi otro país. No es otro país, claro está, pero es otra cosa. En primer lugar, por la influencia muy profunda de lo maya: más que en ningún otro lado. En segundo lugar, los mestizos. En tercer lugar, los yucatecos, que no son totalmente mexicanos y que miran hacia el Caribe. Son gente muy definida y refinada.

—*Sí, algo de eso se refleja en tu texto. Lo que me impresiona es tu capacidad de análisis. Por ejemplo, tus descripciones de la arquitectura, de la luz de Yucatán, en relación a la de la meseta, y su relación con el carácter de los yucatecos. ¿Podríamos hablar de otro texto, "Isla de gracia"?*

—Es sobre Creta. Imagínate que nunca he estado en Creta. Ese texto lo escribí a petición de Manuel Rodríguez Lozano, que era el director de la revista *Artes Plásticas,* una revista de lujo. Me preguntarás por qué me gusta Creta. Siempre me han interesado los comienzos de civilización —o bien los lugares fronterizos. Por ejemplo, Cuba es interesante también por eso —esa indecisión o transición racial y cultural. Yucatán también tiene ese encanto especial. Los comienzos y los fines me interesan mucho. También los momentos de indecisión. Y Creta es eso: realmente no es Grecia, ni tampoco lo anterior, Egipto, ni es Asia tampoco. Tiene una gracia especial por lo efímero que es, realmente.

—*Después que regresas de España, uno de los diarios mexicanos en que colaboras es* El Popular.

—*El Popular* fue el diario que fundó la Confederación de Trabajadores de México (CTM) El secretario de la CTM, y el director del diario, era Vicente Lombardo Toledano. El periódico se funda con gente cercana a él y a la CTM. Colaboré bastante y de dos maneras. Como periodista, sin firma, en muchas secciones; y después, con firma, en la página editorial sobre todo. Esto fue hasta el pacto germano-soviético. Ahí dejé de colaborar. Les dije que no haría mi ruptura pública, que no estaba seguro y que había perdido toda la fe, que yo había sostenido desde muy joven la idea de que los revolucionarios no podíamos pactar con las democracias burguesas. Me habían convencido que esta teoría era falsa y que el enemigo común era Hitler. Entonces me adherí con entusiasmo al Frente Popular, había estado en España, había defendido todo el tiempo esta doctrina, y ahora veía yo un pacto que no entendía. Como no quería romper abiertamente con ellos, dejaba de colaborar. Así lo hice. Después, cuando Hitler invadió Polonia, volví a colaborar una temporada corta, con mi nombre a veces, pero muy poco. Finalmente, lo dejé. La ruptura con los comunistas es, como con la Iglesia, no un golpe sino un forcejeo —uno rompe, se reconcilia, hasta que finalmente hay una ruptura definitiva.

—*Cuando regresas de España te encuentras que llega a México una cantidad enorme de escritores españoles importantes. De pronto muchos de ellos empiezan a colaborar en* Taller.

—En España había encontrado que la generación española que hacía *Hora de España* tenía mucho que ver conmigo, que sus problemas eran semejantes a los nuestros. Pero los mexicanos no nos habíamos planteado los problemas de la misma manera que los españoles.

—*Y que de esa manera iluminaba los problemas de los mexicanos.*

—Exactamente. Por ejemplo la ponencia de Arturo Serrano Plaja y del grupo de *Hora de España* sobre "Poesía y Revolución" en el Congreso de Escritores Antifascistas. Significaba la búsqueda de un *modus vivendi* intelectual con el Partido Comunista. Era difícil. Había que conservar la independencia de los escritores sin romper con los comunistas. En realidad, lo que intentó Sartre diez o quince años después ya los españoles y nosotros lo habíamos intentado. Esto fue lo que los españoles quisieron hacer y no pudieron, lo que quiso hacer *Taller* y no pudo. Y lo que muchos años después Sartre quiso hacer y tampoco pudo. ¿La moraleja? No se puede pactar con el poder, sea el de un partido o el Estado. Hay que preservar la independencia y nada más.

—¿*Con cuáles de los escritores españoles te sentiste más cercano?*

—Bueno, con Serrano Plaja naturalmente. Los problemas de moral poética que él se había planteado estaban muy cerca de los míos. La poesía de Serrano Plaja, sin embargo, está muy alejada de la mía, tocada por la poesía de Antonio Machado y otras tendencias. Otras personas fueron Juan Gil-Albert y Ramón Gaya.

—*Tú escribes durante esta época algunos textos conmovedores sobre esta juventud española.*

—Sí, ellos pensaron que yo era uno de ellos. Mi amistad también fue con gentes mayores, con Alberti, a quien conocí en México, con Bergamín y, sobre todo, con Altolaguirre. En la imprenta de *Hora de España* fue precisamente donde conocí a Luis Cernuda. Fui a corregir un poema que yo les había dado y me lo encontré haciendo lo mismo. Me lo presentó creo que Gil-Albert. Estuvo muy amable y me dijo: "Cometí la indiscreción de leer su poema porque aparece en el mismo número que los míos. Quiero felicitarlo, me encanta". Eso me llenó de orgullo porque yo acababa de leer en México la primera edición de *La realidad y el deseo*. Pasaron los meses, la gran catástrofe del fin de la guerra, y un buen día, ya de regreso en México, recibo una carta de Luis Cernuda recordándome aquel encuentro en la imprenta de *Hora de España* en Valencia. Me preguntaba qué le había pasado a sus compatriotas porque les había escrito cartas pero no contestaban. Le contesté que muchos de ellos estaban en México, que les escribiese aquí y le mandaba la dirección de muchos de ellos. Con eso comenzó una larga correspondencia. Sólo terminó cuando Cernuda vino a México muchos años después. Cuando yo me fui a los Estados Unidos en 1943 todavía los alemanes bombardeaban Inglaterra. Cernuda me mandó su libro como quien espera la muerte. Cuando terminó la guerra, en 1945, al pasar por Londres, le devolví su libro.

—*Ahora, Octavio, explícame un poco cómo fue que empezaste a colaborar en* Novedades.

—Imagínate que después de lo de *El Popular* me quedé sin un centavo. El gran problema de aquella época, para todos los jóvenes, era no cómo vivir, sino cómo sobrevivir. Tenía los empleos más increíbles. Por una parte, trabajaba en la Comisión Nacional Bancaria, donde quemaban los billetes. Ese empleo me lo consiguió Eduardo Villaseñor. Cuando me quedé sin el trabajo de *El Popular* me encontré con un amigo, José Ferrer, que era trotskista y además el primer traductor de Rimbaud al español (tradujo también a Lautréamont). José tenía un tío, historiador y periodista, que se llamaba Valadés. Valadés fundó una agencia periodística que compraba artículos y luego los colocaba. "Los artículos suyos —me dijo— van directamente a *'Novedades'*." "Nunca me van a aceptar —le respondí—, no tengo nombre, no tengo prestigio, y los hago porque me gusta." Los aceptaron, después de todo, aunque no me pagaban directamente sino a mis agentes. Debo decir que la comisión que me cobraban era insignificante. Era muy generoso Valadés. Pero todo era muy distinto. Había tenido la experiencia del periodismo partidario. Pero colaborar una vez a la semana con tu firma era muy diferente.

—*Entre ellos hay cosas muy interesantes, claro. Pero hay otros en que se ve que los escribías por el sueldo. Por ejemplo, ése llamado "Divagación sobre el lector"...*

—Y sin embargo, fíjate que fue uno que le gustó muchísimo a José Vasconcelos. Vasconcelos no fue mi amigo. Lo veíamos con un poco de horror porque se había declarado no sólo conservador sino militante fascista. Pero yo lo admiré mucho. Además, él había sido amigo de mi padre. Un día le vi en la Editorial Séneca donde ambos participábamos en un diálogo sobre san Juan de la Cruz que había organizado Bergamín. Gaos me mandó ejemplares del diálogo y me pidió que fuese a ver a Vasconcelos para que revisase y aprobase sus intervenciones. Le fui a ver y me dijo: "qué gusto verle. Yo soy un gran lector de sus artículos, me gustan muchísimo y este último sobre el lector me parece espléndido". Fue cuando me dijo aquella frase: "Dedíquese a la filosofía. Es lo más serio después de lo que verdaderamente vale la pena, que es la religión. Vida no da, pero nos defiende de la muerte. En cambio, la religión nos da vida". Muchos años después hice un poema citando a los dos filósofos de mi lengua. Primero Vasconcelos y después Ortega, quien me dio el mismo consejo. "Dedíquese a la filosofía, aprenda alemán y póngase a pensar. La tienda de la literatura está cerrada. En París no lo saben. Lo único que queda en Europa, en Occidente —y usted es occidental aunque usted no lo sepa—, es el pensamiento. Olvide lo demás."

—*Algunos de los artículos de* Novedades *constituyen una prehistoria de* El laberinto de la soledad. *¿Qué te llevó en 1943 a explorar estos temas?*

—En realidad en *El laberinto de la soledad* hay mucho de conversación de café —las quejas sobre el país, etc. Lo que me llevó a explorar estos temas fue una desilusión absoluta con el ambiente que me rodeaba. No sé si se nota a veces la cólera que yo sentía de estar en México. *El Hijo Pródigo* (como ahora *Vuelta*) estaba rodeado de la mala voluntad de la izquierda y de los nacionalistas. Hay que pensar que el primer número de *El Hijo Pródigo* hizo que Diego Rivera condenara a Ramón Gaya por el texto que había escrito sobre Posada. Rivera pidió que se le aplicase el artículo 33 de la Constitución —nada menos que expulsión del país. Al resto de los mexicanos que colaboramos nos pidió el 30-30, que era como matarnos. Era una broma, claro —un linchamiento simbólico, sólo que a veces ese símbolo suele ser el preludio de un linchamiento real. En desagravio a Gaya, le dimos una cena sus amigos. Todavía recuerdo con asombro que en la Feria del Libro de ese mismo año, que coincidió con la aparición del primer número de *El Hijo Pródigo,* pasó un comunista español llamado Sánchez Ventura que me dijo: "¿Cómo es posible, Octavio, que usted colabore en esta revista infame?" Cogió el número de *El Hijo Pródigo,* lo partió en dos y me dijo que era "por el artículo de ese maricón de Gaya sobre Posada". Todo era, claro, porque habíamos tenido dificultades con Neruda ese mismo año. Aparte de la cuestión ideológica, había también la asfixia. Yo no estaba contento en un país donde la mentira, la corrupción, predominaban.

—*Los títulos de algunos de los artículos lo revelan: "El auge de la mentira", "La mentira de México", "La jauría"... Pero anterior a éstos, que son los más tardíos, están "El vacilón", "Don nadie y ninguno" y "Viva México, hijos..." donde se muestra una gran preocupación por desentrañar las razones de ese descontento.*

—Empecé a escribir de lo primero que se me ocurrió. Y resultó que aquello tuvo un gran éxito.

—*Algunos de estos textos me recuerdan un poco a los artículos de costumbres de Larra.*

—Sí, es posible. La premonición de *El laberinto de la soledad* está ahí, en efecto. Aunque *El laberinto* tiene más pretensión histórica.

—*Octavio, en este primer periodo llama mucho la atención este interés tuyo por hacer revistas, desde* Barandal *y* Cuadernos del Valle de México *hasta* Taller *y* El Hijo Pródigo.

—La generación de vanguardia, la anterior a la mía, fue la generación de las revistas y de los manifiestos. Yo heredé un poco de eso. Incluso te diré que *El arco y la lira* es un poco un manifiesto, como también que *Los signos en rotación* fue primero publicado por Murena, en *Sur,* como un "manifiesto poético". Pero esas primeras revistas no las hice yo. Las hicieron mis amigos y yo formé parte de esos grupos, sin quererlo. *Taller* lo mismo, aunque fui yo después quien se ocupó porque nadie se ocupaba. Me pareció urgente que la revista continuara. Lo mismo en el caso de *El Hijo Pródigo.* Cuando regresé a México e hice *Plural* primero y luego *Vuelta,* fue otra vez con amigos. *Plural* fue una empresa más bien solitaria. Los problemas de tipo moral que me había planteado —la relación del escritor con la sociedad, con las ideologías de la época— seguían siendo vivos. En América Latina, esos problemas no habían sido planteados de un modo total, riguroso y exigente. Las revistas en las cuales yo había participado no se los habían planteado. Ni la *Revista de Occidente* ni *Contemporáneos* se los plantearon. *Sur,* donde colaboré mucho, se los planteó, pero de una manera negativa. El escritor no debe contaminarse: una cosa es la política y otra es la literatura, cosa que es y no es verdad: la política es la historia al igual que la literatura. La única revista que se los planteó de un modo más complejo, en sus últimos números, fue *Cruz y Raya,* pero desde un punto de vista católico y marxista. El diálogo, sin embargo, no es entre el catolicismo y el marxismo, sino entre los escritores independientes y las ideologías de la época, sea el marxismo o el fascismo. En Francia, y en otros lados del mundo, se plantearon otros problemas. Pero en América Latina, no. De modo que cuando regresé a México después de tantos años de ausencia y de los acontecimientos terribles de 1968, y una vez disipada la embriaguez del movimiento estudiantil, entonces me pareció útil y oportuno volver a esos temas, pero desde otra perspectiva. Es decir, después de la crítica del estalinismo, los grandes trastornos de los años sesenta y lo que había pasado con la Revolución mexicana. Eso es lo que hemos querido hacer en *Vuelta,* y no sólo yo, porque no es una revista mía, ni mis puntos de vista siempre son los fundamentales. Pienso sobre todo en gente como Gabriel Zaid y Enrique Krauze. La novedad no ha sido literaria sino moral. Volver a plantear el tema de las relaciones entre la cultura y la política. *Taller* se los había planteado, claro, pero de un modo obsequioso: no hay ni una sola crítica a la Unión Soviética. Había el tabú de no atacar a la Revolución.

—*Octavio, este libro recopila textos entre 1933 y 1943. Has dicho varias veces que este último año marca un hito en tu vida. ¿Qué termina y qué comienza ese año?*

—Bueno, mira, el estado de espíritu en el cual me encontraba se expresa en los últimos artículos. No de desencanto sino más bien de ebullición y de insatisfacción absoluta. Había conocido a los escritores europeos que vivían en México —como Victor Serge— que daban otra perspectiva de la política y de la poesía. Y había empezado a leer con otros ojos la poesía moderna. Me ahogaba en México. Necesitaba irme. Creo por eso que fue bueno romper en un momento dado con mi pasado e irme primero a los Estados Unidos y luego a Europa. ¿Qué acabó? Pues acabaron los años de iniciación. ¿Qué comenzó? Pues una tentativa de exploración, de la poesía moderna, una reconciliación. Cuando yo empecé a escribir era el final de la Vanguardia. Los viejos vanguardistas habían regresado al orden. Borges empieza a escribir alejandrinos, Villaurrutia escribe décimas, incluso Cernuda regresa a la tradición. Algunos, como Guillén, nunca la abandonan. Mis primeros poemas fueron como la excepción a la vanguardia. De pronto, en esos años redescubro otra vanguardia, una experiencia distinta. En esto me precedió otro poeta: Lezama Lima. Creo que Lezama y yo somos los que iniciamos una exploración distinta de la poesía que no era simple imitación ni tampoco regreso a los modelos tradicionales. Después, siguieron otros poetas como Enrique Molina, Parra, y Cortázar (por la prosa, claro). Cada uno por un camino distinto pero todos a partir de una ruptura con la vuelta al orden y rehusarnos a la poesía política. Lo que termina y comienza es un periodo poético; comienza una época de reflexión y de aventura solitaria. Durante mucho tiempo no colaboré en revistas mexicanas, viví muy al margen de todo lo que pasaba en América Latina. De vez en cuando colaboraba en *Sur* porque seguía mi vieja amistad con Pepe Bianco, y también colaboré en *Orígenes*. Yo lo quise mucho y admiré a Lezama Lima, aunque nunca lo traté personalmente.

III. EL LIBRO DE LAS MUTACIONES: "LIBERTAD BAJO PALABRA"*

1. Libro de cambios

"Libertad bajo palabra (1935-1957)" es el libro de la formación poética del escritor mexicano Octavio Paz (1914). Consta de 207 poemas, algunos de ellos entre los más conocidos de su obra y de toda la poesía hispánica, como *Entre la piedra y la flor,* "Himno entre ruinas" y *Piedra de sol.* Es también uno de los libros donde mejor se puede apreciar la abundancia, excelencia y variedad de la obra poética de Paz. Esa virtud bastaría de por sí para explicar la popularidad de que disfruta y la influencia que sigue ejerciendo en la poesía hispánica contemporánea. Si nos dejáramos llevar por las fechas del título, que reflejan el periodo entre los 21 y 43 años del poeta, pensaríamos que se trata de una simple antología de este periodo clave en su vida y obra. Es cierto que el libro recoge muchas versiones revisadas de poemas escritos durante esos años. Pero tal descripción distorsionaría la verdadera naturaleza cambiante del libro, así como su íntima conexión con la vida (real o inventada) del poeta. Más cierto aún es que la edición que hoy se publica se fue gestando durante más de 50 años, y que el título *Libertad bajo palabra* nombra a varios textos (y no uno, como se suele pensar) en la larga obra de Paz: un poema que data de fines de los años cuarenta; un libro de 74 poemas publicado en México en 1949; una monumental recopilación de 1960 que recoge ese libro y duplica su extensión con otros ocho libros suyos; una nueva edición de este último en 1968 que reordena los poemas y excluye muchos; por último, la primera sección de una compilación de su obra poética de 1979. El presente texto —su

* Éste es el texto de introducción a mi edición crítica de *Libertad bajo palabra (1935-1957),* que en 1988 preparé para Ediciones Cátedra de Madrid.

primera edición crítica— se basa en este último pero, fiel a su tradición, también lo cambia. Libro de cambios: cambio de libro.

En 1979, con motivo de la publicación de *Poemas, 1935-1975,* su última recopilación, Paz decía: "Equidistante de la antología y de las poesías completas, este libro reúne mi obra poética —mía tanto como del tiempo y sus accidentes"—.[1] Lo dicho sobre *Poemas* se aplica perfectamente a *Libertad bajo palabra.* Se trata de una "obra poética" tal como la ha ido construyendo el poeta en sucesivas revisiones guiadas por su lectura crítica y su memoria. Estamos, pues, ante un libro que es también una vida, o al menos una significativa porción de ella (entre 1935 y 1957), tal como su autor lo ha reescrito sucesivamente. De ese libro se podría decir lo mismo que de *Les Fleurs du mal* de Baudelaire, *Leaves of Grass* de Whitman, los *Cantos* de Pound, *Cántico* de Guillén o, de hecho, lo que el propio Paz ha dicho sobre *La realidad y el deseo* de Cernuda: "ha crecido lentamente como crecen los seres vivos".[2] También se podría decir que ha cambiado lentamente como cambian los seres vivos. No obstante ese parecido, la analogía con esa tradición es relativa. Aquellos son *libros totales,* enciclopedias del ser poético que reúnen la totalidad de la obra bajo un solo título; el de Paz es un libro total pero inscrito en el tiempo, limitado por las fechas del título: comienzo y final de una época que sus poemas registran y revisan periódicamente. De ahí la paradoja del título: la libertad del libro, la totalidad a que aspira, es siempre condicional, limitada. Si bien *Libertad bajo palabra* ha sido su más célebre libro de poemas, no ha sido ni el único ni el último: sólo el tiempo dirá si algún día reunirá toda su obra bajo ese título.

Resulta importante, para comenzar a darnos una idea más cabal del libro, abordar su largo y complejo historial, sus distintos periodos de gestación. Una primera observación: su formato recopilatorio data de 1960. Ya esa edición de 316 páginas, 225 poemas distribuidos en cinco secciones,[3] contenía la siguiente "Advertencia" anónima:

[1] *Poemas, 1935-1975,* Seix Barral, Barcelona, 1979, pp. 11-12. En lo sucesivo toda referencia a esta edición aparecerá bajo las siglas LBP4.
[2] "Apuntes sobre la realidad y el deseo", en *Corriente Alterna,* Siglo XXI, México, 1967, p. 15.
[3] *Libertad bajo palabra. Obra poética (1935-1958),* FCE, México, 1960. Se publicó en la serie "Letras mexicanas". Toda referencia a esta edición aparecerá bajo las siglas LBP2.

Bajo el título de uno de su libros más conocidos, este volumen contiene la obra poética de Octavio Paz desde 1935 hasta 1958. Se han excluido los poemas de adolescencia, con la sola excepción de cuatro composiciones iniciales en la sección "Puerta condenada". El autor, además, ha desechado algunos poemas; otros aparecen en versiones corregidas y, en fin, se recogen muchos inéditos o que sólo habían aparecido en revistas y periódicos. El libro está dividido en cinco secciones. La división no es cronológica (aunque tiene en cuenta las fechas de composición) sino que atiende más bien a las afinidades de tema, color, ritmo, entonación o atmósfera [LBP2, p. 7].

La "Advertencia" aclaraba varias cosas. Primero, que el título del libro se deriva de otro anterior. En efecto, en 1949 Paz ya había publicado, en México, *Libertad bajo palabra,* un libro de 134 páginas, 90 poemas distribuidos en seis secciones que incluían poemas escritos a partir de 1932.[4] Segundo, que la edición de 1960 excluía, con contadas excepciones, "poemas de adolescencia"; los incluidos aparecían en versiones revisadas. Y tercero, que la división del libro alteraba la secuencia cronológica a favor de una ordenación de criterio estético. De esta manera, se advertía la definición de "obra poética". Lejos de la mera recopilación de textos publicados, se trataba de un texto vuelto a elaborar según criterios personales: actualización de la producción anterior, revisión textual, y ordenación estética antes que la cronológica.

Ocho años después, en 1968, Paz publica una edición revisada de 1960, reducida a 264 páginas, 195 poemas distribuidos en cinco secciones.[5] En ella aparece, junto a la "Advertencia" a la primera edición, esta otra:

No estoy seguro de que un autor tenga derecho a retirar sus escritos de la circulación. Una vez publicada, la obra es propiedad del lector tanto

[4] *Libertad bajo palabra,* Tezontle, México, 1949. Según el colofón, el libro se acabó de imprimir el 18 de agosto de 1949, constó de 1 100 ejemplares y estuvo al cuidado de Francisco Giner de los Ríos y Joaquín Díez-Canedo. Toda referencia a esta edición aparecerá bajo las siglas LBP1.
[5] *Libertad bajo palabra. Obra poética (1935-1957),* FCE, México, 1968. Nótese la precisión de las fechas del subtítulo: la fecha del último poema del volumen ("Piedra de sol") es en efecto 1957. Esta edición también se incluyó en la serie "Letras mexicanas". Toda referencia a esta edición aparecerá bajo las siglas LBP3.

como del que la escribió. No obstante, decidí excluir más de cuarenta poemas en esta segunda edición de *Libertad bajo palabra*. Esta supresión no cambia al libro: lo aligera. Apenas si vale la pena añadir que el conjunto que ahora aparece *no es una selección* de los poemas que escribí entre 1935 y 1957; si lo fuese, habría desechado sin remordimientos otros muchos... Por otra parte, corregí unos cuantos poemas y me pareció que, sin renunciar a la división en cinco secciones, era necesario ajustarse con mayor fidelidad, hasta donde fuese posible, a la cronología. La nueva disposición me obligó a cambiar los títulos de algunas secciones [LBP3, p. 8; las cursivas son del autor].

Nuevas advertencias. Primero, que esta edición elimina muchos poemas: "más de cuarenta" o de 26 según la cuenta nuestra.[6] Segundo, como subraya, que "el conjunto no es una selección". En efecto, los poemas han sido revisados. Más que una selección, se trata de una elaboración de la obra. De ahí que, por último, revise no sólo poemas sino la ordenación misma del libro: la cronología adquiere ahora mayor importancia que el criterio estético. A su vez, la definición de obra poética adquiere otro matiz: mayor fidelidad a la cronología, a la que la estética ayuda.

Once años después, con motivo de la edición de su *Poemas, 1935-1975*, recopilación de 40 años de producción poética, Paz vuelve a revisar el texto, lo que ahora es su primera sección. La ordenación es

---

[6] Nuestra cuenta del número de poemas distingue, en aquellos textos de varias secciones, entre poemas unitarios y series de poemas. Utilizamos una distinción retórica: cuando nos ha parecido que el poema mismo reclama unidad retórica, lo contamos como un solo poema. En cambio, en aquellos casos en que se impone una heterogeneidad retórica y resalta esa falta de unidad, hemos optado por contarlo como más de uno. De ahí que contemos como unidades los siguientes poemas: "Bajo tu clara sombra", "Raíz del hombre", "Noche de resurrecciones", "La caída", "Cuarto de hotel", "Entre la piedra y la flor", "Elegía a un compañero muerto en el frente", "El ausente", "Virgen", "Hacia el poema". En cambio, contamos como series de poemas los siguientes: "Sonetos" (cinco poemas), "Apuntes del insomnio" (cuatro poemas), "Frente al mar" (tres poemas), "Crepúsculos de la ciudad" (cinco poemas), "Conscriptos U.S.A." (dos poemas), "Lección de cosas" (10 poemas), "En Uxmal" (seis poemas), "Piedras sueltas" (ocho poemas), "Trabajos del poeta" (16 poemas), "Ser natural" (tres poemas). Las diferencias entre la cuenta de Paz y la nuestra es lo que explica, entre otras cosas, que en LBP3 él haya advertido la exclusión de "más de cuarenta poemas", cuando según nuestro criterio ese número equivaldría sólo a 26. Aun cuando la cuenta nuestra excede en cada caso a la de Paz, hemos optado por dar ambas a fin de que el lector tenga dos perspectivas sobre la misma cuestión. De esta manera, en el resumen estadístico de esta "Introducción", la cuenta del editor aparece bajo las siglas EMS, mientras que la del autor aparece bajo las de OP.

la misma de 1968, pero revisa muchos poemas y, sobre todo, vuelve a incluir 12 de los que había eliminado anteriormente para hacer un texto de 261 páginas, 206 (o 176, según Paz) poemas distribuidos en cinco secciones.[7] Esta vez su extensa "Advertencia", de la que citamos los pasajes más pertinentes, nos dice lo siguiente:

> Los poemas son objetos verbales inacabados e inacabables. No existe lo que se llama "versión definitiva": cada poema es el borrador de otro, que nunca escribiremos... Pero hay poetas precoces que pronto dicen lo que tienen que decir y hay poetas tardíos. Yo fui tardío y nada de lo que escribí en mi juventud me satisface; en 1933 publiqué una *plaquette*, y todo lo que hice durante los diez años siguientes fueron borradores de borradores. Mi primer libro, mi verdadero primer libro, apareció en 1949: *Libertad bajo palabra*. En 1960 se publicó, con el mismo título, un tomo que reunía mis trabajos poéticos desde 1935 hasta 1957. Se ha editado varias veces y es el origen de este volumen.
>
> La impresión de 1967 [LBP3] fue una edición corregida y aligerada: modifiqué muchos poemas y suprimí más de cuarenta. Algunos aprobaron el rigor, otros lo lamentaron. Ahora, con la misma dudosa justicia, he indultado a once de los condenados.[8] Repito lo que dije entonces: este libro no es una selección de mis poemas. Si lo fuera, habría desechado sin remordimientos muchos otros más. La selección la hará el tiempo. Ya sé que es un juez ciego y guiado por otra ciega: la casualidad. No importa: a lo largo de los años, a sabiendas de la inutilidad de mis esfuerzos, he corregido una y otra vez mis poemas. Homenajes a la muerte del muerto que seré.
>
> Los escrúpulos que me han llevado a eliminar, rehacer y corregir mis poemas, me han impedido también recoger los de mi adolescencia, con la excepción de los cuatro primeros de *Puerta condenada*. Equidistante de la antología y de las poesías completas, este libro reúne mi obra poética —mía tanto como del tiempo y sus accidentes. En la primera edición me incliné por una división en la que atendía, más que a la cronología, a las afinidades de tema, color, ritmo y tono. En la segunda procuré ajustarme con mayor fidelidad a las fechas iniciales de composi-

---

[7] Los textos "indultados" fueron: "Monólogo", "Alameda", "Día", "Jardín", "Lago", "Destino de poeta", "El sediento", "La roca", "Viento", "Nubes", "Adiós a la casa" y "Los viejos".
[8] En realidad fueron 12, no 11, los "indultados". El error es otro síntoma de lo que Paz llama el "tiempo y sus accidentes".

ción. En esta nueva edición el criterio predominante ha sido el cronológico. Triunfo final de la memoria, quiero decir: de la vida, sobre la estética [LBP4, pp. 11-12].

La nueva advertencia resume la trayectoria del libro y repite los criterios que rigen su composición. Pero también introduce una confesión explícita, no vista en ninguna de las advertencias anteriores señala: LBP1 como el origen de la "obra" —"mi verdadero primer libro". En efecto, Paz ve los siete libros que escribe entre 1933 y 1942 —lo que se podría llamar su "prehistoria"— como "borradores de borradores", menos suyos que de sus influencias. Si no fuera porque el propio Paz no cree en el concepto de "voz poética" se podría decir que fue en ese libro de 1949 que encontró la suya. De esta manera, la recopilación de 1960 (LBP2), así como su edición de 1968 (LBP3), elaboran la obra antes y después de 1949 a partir de esta fecha y libro centrales.

Por último, la presente edición (LBP5) reproduce mayormente la de LBP4 pero incorpora, a petición de su autor, más de veinte cambios en el texto. Entre estos cambios está la separación de un poema ("Pequeño monumento", LBP5 p. 132) de su serie, lo cual aumenta el número de poemas por uno a 207. El autor no ha escrito una nueva "Advertencia" para esta edición, pero sí adjuntó la siguiente carta (sin fecha, recibida en Washington, D. C., a principios de febrero de 1988) a la lista de cambios enviada al editor y que repite, en clave personal, los criterios que hemos indicado:

> Este libro se fue haciendo poco a poco a través de los años, sin un plan fijo; esto explica, en parte, las diferencias entre cada edición. Además, mi manía correctora. No sé si es vicio, anhelo de perfección o simple inseguridad ante lo que escribo. Probablemente las tres cosas. No te extrañará, por todo esto, que ahora te envíe, con estas líneas, algunas modificaciones hechas en los últimos trece años (*Poemas* se publicó en 1975).[9]
> En las hojas anexas encontrarás, aparte de algunos cambios, una fe de erratas y unas pocas dedicatorias nuevas.

---

[9] *Poemas* se publicó en 1979, aunque 1975 es la fecha tope de los poemas en esa recopilación.

Un resumen estadístico del historial del libro daría los siguientes resultados:

Fecha	Número de secciones	Número de poemas EMS	OP	Número de páginas
Edición de 1949	6	90	74	134
Edición de 1960	5	225	208	316
Edición de 1968	5	195	164	264
Edición de 1979	5	206	176	242
Edición de 1988	5	207	177	287

Resumamos este recuento general con una observación y dos citas. Ante todo, la concepción revisionista, lo que Paz llama su "manía correctora": es evidente que plantea una relación metafórica entre vida y obra. Es decir, la elaboración de la obra poética a partir de múltiples revisiones y correcciones introduce un espacio estético o dramático entre el poeta y su representación: crea una *persona*, una *máscara*. No cabe duda que los poemas de *Libertad bajo palabra* reflejan la biografía de Octavio Paz, pero ese reflejo está filtrado por la inevitable (y, en este caso, cambiante) interpretación del autorretrato. Sobre esta relación metafórica, el propio Paz ha dicho en 1979, en ocasión de una retrospectiva de su obra:

> Entre la persona más o menos real y la figura del poeta las relaciones son a un tiempo íntimas y circunspectas. Si la ficción del poeta devora a la persona real, lo que queda es un personaje: la máscara devora al rostro. Si la persona real se sobrepone al poeta, la máscara se evapora y con ella el poema mismo, que deja de ser una obra para convertirse en un documento. Esto es lo que ha ocurrido con gran parte de la poesía moderna. Toda mi vida he luchado contra este equívoco; el poema no es confesión ni documento. Escribir poemas es caminar, como el equilibrista sobre la cuerda floja, entre la ficción y la realidad, la máscara y el rostro. El poeta debe sacrificar su rostro real para hacer más viviente y creíble su máscara; al mismo tiempo, debe cuidar que su máscara no se inmovilice sino que tenga la movilidad —y más: la vivacidad— de su rostro.

¿Qué sentido tendrían entonces, dentro de esta concepción, las múltiples revisiones a que han sido sometidos tanto los poemas como la ordenación del libro a lo largo de los últimos 40 años? El propio Paz en el mismo texto lo explica así:

> Eliot decía que la poesía es impersonal. Quiso decir, sin duda, que el arte verdadero exige el sacrificio de la persona real en beneficio de la máscara viva. Corregí mis poemas porque quise ser fiel al poeta que los escribió, no a la persona que fui. Fiel al autor de unos poemas de los cuales yo, la persona real, no he sido sino el primer lector. No intenté cambiar las ideas, las emociones y los sentimientos sino mejorar la expresión de esos sentimientos, ideas y emociones. Procuré respetar al poeta que escribió esos poemas y no tocar lo que, con inexactitud, se llama el fondo o el contenido; sólo quise decir con mayor economía y sencillez. Mis cambios no han querido ser sino depuraciones, purificaciones. Y quien dice pureza, dice sacrificio: obedecí a un deseo de perfección. Por supuesto, es posible que no pocas veces me haya equivocado. Escribir es un riesgo y corregir lo escrito es un riesgo mayor.[10]

Reconocer el sentido metafórico de la obra poética, su relación figurativa con la vida del autor, no desdice la importancia que juegan las circunstancias del autor en su elaboración. Las fechas del subtítulo de *Libertad bajo palabra* indican que se trata de la obra desarrollada entre 1935 y 1957. Esas fechas nos dan, además, una clave sobre la naturaleza del libro: no es ni una selección ni una antología, sino un diario. ¿Qué nos dice ese diario? ¿Qué comienza y qué termina en 1935-1957? Nos limitaremos, en esta introducción, a comentar este periodo en particular, siempre conscientes de que la obra de Paz se extiende más allá de él.

2. Cambios de libro

Esos años abarcan tres épocas, demarcadas por periodos de residencia, en la vida y obra de Paz. Una primera en México, 1935-1943; una segunda en el extranjero (Estados Unidos, Europa y Asia),

---

[10] "Los pasos contados", *Camp de l'arpa, Revista de Literatura*, año IV, núm. 74, abril de 1980, pp. 51-52. El texto es una versión elaborada de los comentarios hechos a una lectura, en agosto de 1979, de selecciones de *Poemas, 1935-1975*. En lo sucesivo, toda referencia a este texto aparecerá como "Los pasos".

1943-1953; y una tercera de regreso a México, 1953-1959. Un cotejo bibliográfico revela que durante estas tres épocas Paz publica un total de 12 libros de poemas: siete en la primera, dos en la segunda y tres en la tercera.[11] De esos 12 libros, LBP2 (la de primer formato recopilatorio) reelabora nueve, incluyendo el titular. Pasemos una ojeada a estas tres épocas en la vida del poeta para luego determinar en qué medida su tardía recopilación constituye una interpretación retrospectiva de esos años.

1935-1943

Los ocho años que median entre 1935-1943 son los de la iniciación poética de Paz. Iniciación en dos sentidos: comienzo y ritual de ingreso. La época se divide, a su vez, en tres etapas: antes (1935-1936), durante (1937) y después (1938-1943) de su viaje a España.

México

Paz escoge 1935 como fecha inicial clave, a despecho de que el poema más antiguo que figura en el libro ("Nocturno", LBP5, p. 119), data de tres años antes de que su primer libro se publicó en 1933, y de que su primer poema es aún más antiguo.[12] Ya sabemos, sin embargo, que no se trata de una antología, y que la fecha inicial no

---

[11] Éstos son, en la primera: *Luna silvestre*, Fábula, México, 1933; *¡No pasarán!*, Simbad, México, 1936; *Raíz del hombre*, Simbad, México, 1937; *Bajo tu clara sombra y otros poemas sobre España*, Ediciones Españolas, Valencia, 1937; *Bajo tu clara sombra, 1935-1938*, Letras de México, México, 1941; *Entre la piedra y la flor*, Nueva Voz, México, 1941; *A la orilla del mundo y Primer día, Bajo tu clara sombra, Raíz del hombre, Noche de resurrecciones*, Compañía Editora y Librera ARS, México, 1942; en la segunda: *Libertad bajo palabra*, Tezontle, México, 1949; y *¿Águila o sol?*, Tezontle, México, 1951; y en la tercera: *Semillas para un himno*, Tezontle, México, 1954; *Piedra de sol*, Tezontle, México, 1957, y *La estación violenta*, FCE, México, 1958. Tomo estos datos de la excelente *Octavio Paz: Bibliografía crítica*, edición de Hugo J. Verani, UNAM, México, 1983. Nótese que Verani incluye como publicación aparte (lo que yo llamo libro) el poema *¡No pasarán!* He cotejado estos datos con los que ofrece Luis Mario Schneider en otra bibliografía sobre la obra de Paz, aún inédita, a la cual generosamente el autor me ha dado acceso. Sobre la primera época en particular, véase mi introducción, bibliografía y notas a Octavio Paz, *Primeras letras (1931-1943)*, Seix Barral, Barcelona, 1988.

[12] Véase *Alcancía*, núm. 2, febrero de 1933, p. 32. A pie de página el poema lleva la fecha de "1932". "Nocturno" no es, sin embargo, el primer poema que Paz publica. Véase, en cam-

tiene por qué corresponder a un comienzo bibliográfico, lo cual tampoco significa que sea arbitraria. En 1935 Paz llega a la mayoría de edad. De 1935 son también las primeras versiones de *Bajo tu clara sombra* y *Raíz del hombre*, sus primeros poemas extensos de tema erótico y que con el tiempo llegarán a formar parte de LBP2 y sucesivas ediciones. De 1935 son también sus "Vigilias: fragmentos del diario de un soñador", suerte de diario poético que el joven poeta comienza a escribir a raíz de la trágica muerte de su padre, el dirigente zapatista Octavio Paz Solórzano. La muerte en 1934 del padre, con quien el joven Paz tenía una relación difícil, desata sentimientos oscuros que se irán resolviendo, dentro de un marco introspectivo, tanto en la poesía como en la prosa de esta época.

Si ninguno de los siete poemas de *Luna silvestre* (1933), su primer libro, se recoge en la posterior recopilación, será porque Paz no identifica ese libro como su origen poético, o al menos no es el origen que escoge su *persona* poética. En vez de la lírica intimista que reflejaba aquella primera *plaquette* —restos de un modernismo tardío—, los cuatro poemas adolescentes que sí recoge en *Puerta condenada* ("Nocturno", "Otoño", "Insomnio" y "Espejo", LBP5, pp. 119-122) contienen la primera evidencia de sus temas más persistentes: vigilia, soledad, desamparo, el enigma de la identidad personal. Los temas de ese origen que sí escoge están ligados, en su momento histórico, a los de Contemporáneos, la generación mexicana de vanguardia que todavía en 1930 —como la generación del 27, sus congéneres españoles— influía en las artes del momento. De Contemporáneos Paz deriva, en materia de poesía, lo que él cree esencial y que en el grupo apenas se vislumbra —la nota visionaria y apasionada que, heredera del romanticismo e influida por el surrealismo, aflora en la obra de algunos del grupo, sobre todo en la de Xavier Villaurrutia.[13]

De esa primera época, ni los poemas de *Luna silvestre* ni los cuatro poemas adolescentes que sí rescata reflejan el desasosiego político

bio, "Cabellera", que exhumó Hugo J. Verani, *Revista Universidad de México*, 12 de abril de 1982, p. 3. El poema figura, ya revisado, en LBP1 y lo reproducen todas las sucesivas ediciones.

[13] Sobre la relación entre éste y Paz véase, del último, *Xavier Villaurrutia en persona y en obra*, FCE, México, 1978.

del momento mexicano. El paso hacia el sexenio del presidente Lázaro Cárdenas (1934-1940) adolecía las tensiones entre un nuevo nacionalismo de corte socialista y los restos del humanismo liberal. Casi como un emblema de esta época nacionalista, Samuel Ramos, profesor de filosofía de la Universidad de México, publica en 1934 su *El perfil del hombre y la cultura en México,* suerte de interpretación psicológica del carácter del mexicano y temprano ejercicio de filosofía nacional. El intimismo adolescente de Paz no tarda, por eso, en sufrir un encontronazo con la historia que lo rodea. El 18 de julio de 1936 el general Francisco Franco se levanta en armas con una facción del ejército español en contra del gobierno constituido de la República. La reacción del mundo entero fue de indignación ante tal abuso de poder, pero en México en particular dio lugar a una identificación colectiva. "El cardenismo —ha escrito Carlos Monsiváis al respecto— despliega valerosamente las reivindicaciones del nacionalismo revolucionario."[14]

La reacción inmediata de Paz, apenas dos meses después del levantamiento, fue su poema "¡No pasarán!" El poema es desigual, lo cual explica que las ediciones de *Libertad bajo palabra* nunca lo hayan recogido, a diferencia de otros poemas de inspiración "republicana" como, por ejemplo, la "Elegía a un compañero muerto en el frente de Aragón" o "El barco". Pero el testimonio de "¡No pasarán!" anticipa otro conflicto personal que estalla a principios del año siguiente. "En 1937 —ha dicho a propósito— abandoné, al mismo tiempo, la casa familiar, los estudios universitarios y la ciudad de México. Fue mi primera salida" (LBP4, p. 665). La reacción ante la guerra española, unida a su desilusión con la carrera de derecho, cataliza en Paz el radicalismo soterrado de los años anteriores. El descontento de esos años —fines de 1936, principios de 1937— se refleja en la serie de sonetos neobarrocos "Crepúsculos de la ciudad" (LBP5, pp. 128-132): "escritos contra mí mismo: no estaba contento con mi vida ni con lo que hacía".[15] La salida es con dirección a Mérida,

---

[14] "Notas sobre la cultura nacional en ·l siglo XX", en *Historia general de México,* ed. Daniel Cosío Villegas, El Colegio de México, México, 1976, tomo II, p. 390.
[15] Cito de "Pequeño monumento", *Sombras de obras. Arte y literatura,* Seix Barral, Barcelona, 1983, p. 282.

capital del estado de Yucatán, para fundar una escuela para hijos de obreros y campesinos. Días antes de partir publica *Raíz del hombre*, cuyo aliento y extensión (508 versos en 62 páginas) demuestran la ambición con que el joven poeta encara el tema erótico.

Dos temas —el erotismo y el compromiso social— caracterizan, por tanto, la poesía de estos años. No conllevan una contradicción interna sino, como veremos, las dos caras de un radicalismo personal que va aflorando durante la juventud madura del poeta. Durante la estancia de cuatro meses en Yucatán, Paz funda un Comité pro-Democracia Española. También va gestando, ante el testimonio de la explotación del indio yucateco y el prejuicio que sufre, *Entre la piedra y la flor,* su poema más ambicioso de tema social y cuya primera versión (242 versos en 15 páginas) publicará sólo cuatro años después. Esa conciencia social se concreta en junio de ese año cuando Paz regresa a la ciudad de México, contrae matrimonio y acepta una invitación de Pablo Neruda al segundo Congreso Internacional de Escritores en Defensa de la Cultura, a celebrarse en la España en guerra a partir del mes siguiente.

La estancia en España dura casi cuatro meses —de julio a septiembre. Aunque era delegado oficial, Paz participa vigorosamente fuera del congreso: lee sus poemas en recitales públicos, da conferencias en radio y en persona, publica fervorosos artículos en favor de la República. La experiencia en España sirve para aglutinar tanto un contexto intelectual como una poética incipiente. El contexto lo forman los escritores hispánicos del momento: además de escritores hispanoamericanos —Carpentier, Neruda, Huidobro, Vallejo y Guillén— conoce y trata a muchos españoles, sobre todo a los ligados a la revista *Hora de España* —Gil-Albert, Gaya, Cernuda, Serrano Plaja, Altolaguirre. La poética se refleja en un librito, *Bajo tu clara sombra y otros poemas sobre España,* que publica Manuel Altolaguirre en Ediciones Héroe de Valencia: cinco poemas en 47 apretadas páginas. La mitad del libro la ocupan poemas eróticos: "Helena, 1934", primer fragmento de lo que llegará a ser *Bajo tu clara sombra*, y seis cantos de *Raíz del hombre*. La otra mitad contiene poemas de tema civil, o como dice el libro, "Cantos españoles": "¡No pasarán!", la "Elegía a un compañero muerto en el frente de Aragón" y una "Oda a España". (Además de los poemas eróticos revisados, sólo la "Elegía" sobrevivirá en LBP5.) Al yuxtaponer en dos secciones diferentes los dos temas de amor y guerra *(ars amandi, ars bellandi)*, el libro reúne dos retóricas irreconciliables que reflejan la poética no sólo del joven Paz, sino del grupo de *Hora de España*. Como el propio Paz, los jóvenes españoles atraviesan una etapa de transición: todos rechazan el arte puro, pero no el aspecto crítico, el rigor estético, de la vanguardia; desean un arte comprometido, pero sin renunciar a la independencia del arte y el artista. De ahí la "Ponencia colectiva" que miembros de la revista leen en el congreso y que Paz percibe como la articulación de la moral poética que sus congéneres mexicanos no habían logrado: a la vez responsable ante la sociedad y libre ante el arte y la conciencia.[16]

Para principios de 1938, a su regreso a México, Paz se ha convertido en militante de la causa republicana. Reflejo de esa angustia será el poema "El barco" (LBP5, pp. 160-165), que escribe durante su travesía de regreso a América, donde predomina la reflexión sobre las consecuencias humanas de la guerra. Pero en el mismo México, la actividad es múltiple: publica una antología de poemas españoles de guerra y comienza a escribir una columna para *El Popular*, el diario de la Confederación de Trabajadores Mexicanos. Esa doble actividad literaria y política culmina al año siguiente cuando asume la dirección de la revista *Taller*, que con el tiempo acogerá a muchos de los escritores españoles exiliados que llegan a México. De hecho, *Taller* será la revista hermana de *Hora de España* y articulará una poética análoga que, con los años, Paz resumirá bajo el doble lema de "Poesía e Historia". En qué consiste la pertinencia de la poesía, cuál es la relación entre ésta y la vida y cómo se podría realizar su confluencia para beneficio de ambas son las preguntas que se hacen Paz y la generación de *Taller*. De ahí la importancia del amor, que el poema debe emular: algo que, cuando ocurre, nos turba y transfor-

---

[16] "La pintura, la poesía y la literatura que nos interesaba no era revolucionaria; no era una consecuencia ideológica y sentimental, o si lo era, lo era tan sólo en una tan pequeña parte, en la parte de una consigna política, que el problema quedaba en pie", en "Ponencia colectiva" (España), *II Congreso Internacional de Escritores para la Defensa de la Cultura (1937). Actas, Ponencias, Documentos y Testimonios*, ed. Manuel Aznar Soler y Luis Mario Schneider, 1979, Consellería de Cultura, Educació i Ciencia, Valencia, 1987, tomo III, p. 188.

ma. De ahí, también, la atención del poeta a la circunstancia histórica, sobre todo la actual —corren los años de la segunda guerra— de crisis mundial.[17]

En *Taller* Paz publica, en 1939 y 1940, apenas dos poemas: "Oda al sueño" y "Noche de resurrecciones", de los cuales sólo el último, en versión revisada, sobrevivirá en LBP5 (pp. 88-91).[18] Son odas sobrias, de retórica y aliento filosóficos y evidentemente influidas por lecturas del romanticismo inglés (Keats) y alemán (Hölderlin). No reflejan, por tanto, sus preocupaciones políticas en ese momento; antes bien, delatan la tensión entre política y estética que se extremará en 1940 a la llegada a México del poeta chileno Pablo Neruda como cónsul general de su país. Desde los días de España, Paz comparte con Neruda, además de la poesía, la simpatía hacia la causa republicana y la amistad de los españoles desterrados. Pero la distancia que Paz empezaba a asumir hacia la izquierda —a raíz de su repudio, en 1939, del pacto Hitler-Stalin de no agresión—, a diferencia de la militancia estalinista de Neruda, hicieron difíciles las relaciones entre los dos. En los meses que suceden a la publicación de *Laurel* (1941), la célebre "antología de la poesía moderna en lengua española" que Paz edita con los poetas Villaurrutia, Juan Gil-Albert y Emilio Prados, y en la que Neruda se niega a colaborar, la amistad se desintegra: los poetas tienen un altercado y luego un debate público.[19]

La ruptura de Paz con Neruda viene a culminar una serie de desencantos de signo político entre los cuales se distinguen el citado pacto de 1939 —que crea en el grupo de *Taller* las suficientes disensiones como para influir en el cierre de la revista en enero de 1941—

---

[17] Para tres resúmenes de la poética de *Taller*, véase de Paz, "Poesía mexicana moderna", en *Las peras del olmo*, 1957; Seix Barral, Barcelona, 1971, pp. 49-57 y "Antevíspera: *Taller* (1938-1941)", en *Sombras de obras*, pp. 94-113; e "Inventario. Posdata. Revueltas, Paz, *Taller* y *Contemporáneos*", *Diorama de la Cultura* (suplemento cultural del diario *Excélsior*), 30 de mayo de 1976, p. 14. El primer ensayo es de 1954. *Taller* se ha reproducido en facsímil en dos tomos, FCE, 1982.

[18] Véase "Oda al sueño", *Taller*, núm. 4, julio de 1939, pp. 36-39 y "Noche de resurrecciones (Fragmentos)", *Taller*, núm. 10, marzo-abril de 1940, pp. 25-29.

[19] Paz ha contado su versión de los hechos en el epílogo "*Laurel* y la poesía moderna" a la segunda edición de *Laurel. Antología de la poesía moderna en lengua española*, prólogo de Xavier Villaurrutia, Trillas, México, 1986, pp. 485-510.

y el asesinato de Trotsky en México al año siguiente. Estos dos acontecimientos llevarán, dos años después, a su salida de México en ruptura total con su entorno. Pero la ruptura entre los dos poetas tiene también un aspecto simbólico más personal. En 1941 Paz cumple 27 años, ya ha publicado cuatro libros de poemas, amén de muchos poemas que aún no recoge en libro. También ha escrito suficiente prosa como para rellenar un tomo, ha sido director de una importante revista literaria, y ha colaborado, junto con otros poetas consagrados, en la confección de una antología de toda la poesía moderna en lengua española. En ese mismo año publica otros dos libros suyos que son también extensos poemas: *Bajo tu clara sombra* y *Entre la piedra y la flor*. Y a éstos seguirá, al año siguiente, la colección *A la orilla del mundo,* su séptimo libro, donde recoge muchos de los poemas de esos años. El volumen de toda esa obra ya acredita, por tanto, una madurez que a su vez reclama la independencia política, moral y poética.

Bajo tu clara sombra, en esta primera versión de 416 versos en nueve páginas, suscita un inmediato contraste con *Raíz del hombre,* el otro poema erótico que le antecede. Ambos textos trazan la trayectoria de la pasión amorosa: ávido comienzo, exultante culminación y solitaria resolución. Difieren, en cambio, en su estilo. *Raíz del hombre* es un poema desbordante e imperioso, un canto apasionado que *dramatiza* el amor; mejor dicho, el *acto* amoroso. *Bajo tu clara sombra,* en cambio, es una oda intelectual, contenida, casi retórica, *sobre* el amor. Análoga distancia es la que media de *Entre la piedra y la flor* a aquellos tempranos "Cantos españoles": el extenso poema que Paz gesta desde su estancia en Yucatán (su primera versión consta de 242 versos) describe los efectos de la explotación del campesino yucateco sin entrar, como harían los "Cantos españoles", en explicaciones de las causas abstractas que la promueven. *A la orilla del mundo,* a su vez, recoge 27 poemas, incluyendo *Bajo tu clara sombra* y *Raíz del hombre,* en 153 páginas. De hecho, su carácter deliberadamente recopilatorio lo hace el antecedente más claro de LBP2 y destaca cómo a partir de 1942 —debido acaso a su ruptura con Neruda— Paz se propone demostrar, mediante la acumulación de su obra, su mayoría de edad poética. Pero el libro dramatiza un equilibrio y una contención rebuscados, como si persiguiese el mismo punto medio entre intimismo y poesía social que había intentado en el librito publicado en España.

Nuevas influencias, por tanto —sobre todo la amistad con trotskistas y surrealistas exiliados en México, como Víctor Serge, Jean Malaquais y Benjamin Péret— llevan a Paz a asumir una posición política mucho más crítica que se refleja en los textos en prosa de la época. En materia de poesía el texto clave será "Poesía de soledad y poesía de comunión", importante ensayo de 1942 en *El Hijo Pródigo*, la otra revista independiente que ayuda a fundar, donde defiende la función disidente de la poesía. En materia moral y social lo será una columna semanal para el diario *Novedades,* donde fustiga a la sociedad mexicana por su mendacidad y pobreza de imaginación.[20] "Y así, gracias a mis amigos de *El Hijo Pródigo* y a mis nuevos amigos europeos —recordará Paz al cabo de los años—, pude encontrar una vía de salida del enredo moral, político y estético que me asfixiaba al iniciarse la década de los cuarenta."[21] Hacia fines de 1943, y con ayuda de una beca Guggenheim, Paz rompe con México y marcha hacia los Estados Unidos, Europa y Asia, en un fértil periplo que ha de durar nueve años.

1943-1953

Los nueve años fuera de México se dividen en tres etapas: casi dos años (1944-1945) en los Estados Unidos: en San Francisco y Nueva York; seis (1946-1951) en París, como miembro del servicio diplomático mexicano; y dos (1951-1953) de vida diplomática itinerante en Nueva Delhi, Tokio y Ginebra.

Durante las primeras dos etapas Paz publica relativamente poco —poemas en revistas mexicanas y latinoamericanas— y tres libros importantes sólo hacia el final.[22]

---

[20] Para más detalles y los textos pertinentes de esta época, véase *Primeras letras.*

[21] Cito por la transcripción de Margarita García Flores, "Es preferible escribir a reventar", *La Onda,* 9 de marzo de 1975, p. 8 de la primera conferencia de Paz en la serie "Cuarenta años de escribir poesía", en El Colegio Nacional de México, en marzo de 1976. En lo sucesivo las referencias a este texto aparecerán como "Cuarenta años (I)".

[22] Para los datos bibliográficos de los poemas, véanse las notas respectivas de los poemas que recoge en *Libertad bajo palabra.* Los libros, publicados todos en la segunda etapa, son, ade-

Son en su mayoría años de recogimiento, lectura, meditación y diálogo en diferentes partes del mundo. También de incubación de sus libros más importantes. El viaje a los Estados Unidos a principios de 1944 es muy distinto a los anteriores. A diferencia de Yucatán o España, tanto los Estados Unidos, como Francia, son otra cultura, otro idioma y otro clima intelectual. Además, una ruptura —política, moral y personal— influye en esta salida. Esa ruptura propicia la autoexploración que se refleja en sus poemas.

Estados Unidos

Después de una breve estancia en Los Ángeles —donde coincide con los motines de los *pachucos* (mexicano-norteamericanos de los años cuarenta) contra la represión policiaca norteamericana—, Paz se instala en San Francisco para disfrutar de su beca Guggenheim y a escribir, no el proyecto de estudio que se había propuesto (sobre "la idea de América"), sino poemas. "Hacia 1944 —recuerda de esta época— se operó en mí otro cambio. Como tantos otros poetas modernos lo habían hecho antes y como tantos otros lo harían después, descubrí el lenguaje de la conversación, el lenguaje coloquial" ("Los pasos", p. 55). En efecto, la nota distintiva de la poesía de Paz a partir de entonces, su contribución más duradera a la lírica del momento y que han de reflejar los poemas de LBP1, es el descubrimiento de los poderes expresivos del lenguaje hablado, lo que T. S. Eliot llamara, en su ensayo que data de esos años, "la música de la conversación".[23] A ese efecto resulta fundamental su lectura de la poesía norteamericana (Eliot, Pound, Stevens, Williams) e inglesa (sobre todo Blake y Yeats). Poco a poco va enviando a revistas del continente los poemas que luego recogerá en LBP1. Publica tres de ellos en 1944, 12 en 1945, nueve en 1946, tres en 1947 y siete más en 1948.

más de LBP1, *El laberinto de la soledad* (Cuadernos Americanos, México, 1950) y *¿Águila o sol?* (Tezontle, México, 1951).

[23] "The Music of Poetry" recogido en *Selected Prose of T. S. Eliot,* ed. Frank Kermode, Harcourt Brace Jovanovich, Nueva York, 1975, pp. 107-115. Es concebible que el propio Paz haya sido el responsable de publicar una traducción del ensayo de Eliot en *El Hijo Pródigo* (1, abril de 1943, pp. 21-30), en la época en que era miembro del consejo de redacción de la revista.

El periodo en California se prolonga hasta principios del año siguiente. En marzo se agota la beca y Paz comienza a trabajar como corresponsal de la revista mexicana *Mañana* en la conferencia mundial que se celebraba a la sazón en San Francisco (entre abril y junio de 1945) y que desembocaría en la fundación de las Naciones Unidas. Los artículos de *Mañana* son importantes no sólo por lo que revelan de su aprendizaje político en ese momento, sino también porque su difusión en México le abrirá, a fines del mismo año, la puerta del servicio diplomático mexicano. Terminada la conferencia mundial, Paz se traslada a Nueva York en busca de recursos económicos durante una época precaria tanto para él como para el país. Allí trabaja en diversos empleos (entre ellos, el doblaje al español de cine comercial norteamericano), y durante parte de ese verano como profesor en la Escuela de Idiomas del Middlebury College en Vermont, cuya campiña sirve de escenario a su encuentro con el poeta norteamericano Robert Frost.[24] Para septiembre está de regreso en Nueva York, participando en un homenaje al poeta mexicano José Juan Tablada, que acaba de morir el mes anterior en la misma ciudad.[25] Pero ese regreso dura poco: en diciembre se traslada a París, vía Londres, para asumir funciones en la embajada mexicana.

Europa y Oriente

El París de la posguerra —"sin gasolina, sin calefacción, racionado, hambriento y en el que medraban las sanguijuelas del mercado negro"—[26] aún resultaba mucho más tolerable que el Londres bombardeado donde visita fugazmente al poeta Luis Cernuda. Pero si la vida material era pobre, la vida artística e intelectual era muy rica: París se reivindica de la ocupación nazi. El deseo de muchos, in-

[24] Véase "Visita al poeta Robert Frost", *Sur*, núm. 133, noviembre de 1945, pp. 33-39, reproducido en *Las peras del olmo*, pp. 160-166.
[25] Véase "Estela de José Juan Tablada", *Letras de México*, vol. 5, núm. 116, 1º de octubre de 1945, pp. 145-146 y 159; también recogido en *Las peras del olmo*, pp. 59-66.
[26] Cito por Margarita García Flores, "Convertimos en muladar el más hermoso sitio del planeta", *La Onda*, 16 de marzo de 1975, p. 6. Texto de la transcripción de la segunda conferencia de la serie "Cuarenta años de escribir poesía" en El Colegio Nacional de México. En lo sucesivo toda referencia a este texto aparecerá como "Cuarenta años (II)".

cluyendo el del propio Paz, era que a la liberación sucediese la verdadera revolución proletaria, libre de la doble condena del fascismo y del estalinismo, y junto con ella una segunda vanguardia artística. La vida cultural la ocupan, por eso, dos grandes grupos ideológicos: los escritores existencialistas (Jean-Paul Sartre, Maurice Merleau-Ponty y el grupo de *Les Temps Modernes*) y los comunistas (sobre todo Louis Aragon); frente a ellos, los independientes, incluyendo los restos del movimiento surrealista (André Breton, Benjamin Péret), que se reunían en torno a la revista *Fontaine,* dirigida entonces por Max-Pol Fouchet. Con este último grupo Paz siente más afinidad y colabora. Con los surrealistas Paz comparte, además de una política independiente, el interés por México —a Péret lo conoce allá, Breton (como Antonin Artaud) también había visitado el país y estaba fascinado por la cultura—; la unión de acción política y poética (la revolución como visión poética y subversión); y una investigación de los poderes del inconsciente —fuente, según los surrealistas, de liberación espiritual y estética. De los surrealistas le separa, en cambio, la edad (Paz era el más joven del grupo), la estética (sus poemas no revelan un estricto automatismo), y la tradición cultural (su arraigado hispanismo). Por otra parte, si el existencialismo parisino lo decepciona ("no produjo una nueva literatura ni una nueva poesía", "Cuarenta años [II]", p. 6), encuentra un aliado en el disidente Albert Camus ("no fue un filósofo sino un artista, pero un artista que nunca renunció al pensamiento" "Cuarenta años [II]", p. 6). Y si trata a otros poetas y escritores franceses y europeos —como René Char, Henri Michaux, Émile Cioran y Kostas Papaioannou—, o artistas y escritores hispanoamericanos —como Rufino Tamayo, Fernando de Szyszlo y Carlos Martínez Rivas—, es con Breton, líder del movimiento surrealista, con quien entabla el más fértil intercambio de intuiciones e ideas. Es Breton, por intermedio de Péret, quien invita a Paz a las reuniones del grupo surrealista en el café de la Place Blanche, y es él quien le publica, en el *Almanach Surréaliste du demi-siècle,* una traducción del poema en prosa "Mariposa de obsidiana".[27]

---

[27] Véase "Papillon d'obsidienne", traducción de Martine y Monique Fong, *Almanach Surréaliste du demi-siècle*, número especial de *La Nef,* núms. 63-64, marzo-abril de 1950, pp. 29-31. Sobre Breton, Paz ha escrito varios textos: trata su pensamiento en una conferencia de

No obstante esos contactos de la época parisina, ha escrito Paz que "no eran tiempos felices aquéllos [...] Habíamos salido de los años de guerra pero ninguna puerta se abrió ante nosotros: sólo un túnel largo (el mismo de ahora, aunque más pobre y desnudo, el mismo túnel sin salida) [...] Rechazados, buscábamos *otra* salida, no hacia afuera, sino hacia adentro. Tampoco adentro había nadie: sólo la mirada, sólo el desierto de la mirada".[28] Son esos años de influencia surrealista, de hecho, los que llevan a una puesta en práctica del onirismo —latente desde la época de "Nocturno" e "Insomnio" y la prosa de las "Vigilias"— en poemas como "Virgen" (LBP5, pp. 175-178), cuya primera versión, con el título de "Sueño de Eva", data de 1944, y muchos de los textos de *¿Águila o sol?*[29] "El surrealismo desató mis imágenes y las echó a volar —resume Paz en sus recuerdos de la época. Oí a mis pensamientos pensarme cuando parecía no pensar en nada; me eché a caminar, con los ojos cerrados, por el bosque maravilloso: el bosque de la distracción" ("Los pasos", p. 56).

Por eso, el más fértil intercambio es el que sostiene consigo mismo —un mexicano solo en medio del centro cultural que era París— según reflejan las obras que va creando. De ahí que para septiembre de 1947, como le confiesa en carta a Alfonso Reyes, ya tenga "listo el original de un libro de poemas" (LBP1), y que poco más de un año después también le comunique su redacción de una serie de ensayos "sobre el ya no vestido de plumas, sino andrajoso mexicano" *(El laberinto de la soledad)* y de "un librito de poemas en prosa: *Arenas movedizas*" (las primicias de *¿Águila o Sol?*).[30] *Libertad bajo palabra* se publica, según el colofón, "el día 18 de agosto de 1949", y el 20

1954, "El surrealismo", recogida en *Las peras del olmo,* 1957 (Seix Barral, Barcelona, 1971, pp. 136-151); y en "André Breton o la búsqueda del comienzo", en *Corriente alterna,* 1967 (Siglo XXI, México, 1972, pp. 52-64).

[28] Cito de *"Destiempos* de Blanca Varela", en *Puertas al campo,* 1966 (Seix Barral, Barcelona, 1972, p. 94).

[29] Una traducción francesa de "Virgen", hecha por Alice Ahrweiler, se publicó en *Fontaine,* 57, diciembre de 1946-enero de 1947, pp. 726-737.

[30] Me refiero a las cartas de Paz a Reyes, fechadas en París, 24 de septiembre de 1948 y 26 de julio de 1949. En otra carta, fechada el 8 de julio de 1949, Paz se queja de que "el libro debería haberse publicado a fines de 1946". Cito por los textos inéditos que guarda la Capilla Alfonsina en la ciudad de México. Agradezco a la doctora Alicia Reyes, directora de la Capilla, la oportuna consulta de estos y otros materiales y su permiso a citar de la correspondencia entre los dos escritores.

de septiembre, el mismo día que recibe su primer ejemplar en París, le escribe nuevamente a Reyes agradeciéndole que hubiese facilitado su publicación y confesándole que "el libro ha sido como una prueba, superior a la de Descartes, de mi existencia personal, de la que ya empezaba a dudar". Se refiere, desde luego, a sus dudas sobre su identidad no sólo como poeta (su último libro de poemas lo había publicado hacía siete años), sino como persona. De hecho, el libro abunda en poemas sobre el tema de la identidad personal. La secuencia de sus seis secciones traza las distintas etapas de una biografía metafórica: el itinerario espiritual hacia el dominio de la personalidad y el accésit poético que proclama el título y explica el prólogo homónimo. No hay que ir más allá del título, de hecho, para descubrir la paradoja de esa identidad poética: el poeta es un condenado ("maldito", hubieran dicho el siglo pasado), condenado a inventar. Es libre en su invención, pero sometido a las condiciones que el lenguaje impone. La palabra y el concepto "libertad", como se sabe, están en el aire de la época. Para el existencialismo (francés) significa la opción del individuo ante la situación histórica que le oprime; para el surrealismo (y sobre todo para Breton), significa la disponibilidad de la imaginación ante lo real. Paz escoge, ante ese inmediato campo semántico, un título paradójico o, mejor dicho, *irónico:* reúne dos sentidos opuestos en una sola y tensa expresión. A su vez, el título marca la afinidad y separación de Paz con los surrealistas: su subconsciente (su inspiración) es libre como el de ellos, pero sometido a la ley de la palabra. En ese sentido el título evoca menos el surrealismo que su propia historia personal: recuerda el de aquellas lejanas "Vigilias: fragmentos del diario de un soñador" de 1935, donde el joven poeta había meditado por primera vez sobre el fenómeno poético. El propio Paz ha explicado así el título:

> Poesía de circunstancias o frente a las circunstancias, *Libertad bajo palabra* es un testimonio, en el recto sentido de la palabra. Al mismo tiempo, aspira a ser algo más que un testimonio y de ahí su título paradójico. La libertad es el elemento vital, existencial, pero sometido a una condición: la del arte, la de la poesía. Nunca he creído que la poesía nazca de la mera espontaneidad o del sueño; tampoco es hija de la con-

ciencia lúcida sino de la lucha —que es también, a veces, abrazo— entre ambos. En mi juventud escribí unas prosas con un doble título: "Vigilias / diario de un soñador". La oposición entre *sueño* y *vigilia* es otra manera de expresar la dualidad que, a mi entender, anima secretamente a todo quehacer poético: la libertad condicional de la obra. Esa libertad es condicional porque la espontaneidad se alcanza no fuera de la forma sino en ella y por ella ["Los pasos", p. 62].

El libro se publica en un año clave para las letras, sobre todo la poesía, hispanoamericanas. Ese mismo año, Jorge Luis Borges y José Lezama Lima publican dos de sus obras cimeras: *El Aleph* y *La fijeza;* y Neruda, fugitivo entonces de la policía del dictador González Videla, escribe muchos de los poemas que al año siguiente recogerá bajo el título colectivo de *Canto general.* Igualmente alejado de la metafísica en prosa y en verso de Borges o Lezama, o del verso político de Neruda, las seis secciones del libro de Paz afirman otro testimonio individual —los hitos del itinerario de una identidad poética. La experiencia de base es *A la orilla del mundo* (derivado de la recopilación de 1942), la marginalidad poética resumida en nueve poemas de mediana extensión seguida por la de *Vigilias,* 18 poemas más breves (incluyendo los de adolescencia señalados más arriba) que señalan el sumergimiento en sus obsesiones más persistentes. A esas dos secciones "plúmbeas" le suceden otras dos "ligeras": *Asueto* y *El girasol,* de 27 y 11 poemas, respectivamente, que son escritos en su mayoría en los Estados Unidos y París. Los últimos dos títulos sugieren regresión *(Puerta condenada)* y liberación ("Himno entre ruinas"), de 15 y un solo poema, respectivamente. La regresión la delatan aquellos poemas que evocan los peores momentos de los años en México y de la que el último poema ("La vida sencilla") se despide. El "Himno entre ruinas" vendría a representar, dentro de esta secuencia, el canto que surge, como ave fénix, de las cenizas de una etapa quemada. "Frente a toda esta realidad social —explicó Paz sobre las *ruinas* del título— adviene el himno, la realidad del instante, que es toda la eternidad a que puede aspirar el ser humano."[31] Como los tres movimientos de una sonata, los del libro es-

---

[31] Entrevista con Emmanuel Carballo, "Octavio Paz: su poesía convierte en poetas a sus

tructuran un intermedio alegre *(allegro)* seguido por una variación del primero *(adagio)* —lo que, en términos del itinerario espiritual que proclama el título, equivaldría al pasaje del margen al canto, de la "orilla" al "himno". No es impertinente esa analogía musical: con el tiempo, la "Advertencia" de LBP2 señalará el ritmo y la entonación como dos de los criterios estructurales del libro, y las notas a LBP4 lamentarán, con Valéry, la ausencia de signos musicales en la escritura. La unidad metafórica del libro demuestra, en todo caso, que no se trata de una mera recopilación de los poemas publicados fuera de México; es un "verdadero primer libro" en el sentido de que disfruta de su propia estructura interna. Es esa unidad también lo que debe haber atraído la admiración de Reyes. Del libro nunca escribió una reseña, pero en la carta (21 de enero de 1949) acusando recibo del manuscrito, le dice al autor: "Creo que ha llegado usted a una gran plenitud y a una altura envidiable. Estoy realmente entusiasmado y contento".

Los otros dos libros que Paz escribe son también conocidos: *El laberinto de la soledad,* meditación sobre México, el mexicano y su enajenación histórica, y *¿Águila o sol?,* segundo intento de poesía en prosa (el primero había sido las "Vigilias"). Los dos libros se publican, sucesivamente, en México.[32] Con LBP1 comparten un propósito: el autoconocimiento en diversos planos —psicológico, histórico, mítico y estético. *El laberinto* representa la culminación de anteriores intentos dispersos, a lo largo de los años cuarenta, por definir (y autodefinir) el carácter del mexicano y su historia, sólo que ahora desde la atalaya de los modelos que provee el pensamiento de medio siglo —psicoanálisis, fenomenología y filosofía de la historia— y con la ayuda de la distancia del exilio.[33] *¿Águila o sol?,* por su parte, representa la misma indagación en otra clave: 50 poemas en prosa, cuentos y fantasías que sacan a flote una suerte de inconsciente mexicano. Del título ha dicho Paz que

lectores", *México en la Cultura,* 2ª época, núm. 493, 24 de agosto de 1958, p. 3. En lo sucesivo, las referencias a este texto se harán como Carballo.

[32] *El laberinto de la soledad,* Cuadernos Americanos, México, 1950. En 1959 se publicó una segunda edición, revisada con motivo de la traducción francesa. *¿Águila o sol?,* ilustraciones de Rufino Tamayo, Tezontle, México, 1951.

[33] Véase, a propósito, mi introducción a *Primeras letras (1931-1943),* Seix Barral, Barcelona, 1988.

alude a México y a sus dos grandes emblemas míticos [...] el águila se incendia en el sol, pero este incendio es una transformación porque el águila se vuelve sol. Al mismo tiempo, es una expresión popular cuando lanzamos una moneda al aire [...] La poesía es metáfora, mito y símbolo, pero también es azar y es lenguaje de todos los días. La poesía es juego y en el juego la gran potencia, el elemento esencial, es la casualidad ["Convertimos...", p. 7].

De todos sus libros es sin duda el más cercano al surrealismo.

Los años de París llegan a su término hacia finales de 1951. Para entonces, Paz era ya una figura respetada en los círculos intelectuales de París. No sólo porque colabora en las actividades del grupo surrealista; también se le considera un portavoz independiente de las artes y el pensamiento. La UNESCO, por ejemplo, le pide que reúna y prologue una antología de la poesía mexicana; el pintor Rufino Tamayo, amigo y compatriota, le pide un texto para su primera exhibición en París; es el propio Paz el que presenta el filme de Buñuel *Los olvidados* en el Festival de Cannes de 1951; en un recordatorio público del levantamiento franquista comparte el podio con Camus y la actriz María Casares; escribe un prólogo para la traducción francesa del libro de Héctor Pérez Martínez sobre Cuauhtémoc.[34] Por eso la noticia de su traslado a la India, para asumir funciones en la embajada de Nueva Delhi, se la comunica a Reyes con tristeza: "Me cambian cuando empezaba a ser útil, cuando los franceses se empezaban a dar cuenta de mi existencia..." (3 de noviembre de 1951), no sin antes haberle confesado (24 de mayo de 1951) sus vivos deseos de regresar a México.

En Nueva Delhi Paz vive cinco meses (de enero a mayo de 1952);

---

[34] Los textos son: *Anthologie de la poésie mexicaine*, traducción de Guy Lévis Mano, selección, notas e introducción de Octavio Paz, prólogo de Paul Claudel, Editions Nadel [Collection UNESCO d'Oeuvres Représentatives, Serie Ibéroaméricaine, núm. 2]; París, 1952; "Tamayo en la pintura", *México en la Cultura*, 21 de enero de 1951, pp. 1, 6 y en *Sur*, 202, agosto de 1951, pp. 67-77, y recogido en *Las peras del olmo*, pp. 191-207, con el título de "Tamayo en la pintura mexicana"; "El poeta Buñuel", *México en la Cultura*, 3 de junio de 1951, p. 3, y *Las peras...*, pp. 183-187; "Aniversario español" se publicó en la primera edición mexicana de *Las peras del olmo*, UNAM, México, 1957, pp. 278-284, y más tarde en *El ogro filantrópico. Historia y política, 1971-1978*, Seix Barral, Barcelona, 1979, pp. 203-207; "Cuauhtémoc", en *Cuauhtémoc. La vie et la mort de la culture aztèque*, traducción de Jean Camp, Robert Laffont, París, 1952; en español, *Las peras del olmo*, pp. 214-219.

en Tokio, los otros siete de ese año antes de regresar a Europa para asumir nuevas funciones en Ginebra. Pero después de siete años en París ("esta cerrada y maravillosa ciudad", como se la describe en una ocasión a Reyes), ninguna otra le resulta cómoda. Nueva Delhi, por ejemplo, le parece al principio "un conjunto de jardines, llanos descampados y, a distancias enormes, casitas y casotas inglesas" (27 de enero de 1952), aun cuando la India en conjunto es un "fascinante, repelente y maravilloso país". La misma ambivalencia se registra en torno al Japón. Mientras que Tokio resulta ser un infierno ("Los gastos han sido enormes y los haberes mezquinos. Vivo en un hotel con mi familia. Aunque es el mejor de Tokio, nos devoran los mosquitos..."), en la misma carta admite que "de nada de esto tiene la culpa el Japón. El país me gusta mucho" (30 de julio de 1952). Su estado de ánimo se transparenta en los poemas que escribe en las dos ciudades: "Mutra" (LBP5, pp. 315-321) y "¿No hay salida?" (pp. 321-324). Ambos forman parte de la serie de poemas de mediana extensión escritos en las distintas ciudades que visita a partir de 1948 (fecha de "Himno entre ruinas") y cuyo conjunto publicará en México, diez años después, bajo el título de *La estación violenta*. Del primero Paz ha revelado que trata de "la tentación de ceder al misticismo hindú o al budismo, es decir, la tentación de un absoluto que no es humano", y del segundo, que es un poema sobre la pérdida de la identidad personal: "somos lo que fuimos... todo lo que fuimos en este instante sin salida" (Carballo, p. 3). No obstante estas calamidades, el impacto del Oriente será poderoso, como demuestra su recurrencia en la obra posterior, inclusive en la prosa que escribe durante la misma época. Me refiero, sobre todo, a las primicias de *El arco y la lira*, sus meditaciones sobre "el poema, la revelación poética, poesía e historia". Publicado sólo en 1954, ya en México, el libro lo empieza a escribir durante unas vacaciones de verano en Córcega, en 1951, y continúa redactándolo (como demuestra la correspondencia con Reyes) en cada una de las estancias por el Oriente. Para julio de 1953, ya en Ginebra y en su último parte a Reyes sobre el libro, lo describe como un manuscrito de 300 páginas.

1953-1959

México

"En 1953, tras nueve años de ausencia, regresé a México: era otra ciudad. Una ciudad todavía agradable, aunque ya empezaba a convertirse en el monstruo de ahora" ("Cuarenta años [II]", p. 7). A cuyos recuerdos Paz añade: "Fue una ausencia de nueve años. Repito esa cifra con reverencia: fue una verdadera gestación. Pero una gestación al revés: no dentro sino fuera de mi tierra natal. Durante esos años cambiaron mis ideas, mis afectos, mis odios y amores —pero fui fiel a la poesía" ("Los pasos", p. 56).

En efecto, es un México muy distinto al que había dejado la década anterior. Los sucesivos gobiernos de Alemán y Ruiz Cortines, empeñados en el desarrollo industrial del país, lo habían transformado. Lo cual explica no sólo el crecimiento de la ciudad de México sino el creciente conservadurismo del gobierno y la petrificación de su burocracia en la retórica nacionalista: efectos ambos de la revolución institucionalizada. Como funcionario de la Secretaría de Relaciones Exteriores, el propio Paz es miembro de esa burocracia. Su doble vida de burócrata y escritor implica, por tanto, dividir su tiempo entre tareas del gobierno y del contexto artístico: a la vez representa y critica el *establishment*. "En el México de 1955 —recuerda a propósito— la satisfacción era generalizada entre políticos, banqueros, líderes obreros y campesinos. Incluso muchos intelectuales se habían contagiado de ese optimismo." Pero más saludables eran los más jóvenes: "La nueva generación tenía una actitud resueltamente crítica, pero su crítica no era ideológica, sino artística, literaria, poética... También ellos tuvieron que enfrentarse al nacionalismo y al arte con mensaje ideológico" ("Cuarenta años [II]", p. 7).

Arreola, Benítez, Fuentes, García Terrés, Montes de Oca y Rulfo son algunos de los nuevos autores; la *Revista de la Universidad, México en la Cultura* y *Revista Mexicana de Literatura,* los nuevos órganos de difusión. Paz colabora con y en todos ellos. Con el tiempo llamará ese momento un "periodo indeciso de las artes y letras mexicanas: nacionalismo, arte social, esfuerzos solitarios de unos cuantos poetas y pintores".³⁵ Ese periodo de seis años se prolonga hasta 1959, cuando Paz regresa a París y, posteriormente, a la India. La recopilación de LBP2 en 1960 señalará el fin de ese ciclo y el comienzo de otro.

Al año de regresar, y mientras disfruta de una beca en El Colegio de México para terminar de redactar el manuscrito de *El arco y la lira*, Paz publica *Semillas para un himno:* 22 poemas breves en 43 páginas, a los cuales agrega siete de sus traducciones de poemas de Andrew Marvell y Gérard de Nerval. Si *La estación violenta* recoge textos de mediana extensión, éste recoge los más breves; son su contrapartida. Ya la última carta a Reyes anunciaba que trabajaba "dos series independientes" de poemas. En efecto, se trata de una lírica breve, espontánea y grácil, deliberadamente opuesta a la extensa y reflexiva de *La estación violenta*. "La imagen es la parte central —ha dicho de ellos—. En algunos aparece otra influencia formativa: la poesía japonesa que yo descubrí a través de Tablada, hacia 1945" ("Cuarenta años [II]" p. 7). Y de la relación entre las dos series: "Fue un recurso inconsciente para oponer un dique al desbordamiento surrealista. Me cautivó la economía de las formas: mínimas y precisas construcciones hechas de unas pocas sílabas y capaces de contener un universo" ("Los pasos", p. 58).

En los poemas breves de *Semillas para un himno* confluyen, por eso, el *haiku* japonés, la poesía náhuatl, la poesía popular española y la lírica moderna, sobre todo la de inspiración cubista. Pero será el interés por la literatura japonesa el que cultiva en algunos de los textos más penetrantes de este segundo periodo mexicano: una serie de ensayos en 1954, la traducción (con Eikichi Hayashiya) de *Sendas de Oku* junto a su introducción crítica, un número especial de *Sur* sobre literatura japonesa.³⁶

A la poesía se une el interés por la pintura y el teatro. "En esos

---

³⁵ Cito de la "Nota", "Delhi, a 30 de septiembre de 1965", a *Puertas al campo*, Seix Barral, Barcelona, 1966, p. 9.
³⁶ Véase "Tres momentos de la literatura japonesa", *México en la Cultura*, 1, 8 y 15 de agosto de 1954, p. 1, 3 y 3, respectivamente, recogido en *Las peras del olmo*, pp. 107-135; Matsuo Basho, *Sendas de Oku*, tr. Eikichi Hayashiya y Octavio Paz, Imprenta Universitaria, México, 1957; 2ª ed., Barral Editores, Barcelona, 1970; 3ª edición, Seix Barral, Barcelona, 1981; e "Introducción", *Sur*, 249, noviembre-diciembre de 1957, pp. 1-3.

años regresó Rufino Tamayo y se generalizó la rebelión contra la academia de lugares pictóricos y nacionalistas y seudorrevolucionarios en que había degenerado el muralismo" ("Cuarenta años [II]" p. 8).

Paz anima a la rebelión escribiendo extensamente no sólo sobre Tamayo; también sobre otros disidentes: Juan Soriano, Pedro Coronel, Gunther Gerszo, Remedios Varo, Álvar Carrillo Gil. En todos defiende la libertad de la imaginación y su oposición a un arte ideológico.[37] Su actividad en el teatro es fugaz pero significativa: junto con Juan Soriano y Leonora Carrington organiza "Poesía en voz alta", un grupo de teatro experimental donde se representan obras de fuera y de dentro, incluyendo una suya, *La hija de Rappaccini,* basada en un cuento de Nathaniel Hawthorne. Según Paz, "se trataba de un grupo inteligente y rebelde que debió enfrentarse a dos obsesiones reinantes: el realismo y el nacionalismo". Y lo hicieron con un repertorio que incluyó obras de Ionesco, Eliot, Genet y Elena Garro, entre otros.[38]

Pero el México acomodado es sólo una cara del país; la otra, la del subdesarrollo y la pobreza, la vuelve a descubrir, en el verano de 1955, durante una gira de conferencias en el norte, donde le impresiona "no solamente el vasto desierto, sino también la pobreza de la gente del campo. Era la otra cara de la prosperidad de que estaban tan orgullosos los dirigentes del país" ("Cuarenta años [II]" p. 7).

"El cántaro roto", el indignado poema que escribe durante el viaje de regreso y que abre el primer número de la *Revista Mexicana de Literatura,* causa un escándalo.

El mal, el cáncer es aquí —según lo describe entonces— de un orden más concreto...: es la opresión social, por una parte, en sucesión histórica: el cacique precortesiano, el obispo general, el banquero; por la otra, consecuencia de la opresión, la sequía, la separación, la soledad ["Carballo", p. 3].

[37] Véase *Los privilegios de la vista. Arte de México,* que recoge los textos sobre arte mexicano, FCE, México, 1987.

[38] Veáse "La hija de Rappaccini", *Revista Mexicana de Literatura,* 7, septiembre-octubre de 1956, pp. 3-26; recogida en LBP4, pp. 283-307. Para más detalles de esta empresa, véase el estudio de Ronni Unger, *"Poesía en voz alta" in the Theatre of Mexico,* University of Missouri Press, Columbia, Mo., 1981. También la entrevista que le hiciera Esther Seligson a Paz con motivo del reestreno de la obra en México en 1978: *La cabra,* 3ª época, núm. 1, octubre de 1978, pp. 9-11.

No es casual, por eso, que tras la bofetada del México subdesarrollado decida volver a elaborar al año siguiente *Entre la piedra y la flor,* aquel extenso poema social sobre México y antecedente directo de "El cántaro roto" que había escrito en Yucatán. La nueva versión acorta (216 en vez de 242 versos) y concreta: elabora en parte un diálogo *con* el campesino donde antes hubiera un discurso *sobre* él.[39] En esta y todas las actividades documentadas más arriba, se trata de una lucha en varios frentes, dirigida por un lado a combatir la mentira hecha institución y, por otro, a defender el derecho del escritor y el artista a una libre imaginación.

Por eso la primera edición de *El arco y la lira,* publicada ese mismo año, resulta una múltiple defensa de la poesía —no ya contra aquellos argumentos en pro de una literatura "comprometida" de los que Paz había sido testigo en París durante las primicias de su redacción, sino contra la pérdida más generalizada del sentido de la poesía, asediada igualmente por la insensibilidad nacionalista o la indiferencia burguesa en una sociedad como la mexicana. Ya en una conferencia sobre el surrealismo al año de su regreso a México, parte de una serie universitaria sobre "los grandes temas de nuestro tiempo", Paz observaba que "hace cinco o seis años esta conferencia habría sido imposible".[40] El libro en sí es el resultado de años de trabajo. En la correspondencia con Reyes, desde París, se menciona, sucesivamente, como "cuatro capítulos y un apéndice que, con ejemplos, ilustran la lucha que entablan en la entraña de todo lenguaje prosa y poesía, razón y ritmo, oración e imagen" (26 de marzo de 1952); más tarde como "un libro demasiado fabricado" que "coincide... con lo que he dicho ya en mis versos" (13 de mayo de 1952). "Se me ha ocurrido llamarlo —le escribe finalmente— 'La Otra Orilla' —alusión al saber, o mejor dicho: al estar en el saber, de los budistas" (25 de julio de 1953). Para entonces el curioso viajero y lector ya había incorporado al libro algo más que el pensamiento oriental que había absorbido durante su estancia en Oriente. Pues como se sabe, *El arco*

---
[39] Véase *Entre la piedra y la flor,* viñetas de Álvar Carrillo Gil, Ediciones Asociación Cívica Yucatán, México, 1956.
[40] *Las peras del olmo,* p. 136. Restituyo la primera versión de la frase, revisada en la segunda edición.

y la lira, y sobre todo su primera edición de 1956, constituye un esfuerzo por encontrar las equivalencias entre la temporalidad de la existencia (Heidegger) y la experiencia poética (el surrealismo): la poesía como revelación no del inconsciente sino del ser.[41] Para ello intenta contestar, en sus tres secciones, tres preguntas clave: "¿hay un decir poético —el poema— irreductible a todo otro decir?; ¿qué dicen los poemas?; ¿cómo se comunica el decir poético?[42]

En 1957 aparecen dos libros que van señalando, por su carácter recopilatorio, el cierre del periodo: *Las peras del olmo,* su primer volumen de ensayos, y *Piedra de sol,* el poema que, además de cerrar el periodo, resume el momento y define al poeta. Éste lo escribe a principios de 1956 y lo publica al año siguiente: 590 endecasílabos (los seis últimos repiten los seis primeros) en una edición de 41 páginas. El origen del poema, uno de sus más extensos, lo describe en este pasaje retrospectivo:

> No tenía plan. No sabía lo que quería escribir. *Piedra de sol* se inició como un automatismo. Las primeras estrofas las escribía como si literalmente alguien me las dictara. Lo más extraño es que los endecasílabos brotaban naturalmente, y que la sintaxis, y aun la lógica eran arbitrariamente normales. De pronto sobrevino una interrupción. Había escrito unos 30 versos y no pude seguir. Salí al extranjero por dos semanas [...] y a mi regreso, al releer lo escrito, sentí la necesidad de continuar el texto. Volví a escribir con una extraña facilidad, pero en esta ocasión intenté utilizar la corriente verbal y orientarla un poco. Poco a poco el poema se fue haciendo, me fui dando cuenta hacia dónde iba el texto. Fue un caso de colaboración entre lo que llamamos el inconsciente (y

---

[41] El testimonio más interesante de este momento es la entrevista en Ginebra con Roberto Vernengo, *México en la Cultura,* 6, febrero de 1954, p. 24; reproducido en *Sur,* 227, marzo-abril de 1954, pp. 61-64. Pregunta Paz, en un momento del diálogo con Vernengo: "¿No te parece que, en cuanto tentativa de radicalizar la creación poética, el surrealismo corre paralelo con la metafísica de la libertad de un Heidegger, por ejemplo? Habría que meditar, como punto de partida de semejante confrontación, el sentido de las palabras *imaginación* y *proyección,* entre otras". En relación con la génesis y naturaleza de *El arco y la lira,* véase el capítulo "Octavio Paz: crítica y poética" de mi *Escritura y tradición: Texto, crítica y poética en la literatura hispanoamericana,* Laia, Barcelona, 1988, pp. 103-126.

[42] *El arco y la lira,* FCE, México, 1956, p. 26. Hay una segunda edición revisada de 1967. Las diferencias entre las dos ediciones fueron estudiadas por Emir Rodríguez Monegal, "Relectura de *El arco y la lira*", *Revista Iberoamericana,* vol. 37, núm. 74, enero-marzo de 1971, pp. 222-230.

que para mí es la verdadera inspiración), y la conciencia crítica y racional. A veces triunfaba la segunda, a veces la inspiración. Otra potencia que intervino en la redacción de este poema: la memoria [...] Por ser obra de la memoria, *Piedra de sol* es una larga frase circular ["Cuarenta años (II)" pp. 7-8].

El origen semiautomático del poema explica su carácter sintético: resume la trayectoria personal de Paz hasta el momento, su tránsito y el de su generación por los desastres de la historia contemporánea; también sintetiza la estética del surrealismo con la supervivencia de los mitos aztecas, como indica la alusión del título al calendario sagrado de los antiguos mexicanos. La primera edición se inscribe sobre esa mitología: reproduce tres jeroglíficos, una nota exegética al final y hasta una lista de algunas de sus fuentes. Pero a partir de su inclusión en *La estación violenta,* al año siguiente, esa inscripción desaparece. "El tema central —dice en una entrevista a propósito— es la recuperación del instante amoroso como recuperación de la verdadera libertad, 'puerta del ser' que nos lleva a la comunicación con otro cuerpo, con los demás hombres, con la naturaleza" (Carballo, p. 3.)

Con la publicación de *La estación violenta* en 1958, el regreso de Paz a París al año siguiente, una segunda edición revisada de *El laberinto de la soledad* ese mismo año y la publicación de LBP2 se cierra definitivamente el periodo. Como dije antes, no intentaremos en esta introducción hacer un recuento de la carrera posterior. Baste decir que *La estación violenta* formará la última sección de la futura recopilación. Consta de nueve poemas extensos, incluyendo *Piedra de sol,* en 83 páginas. El libro comienza bibliográficamente, por tanto, donde LBP1 había terminado: con "Himno entre ruinas". Entre todos, la nota común de los poemas es la meditación sobre, hacia o desde la ciudad: de la Nápoles de "Himno entre ruinas" a la Venecia de "Máscaras del alba" y la Aviñón de "Fuente"; del París de "Repaso nocturno" a la Ginebra de "El río", desembocando al final en el México de "El cántaro roto" y *Piedra de sol.* En todos, el poeta medita ante el escenario de la historia en un momento meridiano de su vida y obra: el "tiempo de la razón ardiente" al que alude el verso de Apollinaire que figura como epígrafe y de donde se deriva el título.

Himnos todos a la búsqueda de un sentido desde la plenitud de la palabra.

3. Libro de libros

En LBP2 Paz elabora la obra poética que hemos repasado. De hecho, por primera vez se le da ese nombre en el subtítulo; "Obra poética, 1935-1958" con lo que, también, la limita en el tiempo. Su modelo base es LBP1: de ese tomo adopta, además de parte del título, su división en secciones (cinco en vez de seis) y alguno que otro nombre de sección que con el tiempo desaparecerá. Cinco de los ocho libros publicados entre 1933 y 1949 se salvarán; también se incluyen todos los publicados hasta 1958. Las ediciones posteriores reducen aún más el número de poemas. Como su modelo, además, el libro posee una estructura interna: la biografía espiritual en varias etapas que, en este caso, abarcan 23 años. La división tripartita original, que en LBP1 evoca la sonata, se convierte en una estructura más compleja. En LBP2, por ejemplo, persiste todavía un centro formal: en la sección III, que antes ocuparan los poemas aéreos de *Asueto* y *El girasol*, se reúnen ahora los poemas regresivos de *Puerta condenada*. En cambio, a partir de LBP3, la segunda edición recopilatoria, se elimina ese centro —sea éste "ligero" o "plúmbeo", *allegro* o *adagio*— al incorporarse los poemas de *Puerta condenada* a la anterior sección II (*Calamidades y milagros*). El paso de una a otra edición, por tanto, no sólo aligera el libro; también cambia la perspectiva temporal, y no sólo porque se ajuste "con mayor fidelidad" (como dice la "Advertencia") a la cronología. Acaso con mayor perspectiva temporal, la evolución de la "biografía espiritual" se extiende, se vuelve paulatina y gradual a base de menos cambios bruscos. A partir de LBP3, incluyendo la presente edición, la estructura es la siguiente:

I. *Bajo tu clara sombra, 1935-1944*
  Primer día (1935)
  Bajo tu clara sombra (1935-1938)
  Raíz del hombre (1936)
  Noche de resurrecciones (1939)

Asueto (1939-1944)
Condición de nube (1944)
II. *Calamidades y milagros, 1937-1947*
Puerta condenada (1938-1946)
Calamidades y milagros (1937-1947)
III. *Semillas para un himno, 1943-1955*
El girasol (1943-1948)
Semillas para un himno (1950-1954)
Piedras sueltas (1955)
IV. *¿Águila o sol?, 1949-1950*
Trabajos del poeta (1949)
Arenas movedizas (1949)
¿Águila o sol? (1949-1950)
V. *La estación violenta, 1948-1957*

El más somero cotejo de esta estructura revela que no se trata de una mera recopilación. Es cierto que varias secciones y subsecciones adoptan títulos de algunos libros orgánicos *(Bajo tu clara sombra, Semillas para un himno)*, en versiones revisadas o no. Pero la mayoría de los títulos no corresponden a libros *(Primer día, Asueto, El girasol,* etc.), tienen la función de agrupar poemas análogos, y su secuencia no siempre resulta sucesivamente cronológica. Antes bien, la secuencia funciona por una serie de superposiciones parciales. La primera sección, *Bajo tu clara sombra*, por ejemplo, coincide parcialmente en el tiempo (1935-1944) con *Calamidades y milagros* (1937-1947); de la misma manera que ésta coincide con *Semillas para un himno* (1943-1955), y ésta, a su vez, con *¿Águila o sol?* (1949-1950) y *La estación violenta* (1948-1957). Cada sección contiene y a su vez engendra, por así decirlo, la siguiente, en una serie de eslabones entrelazados. Más que de serie, se trata de una *cadena* de secciones: libros *concatenados* que estructuran esta paradójica "libertad bajo palabra". Como dice el "Envío" de "La vida sencilla": "sobre el papel, sobre la arena, escribo / estas palabras mal encadenadas" (LBP5, p. 150). Lejos de ser un accidente de la redacción final, la cadena —que a la vez aprisiona y asegura, sujeta y ordena— es el emblema que va determinando la estructura del texto a lo largo de las sucesivas ediciones.

La superposición temporal, a su vez, revela otro aspecto importante de la biografía implícita en el libro: en lugar de una sola voz, cuya evolución se despliega en la sucesión de libros, tenemos un coro —conjunto de voces relativamente independientes que coinciden en el tiempo. Y más que una variedad de formas y estilos, tenemos una biografía múltiple —los distintos aspectos, máscaras o *personae* de una misma biografía: el apasionado amante de *Bajo tu clara sombra* y *Raíz del hombre;* el testigo obeso de *Calamidades y milagros;* el observador desapasionado de *Asueto, Condición de nube* y *Semillas para un himno;* el fantasioso poeta de *¿Águila o sol?;* el ciudadano maduro o visionario de *La estación violenta*. Todas esas descripciones se pueden barajar, naturalmente, sin alterar la característica central del libro: la pluralidad simultánea de voces en la búsqueda de la identidad. El poeta no es uno sino varios: es él y es otro (u otros), al mismo tiempo. El prólogo homónimo, en admirable síntesis, anticipa ese desfile de máscaras anunciando su invención del "examen de conciencia, el juez, la víctima, el testigo. Tú eres esos tres" (LBP5, p. 72).

Los alcances de ese desfile se pueden cotejar comparando el libro de Paz con otro de Borges, *El otro, el mismo* (1969), cuya estructura evoca el mismo tema. Si en Paz las máscaras o *personae* se diferencian en el tiempo a través del despliegue dramático de hablantes distintos en tono y preferencia temática, en Borges la máscara adquiere un valor nominal, otro tema más del hablante único que hace del "otro", dentro de un discurso homogéneo, otra ficción del "mismo". El "yo" de "Borges y yo" nunca llega a dialogar, mucho menos a polemizar, con "Borges": antes bien, lo describe y lo juzga para burlarse de él. En Paz, en cambio, lo distintivo radica precisamente en la heterogeneidad del discurso —una radical pluralidad que surge de la identidad maleable, fugaz y, en última instancia, incognoscible. "Espejo", uno de los poemas más antiguos, inicia ya el tema y sus corolarios: "De una máscara a otra / hay siempre un yo penúltimo que pide. / Y me hundo en mí mismo y no me toco" (LBP5, p. 124). "La poesía", uno de varios *ars poeticae* que se recogen en el libro, señala su función de autoconocimiento:

Llévame, solitaria,
llévame entre los sueños,
llévame, madre mía,
despiértame del todo,
hazme soñar tu sueño,
unta mis ojos con aceite,
para que al conocerte me conozca.
[LBP5, p. 165.]

No en balde en la ocasión de comentar la reunión de toda su obra poética Paz observará que le parecía "la biografía de un fantasma. Mejor dicho, de muchos fantasmas [...] Este libro ha sido escrito por una sucesión de poetas; todos se han desvanecido y nada queda de ellos sino sus palabras" ["Los pasos", p. 50]. Otra frase, escrita al año de reunir LBP2, sobre Fernando Pessoa, lo resume aún mejor: "Los poetas no tienen biografía. Su obra es su biografía".[43]

Dijimos antes que la estructura de LBP1, semejante a la de una sonata, incluía un intermedio alegre seguido por la variación de un movimiento. Esa estructura tripartita facilitaba el pasaje de "la orilla del mundo" al "himno entre ruinas", principio y fin del itinerario del poeta hacia el dominio de su personalidad. A partir de LBP2 (y refinándose aún más en LBP3 cambia la estructura del libro pero no su naturaleza. En ediciones más recientes, el itinerario se extiende y se aclaran los símbolos de ese pasaje ritual: la primera sección se titula *Bajo tu clara sombra*, el último poema "Piedra de sol". *De la sombra al sol:* así podría resumirse la evolución espiritual de la *persona* poética a lo largo del libro pasando por varias etapas intermedias e igualmente simbólicas: la noche y el asueto ("Noche de resurrecciones", "Asueto"), la puerta condenada y el trabajo ("Puerta condenada, "Trabajos del poeta"), los himnos de una "violenta" estación. El

---

[43] "El desconocido de sí mismo", *Cuadrivio: Darío, López Velarde, Pessoa, Cernuda*, Joaquín Mortiz, México, 1965, p. 133. Sobre el concepto de *persona* en poesía, véase Robert C. Elliott, *The Literary Persona*, University of Chicago Press, Chicago, 1982. En la literatura hispánica el único libro que ha tratado el tema con algún detalle es el estudio de Antonio Carreño, *La dialéctica de la identidad en la poesía contemporánea. La persona, la máscara*, Gredos, Madrid, 1981. Es útil también el de Julio Ortega, *Figuración de la persona*, EDHASA, Barcelona, 1971.

epígrafe de Apollinaire que encabeza esta última sección, a su vez, aclara el simbolismo del itinerario: si es en ese punto donde comienza el verano, entonces las etapas anteriores significan la primavera, es decir, la estación inmediatamente anterior. O, en términos de la biografía: la juventud se acaba y comienza la madurez. Por otra parte, si bien la estructura del libro participa de la del diario —las fechas no sólo señalan una cronología; también delatan el origen circunstancial de los poemas—, la organización de su conjunto tampoco resulta casual. Su estructura no es el mero registro neutral de una serie de cambios personales, sino un viaje simbólico en forma de búsqueda —versión del *bildungsreise* romántico (la historia progresiva de una educación artística, sentimental y moral) cuya trama implica, necesariamente, una serie de pruebas: capítulos o etapas de crisis y sufrimiento.[44] Dichos capítulos se justifican, a su vez, en términos de un final en el que el protagonista adquiere una mayor conciencia de sí. En este caso, los capítulos de crisis los vendrían a ocupar las secciones II y IV, *Calamidades y milagros* y *¿Águila o sol?* (LBP5, pp. 149-182, 223-297) que reúnen, respectivamente, los poemas de la primera época mexicana ("Puerta condenada") junto con testimonios de guerra y otras experiencias dolorosas, y los que narran la agonía de la creación y el encuentro con el mito e imagen de México. El final, a su vez, se registra en otro viaje, que narra el poema "Piedra de sol".

En contexto, el título de "Piedra de sol" remite a la pregunta de *¿Águila o sol?*, y el viaje que narra recapitula el trayecto del peregrino en términos simbólicos: el peregrino es él y también los otros, sus compañeros de viaje en el tiempo. Ese viaje final, por último y necesariamente, no termina: "Piedra de sol" es un poema circular cuyos últimos seis endecasílabos repiten los seis primeros y que termina con dos puntos que postulan una apertura. Se trata por tanto —en Paz y en la tradición romántica a la que aludo— de un viaje circular que termina donde empieza: su propósito es regresar al punto de partida —la unidad originaria del ser extraviada tras el adve-

---

[44] Frances Chiles, en un reciente libro, ha tratado este tema en la poesía de Paz, aunque no en *Libertad bajo palabra*; véase *Octavio Paz: The Mythic Dimension*, Peter Lang, Nueva York, 1987, sobre todo las pp. 161-216.

nimiento de la conciencia, esa misma "soledad de la conciencia y conciencia de la soledad" (LBP5, p. 72) que el prólogo invoca.[45] El final de "Piedra de sol", texto inscrito sobre la estructura del calendario sagrado de los aztecas, remite, de esta manera, no sólo al principio del poema mismo (los seis endecasílabos que se repiten al final) sino al libro. El último "día" del calendario, que es el final del poema, coincide con el "primer día", que es el título de la primera sección del libro (LBP5, pp. 75-80). Si, como quiere Paz en *El arco y la lira*, "la experiencia poética es una revelación de nuestra condición original" y esa revelación "se resuelve siempre en una creación: la de nosotros mismos", entonces la lectura circular (del poema final y del libro) postula una segunda o una lectura *otra* que recrea esa misma condición —aquella lectura de la que disfrutábamos, en términos simbólicos, durante el "primer día" de la primera lectura, tanto nuestra como del poeta.[46] A su vez, aun esa primera lectura, que comenzara con un poema titulado "Tu nombre", siempre había sido otra, ya que nunca fue inocente: significó, como indica este título, el descubrimiento simultáneo del nombre y del otro, del lenguaje y de la otredad.

La estructura en tres partes de la edición de LBP1 evoluciona, por tanto, hacia otra en cinco que obedece, al menos a partir de la edición de LBP3, al despliegue simbólico de la biografía: tres cimas (secciones I, III y IV) en orden ascendente, atravesadas por dos simas (II y V) o épocas de crisis. Dentro de esa estructura la biografía implícita evoluciona, a su vez, de un subjetivismo apasionado al paulatino descubrimiento del mundo circundante; el sujeto se desprende de sí y va apreciando al otro o lo otro. Es a ese paulatino desprendimiento al que alude, en parte, la "libertad" del título, suerte de versión poética del absoluto hegeliano que el espíritu va conquistando a través de la paulatina negación del ego. Los poemas que registran ese cambio aparecen en las secciones "Asueto" y "Condición de nube" (LBP5, pp. 92-110), para luego recurrir, con ligeras variaciones, en la sec-

---

[45] Para un resumen del trasfondo filosófico de estas ideas, véase M. H. Abrams, *Natural Supernaturalism. Tradition and Revolution in Romantic Literature*, W. W. Norton, Nueva York, 1971, especialmente las pp. 164-195.

[46] Cito por *El arco y la lira*, 2ª edición corregida y aumentada, FCE, México, 1967, p. 154.

ción III, *Semillas para un himno*. La cronología total de esos poemas (1939-1955) indica que se trata de una modalidad de percepción, otra máscara en el tiempo; pero el cotejo de sus fechas indica que su meollo se sitúa en el periodo 1943-1948, que en la biografía real de Octavio Paz corresponde a los años en que escribía los poemas de LBP1, inmediatamente posteriores a su ruptura con el contexto mexicano y durante el periodo en los Estados Unidos y Francia. Ese cambio de percepción resulta crucial y coincide con un cambio de lenguaje poético —mejor dicho, de *dicción*. En la biografía real, como vimos, Paz lo describe como un descubrimiento del "lenguaje de la conversación, el lenguaje coloquial". En la biografía metafórica, en cambio, la diferencia de lenguaje refleja un cambio de máscara porque cambia la configuración del hablante. El hablante se vacía de sí y al vaciarse descubre, como dice el último poema de *Puerta condenada*, "la luz ligera y sin memoria / que brilla en cada hoja, en cada piedra" (LBP5, p. 148). Al desprenderse de sí, el sujeto abandona también su retórica apasionada para aprehender (en su doble sentido de captar y entender) el mundo en momentos privilegiados como éste:

> Eres la duración
> el tiempo que madura
> en un instante enorme, diáfano:
> flecha en el aire,
> blanco embelesado
> y espacio sin memoria ya de flecha.
> ....
> Y floto, ya sin mí, pura existencia.
>   [LBP5, p. 93.]

La captación del mundo objetivo, que poema tras poema de título sencillo ("Día", "Jardín", "Delicia", "Mediodía" son algunos) va trazando en forma de catálogo, no deriva de la autorrepresión del hablante sino todo lo contrario: refleja autoposesión basada en la comprensión del mundo externo. El poeta es él en virtud, no en contra, del mundo. De hecho, para ser él mismo tiene que ver y hasta *ser,* también, lo otro. John Keats (1795-1821), aquel poeta romántico que el joven Paz imitara tanto en sus primeras odas, solía insistir, en su escasa pero reveladora correspondencia, en la *negative capability* (capacidad negativa): la capacidad del poeta para representar el mundo impersonalmente, a diferencia del poeta subjetivo o sentimental, quien lo presenta a través de sus intereses, sentimientos y creencias.

Eliot y Pound, a quienes Paz releyera con provecho durante su estancia en los Estados Unidos, insistían, a su vez, en la impersonalidad de la poesía, lo que permitía presentar una verdad *dentro* del poema, y en la aprehensión del mundo objetivo a través de la configuración de su *persona* o máscara. "En la 'búsqueda de uno mismo' —dice Pound en su famoso ensayo sobre el vorticismo—, en la búsqueda de una 'sincera autoexpresión', nos agarramos de alguna apariencia de verdad. Decimos: 'yo soy' esto o lo otro, y apenas pronunciamos estas palabras dejamos de ser esa cosa."[47] Dejamos de ser esa cosa, claro está, porque al nombrar el objeto en realidad nos autonombramos. El poeta no sólo nombra lo otro: *es* lo otro. Sin embargo, ya vimos en una de las citas que cierra la primera parte de esta introducción que Paz no coincide enteramente con Eliot en el sacrificio total de la persona real. Prefiere el medio camino entre la máscara y la vivacidad: configurar su *persona* a partir del mundo que nombra.

El descubrimiento del mundo a partir del sacrificio relativo de la personalidad tiene, por tanto, implicaciones que sobrepasan aquellas formales o técnicas que tocan en particular a la dicción del poema. En realidad, estructura todo un conocimiento o sabiduría a partir del descubrimiento de la *otredad* —el mundo existe fuera de mí y yo soy ese mundo. El poeta puede decir, con Ortega y Gasset, que si no salva la circunstancia no se salva él tampoco. Por el contrario, si triunfa su interés subjetivo o sentimental, no sólo recarga la dicción (hace el poema retórico), sino le ciega a lo otro, al mundo más allá de sí, y lo condena al espejo, la autocontemplación, la soledad. Como dice el prólogo, aludiendo a una sección clave del libro: "Inútil tocar a puertas condenadas. No hay puertas, hay espejos" (LBP5, p. 72). No sería exagerado resumir la totalidad de *Libertad bajo palabra* como

[47] Citado en R. C. Elliott, p. 8.

el paulatino hallazgo de esa sabiduría, cuya encarnación concreta sería el poema como *himno*, el coro de tema heroico. "Nuestros poemas —exhortaba Paz en la primera edición de *El arco y la lira*—, si hemos de tener poemas, serán heroicos y en ellos el hombre se reconocerá como un destino que es también una libertad." (p. 263.) De ahí que, tras las dos secciones iniciales, el centro del libro lo ocupe la titulada *Semillas para un himno;* que a ésta le siga otra que termina con un texto titulado "Himno futuro" ("Allá, donde mi voz termina y la tuya empieza, ni solo ni acompañado, nace el canto", LBP5, pp. 294-295); y que la siguiente y última empiece con "Himno entre ruinas", uno de los poemas clave en la obra de Paz y en toda la poesía contemporánea, que se diría constituye el resumen alegórico de ese hallazgo.

A base de una técnica simultaneísta —la presentación simultánea de diferentes planos temporales y espaciales, desde el México de los años treinta hasta el presente en ruinas de la Europa de posguerra—, el poema despliega la lucha entre dos aspectos, dos máscaras de un solo sujeto: uno obsesionado por los desastres del mundo histórico; otro que anhela la sencilla encarnación en el mundo material del presente. La pregunta clave aparece en la segunda estrofa:

> ¿Qué yerba, qué agua de vida ha de darnos la vida,
> dónde desenterrar la palabra,
> la proporción que rige al himno y al discurso,
> al baile, a la ciudad y a la balanza?
> [LBP5, p. 304.]

Mientras que en uno de los pensamientos "se inmovilizan, ríos que no desembocan", en otro finalmente, "la inteligencia al fin encarna": una naranja se vuelve la imagen del día; "la conciencia-espejo se licua": el hombre se libera de sus obsesiones; y la poesía que llevamos dentro nos vuelve a salvar:

> Hombre, árbol de imágenes,
> palabras que son flores que son frutos que son actos.
> [LBP5, p. 305.]

Junto con "Himno entre ruinas", "Piedra de sol" ocuparía, por tanto, el lugar del "himno futuro". Todo en el libro apunta hacia él y en él se recapitula. Pero lo es no sólo en virtud del tono del último poema —el aliento ceremonial de sus 590 endecasílabos— sino por la temática de otredad que lo informa. Tres frases que son tres revelaciones marcan el viaje hacia el regreso o "puerta del ser" (en esta edición [1988], p. 354) que estructura el poema. La primera aparece en la novena estrofa: "busco un instante, un rostro de relámpago y tormenta" (pp. 337-338); la segunda en la número 21: "vislumbramos / nuestra unidad perdida, el desamparo / que es ser hombres" (pp. 346); la tercera en la número 26: "no soy, no hay yo, siempre nosotros" (p. 353). Las tres resumen el pasaje del hablante de su salvación personal a la visión del otro. El paso de uno al otro lo facilita la mujer, quien, a su vez, encarna la otredad. "La mujer en forma dual —aclaró Paz poco después de publicar el poema— como creadora y destructora, como Melusina y Perséfona, como encantadora que vuelve cerdos a los hombres y como presencia que les da su verdadera humanidad y los abre al secreto de su propia significación" (Carballo, p. 3).

Lejos de ser un objeto sexual (sin por ello negar el erotismo), la mujer en *Libertad bajo palabra* ocupa un lugar central en la dialéctica de la otredad. Para el hablante o biografiado masculino, ella encarna la diferencia genérica: "mi contrario" que, como otredad resistente, es la "torre", "muralla" y "ciudad", como anticipa el prólogo (LBP5, p. 72) quien se (y nos) seduce y conquista. En "Piedra de sol", resumen del libro y uno de los grandes poemas de todos los tiempos, la mujer es una con la otredad que salva al hombre.

Libro de libros, pues, que resume los primeros 30 años en la carrera del poeta; libro total que, a la vez, se autolimita en el tiempo; deliberada y sucesiva revisión de un ciclo en la vida y obra de un poeta; cadena de palabras que eslabonan el paso de ese poeta en el tiempo; viaje circular que termina donde empieza: en el regreso a una unidad originaria que es, al mismo tiempo, revelación de nuestra condición original, "el desamparo que es ser hombres"; hallazgo de la "puerta del ser": trascendencia, por instantes, de la soledad, *Libertad bajo palabra (1935-1957)*, es uno de los tomos básicos de la poesía contemporánea, clave para apreciar la poesía y el pensamiento de Octavio Paz, clave a su vez de nuestro tiempo.

BIBLIOGRAFÍA

1. Obras de Octavio Paz

Poesía

Luna silvestre, Fábula, México, 1933.
¡No pasarán!, Simbad, México, 1936.
Raíz del hombre, Simbad, México, 1937.
Bajo tu clara sombra y otros poemas sobre España, Ediciones Españolas, Valencia, 1937.
Bajo tu clara sombra, 1935-1938, Letras de México, México, 1941.
Entre la piedra y la flor, Nueva Voz, México, 1941; 2ª ed., Ediciones Asociación Cívica Yucatán, México, 1956.
A la orilla del mundo y Primer día, Bajo tu clara sombra, Raíz del hombre, Noche de resurrecciones, Compañía Editora y Librera, México, 1942.
Libertad bajo palabra, Tezontle, México, 1949.
¿Águila o sol?, Tezontle, México, 1951.
Semillas para un himno, Tezontle, México, 1954.
Piedra de sol, Tezontle, México, 1957.
La estación violenta, FCE, México, 1958.
Libertad bajo palabra. Obra poética (1935-1958), FCE, México, 1960; 2ª ed. *Libertad bajo palabra (1935-1957)*, México, FCE, 1968.
Poemas (1935-1975), Seix Barral, Barcelona, 1979; 2ª ed., 1988.
Obra poética I, 1935-1970, en *Obras completas*, Círculo de Lectores, Barcelona, y FCE, México, 1997.

Prosa

El arco y la lira: El poema, la revelación poética, poesía e historia, FCE, México, 1956; 2ª ed., corregida y aumentada con el nuevo epílogo "Los signos en rotación", 1967.
Corriente alterna, Siglo XXI, México, 1967.

Cuadrivio: Darío, López Velarde, Pessoa, Cernuda, Joaquín Mortiz, México, 1965.
El laberinto de la soledad, Cuadernos Americanos, México, 1950; 2ª ed., revisada y aumentada, México, FCE, 1959. [Hasta la fecha se han hecho más de 20 ediciones de esta obra.]
Las peras del olmo, UNAM, México, 1957; 2ª ed. revisada, Barcelona, Seix Barral, 1971. [Incluye los ensayos más pertinentes de la época de la primera edición de *Libertad bajo palabra.*]
Primeras letras (1931-1943), ed. Enrico Mario Santí, Vuelta, México, 1988; Seix Barral, Barcelona, 1988. [Reúne ensayos de la primera época.]
Los signos en rotación y otros ensayos, prólogo de Carlos Fuentes, Alianza Editorial, Madrid, 1971. [Ensayos de varias épocas.]
Sombras de obras. Arte y literatura, Seix Barral, Barcelona, 1983.
"Cuarenta años de escribir poesía", *La Onda,* 9 y 16 de marzo de 1976.
"Los pasos contados", *Camp de l'arpa. Revista de Literatura,* año IV, núm. 74, pp. 51-52.

Traducciones

Versiones y diversiones, 1974; 2ª ed. corregida, Joaquín Mortiz, México, 1978.

2. Crítica sobre la poesía de Octavio Paz

Libros y obras colectivas

Chiles, Frances, *Octavio Paz: The Mythic Dimension,* Peter Lang, Nueva York, 1987.
Cuadernos Hispanoamericanos, 343-345 (enero-marzo de 1979). [Monumental número de homenaje.]
Fein, John, *Toward Octavio Paz. A Reading of His Major Poems, 1957-1976,* University of Kentucky Press, Lexington, 1986.
Flores, Ángel, *Aproximaciones a Octavio Paz,* Joaquín Mortiz, México, 1974.
Gimferrer, Pere, *Lecturas de Octavio Paz,* Anagrama, Barcelona, 1980.
―――― (ed.), *Octavio Paz,* Taurus, Madrid, 1982. [Incluye 25 ensayos, excelente introducción y bibliografía.]
Lambert, Jean-Clarence, "L'Hymne et le discours", prefacio a su traducción de *Liberté sur parole,* Gallimard, París, 1966.

Magis, Carlos H., *La poesía hermética de Octavio Paz*, El Colegio de México, México, 1978.
Roggiano, Alfredo (ed.), *Octavio Paz*, Fundamentos, Madrid, 1979. [Incluye 22 ensayos más útil cronología y bibliografía.]
Wilson, Jason, *Octavio Paz*, Twayne, Boston, 1986.

Lecturas de poemas individuales de "Libertad bajo palabra"

Bernard, Judith, "Myth and Structure in Octavio Paz's *Piedra de sol*", *Symposium*, vol. 21, núm. 1 (primavera de 1967), pp. 5-13.
Fein, John M., "La estructura de *Piedra de sol*", *Revista Iberoamericana*, vol. 38, núm. 76, enero-marzo de 1972, pp. 73-94.
————, "Himno entre ruinas", en Flores, *ibid.*
Goetzinger, Judith, "Thematic Divisions in *Libertad bajo palabra* (1986)", *Romance Notes*, vol. 1, núm. 2, invierno de 1971, pp. 226-233.
————, "Evolución de un poema: tres versiones de 'Bajo tu clara sombra'", en Roggiano, *ibid.*
Nugent, Robert, "Structure and Meaning in Octavio Paz's *Piedra de sol*", *Kentucky Romance Quarterly*, vol. 13 núm. 3, 1966, pp. 138-146.
Pacheco, José Emilio, "Descripción de *Piedra de sol*", en Roggiano, *ibid.*
Schärer, Maya, "Octavio Paz: el calendario del sol o el fenómeno de la poesía", *La Semana de Bellas Artes*, núm. 167, 11 de febrero de 1981, pp. 10-13. [Lectura de *Piedra de sol.*]
Segall, Brenda, "Symbolism in Octavio Paz's 'Puerta condenada'", *Hispania*, vol. 53, núm. 2, mayo de 1970, pp. 212-219.
Xirau, Ramón, "'Himno entre ruinas'": la palabra, fuente de toda liberación", en Flores, *ibid.*

Otras obras

Abrams, Meyer H., *Natural Supernaturalism. Tradition and Revolution in Romantic Literature*, W. W. Norton, Nueva York, 1971.
Caso, Alfonso, *El pueblo del sol*, FCE, México, 1957.
Elliott, Robert, *The Literary Persona*, University of Chicago Press, 1982.
Krickeberg, Walter, *Las antiguas culturas mexicanas*, trad. Sita Garst y Jasmin Reuter, 1956; FCE, México, 1961.
Santí, Enrico Mario, *Escritura y tradición: Texto, crítica y poética en la literatura hispanoamericana*, Laia, Barcelona, 1988.

IV. INTRODUCCIÓN A "EL LABERINTO DE LA SOLEDAD"*

> Yo quizá no haga nada, quizá fracase, pero quizá me realice en la poesía interior, en esa que apenas necesita escribirse, y en ti soledad, que me irás revelando la forma de mi espíritu y la lenta maduración de mi ser.
>
> "Vigilias" (1935)
>
> Y quizás el poeta que logre condensar y concentrar todos los conflictos de nuestra nación en un héroe mítico no sólo exprese a México sino, lo que es más importante, contribuya a crearlo.
>
> "Poesía y mitología" (1942)
>
> ALAN: *Gods don't die.*
> DR. DYSART: *Oh yes they do.*
>
> *Equus*

"EL LABERINTO DE LA SOLEDAD" (1950), del poeta mexicano Octavio Paz (1914), es una de las piezas clave de la literatura moderna: ensayo él mismo moderno y reflexión crítica sobre la modernidad. En la historia de la literatura hispanoamericana se trata de la prosa ensayística más importante de este siglo, la que ha influido más en el pensamiento y en la literatura de lengua española y resonado más en los de otras lenguas. En el contexto intelectual hispánico, pertenece a la tradición del ensayo de identidad nacional —lo que en Alemania se llamó, en cierto momento, la *Völkerpsychologie* (psicología de los pueblos) y que durante el siglo XIX repercutió en todo el continente,

---

* Esta "Introducción" encabezó mi edición crítica de *El laberinto de la soledad* y de otros escritos sobre México, preparada inicialmente para Ediciones Cátedra, de Madrid, en 1993. Aquí se publica el texto de la segunda edición revisada (1995).

incluyendo España. Ya los románticos españoles (Larra y Mesonero Romanos, por ejemplo) habían iniciado la tradición en la península, pero son los grandes escritores de la llamada generación del 98 (Ortega y Gasset, Unamuno, Azorín) los que la perfeccionan en textos tan sonados como *En torno al casticismo* (1895) o *Meditaciones del Quijote* (1914). Se trata, ante todo, de una tradición del ensayo moral, o mejor dicho: *moralista*. "Es un libro —ha dicho Paz sobre su propio ensayo— dentro de la tradición francesa del moralismo. Es una descripción de ciertas actitudes, por una parte, y, por la otra, un ensayo de interpretación histórica." Al asociar el ensayo a la tradición moralista francesa —que incluye desde los ensayos de Montaigne hasta la obra de Valéry, pasando por los grandes enciclopedistas del siglo XVIII, como Montesquieu, Rousseau y Voltaire—, Paz se sitúa en la línea del análisis de actitudes psicológicas, y así resume, y critica, sus consecuencias históricas. Ese bagaje europeo repercute, a su vez, en Hispanoamérica, y promueve en nuestro siglo toda una literatura sobre el tema de la identidad nacional, a la que el libro de Paz pertenece. Junto a *Radiografía de la pampa* (1933) del argentino Ezequiel Martínez Estrada, *Casa grande e senzala* (1933) del brasileño Gilberto Freyre, y *La expresión americana* (1957) del cubano José Lezama Lima, el ensayo de Paz es una de las columnas de ese edificio.[1]

Dentro de la literatura mexicana en particular, el libro ocupa igualmente un lugar privilegiado: continúa, resume y cierra la reflexión sobre la identidad nacional.[2] Fue el primer libro orgánico en prosa publicado por Octavio Paz, y dentro de su propia obra es la

---

[1] Sobre el ensayo de identidad nacional en España, véase el libro de Herbert Ramsden, *The 1898 Movement in Spain*, Manchester University Press, Manchester, 1974; sobre la misma tradición en Hispanoamérica, Martin Stabb, *In Quest of Identity*, University of North Carolina Press, Chapel Hill, N. C., 1967; y José Miguel Oviedo, *Breve historia del ensayo hispanoamericano*, Alianza Editorial, Madrid, 1990. Sobre la *Völkerpsychologie* y sus fuentes, véase el lúcido capítulo sobre Unamuno en el libro de mi colega Francisco Larubia Prado, *Entre literatura y filosofía: Unamuno, Ortega y Gasset y el punto de vista estético*, de próxima aparición.

[2] Véase José Luis Martínez (ed.), *El ensayo mexicano moderno*, 2ª ed., FCE, México, 1971, para una discusión y antología de los textos sobre este tema. Sobre el ensayo mexicano de identidad nacional son útiles los ensayos de José E. Iturriaga, *La estructura social y cultural de México*, FCE, México, 1951; Abelardo Villegas, *La filosofía de lo mexicano*, FCE, México, 1960, y la tesis de William Arthur Mullies, *Mexicanidad in the Essays of Samuel Ramos, Leopoldo Zea and Octavio Paz*, University of Missouri, 1974; y Juan Hernández Luna, "Primeros estudios sobre lo mexicano en nuestro siglo", *Filosofía y Letras*, 20, octubre-diciembre, 1950, pp. 327-354.

pieza central de su extensa reflexión sobre México. Libro polémico y, aún hoy, combatido, constituye un complejo cruce entre el ensayo moral, la filosofía de la historia, la antropología de la cultura, la psicohistoria y la autobiografía. Ese cruce tiene un nombre más sencillo y tradicional: ensayo literario. A la presente edición crítica, primera en su especie, la acompañan otros textos posteriores del mismo autor que constituyen su continuación, repaso y crítica. Éstos son: una versión abreviada de *Postdata,* su "continuación" de 1970; la importante entrevista del autor con Claude Fell (1975) a propósito del 25º aniversario de la primera edición del libro, en la que se explican sus propósitos e indican sus fuentes; y siete ensayos más recientes sobre el tema de México y el mundo hispánico. Por último, nuestra edición incluye un apéndice con otros tres textos del autor que contribuyen a la comprensión del libro.

Paz escribió *El laberinto de la soledad* en París entre 1948 y 1949, pero fue ideando muchos de sus temas, como veremos, desde 12 años antes. La primera edición de *El laberinto de la soledad* se publicó en México en 1950; la segunda, nueve años después, también en México. A la segunda edición se añadió un capítulo y se incorporaron importantes cambios que contribuyeron, en su momento, a poner el libro al día. Diez años después, en 1969, con motivo de la conferencia "Hackett Memorial Lecture" en la Universidad de Texas, Austin, Paz escribió otro texto titulado "México: la última década" que de hecho volvió a poner al día su reflexión sobre México, esta vez con motivo especial de la crisis de octubre de 1968. Esa conferencia se convirtió, al año siguiente, en *Postdata,* libro que, como dice su autor, fue la "prolongación crítica y autocrítica" de *El laberinto de la soledad.*

La continuidad que muestran las dos ediciones de *El laberinto,* junto a la de *Postdata* y demás textos, indica cómo a partir de 1950 se creó en Paz una voluntad de interpretar críticamente la realidad histórica de México. A partir de entonces, Paz asume a México como una responsabilidad que aún no termina y que no excluye ni la crítica ni la pasión. Nuestra observación sobre esa continuidad se comprueba si tomamos en cuenta que en 1979, con motivo de la primera edición de *El ogro filantrópico,* Paz señalaba que en "El presente y sus pasados", primera parte de ese libro, también se incluían ensayos sobre la realidad mexicana que a su vez eran "alcances y prolongaciones de temas que he tocado en *El laberinto de la soledad* y en *Postdata*". Si además observamos que en este mismo libro Paz había tomado la precaución de señalar que se trataba de ensayos sobre el tema general de *Historia y política, 1971-1978* —justamente, el subtítulo de *El ogro filantrópico*— las fechas prueban la importancia que Paz le concede al carácter cronístico de su prosa sobre el tema mexicano. "Libro que no aspira —describió cierta vez a *El laberinto*— sino a ser devorado por la realidad, siempre más poderosa que las ideas y las teorías." No es por azar, entonces, que en 1987, en la "Entrada" a *El peregrino en su patria. Historia y política de México* (1987), Paz describa el tema mexicano en su obra como una "idea fija", y que además conciba el conjunto de su meditación con otro concepto clave:

> Escrito a lo largo de cerca de medio siglo, es una suerte de diario. Pero no un diario de los sucesos de una vida sino de las vicisitudes mentales y afectivas de la relación, no siempre feliz, de un escritor con su patria. ¿En busca de México o de mí mismo? Tal vez de un lugar en México: mi lugar. O del lugar, en mí, de México. La peregrinación comenzó con una sensación de extrañeza y con una pregunta: ¿yo soy el extraño o esta tierra que llamo mía es una tierra ajena? Esta pregunta es tan antigua como los hombres. Las religiones la han respondido casi siempre de la misma manera: esta tierra no es tu tierra verdadera sino el lugar de tu exilio.[3]

A la vista de esta observación, no sería exagerado afirmar que la presente edición constituye una versión más del diario sobre esa "idea fija" que ha sido México a lo largo de medio siglo para Octavio Paz.

[3] Cito de "Entrada", Octavio Paz, *El peregrino en su patria. Historia y política de México,* eds. Octavio Paz y Luis Mario Schneider, FCE, México, 1987, pp. 13-14. Éste es el primer tomo de una serie de tres *México en la obra de Octavio Paz*. La historia editorial a la que me refiero es la siguiente: *El laberinto de la soledad,* Cuadernos Americanos, México, 1950; y FCE, México, 1959; *México: la última década,* The University of Texas Institute of Latin American Studies, Austin, 1970; *Postdata,* Siglo XXI, México, 1970; *El ogro filantrópico. Historia y política, 1971-1978,* Seix Barral, Barcelona, 1979; y Joaquín Mortiz, México, 1979. En cambio, las citas de los textos en esta introducción se refieren a esta misma edición [la de Cátedra, Madrid, 1995].

Por lo demás, la "extrañeza" a la que se refiere el autor como origen de su meditación nos hace pensar que en efecto escribió *El laberinto de la soledad* en el París de la posguerra, lugar y momento atravesados por varias corrientes artísticas e intelectuales, pero prominentemente la del llamado existencialismo francés. No sería justo, desde luego, reducir todo el argumento del libro a una temática existencialista; máxime cuando, como veremos, los temas de la soledad y de México en la obra de Paz anteceden por varios años a la publicación de este libro. Pero tampoco podemos descartar que esté tocado por esa temática: la soledad o "extrañeza" es un tema si no existencialista al menos sí existencial, que a su vez es una variante más del tema de la alienación —tema moderno por excelencia.[4] En su libro, y en casi todos los ensayos que aquí se recogen, Paz desentraña la alienación mexicana refiriéndola a la historia del país, los mitos que encubre y el sistema de poder que sostiene.

Repasemos, en esta introducción, algunos de los elementos que nos ayuden a la comprensión de este tema, y en particular del libro clave *El laberinto de la soledad*. Primero, sus antecedentes en la obra del autor. Segundo, su estructura y filiación intelectual. Por último, los alcances que ha tenido y su influencia.

1. Prehistoria de la soledad

a). *Odisea de agua y fuego*

Para rastrear el tema de México en la obra de Octavio Paz es preciso remontarse a los años treinta, que en la vida de Paz coinciden con su segunda década vital y la primera de su larga carrera literaria. México vivía entonces su época posrevolucionaria. Para entonces, el paso hacia el sexenio del presidente Lázaro Cárdenas (1934-1940) adolecía

---

[4] Nunca se ha reparado, que yo sepa, en la coincidencia en el tiempo de la publicación de *El laberinto de la soledad* con otros dos clásicos de la alienación existencial del siglo XX; me refiero a *The Lonely Crowd* (1950), de David Riesman, y *Neurosis and Human Growth* (1950), de Karen Horney. Por lo demás, el lector puede encontrar una amplia discusión del tema, así como una antología afín, en *Man Alone. Alienation in Modern Society,* ed. E. y M. Josephson, Dell, Nueva York, 1962.

las tensiones entre un nuevo nacionalismo de corte socialista y los restos del humanismo liberal. Transcurren los años treinta, que en México como en todas partes son de fermento económico, social y político. Es también el momento en que se fundan organizaciones revolucionarias de izquierda radical, como el Bloque de Obreros Intelectuales y la Liga de Escritores y Artistas Revolucionarios (LEAR). Casi como un emblema del nacionalismo de esta época, Samuel Ramos publica en 1934 *El perfil del hombre y la cultura en México,* libro que de muchas maneras, como veremos, representará el punto de partida de Paz.

Es en tal ambiente donde comienzan las meditaciones del joven Paz, quien en esos años vivía volcado hacia la búsqueda de una auténtica causa revolucionaria. No le faltaba razón: su abuelo, Ireneo Paz (1836-1924), había sido un escritor prominente, que primero apoyó el despotismo liberal ilustrado de Porfirio Díaz y luego fue encarcelado por el mismo Díaz. A su vez, su padre, Octavio Paz Solórzano (1883-1936) había luchado durante la Revolución mexicana del lado de Emiliano Zapata, al extremo de convertirse en agente suyo en los Estados Unidos. Después de la lucha armada se incorpora a la vida nacional como diputado al Congreso Nacional por el Partido Nacional Agrarista. Por eso, si la familia de Paz encarna un conflicto ideológico, la tensión produce una enconada pasión sobre el tema de México. Y si durante la adolescencia Octavio Paz hijo lee con entusiasmo a los anarquistas, para su segunda década ya ha leído también a Marx, los clásicos del comunismo y la tradición libertaria. Son esas experiencias las que motivan que en 1936, a sus 22 años, tras el estallido de la guerra civil en España, reaccione escribiendo el fervoroso poema "¡No pasarán!", cuyo usufructo dona íntegramente al Frente Popular Español en México. Y es también lo que explica su decisión, a principios del año siguiente, de marcharse a Mérida, capital de Yucatán, a fundar una escuela para hijos de obreros y campesinos.

Muchos de los escritos juveniles de este momento demuestran esa temprana preocupación. Ya en las "Notas" escritas a raíz de su arribo a Yucatán, se perfila un intento de desciframiento de la realidad a partir del sentido latente de una oculta cultura indígena. "Aquí lo indígena no significa el caso de una cultura capaz de subvivir, precaria y angustiosamente, frente a lo occidental, sino el de los rasgos perdurables y extraordinariamente vitales de una raza que tiñe e invade con su espíritu la superficial fisonomía blanca de una sociedad" *(Primeras letras,* p. 130). Los elementos de una lectura profunda de la realidad mexicana ya están presentes aquí. Pero será sólo a partir de un periplo fuera de México al año siguiente, primera visita del poeta a Europa, que se harán evidentes.

En efecto, Paz viaja a España, en julio de 1937, como invitado al segundo Congreso Internacional de Escritores en Defensa de la Cultura. La estancia en España dura cuatro meses —de julio a septiembre—, pero de ahí Paz viaja, o más bien regresa a París (pues por Francia había llegado a Europa), donde permanece hasta fines de año. Para el joven Paz la experiencia de España aglutina un contexto intelectual y una incipiente poética —es allí donde traba amistad, por ejemplo, con la generación de escritores y poetas de la revista *Hora de España:* Arturo Serrano Plaja, Juan Gil-Albert, Luis Cernuda, Manuel Altolaguirre, entre otros. A su vez, en París entra en contacto con otros escritores —como Alejo Carpentier y Robert Desnos— que ya para entonces forman parte de la disidencia en torno al grupo surrealista. Pero la importancia del viaje a Europa rebasa el detalle circunstancial y significa un primer encuentro con su imagen, su propia diferencia cultural. Si en Yucatán Paz había descubierto al "otro" indígena dentro de México, en Europa las circunstancias lo llaman a explicar su cultura americana ante españoles y europeos. Así, en su "Noticia de la poesía mexicana contemporánea", un texto para presentar una lectura de poesía leído en Valencia en agosto de 1937, el poeta explica que si bien los jóvenes poetas "pensamos que sí existe un acento nacional", en cambio,

> ese acento no es el que inútilmente buscan los enamorados de lo "mexicano", porque lo mexicano es justamente lo contrario del nacionalismo, es decir lo irreconciliablemente enemigo de la mutilación y el engaño del hombre. Lo mexicano —continúa— como lo español, es una manera de ser hombre, cumplida y vastamente, y no un camino o una red para truncar o traicionar al hombre.

Y en palabras que han de resonar años más tarde en *El laberinto de la soledad*, resume:

> Lo mexicano no es una inalterable esencia, una estática y pareja suma de reacciones, sino una cambiante, como la propia vida, voluntad y comprensión humanas frente a hechos objetivos e irremediablemente concretos, específicos, nacionales. Lo mexicano está, con la misma fuerza, en oposición a lo inhumano y sin carácter, de puro desdén por la vida, que a lo pobremente característico. Cumple de este modo, y con él la poesía que lo realiza en lo que no cambia, el verdadero sentido de su tradición, el signo de su nacimiento.[5]

En estas tempranas declaraciones no sólo apunta Paz el carácter dialéctico de la identidad cultural —su carácter cambiante según las circunstancias históricas— sino que también señala la paradójica universalidad de lo específicamente mexicano: ni "lo inhumano y sin carácter" ni "lo pobremente característico", sino sólo "una manera de ser hombre". Implícitas en esa concepción universalista de la cultura están las conocidas ideas de Jorge Cuesta en "El clasicismo mexicano", su influyente ensayo de 1934 en el que el ensayista y poeta del grupo Contemporáneos sostiene, desde su primera oración, que "La historia de la poesía mexicana es una historia universal de la poesía". Si el ensayo de Cuesta influye en el argumento de *El laberinto de la soledad*, aún más significativo en esta primera entrega del tema será su vinculación orgánica con una reflexión sobre la poesía, que como actividad cultural *revela* lo mexicano con especial privilegio: la poesía como "espejo del alma", como dirá en un ensayo posterior de 1943. En la poesía el joven Paz encontrará no sólo una actividad artística, sino un reflejo —fuente de conocimiento y motivo de reflexión— de la realidad histórica y moral de su país.[6]

---

[5] Cito de Octavio Paz, *Primeras letras (1931-1943)*, ed. Enrico Mario Santí, Seix Barral, Barcelona, 1988 pp. 134-135; en lo sucesivo, *Primeras letras*, seguido de las páginas correspondientes. El lector puede encontrar más amplia información sobre este periodo en la vida y obra de Paz, en mi introducción a dicho libro. [También publicada en la presente antología de estudios sobre Paz de Enrico Mario Santí, pp. 21-79.]

[6] El ensayo de Cuesta se puede consultar fácilmente en Martínez (ed.), *El ensayo mexicano moderno*, tomo II, pp. 107-122. "Espejo del alma", un artículo de 1943 sobre la antología *Laurel* (1942), de la que Paz fue coautor con Xavier Villaurrutia y otros, puede consultarse, a su vez, en *Primeras letras*, pp. 349-352.

A su regreso de España, a principios de 1938, Paz milita a favor de la causa republicana en varias capacidades: publica una antología de poemas españoles de guerra; comienza a escribir una columna para *El Popular*, diario de la Confederación de Trabajadores de México, de tendencia procomunista; y funda, con Rafael Solana, Efraín Huerta y Alberto Quintero Álvarez, la revista *Taller*. Con el tiempo esta revista, animada por ideas semejantes a las de *Hora de España*, se convertirá en refugio de muchos de los escritores españoles transterrados en México. Será en medio de toda esa actividad política que Paz escribe una segunda meditación sobre poesía, su reseña sobre *Nostalgia de la muerte* (1938), de Xavier Villaurrutia, que plasma algunos de los temas futuros de *El laberinto de la soledad*.

En los poemas de Villaurrutia, dice Paz entonces, "el mexicano se reconoce, al fin, no en lo más estéril y negativo, ni en lo puramente ornamental, sino en lo humano esencial". Paz identifica en esta exploración del tema de la muerte una manera inconsciente de sacar a la superficie lo específicamente mexicano, que yace reprimido, o como prefiere decirlo él, "invisible e invenciblemente". El tema de la muerte mexicana, que a diferencia de la muerte española, "es a lo sumo un *trance*, un *fin*" que carece de sentido o finalidad, es precisamente lo que exploran los poemas de Villaurrutia. Para el Paz de este momento, expresar el tema de esta manera significa no sólo abordar un tema poético tradicional, sino poner el dedo en una de las llagas de la identidad nacional mexicana: manera de conocerla y motivo para conocerse. Pero ésta es sólo la mitad de la tesis de Paz. Al igual que "el hombre moderno huye de la muerte, la borra de su conciencia como certeza vital y la reduce a un puro juicio, a un lejano saber", la experiencia mexicana de la muerte coincide así con la experiencia universal de la modernidad: "Si para el occidental moderno la vida es un mero *obtener*, para el mestizo mexicano sólo es un moverse, un *transitar*. También se han roto para él, como para todos los hombres modernos, los lazos que nos atan a la tierra, al sentido de la tierra como proceso cósmico intencional..." A su vez, lo que sustancia esta posición en torno a lo que años más tarde llamará la *soledad* mexicana, es una visión de la historia:

El mexicano, durante todo un siglo, ha perdido sus raíces y su destino. Han sido relegados a los más profundos estratos psíquicos el valor y el sentido personal que la nación alimenta: el mexicano no se ha cumplido a sí mismo lo que su naturaleza profunda le reclama. Y sólo sumergiéndose en la espesa y cambiante intemporalidad de la vida podrá encontrar su propio rostro, otra vez *(Primeras letras,* pp. 138-141].

El páramo de la conciencia mexicana, tal como lo revela el tratamiento que hace Villaurrutia del tema de la muerte, coincide así, histórica y estructuralmente, con la "tierra baldía" de la modernidad. Por tanto, no podemos hablar ya de una conciencia únicamente nacional sino del entronque de México con el desolado panorama contemporáneo de todo el Occidente. He aquí una de las tesis centrales de *El laberinto de la soledad*. De ahí también que la poesía, que para Paz es una actividad espontánea y auténtica, exprese una conciencia reprimida o sepultada por el proyecto racional (o racionalista) de esa misma modernidad. Asimismo, el tema de la muerte, que forma parte de lo que Paz oscuramente llama "la intemporalidad de la vida", tendrá en futuros escritos otros equivalentes igualmente significativos, como es el caso de los "mitos" nacionales. Éstos, a manera de síntomas del inconsciente colectivo, también yacen en "los más profundos estratos psíquicos" del mexicano.

Es a partir de la reseña sobre Villaurrutia, por tanto, cuando se perfilan los conceptos histórico-morales sobre México de Octavio Paz. A partir de su regreso de España, sin embargo, Paz sufrirá un creciente desengaño de implicaciones políticas y espirituales. Como reacción al pacto de no agresión entre Hitler y Stalin en 1939, por ejemplo, amén del cruento asesinato de Trotsky en México, deja de escribir para *El Popular* y se aleja de los comunistas; dos años después rompe con Pablo Neruda, con quien disfrutaba de una estrecha amistad desde los días de España; alejado del grupo de *Taller* ante la política de Stalin, cesa su dirección y la revista se disuelve; y por último, se vuelve más escéptico ante la interpretación nacionalista de la realidad mexicana. Esto último se perfila con especial claridad en *Entre la piedra y la flor,* el poema extenso sobre tema mexicano que publica en 1941 (precisamente el mismo año en que rompe con

Neruda), y cuya primera versión Paz había escrito durante su estancia en Yucatán cuatro años antes. "Cierto, el Gobierno había repartido la tierra entre los trabajadores —recordó el poeta años después—, pero la condición de éstos no había mejorado." Y sobre el poema añade: "Quise mostrar la relación que, como un verdadero nudo estrangulador, ataba la vida concreta de los campesinos a la estructura impersonal, abstracta de la economía capitalista".[7] Son años de transición, por tanto, los tres que median entre 1938 y 1941; desde entonces, el tema de México en Paz adquiere visos mucho más críticos y desesperados.

Su crítica pronto se perfilará en un ataque a los dos extremos de nacionalismo y cosmopolitismo, pues ni uno ni otro representan la verdadera autenticidad. "La universalidad —responde en 1941 a una importante encuesta de la revista *Letras de México* sobre el tema de la identidad de la poesía mexicana— es el fruto de la nacionalidad; no puede existir auténtica universalidad sin tener los pies sobre la tierra que nos crió... Tenemos que luchar contra el cosmopolitismo y el regionalismo, para encontrar el acento justo, verdadero: nacional y universal" *(Primeras letras,* p. 261). Pero sobre el polo opuesto, a su vez, aporta lo siguiente:

> La buena literatura mexicana ha vivido de la originalidad y la novedad. De la curiosidad, de la avidez por lo universal. Lo otro, la literatura "nacionalista", además de su pobreza espiritual, no es casi literatura, sino crónica periodística. Pero esta curiosidad, esta avidez por contemplar al mundo, ahora debe volverse hacia dentro. Hacia nosotros mismos. No para buscar la novedad, ni la originalidad, sino algo mucho más difícil: la autenticidad *(Primeras letras,* p. 261].

Una vez más, una visión de la historia, o mejor dicho, de la moral histórica del mexicano, sustenta la posición de Paz ante el fenómeno literario y artístico: "Cuando el mexicano ha afirmado algo, esa afirmación no partía de su ser, sino que tendía a subrayar, disculpar o justificar, su negación" *(Primeras letras,* p. 260), afirma en la misma

---

[7] Cito de la nota al poema recogida en Octavio Paz, *Obra poética (1935-1988),* Seix Barral, Barcelona, 1990, pp. 785-786.

encuesta. Si bien reconoce ahora que "la Revolución mexicana —a pesar de todo— significó para México encontrarse, de pronto, consigo mismo", también admite que esa promesa de encuentro no se cumplió: "No fueron los únicos culpables los escritores, sino los revolucionarios, tan pronto corrompidos. Ellos hicieron hermético, insensible, al pueblo mexicano que, por primera vez, en su historia, había despertado" *(Primeras letras,* p. 260). Pero a pesar de que Paz insiste en que "todos hemos vuelto a la soledad y el diálogo está roto, como están rotos y quebrados todos los hombres", también abriga la convicción de que "habría que reanudar ese diálogo. Porque debe haber alguna manera, alguna fórmula que abra los oídos y desate las lenguas" *(Primeras letras,* p. 260). Todo lo cual confirma que tras la desesperación espiritual que destilan estas palabras, yace la convicción de que tendrá que ocurrir un posible regreso o encuentro: "El que, desde hace años, nos preocupe a todos encontrar la 'mexicanidad' de nuestra literatura es una señal de que esa invisible substancia está en alguna parte" *(Primeras letras,* p. 261).

Que estas observaciones eran, a su vez, "los diversos puntos de partida de un posible ensayo" pero que el autor no juzga "útil ni necesario escribir" *(Primeras letras,* p. 262), según expresa una nota al calce, demuestra, por último, hasta qué punto la redacción de *El laberinto de la soledad* hacia finales de la misma década significó la aglutinación de ideas dispersas que venían bullendo en la conciencia del joven Paz. Sobre este punto insistiremos más adelante. Por lo pronto, insistiremos también en el hecho de que todas estas meditaciones sobre la identidad mexicana surgen a partir de discusiones sobre poesía. Los dos temas, en el pensamiento de este momento, son en efecto consustanciales.[8]

No es por azar, por tanto, que en el preámbulo a "Émula de la llama", un ensayo de 1942 sobre poesía mexicana contemporánea, vuelva a abordar el tema. "El introvertido mexicano —nos dice entonces— ha creado una poesía sobria, inteligente y afilada, que huye del resplandor tanto del grito..." *(Primeras letras,* p. 263). Pero en

---

[8] "La poesía no es cosa de precepto", se insistía al final de la nota anterior, dando a entender así que el supuesto "ensayo" tendría que ser, necesariamente, "poético"; véase *Primeras letras,* p. 262.

seguida nos dice que esa poesía esconde, o recubre, una realidad vital muy diferente:

> En suma, si fuera verdadera la imagen que nos ofrecen los críticos, nuestra poesía sería la otra cara, la de la vigilia, de un pueblo que, si bien es callado y cortés, triste y resignado, también es violento y terrible, un pueblo que grita y mata cuando se emborracha o se enamora, aunque el resto del día permanezca hermético y velado, y que ha hecho, ciego y evidente a un tiempo, una revolución ayuna en teorías y a la que no podemos calificar de universal, sino de todo lo contrario: de intuitiva y oscura, cargada de pasiones más que de ideas, de impulsos más que de propósitos, explosión, más que revolución, de una conciencia reprimida {*Primeras letras,* p. 263}.

Ya el uso aquí de esta frase clave ("conciencia reprimida") demuestra el aspecto psicoanalítico que va adquiriendo la interpretación histórica. En efecto, su descripción supone el modelo freudiano de la neurosis: una realidad que manifiesta un conflicto cuyos síntomas patológicos delatan a su vez otra realidad, distinta y latente, de los que el "paciente" no tiene conciencia. De ahí que en el siguiente extenso párrafo del ensayo, que vale la pena reproducir íntegro, abunde en el mismo modelo para describir la realidad psíquica del mexicano y que permea, según esta lectura, la historia de la poesía nacional:

> México, uno de los pocos países que aún poseen eso que llaman color local, rico de antigüedad legendaria si pobre de historia moderna, parece que se siente avergonzado de estos dones, signos de su miseria y de su pureza, de su incurable incapacidad para vestir el uniforme gris de la civilización contemporánea. El mexicano necesita de la fiesta, de la revolución o de cualquier otro excitante para revelarse tal cual es; su cortesía y su mesura no son nada más que la máscara con que se conciencia de sí, su desconfianza vital, cubre el rostro magnífico y atroz. México tiene vergüenza de ser y sólo en las grandes ocasiones arroja la careta, como esos adolescentes apasionados y taciturnos, siempre silenciosos y reservados, que de pronto asombran a las personas mayores con una acción inesperada. La historia nos enseña que la convulsión es nuestra manera de crecimiento. Bomba de tiempo, la sensibilidad mexicana parece complacerse en retrasar el reloj que ha de marcar el estallido final, la

final revelación de lo que somos. Ese día, esa noche, subirá al cielo un árbol de fuegos de artificio y una columna de sangre. Mientras tanto, nos hundimos en nosotros mismos, preferimos el silencio al diálogo, la crítica a la creación, la ironía a la acción. El odio y el amor se abrazan a cada uno de nosotros y sus rostros se funden hasta volverse uno solo, indecible e indescriptible. Durante años hemos sentido hacia España un amor encarnizado, que nuestro orgullo encontraba culpable, y que nos ha llevado a negarnos, negándola; y hemos hecho algo parecido con nuestro pasado indígena. Nos despedazamos a nosotros mismos con un extraño gusto por la destrucción y devoramos nuestros corazones con júbilo sagrado. En nuestras manos gotea un ácido que corroe todo lo que toca. Vivimos enamorados de la nada pero nuestro nihilismo no tiene nada de intelectual: no nace de la razón, sino del instinto y, por tanto, es irrefutable. Jamás han sido expresadas por el arte o el pensamiento estas oscuridades y luces de nuestra alma *(Primeras letras,* pp. 263-264].

En este largo párrafo, el lector enterado ya habrá notado, resumidos, los temas principales de lo que con el tiempo será *El laberinto de la soledad:* la vergüenza de ser del mexicano, la conciencia de la fiesta como ritual sagrado, la cortesía como simulación, el necesario rescate del pasado histórico y el legado religioso, la postulación de una futura revelación. Si bien todo ello configura el trasfondo para la comprensión de la historia de la poesía mexicana, que el mismo ensayo pasa a comentar a continuación, el lenguaje que viene utilizando Paz en textos como éste también delata otras influencias. En dos conferencias de 1942 (el mismo año en que escribe estas palabras) sobre el tema general de "Poesía y mitología", se perfila el acercamiento al tema del mito que harán posibles las formulaciones del futuro libro. En ellas Paz hablará, por ejemplo, "de un fenómeno psicológico que creo se podría llamar de reacomodación o de compensación" para comprender la supervivencia del mito en tiempos modernos, así como del mito como "relato de una acción imaginaria, en la que se disfraza cierta realidad" *(Primeras letras,* p. 273). La meditación sobre el mito se remonta a las "Vigilias", el diario poético que escribe hacia fines de la década de los treinta. Pero a la luz de *El mito y el hombre* (1939) de Roger Caillois (libro que se describe en la misma conferencia como "extraordinario", y los alcances de cuya influencia comprobaremos más adelante), Paz logra formular, en la primera de las dos conferencias, preguntas y comentarios apenas tanteados en textos anteriores. Del estudio de Caillois derivarán tres conceptos clave: la noción del mito como cifra de conflictos psíquicos; la proyección de estos conflictos hacia el héroe mítico "cuya acción puede llevarlos a su desenlace"; y la necesidad de recrear, para llevar a cabo esa resolución, "una atmósfera mítica" en forma de ritos colectivos, como las fiestas. No obstante estas piadosas aclaraciones, la conferencia demuestra ser algo más que un ejercicio académico cuando hacia el final Paz observa que la persistencia del mito comprueba cómo "la religión, esto es, la sustancia misma de las creencias del pueblo, el alimento espiritual de la nación... es un fruto del hombre y de su imaginación *(Primeras letras,* pp. 279-280).

Que esta conclusión apunta hacia una revaloración positiva del mito y sus ritos se vuelve evidente en la segunda conferencia, que trata propiamente del mito en la época moderna, y donde nos dice que el héroe, por ejemplo, "al revelarnos qué somos y lo que queremos, al mostrarnos el hombre secreto, instintivo, no sólo nos otorga un conocimiento de nosotros mismos: nos señala una conducta, nos muestra y revela la fuerza del sino" *{Primeras letras,* p. 285]. En resumen, el mito es una fuente de *sentido:*

> la imaginación no nos finge otro mundo: nos revela el sentido de éste y nos llama a la vida. El mito, a través de sus brumas y de sus metáforas, introduce una luz dentro de nosotros: en lugar de adormecernos con la fantasía, nos aviva, nos revela, esto es, nos da la conciencia del destino *(Primeras letras,* p. 285).

Con todas estas observaciones, por tanto, ya podemos entender el porqué de la consustancialidad de poesía e identidad nacional en esta etapa del pensamiento de Paz, pues es evidente que sólo a partir de una conciencia del carácter poético de esa identidad —confeccionada por mitos, ritos y metáforas— es posible la conciencia de su sentido. Y si bien en el resto de la segunda conferencia Paz pasa a observar cómo en el mundo moderno, y en México en particular, por desgracia "carecemos de un héroe y de un mito" *(Primeras letras,*

p. 287), sí encuentra en el poeta moderno, en cambio, una función mítica salvadora para su pueblo. La meditación a la que me refiero surge hacia el final de la segunda conferencia, justamente en medio de una discusión sobre el *Ulises criollo*. La primera parte de la autobiografía de José Vasconcelos es para Paz "una novela de fabulación mítica de México *(Primeras letras,* p. 289) cuyo héroe, como indica la alusión mitológica del título, es "el desterrado, el hombre que regresa" *(Primeras letras,* p. 289). Y de esta figura mítica, cuya "lucha es la lucha del que regresa hacia su origen, esto es, hacia lo natural", pasa inmediatamente a hablar sobre

> el destino del poeta mexicano, entre el cielo y la tierra, entre las sirenas de las culturas extrañas y un suelo al que ama sin conocer, se encuentra y se define —y esto es más que un símbolo— en ese niño que nos describe Vasconcelos en las primeras páginas de su libro, perdido en el pueblo de la frontera y estudiando las primeras letras en un colegio extranjero. Toda la odisea vasconceliana es una odisea espiritual: la del viajero que regresa, no tanto para administrar su hogar, como el griego, sino para redescubrirlo *(Primeras letras,* p. 290].

La meditación del joven Paz se habrá referido en su momento a ese clásico de la autobiografía mexicana, pero es evidente que con los años sus palabras han adquirido una fuerte resonancia profética. Porque será el propio autor de *El laberinto de la soledad* el que, con el tiempo, se convertirá en ese mismo "poeta mexicano" que, luchando entre "las sirenas de las culturas extrañas", intentará un "regreso hacia su origen", en una odisea "para redescrubrir" su hogar —sólo que el viaje ya no se hará en un barco bogando por un proceloso Egeo, sino partiendo de la imaginación de la cultura, encerrado en un cuarto de estudio de París. "Y quizás el poeta que logre condensar y concentrar todos los conflictos de nuestra nación en un héroe mítico —concluye su profecía— no sólo exprese a México sino, lo que es más importante, contribuirá a crearlo" *(Primeras letras,* p. 290). No exagero al decir que el diario de Octavio Paz sobre México comienza con la profecía de un exilio y termina con la reconciliación con el país —que es, como se sabe, una de las muchas formas de la creación.

Para finales de 1942, por tanto, Octavio Paz es un escritor mucho más maduro que el que regresa de España. Ese cambio —que es espiritual y moral, y no sólo intelectual y político— es lo que explica la elaboración de una serie de textos analíticos sobre México, a lo largo de 1943 —su último año de vida allí antes de marcharse al extranjero. Entre ellos, uno de los más importantes, a efectos de entender ese cambio, es su reseña de *El positivismo en México* (1943), el importante estudio del profesor mexicano Leopoldo Zea. Al discrepar de las categorías históricas que el estudio utiliza, lo hace justamente para precisar la noción de "ideología", que el estudio de Zea no basa en Marx sino en fuentes secundarias. Así, al precisar la "falsa conciencia" del porfirismo, Paz distingue, en su reseña, entre "los intereses sociales de la burguesía mexicana" y "la realidad política que se llamó el porfirismo", y, de ahí, denunciar la disparidad entre el positivismo como movimiento intelectual y la realidad histórica moderna de México: "Con las leyes de Reforma —dice— no tomó el poder la burguesía, ni se implantó la democracia en México: simplemente el feudalismo eclesiástico se hizo laico y le fue arrebatada al clero la educación pública" *(Primeras letras,* p. 241-242). Así, el positivismo, que en México fue un arma deshonesta, utilizada con "mala fe", de la clase latifundista, significa la justificación de "un feudalismo anacrónico vestido a la moderna" más que un auténtico movimiento intelectual.

La reseña del libro de Zea fue otra de las colaboraciones de Paz a la revista *Sur* de Buenos Aires, pero se reprodujo también en *Novedades,* el diario capitalino donde a partir de marzo de 1943 Paz empezó a publicar una columna semanal en la página editorial. Las columnas, que fueron en total 32, versaban sobre diversos temas culturales y políticos, pero en al menos 11 de ellas vuelve al tema de México y su identidad. Constituyen lo que podría llamarse una prehistoria o premonición de *El laberinto de la soledad.* En ellas el joven Paz analizará por primera vez los rasgos de la identidad mexicana que su futuro libro dará a conocer: la desconfianza hermética, el "ninguneo", el sentido profundo de su vocabulario privado y hasta público (como el grito "¡Viva México, hijos de la chingada...!"), su gusto por la simulación y el doblez, su nihilismo reprimido. Faltará en ellas, sin embargo, tanto la perspectiva histórica que explica estos rasgos como la interpretación de la cultura, que será la aportación más original del futuro libro. Pero todas están regidas por un afán costumbrista, a veces franca y deliberadamente humorístico, satírico, cuyo propósito es el análisis moral. Un análisis cuya motivación mayor, desde luego, es autobiográfica: con él intenta desentrañar las razones de su propio descontento en su país.

b) *Soledad y comunión*

Entre 1938 y 1942, por tanto, en una serie de escritos dispersos, Octavio Paz desarrolla múltiples observaciones sobre la identidad nacional mexicana que más tarde servirán de material para la meditación más sistemática de *El laberinto de la soledad*. Paralela a ellos, sin embargo, habrá otra serie de textos, igualmente dispersos, donde invoca y comenta el concepto clave que le da título al libro. De hecho, se podría decir que toda la primera etapa (los años entre 1931 y 1943) de la obra de Octavio Paz está atravesada por el esfuerzo por comprender, contener y acaso resolver el tema de la soledad.

Ya en las "Vigilias", el diario poético que escribe a finales de los años treinta, se leen observaciones como éstas: "Ésta es la verdadera soledad: sin palabras, estrangulado por un mundo fríamente enemigo" *(Primeras letras,* p. 63); "La angustia de la juventud no es la angustia de la soledad, aunque el sentimiento de soledad nos hostigue a todos los jóvenes, sino la angustia de no saber lo que se es exactamente" *(Primeras letras,* p. 85); o esta otra: "Yo quizá no haga nada, quizá fracase, pero quizá me realice en la poesía interior, en esa que apenas necesita escribirse, y en ti, soledad, que me irás revelando la forma de mi espíritu y la lenta maduración de mi ser" *(Primeras letras,* p. 95). Frases como éstas demuestran hasta qué punto la soledad, como experiencia personal, es el espacio y horizonte en los que se desenvuelve la obra del joven poeta. Y es también lo que explica la presencia del obsesivo tema del amor en poemas como *Raíz del hombre* (1937) —pues es sólo en virtud de un previo sentimiento de soledad que el amor o la comunión, ya sea metafísico o físico, aparecen como solución existencial.

Pero una es la soledad personal que expresan dichas frases, y otra la soledad que, con el tiempo, se le atribuirá a la identidad (y al carácter) del mexicano. El paso decisivo entre una y otra se da en *Entre la piedra y la flor,* aquel lejano poema concebido durante la corta estancia en Yucatán que Paz publica en 1941, donde se invoca, para condenarlo, un paisaje cuya topografía encarna la soledad mexicana:

> Arde en la soledad que nos deshace,
> tierra de piedra ardiente,
> de raíces heladas y sedientas...
>
> arde como la soledad que te devora,
> arde en ti mismo, ardor sin llama,
> soledad sin imagen, sed sin labios.

Al desierto del paisaje mexicano corresponde, por tanto, una equivalente experiencia interior —el páramo del vacío y la soledad. No sorprende, por eso, que paralelo a estos versos sobre Yucatán, en otra reseña de 1942, Paz describe el paisaje de la meseta, tal y como lo representa la obra del pintor José María Velasco, observando que "nada de lo que allí vemos intenta la complicidad de nuestros sentidos o de nuestros apetitos y su misión se reduce a aislarnos de lo humano y a provocar, más que un contagio o una comunión, un estado de soledad" *(Primeras letras,* p. 203).

Soledad y comunión serán, así, dos polos de una percepción única tanto del mundo como del ser, tanto del yo como de su circunstancia. También, como hemos visto en textos anteriores, de la poesía. Hasta ahora, poesía e identidad mexicana habían sido temas consustanciales; en cambio, en "Poesía de soledad y poesía de comunión" —una conferencia de 1942 y acaso el más importante ensayo de todo este periodo— Paz deja a un lado el segundo de éstos para abordar, a propósito de una conferencia sobre san Juan de la Cruz, la poesía a secas. En su lectura Paz hará del binomio soledad-comunión dos puntos de referencia que asociará con dos momentos de la poesía española: san Juan y Quevedo. El uno, poeta místico de la adoración y la reconciliación; el otro el de la conciencia y la desesperación, precursor del "poeta maldito" de la modernidad. San Juan vive un momento "en que las fuerzas contrarias de razón e inspiración, sociedad e individuo, religión y religiosidad individual, lejos de oponerse, se complementaban y armonizaban *(Primeras letras,* p. 298); el momento de Quevedo, en cambio, muestra que "el poeta ya no es uno con sus creaciones: está mortalmente dividido" *(Primeras letras,* pp. 299-300). La tesis del ensayo, como indica este apretado resumen, es por tanto fundamentalmente histórica, cosa que el propio Paz volvió a resumir en un posterior recuento:

> en las sociedades antiguas la escisión entre las creencias colectivas y la individual del poeta era muchísimo menor que en la sociedad moderna; a medida que la sociedad se interna en la modernidad, la escisión se agranda y se vuelve abismal: la poesía deja de ser comunión y se convierte en exasperada conciencia de sí, en soledad y, al final, en rebelión.[9]

En el ensayo, sin embargo, dicha tesis histórica había resultado más bien trunca: sobre ella se imponía también un esquema transhistórico o estructural que a ratos sugería que soledad y comunión definen a tipos de poetas o actitudes poéticas de todos los tiempos, no sólo a momentos históricos. De hecho, en el mismo recuento posterior Paz recordó que su "idea no era enteramente falsa aunque demasiado tajante y simplista", ya que estaba "dividido por dentro y proyectaba mi conflicto interior en esa oposición, un poco sumario, entre soledad y comunión".[10] Pero, aun trunca, la tesis histórica resulta valiosa de todos modos porque indica el *deseo* del Paz de este momento: interpretar la historia —así sea sólo la historia *de la poesía*— partiendo del binomio soledad-comunión. En *El laberinto de la soledad,* como veremos, esa tesis sí se cumplirá plenamente al identificar su dialéctica como "ritmo histórico".

El ensayo, en cambio, critica otra cosa: que la modernidad haya tornado el mundo en un desierto secular y racionalista.

> Los hombres modernos, incapaces de inocencia, nacidos en una sociedad que nos hace naturalmente artificiales y que nos ha despojado de nuestra

---

[9] Octavio Paz, "Prólogo" a *Obras completas,* Círculo de Lectores-FCE, México, 1994, t. 1, pp. 21-22.
[10] *Ibidem.*

substancia humana para convertirnos en mercancías, buscamos en vano al hombre perdido, al hombre inocente. Todas las tentativas valiosas de nuestra cultura, desde finales del siglo XVIII, se dirigen a recobrarlo, a soñarlo *(Primeras letras,* p. 301].

La pareja soledad-comunión postula, por tanto, otro binomio consustancial, el de soledad-modernidad. Aplicada a la poesía, la idea es la misma vislumbrada antes en relación con la Revolución mexicana: así como la interpretación poética de la historia otorga sentido a la identidad nacional, así también el poeta moderno, desde su marginalidad y haciendo uso de su imaginación, "procura tornar sagrado el mundo; con la palabra sacramenta la experiencia de los hombres [...] No se dirige a hermosear, santificar o idealizar lo que toca sino a volverlo sagrado" *(Primeras letras,* p. 295). Esta otra relación consustancial se puede resumir de otra manera: el antídoto, por así decirlo, del veneno que es la *soledad* moderna, es la *comunión* que ofrece la *sacralización* de la poesía, ella misma producto de la modernidad.

c) *Odisea de papel*

Paz se marcha de México —con motivo de una beca Guggenheim que él opta por disfrutar en Berkeley, California— a mediados de 1943 y no volverá hasta nueve años después: "Repito esa cifra con reverencia —ha recordado el poeta—, fue una verdadera gestación. Pero una gestación al revés, no dentro sino fuera de mi tierra natal."[11] En efecto, serán años de transformación personal que lo llevarán a vivir, como miembro del servicio diplomático de México, en los Estados Unidos, Francia, India, Japón y Suiza: un periplo que lo lleva prácticamente alrededor del mundo. Pero son las etapas en los Estados Unidos y Francia, sobre todo, las que dejarán mayor huella en la concepción y redacción de *El laberinto de la soledad.*

En Los Ángeles, donde estará de paso antes de dirigirse a San Francisco y Berkeley, entrará en contacto con la población mexicanonorteamericana que describe el célebre primer capítulo "El pachuco

[11] "Cuarenta años de escribir poesía", *La Onda,* 16 de marzo de 1975, p. 6.

y otros extremos". De niño, entre los cuatro y seis años (1918-1920), Paz y su familia habían vivido exiliados en esa ciudad del sur de California; de hecho, fue allí donde recibió sus primeras letras. Ahora, al cabo de 24 años, viviendo entre otros emigrantes, concibe la idea de escribir *El laberinto de la soledad*.

La primera idea —le dijo una vez a Enrique Krauze— vino en los Estados Unidos, al ver a los mexicanos en Los Ángeles [...] me reconocí en ellos. Me dije "Yo soy ellos ¿y qué nos ha pasado y qué ha ocurrido con mi país y qué ha ocurrido con México en el mundo moderno? Porque lo que les pasa a ellos nos pasa a todos". Así que fue un sentimiento de profunda identificación...[12]

El momento de su paso por Los Ángeles es también crucial, pues coincide, en junio de 1943, con los llamados motines *zoot-suit* (el nombre del estrafalario atuendo que llevaban los pachucos). Esos motines dejarán un saldo de presos y heridos, por no hablar de la percepción negativa hacia los mexicano-norteamericanos.[13]

En San Francisco, Paz vivirá un año y diez meses. Allí disfruta de la beca Guggenheim y también trabaja como empleado auxiliar en el consulado mexicano. Un año después (el 10 de octubre de 1944), ingresa oficialmente en el servicio diplomático y es nombrado, en lo que con el tiempo se convertirá en una carrera de un cuarto de siglo, tercer canciller en el mismo consulado. Los tiempos, que son los de finales de la segunda guerra, son de recogimiento y reflexión lejos (en más de un sentido) de su país. Ese mismo mes, en una carta repleta de patetismos a Victor Serge —el poeta trotskista ruso exiliado en México y a quien Paz había conocido poco antes del viaje a Berkeley—, le confiesa que "para un mexicano, es estimulante vivir en este país, porque la crisis de la inteligencia americana no se resuelve en la retórica domesticidad de México. Siempre es preferible la Igle-

---

[12] Cito del capítulo VI, "México independiente y contemporáneo, 2. Presente de México", en *Conversaciones con Octavio Paz*, ed. Héctor Tajonar, Televisa, México, de próxima aparición. El texto consta de las transcripciones de las entrevistas, televisadas durante 1984, que sostuvo Octavio Paz con diversas personalidades sobre una serie de temas con motivo de su 70 aniversario. La entrevista en cuestión la realizó Enrique Krauze.

[13] El estudio más completo, y especulativo, de esos acontecimientos es el de Mauricio Mazón, *The Zoot-Suit Riots: The Psychology of Symbolic Annihilation*, University of Texas Press, Austin, 1984.

sia o el vacío a la Secretaría de Educación Pública..." La carta, que contesta a una anterior de Serge en la que éste se lamenta de la situación en México, le hace responder, además, que "todas estas cosas [...] me afirman en mi deseo de no volver pronto. De soledad a soledad, prefiero la de aquí, en la que me siento más libre". Pero entre tales respuestas Paz no deja de afirmar también que "es necesaria una fe común" en días como ésos, ya que "muertos los ideales católicos, que constituían una fe común, y fracasada o corrompida la revolución liberal, los pueblos de los países latinoamericanos viven una vida ciega y mineral; sus intelectuales, en cambio, giran en el vacío". Por último, Paz le escribe a Serge que "lo terrible es que apenas si acertamos a expresar nuestra propia angustia, nuestra propia impotencia"; y seguidamente, escrito a mano en la carta —como queriendo completar la idea—, "nuestra soledad".[14]

Aunque durante todo este tiempo Paz se dedica mayormente a escribir poemas que no publicará en forma de libro hasta el final de la década, también trabaja, entre abril y junio de 1945, como corresponsal para la revista *Mañana* de México en la conferencia mundial que poco después desembocaría en la fundación de las Naciones Unidas. La serie de seis artículos rebasa la mera descripción de negociaciones diplomáticas para plantear los problemas del mundo en la encrucijada de la inminente posguerra. De especial importancia en ellos es el tema del papel de los países pequeños (o "débiles", como los describen en la conferencia) en el nuevo orden mundial y su relación con la evidente decadencia del Estado nacional: "Ahora empieza una nueva era; el Estado nacional depende cada vez más de los otros Estados y ya no es posible hablar de una política nacionalista sin demagogia. No es que esté en crisis la nación; el que muere es el Estado nacional".[15] La idea será el *leitmotiv* de más importancia en toda la serie. De hecho, no suelen tomarse en cuenta estos artículos en el análisis de la evolución intelectual de Paz, y sin embargo es evidente que fue precisamente su experiencia en este foro internacional de posguerra la que le permitió palpar de cerca la caducidad de la idea del Estado-nación, que es una de las ideas clave de *El labe-*

---

[14] Copia de esta carta se conserva en el archivo de Enrico Mario Santí.
[15] "Estados y super-Estados", *Mañana*, 89, 12 de mayo de 1945, p. 20.

rinto de la soledad. "El nacionalismo agresivo de hace 20 años ha desaparecido —dice a propósito—. Los pueblos no sólo demandan una mejor distribución de las riquezas; quieren fundamentalmente una mejor organización internacional."[16] Y sobre la consecuente soledad del mundo de la posguerra, apunta otro tanto: "Allí estaríamos solos, como lo está Francia, como lo estarán todos los países que gozan de la extraña libertad en el vacío..."[17]

Ese mismo verano Paz se traslada al este de los Estados Unidos, y después de participar como profesor en la Escuela de Verano del Middlebury College en Vermont (donde conoce a los poetas Jorge Guillén y Robert Frost), se instala en Nueva York como segundo canciller del consulado mexicano. Pero esa etapa dura poco. En octubre es nombrado tercer secretario de la embajada de México en París, y el 30 de noviembre se embarca, vía Inglaterra, en su segundo viaje a París, adonde llega el 9 de diciembre.

Si el París de la posguerra era pobre, la vida artística e intelectual era rica, pues la Ciudad Luz se reivindica de la ocupación nazi. El deseo de muchos, incluyendo este peregrino mexicano, era que a la liberación sucediese la verdadera revolución proletaria, libre de la doble condena del fascismo y el estalinismo, y junto a ella una nueva vanguardia artística. La vida cultural la ocupan varios grupos: los escritores existencialistas (Sartre y Merleau-Ponty alrededor de la revista *Les Temps modernes*), los comunistas (Aragon y su *Les Lettres françaises*), y los independientes (los surrealistas Breton y Péret, escritores como Camus y René Char y el grupo de la revista *Fontaine* de Max-Pol Fouchet). Al llegar, Paz se pone en contacto con los surrealistas (por medio de Péret, a quien ya había conocido en México). Con ellos comparte, además de una política independiente, el interés por México, cuya "extrañeza" venía fascinando a otros surrealistas, como Breton y Antonin Artaud; también, la unión de acción política y poética (la revolución como visión poética y subversión). Y, por último, la investigación de los poderes poéticos del inconsciente.

Sin duda, la influencia del surrealismo sobre el Paz de este momento es importantísima. Ya veremos los alcances que tiene la vi-

---

[16] *Mañana*, 89, 12 de mayo de 1945, p. 21.
[17] *Mañana*, 90, 19 de mayo de 1945, p. 26.

sión surrealista de la cultura en *El laberinto de la soledad*. Sin embargo, tampoco debemos perder de vista que Paz era un escritor muy diferente de la mayoría de los integrantes del grupo. Además de ser uno de los más jóvenes y de pertenecer a otra tradición cultural (la hispánica o hispanomexicana), su estética en este momento no revela una ortodoxia surrealista, pues los poemas de la época no son ni oníricos ni automáticos. Además, a diferencia de muchos de los surrealistas, Paz no está exclusivamente dedicado a la creación; al contrario, depende de su trabajo diplomático para vivir y cumple labores burocráticas en una embajada, con todo el tedio y compromiso moral que ello supone. De hecho, muchos de los poemas que escribe durante este tiempo, y que reunirá en *Libertad bajo palabra* (1949), son comentarios irónicos sobre esa vida rutinaria. Todo lo cual indica que si bien Paz encuentra en París y entre los surrealistas un grupo afín, esa agrupación no implica necesariamente la resolución de su soledad como exiliado espiritual en la urbe europea.

Es durante estos años, por tanto, cuando Paz comienza, como volviendo sobre sí mismo, a escribir el libro que se publicará con el título de *El laberinto de la soledad*. Al parecer, sin embargo, su redacción no comenzó precisamente como libro de ensayos. La extensa lista de artículos dispersos entre 1938 y 1943 que hemos repasado contiene ideas clave que luego reaparecerán en el libro —y por tanto constituyen su prehistoria. En cambio, la primera redacción parece haber sido una "novela" que el autor llegó a escribir durante los primeros años en París, pero que nunca publicó. Lo único que sabemos sobre tal "novela" es que, según Paz le confesó a Julián Ríos en 1973, "era un pastiche de Lawrence" (refiriéndose a D. H., el novelista inglés y célebre autor de *El amante de Lady Chatterley*). "En realidad, esa novela es *El laberinto de la soledad*. Destruí la novela porque los personajes hablaban como en *El laberinto de la soledad;* me di cuenta de que lo único interesante era lo que decían los personajes."[18] Ya en la segunda de sus conferencias de 1942 sobre "Poesía y mitología (y que permaneció inédita hasta 1988) Paz había criticado como "conflictos o situaciones míticas, y los héroes que deben resolverlo, no

---

[18] Julián Ríos y Octavio Paz, *Solo a dos voces*, Lumen, Barcelona, 1973, p. 64. En carta reciente a este editor Paz le informa que la escribió en 1942.

aparecen plenamente en la novela mexicana", añadiendo que no era "una falta de capacidad sino una falta de relación, orgánica y natural, la que ha impedido al poeta condensar en una novela la atmósfera mágica de México y todos los secretos e invisibles conflictos que mueven a la nación".[19] A la luz de las revelaciones hechas a Ríos, no sería arriesgado deducir que fue éste precisamente el proyecto de la novela. Y si de veras fue ésta su evolución, de ahí podemos deducir otros dos aspectos.

Primero, que el paso entre las ideas dispersas sobre México en los primeros artículos y la primera edición del libro sistemático que hoy conocemos debe haber sido la visión *lawrenciana,* como quien dice, de México y el mexicano. Esa visión debe de haber incluido (como de hecho hace en el ensayo) la meditación apasionada sobre las relaciones entre los sexos. Dicho paso no sería demasiado extraño. Lawrence —quien visitó México y escribió varios textos inspirados en su paisaje, cultura e historia— fue una de las lecturas apasionadas del joven Paz, al extremo de dedicarle una breve pero fervorosa reseña a una colección de sus cuentos traducidos.[20] Si el propio Paz con el tiempo ha reconocido que "la obsesiva repetición de la palabra *sangre* y de sus asociaciones sexuales y religiosas" hicieron eco en *Raíz del hombre* (1937), uno de sus primeros libros de poemas, aún más significativo es que encuentre que la obra de Lawrence aporta "otro aspecto del erotismo, su antigua cara religiosa y pánica", una versión de la sexualidad que "no aparece ni como placer ni como opinión libertaria sino como religión", y que desde luego aprovecharán muchas páginas de *El laberinto de la soledad.*[21]

La segunda deducción es que Paz en efecto se demoró hasta los últimos años de la década en escribir la versión definitiva del libro que finalmente se publica en 1950. Es lo que explicaría su comentario a MacAdam de que había escrito el libro "en unos meses".[22] Es

---

[19] En otro texto de la época, sobre la obra de José Bergamín, escribió también, sugestivamente: "la verdadera novela tiene que encerrar, en su laberinto, el monstruo vivo de la novelería" *(Primeras letras,* p. 184).

[20] Véase "Lawrence en español", un texto de 1940, en *Primeras letras,* pp. 177-178.

[21] Cito de Octavio Paz, "Los amantes de Lady Chatterley", en *Al paso,* Seix Barral, Barcelona, 1992, pp. 12, 14.

[22] La referencia viene de "Tiempos, lugares, encuentros: Entrevista con Alfred MacAdam", *Vuelta,* 181, diciembre de 1991, p. 15.

también lo que explica las reflexiones desencantadas sobre la vida en la urbe moderna, que Paz lentamente digiere durante años de residencia en varias ciudades de los Estados Unidos (San Francisco, Nueva York) y en el París de la posguerra, que encontramos a todo lo largo del libro, y que seguramente formaron parte de una primera redacción en forma de novela. La mera presencia de tales reflexiones —que no son sólo irónicas sino francamente críticas, y hasta angustiosas— delatan que la escritura del libro está atravesada por una profunda nostalgia por el lejano país y sus costumbres —nostalgia que desde luego no excluye la reflexión distanciada.

Basta citar, como evidencia de ese estado de ánimo, una carta de marzo de 1948 a José Bianco, el célebre escritor argentino y redactor de la revista *Sur,* en que observa, por ejemplo: "Hoy es Sábado de Gloria. En México se siente más la Semana Santa que en París. No dudo de la religiosidad francesa, pero lamento que sea tan privada, tan interior". A lo cual seguidamente agrega, como coda personal: "Echo de menos el sabor, el olor de las fiestas religiosas mexicanas: los indios, las frutas, los atrios soleados de las iglesias, los cirios, los vendedores".[23] Esa nota nostálgica delata, sin mencionarlo, que el autor está a punto de comenzar la redacción del manuscrito de *El laberinto de la soledad,* donde evocará, entre muchos datos de la cultura mexicana, la significación mítico-sagrada de la fiesta mexicana. Otra cara más del mismo estado de ánimo —sentido en el desierto de la ciudad moderna— aparecerá en el prólogo de Paz a *Destiempos,* de la poeta peruana Blanca Varela, donde recuerda esos años: "Habíamos salido de los años de la guerra pero ninguna puerta se abría ante nosotros: sólo un túnel largo (el mismo de ahora, aunque más pobre y desnudo, el mismo túnel sin salida...). Rechazados, buscábamos otra salida, no hacia afuera, sino hacia adentro".[24] Y en otro texto más reciente Paz revela que fue en efecto en el verano de 1949 cuando escribió el libro:

> la ciudad se había quedado desierta y mi trabajo en la Embajada mexicana, en donde yo tenía un empleo modesto, había disminuido. La dis-

[23] Todas las cartas a Bianco que iré citando forman parte de los José Bianco Papers, Rare Books and Special Collections, Princeton University Libraries.
[24] Cito de Octavio Paz, *Puertas al campo,* Seix Barral, Barcelona, 1966, p. 94.

tancia me ayudaba: vivía en un mundo alejado de México e inmune a sus fantasmas. Tenía para mí las tardes de los viernes y, enteros, los sábados y los domingos. Y las noches. Escribía con prisa y fluidez, con ansia de acabar pronto y como si en la última página me esperase una revelación. Jugaba una carrera contra mí mismo. ¿A quién o qué iba a encontrar al final? Conocía la pregunta, no la respuesta. Escribir se volvió una ceremonia contradictoria, hecha de entusiasmo y de rabia, simpatía y angustia. Al escribir me vengaba de México; un instante después, mi escritura se volvía contra mí y México se vengaba de mí. Nudo inextricable, hecho de pasión y de lucidez: *odio et amo*.[25]

Poco más de un año después de escribirle a Bianco, en otra carta a Alfonso Reyes del 26 de julio de 1949, ya le da la noticia de que "hace más de un mes envié a [Jesús] Silva Herzog un ensayo para *Cuadernos Americanos*... el primero de una serie sobre el ya no vestido de plumas sino andrajoso mexicano. Un título común ampara esos ensayos, que quisiera publicar en forma de libro: *El laberinto de la soledad*".[26] Paz y Reyes se venían escribiendo desde la llegada de aquél a París, y había sido Reyes justamente el que le ayudó a publicar en México, ese mismo año, *Libertad bajo palabra*. El 15 de noviembre de 1949, en otra carta a Bianco, le anuncia que "he terminado, al fin, mi libro sobre México". Y por eso, con el manuscrito en prensa en México, Paz ya puede ver el libro con la distancia que refleja otra carta a Reyes del 23 del mismo mes. En ella anticipa nerviosamente la recepción del libro entre sus compatriotas, y se perfila la misma amargura que el propio Reyes ha de haber sentido en anteriores, y parecidas, ocasiones con libros suyos:

No faltará quien enseñe el "fatigado diente" y que lo acuse de dar la espalda a México. Además de que se trata de gente que no lo ha leído, le confieso que el tema de México —así, impuesto por decreto de cualquier imbécil convertido en oráculo de la "circunstancia" y el "compromiso"— empieza a cargarme. Y si yo mismo incurrí en un libro fue para liberarme de esa enfermedad que sería grotesca si no fuera peligrosa

[25] Cito de "Entrada retrospectiva", prólogo a *El peregrino en su patria*, t. 8 de *Obras completas de Octavio Paz*, FCE, México, 1994.
[26] Las cartas a Reyes que iré citando forman parte de la extensa correspondencia entre los dos escritores que guarda la Capilla Alfonsina en la ciudad de México.

y escondiera un deseo de nivelarlo todo. Un país borracho de sí mismo —en una guerra o en una revolución, puede ser un país sano, pletórico de substancia o en busca de ella. Pero esa obsesión en la paz revela un nacionalismo torcido, que desemboca en agresión si se es fuerte y en narcisismo y masoquismo si se es miserable, como ocurre con nosotros. Y una inteligencia enamorada de sus particularismos —a quienes no trata como obstáculos o como materia prima para más altas y libres creaciones, sino como ídolos— empieza a no ser inteligencia. O para decirlo más claramente: temo que para algunos ser mexicano consiste en algo tan exclusivo que nos niega la posibilidad de ser hombres, a secas. Y recuerdo que ser francés, español o chino sólo son maneras de ser algo que rebasa lo francés, lo español o lo chino.

La carta es reveladora. Primero, porque muestra el estado de ánimo de Paz al terminar el libro, defendiéndose en contra de posibles malentendidos —por parte de trasnochados críticos "sartreanos"— como un rechazo "cosmopolita" de México. De hecho, su comentario defensivo revela lo consciente que estaba de los extremos a los que podría llegar el movimiento de la llamada "filosofía de lo mexicano", que había surgido en México durante su ausencia. A la zaga del ensayo *El perfil del hombre y la cultura en México* (1934), y constituidos con el nombre de Grupo "Hiperión", las obras de los llamados "filósofos de lo mexicano" mostraban una fuerte influencia del existencialismo francés —sobre todo de Sartre y de Merleau-Ponty— y comienzan a publicar, poco después de la aparición de *El laberinto de la soledad,* una serie de monografías con el nombre de "México y lo mexicano", liderados por el profesor Leopoldo Zea.[27] Desde París, Paz sabía de las actividades del grupo (hay alusiones a ellas en la correspondencia con Reyes), y a lo largo de su libro, y sobre todo en el capítulo VII, se refiere a ellas aunque siempre haciendo la salvedad —descripción de su propio libro— en cuanto a que "una filosofía de la historia de México no sería, pues, sino una reflexión sobre las actitudes que hemos asumido frente a los temas que nos ha propuesto la Historia universal" (p. 315).

---

[27] Hay útiles discusiones de la serie en los ensayos de John Leddy Phelan, "México y lo mexicano", *Hispanic American Historical Review*, XXXVI, agosto de 1956, pp. 309-318; y Gordon W. Hewes, "Mexicans In Search of 'the Mexican': Notes on Mexican National Character Studies", *The American Journal of Economics and Sociology*, XIII, enero de 1954, pp. 209-223.

La segunda revelación de la carta a Reyes es que muestra el propósito más íntimo del libro: liberarse de la "enfermedad" del nacionalismo como forma de cerrar su reflexión sobre él y haciendo conciencia de sus mitos y mecanismos. El proceso implícito por el que ha pasado el autor es, por tanto, evidente: el exilio o soledad lo ha llevado a una meditación sobre las causas profundas del malestar o "enfermedad", y ésta a su vez condujo, quizá, hacia la reconciliación o comunión con el país en otro nivel que ya no es, ni puede ser, la máscara nacionalista. En eso consiste no sólo la "liberación" personal que le comunica a Reyes sino la intuición sobre todo el proceso histórico de México que en el libro llamará "la dialéctica de la soledad". No se trata ya, por tanto, de un encuentro con lo mexicano, sino con "el hombre, a secas" —lo cual desde luego incluye el encuentro o reconciliación consigo mismo: el propio Octavio Paz. El tema de México aparece, de esta manera, trascendido —que no eclipsado— en la meditación exílica.

Por último, la carta a Reyes revela asimismo, por encima del carácter ensayístico y filosófico del libro, su vínculo con el autor. Es lo que explica que muchos años después, en una entrevista con Rita Guibert, Paz revelara que "escribí *El laberinto de la soledad* primero como una confesión, para descargar mis sentimientos, e inmediatamente después escribí *¿Águila o sol?*"[28] De la misma manera que le dijo a Enrique Krauze, en su conversación de 1984 sobre el tema, que *El laberinto* es una... "confidencia, una confesión, una búsqueda de mí mismo también —digamos la verdad..." Por último, en 1990, en el programa correspondiente de la videoserie "México en la obra de Octavio Paz", revela a todas luces que cuando escribió el libro:

> Me sentí solo y sentí también que México era un país solo, aislado, lejos de la corriente central de la historia [...] Al reflexionar sobre la extrañeza que es ser mexicano descubrí una vieja verdad: cada hombre oculta un desconocido. Cada hombre está habitado por un fantasma. Quise penetrar en mí mismo y desenterrar a ese desconocido, hablar con él. Mi libro no es un tratado de sociología, ni es un tratado de psicología. ¿Qué es entonces? Es una confesión, o mejor, una declaración.

[28] Cito de Rita Guibert, *Siete voces*, Porrúa, México, 1979, p. 121.

La palabra clave, y repetida, es *confesión:* una historia personal que intenta expresar la naturaleza esencial, la verdad, del ser. Por medio de ella el poeta se revela a sí mismo y también se encuentra con los otros.

El libro se publicó, según el colofón de la primera edición, "el 15 de febrero de 1950", y la solapa reproducía algunas de las palabras que Rodolfo Usigli —a la sazón colega de Paz en la embajada de México en París— había escrito el año anterior a propósito de *Libertad bajo palabra* (1949): "Buscarse es ya en sí un acto poético precursor del acto de conciencia". A lo cual añadía el anónimo autor del texto de la solapa:

> Pero no sólo se busca y se afana por descubrir la esencia de su personalidad poética sino también por hallar la esencia de lo mexicano, las características privativas y recónditas de su pueblo, al que mira desde la vieja Europa con más ajustados perfiles y visión más certera, milagro del amor en la ausencia.[29]

El texto —cuyo autor ha de haber sido seguramente Jesús Silva Herzog, director de Ediciones Cuadernos Americanos— recalca desde el principio por tanto la visión poética de la historia, recreada por "un milagro del amor en la ausencia", como si la distancia "desde la vieja Europa" diese un sentido de objetividad y perspectiva difícilmente posible "en el joven México". Seguidamente el mismo texto advierte que "no es la obra de un sociólogo o de un filósofo; es la obra de un poeta de cuerpo entero que se pasea de vez en vez por los laberintos del filosofar y por los campos frondosos de la sociología". Si el texto de la cubierta subrayaba así el carácter *literario* del libro —colindando tanto con la sociología y la filosofía, pero sin coincidir con ninguna de las dos— también destacaba su heterogeneidad: "Hay en los ensayos que contiene este libro, erudición histórica, análisis penetrante de la realidad subjetiva del nativo e intuiciones sorprendentes". Así, al carácter abierto no científico del libro se le añade su asistematicidad —se trata de una *colección de ensayos* más

---

[29] La reseña de Usigli se había publicado en México: "Poeta en libertad", *Cuadernos Americanos,* año 9, núm. 1, enero-febrero, 1950, pp. 293-300. Usigli y Paz fueron colegas en la embajada de México en París entre 1946 y 1948, según se desprende del testimonio de este último en "Rodolfo Usigli en el teatro de la memoria", *Al paso,* pp. 45-54.

que de un libro orgánico. Hasta qué punto esta imagen del libro es cierta, ya tendremos ocasión de comprobarlo. Por lo pronto, importa notar que es precisamente ésta la que se impone desde la primera edición. La redondea, por último, la advertencia en el último párrafo, en cuanto a que "por supuesto, muchos no estarán de acuerdo con el autor", pues "todo lo que dice es discutible, todo invita a la polémica y también a la meditación; y esto es precisamente el más alto mérito del libro de Paz..."

La recepción negativa del libro en México que anticipara Paz en su carta a Reyes no llegó a cumplirse —al menos no del todo, o inmediatamente. Sí es cierto, en cambio, que el libro apenas fue reseñado, comprobando así una de sus tesis principales: el "ninguneo" mexicano existe y hace daño. En México se publicaron, hasta donde he podido comprobar, sólo seis reseñas de la primera edición; fuera de México, tres más.[30] Todas ellas, pero sobre todo las publicadas en México, más bien describieron, que no discutieron, el libro —vacío que resulta tanto más insólito cuanto que esos años eran los de pleno apogeo de la llamada "filosofía de lo mexicano". ¿Por qué Reyes, que conocía la génesis del libro, a quien Paz le confesó sus primeros temores de recepción, y cuya obra y figura el libro discute en términos positivos, nunca lo defendió? ¿Por qué Leopoldo Zea, director de la serie "México y lo mexicano", cuyo estudio sobre el positivismo Paz comentara en 1943, y cuya obra posterior el libro también discute, tampoco le dedicó una reseña? Con el tiempo, Zea llegaría a citar, en un pequeño libro suyo de 1952, algunos pasajes fuera de contexto y cuyo contenido, por cierto, contradice muchos de los puntos de vista que Zea sostiene allí. La estrategia de sordera —que no es sino una de las formas elegantes del "ninguneo"— se repetirá a lo largo de los años con el pensamiento históri-

---

[30] Las mexicanas fueron: Salvador Calvillo Madrigal, *Revista Mexicana de Cultura*, suplemento de *El Nacional*, 171, 2 de julio de 1950, p. 11; Anónimo, *El Nacional*, 9 de abril de 1950, pp. 3, 6; Tomás Córdoba Sandoval, *Cuadernos Americanos*, 51, mayo-junio de 1950, pp. 125-132; José Luis Martínez, *Voz*, 4, 27 de julio de 1950, p. 48; Pablo Rojas Rodríguez, *Filosofía y Letras*, 40, octubre-diciembre de 1950, pp. 370-377; José Vasconcelos, "Pensar la historia en soledad", en *Todo*, 8 de abril de 1950. Fuera de México: Andrés Iduarte, *Revista Hispánica Moderna*, vol. 17, núms. 1-4, enero-diciembre de 1951, pp. 146-147; Muna Lee, *Books Abroad*, vol. 25, núm. 4, otoño de 1951, p. 379; Sebastián Salazar Bondy, *Sur*, núms. 195-196, enero-febrero de 1951, pp. 64-67.

co y político de Paz: el saludo cortés, según Zea, a "uno de los poetas de esta generación" que desde luego no compromete a una discusión seria de sus puntos de vista.

En México mismo la reseña más extensa, y piadosamente descriptiva, fue la publicada por Pablo Rojas Rodríguez en la revista *Filosofía y Letras* de la Universidad de México. Lo cierto, sin embargo, es que ni dentro ni fuera de México se le prestó al libro la atención que merecía. Habría que esperar tres años más para que, en la misma revista, Juan Hernández Luna, catedrático de la universidad, le dedicara una discusión más extensa, sólo que al hacerlo deformó muchas de sus ideas con el posible y peregrino propósito de defender el pensamiento de Samuel Ramos.[31] En su reseña, Hernández Luna objetará, por ejemplo, que el "examen o 'meditación histórica' sobre nuestro pasado intelectual [...] no es acometida por el autor, sino simplemente indicada" (p. 273). Acusa al autor, entre otras cosas, de "desconocer que al lado de las ideas europeas que hemos importado" existe una línea de pensamiento "muy mexicana, muy nuestra, constituida" por "modificaciones y aportaciones" e "intuiciones o atisbos" (p. 274). También, de "iniciar un filosofar sobre unos problemas que 'no son exclusivamente nuestros'", y por tanto que ello no puede conducir a una "filosofía de lo mexicano" (p. 274). Por último, afirma que no hay en el libro "una doctrina que muestre esa ruptura del mexicano con el mundo y que explique su sentimiento de soledad como consecuencia de esa ruptura", por lo que "la historia de nuestro país muestra justamente lo contrario, esto es, precisamente que lo que el mexicano no ha podido conseguir en el curso de su vida independiente es *estar solo*" (p. 288). Por todo ello termina atribuyendo "el sentimiento de soledad, de orfandad, de que habla Octavio Paz" a un "estado ontológico *(sic)* de algunos grupos de mexicanos o de extranjeros que en determinados momentos de nuestra historia han experimentado la amargura de la derrota o del exilio [...] mexicanos descastados, que no se sienten a gusto en nuestro país, que reniegan de sus tradiciones y que se exilian voluntariamente en los Estados Unidos o en Europa", "grupos de solitarios, de derrotados" que "ja-

---

[31] Véase *Filosofía y Letras*, XXV, núms. 49-50, enero-junio de 1953, pp. 271-290. En lo sucesivo se incluye la paginación de las citas entre paréntesis.

más pueden ser tomados como prototipo 'de la mexicanidad" y que Hernández Luna asocia, finalmente, con "el mexicano conservador, el mexicano católico que niega valor" a la "tradición revolucionaria", cuyos análogos contemporáneos serían "el nazi alemán y el fascista italiano, a quienes la segunda guerra mundial dejó solos y huérfanos" (pp. 289-290).

Si bien la increíble reseña de Hernández Luna le dedicó al libro de Paz la atención que merecía, la virulencia nacionalista con que lo atacó prueba otras cosas. No sólo que tenía razón el autor en anticiparle a Reyes que ese tipo de reacción era posible, sino que las tesis de la "enfermedad" nacionalista que Paz denuncia en el libro seguían prosperando en México. En el caso de Hernández Luna, que a la sazón era profesor de filosofía de la Universidad de México, la motivación —acaso inconsciente pero no por ello menos real o eficaz— fue la de desacreditar el libro ante el de Samuel Ramos, maestro y colega del reseñador. Por lo pronto, habría que agregar que el propio Samuel Ramos, por cierto, tampoco nunca le dedicó una reseña a *El laberinto de la soledad,* y que en la única ocasión en que llegó a comentarlo —en su ensayo "En torno a las ideas sobre el mexicano", de 19,52— lo hizo en un tono defensivo respecto al tratamiento de la historia mexicana en su libro.[32]

Al volver a comentar los rasgos psicológicos de "la desconfianza, la agresividad, el resentimiento, la timidez, la altanería, el disimulo, etc." que muestra el mexicano, Ramos añadió que "no desconozco el hecho de que estos rasgos de carácter tienen su antecedente en los mexicanos de la Época Colonial, que adquirieron, por otros motivos, un modo de ser semejante", y que pasa a describir como "un disfraz de que se ha revestido el mexicano para ocultar su verdadero ser" (pp. 109-110). Afirma Ramos seguidamente que "otros investigadores han aceptado y confirmado este punto de vista, como Octavio Paz que reduce la fisonomía del mexicano a una máscara. Tras de esta máscara, encuentra una tendencia a la soledad que destaca el título mismo del libro..." (p. 110). Todo lo cual lleva a Ramos a objetar que

[32] Véase *Cuadernos Americanos,* año X, vol. LVIII, núm. 3, mayo-junio de 1951, pp. 103-113. En lo sucesivo se incluye la paginación de las citas entre paréntesis.

una observación más ajustada a la realidad mostraría que, al contrario de lo que afirma Paz, la soledad no proviene de una decisión voluntaria, sino de esa perturbación del carácter que lo hace antisocial. La soledad es sólo un refugio que se busca involuntariamente. No es que el mexicano guste de la soledad, es que ésta se le impone como resultado de la timidez, de la susceptibilidad, del recelo, la desconfianza, que se acompañan de reacciones inhibitorias [p. 110].

Por último, y como remate, Ramos añade —confirmando así una de las intuiciones del libro de Paz: "aun en la disputa prefiere la expresión velada a la injuria" (pp. 164-165)— lo que sólo puede ser calificado de insulto transparente: "el amor o el gusto por la soledad es atributo de aquellos hombres poseedores de una intensa y rica vida interior que sólo puede ser gozada a solas. Es una aristocracia del espíritu que se encuentra, excepcionalmente, en poetas, filósofos o místicos, pero no es un atributo del hombre común" (p. 110).

Que las tesis de Samuel Ramos sobre el libro de Paz poco tienen que ver con la realidad resultará evidente. No sólo el libro no "reduce" "la fisonomía del mexicano a una máscara", como Ramos alega —pues la máscara es sólo uno de varios atributos que el libro estudia—, sino que le atribuye al sentimiento de soledad un carácter "voluntario" o deliberado que refleja más el modelo de la psicología de Adler, tan cara al propio Ramos, y que, por lo demás, en ningún momento *El laberinto de la soledad* afirma. La explicación a esa peculiar interpretación de Ramos se halla no sólo en su tono defensivo, que alude a las raíces históricas de la psicología mexicana, sino en la propia reseña de Hernández Luna, que de hecho se publica unos meses después del ensayo de Ramos, como cogido de la mano. Será precisamente este colega de Ramos, recordemos, el que le atribuirá al libro de Paz una ausencia de "meditación histórica". Y habrá sido seguramente por eso, al aludir a esas raíces históricas con tanta insistencia en su nuevo ensayo, que Ramos quiso defenderse de no haber cumplido del todo la filosofía de la historia mexicana de la que allí hace alarde y con la que a lo largo de los años justificó su ensayo repetidamente. Todo esto al menos cuando se le compara con el análisis que realiza *El laberinto de la soledad,* donde esa interpretación aparece mucho más realizada. Lo cierto es que Ramos siempre prefirió, como él mismo insistió en la tercera parte de su antiguo libro, "el psicoanálisis del mexicano" por encima de su "psicohistoria" —lo cual no es lo mismo—; que siempre fue renuente a aceptar que su descripción de la historia de México había sido inmadura y deficiente, incluso para efectos del intento de psicoanálisis que sí intentó llevar a cabo; que ha de haberse molestado bastante por los reparos que en su libro Paz le hizo a su ensayo; y, por último, que debe haberse sentido disminuido, quizá "acomplejado", por el análisis de la historia de México tanto más desarrollado que realizó Paz en el suyo.

El regreso de Paz a México, el 25 de septiembre de 1953, coincide con la publicación de la reseña violenta de Hernández Luna y el pleno apogeo de la "filosofía de lo mexicano". Pero a pesar de que sostenía relaciones personales con algunos de los participantes —el filósofo Emilio Uranga, por ejemplo, le dedica su libro sobre el tema a Paz—, él mismo no participa en esas actividades.[33] Como poeta y, al mismo tiempo, funcionario de la Secretaría de Relaciones Exteriores, lleva una doble vida como burócrata y escritor. En 1975 recordó a propósito de esa vida:

> En el México de 1955, la satisfacción era generalizada entre políticos, banqueros, líderes obreros y campesinos. Incluso muchos intelectuales se habían contagiado de ese optimismo. Recuerdo que me encontré en una comida a Samuel Ramos. En un momento de nuestra conversación me dijo: "El México que usted describe en *El laberinto de la soledad* ya es otro, es del pasado. Lo mismo sucede con mi libro *El perfil del hombre y la cultura en México*. La evolución de la sociedad ha superado totalmente a nuestros libros..." Por fortuna, mis amigos jóvenes no pensaban así...[34]

---

[33] Me refiero a *Análisis del ser del mexicano*, Porrúa y Obregón, México, 1952. Este libro fue el número cuatro de la serie "México y lo mexicano".

[34] Cito de la conferencia "Cuarenta años de escribir poesía (II)", *La onda*, 16 de marzo de 1975, p. 6. En lo sucesivo se incluye entre paréntesis la paginación de las citas. En 1990, Paz le dirá a MacAdam, a propósito, que "el regreso no fue una reconciliación. Al contrario, no fui aceptado, salvo por algunos jóvenes. Había roto con las ideas estéticas, morales y políticas predominantes y no tardé en ser atacado por mucha gente, demasiado segura de sus dogmas y prejuicios. Fue el principio de un desacuerdo que no termina"; véase "Tiempos, lugares, encuentros", p. 16.

Xirau, Fuentes, García Terrés, Montes de Oca y Rulfo son algunos de esos nuevos amigos jóvenes. Todos se caracterizan por tener "una actitud resueltamente crítica, pero su crítica no era ideológica, sino artística, literaria, poética" (p. 16). Con el tiempo, Paz llamará ese momento, que se extiende hasta junio de 1959, cuando regresa nuevamente a París, "un periodo indeciso de las artes y letras mexicanas: nacionalismo, arte social, esfuerzos solitarios de unos cuantos poetas y pintores". Por eso las actividades de Paz y su grupo son muchas. Además de la publicación de libros sucesivos como *Semillas para un himno* (1954), *El arco y la lira* (1956), *Piedra de sol* (1957), *Las peras del olmo* (1957) y *La estación violenta* (1958), Paz ayuda a fundar, con Juan Soriano y Leonora Carrington, el grupo de teatro experimental Poesía en Voz Alta. Por otra parte, también apoya a Carlos Fuentes y Emmanuel Carballo en la fundación y primeros números de *Revista Mexicana de Literatura*, la más importante de ese momento. Es en el primer número de ésta, por cierto, donde primero publica el poema "El cántaro roto", en el que se transparenta su reacción indignada a una visita al norte de México: "no solamente el vasto desierto, sino también la pobreza de la gente del campo. Era la otra cara de la prosperidad de que estaban tan orgullosos los dirigentes del país" (p. 16). No es casual, por eso, que al año siguiente de escribir ese poema, decida volver a elaborar *Entre la piedra y la flor*, aquel otro extenso poema social sobre el hombre de Yucatán que había escrito hacía 20 años.

Dentro de esta nueva etapa de evaluación de la situación mexicana, y aprovechando seguramente las enmiendas hechas a propósito de la traducción al francés que aparece en París en 1959, Paz publica una segunda edición revisada de *El laberinto de la soledad*. Ya en una entrevista de agosto de 1958 anunciaba que el libro sería "reeditado en breve" y que le haría "algunas modificaciones en lo que respecta a su interpretación de la Revolución mexicana".[35] En efecto, la nueva edición se publica en 1959, esta vez por el Fondo de Cultura Económica. Entre las revisiones más evidentes están la corrección de estilo y de algunos errores de documentación, así como la expansión de un capítulo (el VIII, "Nuestros días"), donde se pone al día la situación

---

[35] Véase Alberto Ramírez de Aguilar, "Octavio Paz: Poesía y posición", *Diorama de la Cultura*, suplemento de *Excélsior*, 24 de agosto de 1958, p. 1.

del México posrevolucionario dentro del nuevo panorama de descolonización mundial y la Guerra Fría. Como le diría a Claude Fell 16 años después: "Hay cosas un poco *naives* de la primera edición que traté de corregir [...] Pero fundamentalmente es el mismo libro" (p. 418).

Las mayores revisiones se hacen, en efecto, a los capítulos IV al IX, donde se hace evidente, entre otras cosas, el refinamiento del análisis psicoanalítico. El famoso capítulo IV, por ejemplo, sobre "Los hijos de la Malinche", abunda ahora en la descripción del "romance familiar" mítico (padre, madre e hijo). Es en relación con esta tríada, de hecho, que Paz introduce toda la discusión sobre la Virgen de Guadalupe —de la que carece la primera edición— como contrapunto mítico de la Malinche y, de ahí, como elemento estructural de la ambivalencia y conflicto psíquico que guarda en el subconsciente histórico mexicano.[36] En cuanto al análisis histórico propiamente, la segunda edición resalta aún más el carácter "cerrado" de la sociedad novohispana, expande el relato histórico de la Independencia y Revolución mexicanas, y, en general, elimina redundancias que resultaban demasiado evidentes en la primera edición. Pero es sobre todo en el nuevo capítulo VIII donde introduce una visión mucho más crítica de los resultados históricos de la Revolución mexicana.

La recepción de la segunda edición revisada fue mucho mayor y más positiva que la que tuvo la primera.[37] Pero no dejó de haber ataques. Uno de los más sonados fue la polémica surgida en México a raíz de la reseña de Emmanuel Carballo, codirector de la *Revista Mexicana de Literatura,* antaño protegido de Paz y hasta entonces uno de sus más fervorosos seguidores, quien desde las páginas del semanario cultural *México en la Cultura* arremetió contra el autor acusándolo de "incurrir en el ninguneo para suprimir a los desleales, a los osados".[38] Por esto Carballo parecía referirse a los precursores

[36] Véase sobre el mismo tema el estudio de Francisco de la Maza, *El guadalupanismo mexicano,* Porrúa y Obregón, México, 1953. Este libro fue el número 17 de la serie "México y lo mexicano".
[37] El lector interesado puede consultar esas numerosas reseñas en la excelente bibliografía de Hugo Verani, *Octavio Paz: Bibliografía crítica,* UNAM, México, 1983.
[38] Véase *"El laberinto de la soledad*: entre el orden y el caos", *México en la Cultura,* 552, 4 de octubre de 1959, p. 4. En lo sucesivo se incluye la paginación de las citas entre paréntesis.

mexicanos de Paz en torno a la meditación sobre el tema de la identidad nacional, y al libro lo calificaba como "obra imprecisa, sinuosa, relampagueante y, tal vez, nociva [...] una mezcla —mal digerida— de sociología, psicología, historia y poesía", en la cual "la verdad se yuxtapone al sofisma, la objetividad a una subjetividad extrema y delirante" (p. 4). Desde París, adonde ya había regresado desde junio, Paz respondió tardíamente a la reseña de Carballo no sólo negando que el libro "ningunera" a sus fuentes, sino refutando la imagen de la Revolución mexicana que, según Carballo, el libro ofrecía: "La grandeza y poderío de un Estado no debe realizarse a expensas de la felicidad y libertad de los ciudadanos", corregía entonces.[39] La respuesta de Paz terminaba lamentándose de que la reseña de Carballo reflejara "el estado del pensamiento crítico mexicano". Lo que pareció aún más insólito acerca de la primera entrega de esta polémica es que a la respuesta de Paz el semanario le agregara una "coletilla", firmada por su editor "F[ernando] B[enítez]", en la que respondía al comentario que había incluido Paz sobre el estado del pensamiento crítico mexicano. En ella Benítez le reprochaba a Paz que "nunca" los hubiera "ayudado en nuestra tarea", y así de paso respaldaba, tácitamente, la publicación de la reseña de Carballo, aunque no tomara partido en la polémica.[40]

Poco después Carballo volvería a la carga en una respuesta, puntualizando esta vez que el objeto del "ninguneo" de Paz en su libro había sido, en primera instancia, algunos ensayos del escritor mexicano Rubén Salazar Mallén, y en última, la obra de Samuel Ramos, que a su vez, según el mismo Carballo, Salazar Mallén había también "ningueado".[41] Por último, Carballo acusaba a Paz de seguir "las enseñanzas de Trotski" mientras que el propio Carballo seguía "el marxismo ortodoxo" (p. 12). En efecto, casi tres semanas después

[39] "Octavio Paz replica a Emmanuel Carballo", *México en la Cultura*, 561, 13 de diciembre de 1959, p. 2.
[40] Véase *ibidem*. La acusación de Benítez era por lo demás injusta, o al menos imprecisa. Un cotejo de la bibliografía de la época permite comprobar que entre 1949 y 1959 Paz colaboró en *México en la Cultura* al menos 20 veces con textos firmados por él, la mayoría de ellos artículos críticos.
[41] "La respuesta de Emmanuel Carballo a Octavio Paz", *México en la Cultura*, 563, 21 de diciembre, 1959, p. 12. En lo sucesivo se incluye la paginación de las citas entre paréntesis.

de publicar Carballo su reseña en *México en la Cultura*, Salazar Mallén había escrito otra suya acusando a Paz de plagiar un viejo ensayo suyo en el que, según su autor, había lanzado por primera vez en la historia la frase "complejo de la Malinche" —frase, por lo demás, que el libro de Paz no utiliza o siquiera menciona.[42] Las relaciones literarias entre Paz y Salazar Mallén se remontaban, en efecto, a 1937, cuando éste le había dedicado una buena reseña a su libro *Raíz del hombre*, aunque poco después lo acusará públicamente de oportunismo político por haber escrito "¡No pasarán!", su poema antifranquista. Paz contestó la acusación por carta privada y desde entonces este incidente, unido a la oposición política entre los dos —poco después Salazar Mallén empezaría a militar en las filas del fascismo—, cesó la relación.[43]

Como cuando Carballo publica su reseña (el 4 de octubre), Salazar Mallén aún no había publicado la suya, es evidente que el "ningu-neo" de que acusa a Paz se refería únicamente al libro de Ramos, y que sólo posteriormente, al publicarse la reseña de Salazar Mallén, utilizó oportunamente aquellos falaces argumentos. Pero, como señalará Paz en su contrarrespuesta a Carballo, y como resulta evidente para cualquier lector, *El laberinto de la soledad* no deja de consignar a cada paso sus deudas con el libro de Ramos, aunque tampoco deja de expresar sus reparos o desacuerdos con él.[44] Por todo ello el autor resume: "¿Niego a Ramos? No, su libro es excepcional y abre un camino. Su influencia —o más exactamente: su *estímulo*— fueron decisivos. Sin el libro de Ramos quizá yo no habría escrito el mío. O habría escrito un libro distinto" (p. *227*). En lo que toca a Salazar Mallén, Paz se limita a responder que si bien es cierto que éste hacía

---

[42] Véase la reseña de Salazar Mallén en *Mañana*, 24 de octubre de 1959, p. 54.

[43] La polémica ha sido estudiada en Javier Sicilia, *Cariátide a destiempo, y otros escombros*, Gobierno del Estado de Veracruz, Xalapa, 1980. El libro recopila los documentos pertinentes, inclusive la carta del joven Paz a Salazar Mallén y los ensayos de éste. Salazar Mallén terció, en efecto, en la polémica Paz-Carballo: véase "Tercia Salazar Mallén, o el cordero le responde al león", *México en la Cultura*, 15 de febrero de 1960, p. 5, donde reitera la acusación. Años después Salazar Mallén volvería a acusar a Paz de plagiarlo, esta vez sus ideas sobre Sor Juana Inés de la Cruz; véase "El león y el cordero", *Excélsior*, 5 de marzo de 1980, pp. 7-A y 8-A.

[44] "Respuesta y algo más", *México en la Cultura*, 569, 7 de febrero de 1960, pp. 2, 7. Por la importancia de este texto, lo hemos reproducido en el apéndice de este capítulo (pp. 225-231). [Las páginas entre paréntesis en caracteres cursivos remiten a dicho apéndice.]

tiempo había tratado los temas del machismo y el malinchismo, también "muchos otros se han ocupado del mismo asunto: desde los cancioneros y autores de argumentos cinematográficos hasta los periodistas, los psiquiatras y los historiadores. No podía ser de otro modo: son obsesiones populares, cifras y claves de una sensibilidad" (p. *226*).

La contrarrespuesta de Paz fue en efecto "algo más" que eso: dio pie a la aclaración de objetivos, alcances y límites de su libro, aún en su segunda edición. Y es por la utilidad de este texto que esta edición prefiere reproducirlo como uno de los dos apéndices a tratar de resumirlo. Su consulta, así como la de las polémicas reseñas que he resumido, comprueban cuán combatido desde el principio fue el libro de Paz —no serán éstas las únicas críticas que ha recibido— y cuáles han sido los argumentos que se han utilizado para tratar de disminuirlo.

En los 10 años que transcurrieron entre la publicación de la segunda edición revisada de *El laberinto de la soledad* y "México: la última década", la conferencia de 1969 que pone el libro al día, Octavio Paz se convierte en un escritor de renombre internacional. La primera consagración viene en 1963, cuando el Festival de Knokke-le-Zoute (Bélgica) le otorga el Gran Premio Internacional de Poesía. Para entonces Paz ya ha abandonado París y ha aceptado (desde julio de 1962) el puesto de embajador de México en la India y Afganistán. Es en Nueva Delhi donde contrae segundas nupcias —con Marie-José Tramini— en 1964 y es donde desarrolla, hasta octubre de 1968, lo que se podría llamar el "periodo oriental" de su obra, uno de sus más prolíficos e interesantes. Son los años en que escribe los ensayos de *Cuadrivio* (1964), *Claude Lévi-Strauss, o el nuevo festín de Esopo* (1965), *Corriente alterna* (1967), *El castillo de la pureza: la obra de Marcel Duchamp* (1968), *Conjunciones y disyunciones* (1969), así como los poemas que recoge *Ladera este* (1969), y que incluye el poema extenso *Blanco* (1965), una de sus obras maestras.

Durante esos años en que Paz está nuevamente ausente, México experimenta una transformación como país y sociedad. La nueva administración de Gustavo Díaz Ordaz (quien sucede en la presidencia a Adolfo López Mateos en 1964) presencia un crecimiento de población anual de 3.5%, lo cual explica la enorme emigración del campesinado empobrecido hacia las urbes, y en particular al Distrito Federal. Si el crecimiento económico era espectacular para un país subdesarrollado como México —un promedio de 6% anual— los problemas del país ya eran plenamente los del desarrollo: sobrepoblación, contaminación atmosférica, amén de una monumental deuda externa, para no hablar de la continua pobreza de gran parte de la población, especialmente la clase campesina. La invitación del gobierno mexicano a que se celebrase la XIX Olimpiada en la capital en 1968 fue por tanto un resultado más de su orgullo respecto a ese desarrollo, si bien fueron los enormes gastos que inmediatamente se emplearon en realizar los preparativos para los Juegos los que causaron una agravante para su población descontenta.

Los primeros encuentros entre estudiantes y la policía, que terminan con una eficaz represión gubernamental, ocurren en julio de ese año, seguidos el mes de agosto por manifestaciones, mayormente formadas por gente de la clase media, que llegaron a reunir hasta 300 000 personas en el Zócalo, la plaza mayor del Distrito Federal. Poco después, el propio Díaz Ordaz —cuyo puesto anterior al de presidente había sido el de secretario de Gobernación, la máxima autoridad policial del país— previene al país contra la pérdida del prestigio nacional por las protestas. Pero sus advertencias no obstaron para que siguieran en aumento, hasta el punto de que una de ellas —solemne y silente— ocupó todo lo largo del célebre Paseo de la Reforma, o para que poco después, en represalia, el ejército ocupase la universidad. En esas circunstancias, los líderes de las manifestaciones convocaron otra reunión para la tarde del 2 de octubre en la plaza de las Tres Culturas, más conocida por su nombre indígena de Tlatelolco. Hacia las 5:30 p.m., con alrededor de 10 000 personas congregadas en la plaza, cientos de efectivos del ejército saltaron de sus escondites en las ruinas aztecas que bordean la plaza y comenzaron a disparar sin provocación sobre la población indefensa. El gobierno mexicano nunca dio un saldo oficial del atropello contra los inocentes ciudadanos, pero se calcula que murieron más de 300 personas, y que hubo muchísimos más heridos y presos. La matanza cumplió así el objetivo de desintegrar el movimiento estudiantil, y el 12 de octubre (Día de la Raza), la llama olímpica se encendió en el estadio de la Universidad de México. Desde Nueva Delhi, Paz le escribe el 19 de agosto al pintor Vicente Rojo: "Me he enterado de lo que ocurre en México [...] el movimiento es realmente importante y, a mi juicio, tiene más posibilidades que el de París porque no se trata de una 'contestación' radical sino de una tentativa por poner de acuerdo al sistema político imperante en México con su desarrollo económico y social".[45] Su optimismo duró poco. Al día siguiente de la masacre, enterado de los acontecimientos al otro lado del mundo escribe el siguiente poema:

MÉXICO: OLIMPIADA DE 1968

A Dore y Adja Yunkers

La limpidez
 (Quizá valga la pena
 escribirlo sobre la limpieza
 de esta hoja)
 no es límpida:
 es una rabia
 (amarilla y negra
 acumulación de bilis en español)
 extendida sobre la página.
¿Por qué?
 La vergüenza es ira
vuelta contra uno mismo:
 si
 una nación entera se avergüenza
 es león que se agazapa
 para saltar.
 (Los empleados
municipales lavan la sangre
En la Plaza de los Sacrificios.)
Mira ahora,
 manchada

---

[45] Copia de esta carta se conserva en el archivo de Enrico Mario Santí. Agradezco la ayuda de Vicente Rojo en la consulta de esta carta.

> antes de haber dicho algo
> que valga la pena,
> la limpidez.[46]

Paz envía el poema a los coordinadores del Programa Cultural de la Olimpiada, así como a amigos suyos para que lo diesen a conocer en el extranjero y así distanciarse de las acciones del gobierno que él, por otra parte, representa en ese momento en su calidad de embajador. Entre estos amigos está José Bianco, a quien, junto al poema, le envía otra carta el 9 de octubre donde ya le anuncia: "El ritual azteca del 2 de octubre en la Plaza de Tlatelolco* [*nota al calce: Hoy llamada, 'simbólicamente', Plaza de las Tres Culturas] (precisamente en las ruinas del teocalli: lee las páginas de Bernal Díaz acerca de ese lugar) me decidió a abandonar el Servicio Exterior mexicano".[47] En efecto, para el 17 del mismo mes la Secretaría de Relaciones Exteriores de México acepta su petición de disponibilidad, y a finales de mes parten el poeta y su esposa hacia Europa.

La renuncia de Paz fue acogida en todo el mundo, incluso en México, como un acto de valentía intelectual. A partir de ese momento, su vida y la de su esposa se vuelve itinerante en distintas ciudades de Occidente, aprovechando las invitaciones que le hacen distintas universidades para dictar cursos sobre poesía. Así, luego de una breve temporada en París, en 1969 dicta cursos en la Universidad de Pittsburgh, para después trasladarse, ese mismo año, a la Universidad de Texas, en Austin. Es allí, el 30 de octubre de 1969, a poco más de un año de ocurrir la masacre de Tlatelolco que, invitado a dar la conferencia anual "Hackett Memorial Lecture" en el Instituto de Estudios Latinoamericanos de la universidad, pronuncia "México: la última década", resumen apretado de lo que al año siguiente se convertirá en *Postdata*. Su tema —dirá en la "Nota" preliminar del nuevo libro—

---

[46] Cito de *Obra poética*, p. 429. A este poema corresponde la siguiente nota: "El Comité Organizador del Programa Cultural de la Olimpiada en México me invitó a escribir un poema que celebrase el 'espíritu olímpico'. Decliné la invitación pero el giro de los acontecimientos me llevó a escribir este pequeño poema, en conmemoración de la matanza de Tlatelolco", p. 808.

[47] José Bianco Papers.

es una reflexión sobre lo que ha ocurrido en México desde que escribí *El laberinto de la soledad* y de ahí que haya llamado a este ensayo: *Postdata*. Es una prolongación de ese libro pero, apenas si es necesario advertirlo, una prolongación crítica y autocrítica; *Postdata* no solamente por continuarlo y ponerlo al día sino por ser una nueva tentativa por descifrar la realidad. Tal vez valga la pena aclarar (una vez más) que *El laberinto de la soledad* fue un ejercicio de la imaginación crítica: una visión y, simultáneamente, una revisión. Algo muy distinto a un ensayo sobre la filosofía de lo mexicano o una búsqueda de nuestro pretendido ser. El mexicano no es una esencia sino una historia. Ni ontología ni psicología. A mí me intrigaba (me intriga) no tanto el "carácter nacional" como lo que oculta ese carácter: aquello que está detrás de la máscara [p. 363].

Sobre el antiguo libro, que ahora comenta, Paz agrega que en él se había esforzado "por eludir (sin lograrlo del todo) tanto las trampas del humanismo abstracto como las ilusiones de una filosofía de lo mexicano: la máscara convertida en rostro / el rostro petrificado en máscara" (p. 364), y señala asimismo que cuando escribió aquel primer libro, "no me interesaba la definición de lo mexicano sino, como ahora, la crítica: esa actividad que consiste, tanto o más que en conocernos, en liberarnos. La crítica despliega una posibilidad de libertad y así es una invitación a la acción" (p. 364). A su vez, tanto *El laberinto de la soledad* como *Postdata*, según su autor, son el "prefacio" a otro libro, aún no escrito, "sobre la suerte de América Latina", ya que "la pregunta sobre México es inseparable de la pregunta sobre el porvenir de la América Latina y ésta, a su vez, se inserta en otra: la del futuro de las relaciones entre ella y los Estados Unidos. La pregunta sobre nosotros se revela siempre como una pregunta sobre los otros" (p.366).

2. Estructura y filiación intelectual

a) *Descripción preliminar*

El laberinto de la soledad consta de ocho capítulos y un apéndice. En la primera edición el número de los capítulos era también ocho, sólo que el último no era un apéndice aparte sino un ensayo más del libro. Son tres, en efecto, las revisiones generales a la estructura externa de la segunda edición: 1º se añade un octavo capítulo que, con el antiguo título de "Nuestros días", contribuye a poner el libro al día; 2º se separa la parte dedicada a la cultura contemporánea del país como capítulo aparte, que el autor ahora llama "La inteligencia mexicana"; y 3º se precisa que "La dialéctica de la soledad" es un apéndice.

Esa evolución de la estructura externa del libro revela la búsqueda de una simetría en tres partes: dos secciones de cuatro capítulos cada una, seguidas de una suerte de conclusión. Digo "suerte de" en el caso de este último porque el uso de un apéndice precisamente evita una conclusión demasiado cerrada, de la que la edición original por lo demás carecía. Más adelante veremos la utilidad retórica de esta apertura.

En su contrarrespuesta a Carballo, Paz describió el libro en términos que evocan esa estructura tripartita, aunque veremos que el libro en realidad tiene cuatro, y no sólo tres, divisiones. Es claro, por ejemplo, que lo que el resumen que Paz llamó entonces la "descripción de un ritmo vital e histórico (la dialéctica de la soledad y la comunión) en un momento y en un pueblo" (pp. *227-228),* corresponde al apéndice del libro; mientras que la "tentativa por desenmascarar ciertos mitos [...] que envenenan nuestras relaciones de hombre a hombre y, sobre todo, entre hombre y mujer" (p. *228)* se refiere a sus capítulos I a IV; y que, por último, el "intento, demasiado apresurado y esquemático [...] por entender la historia de México" (p. *228)* resume los capítulos V a VII. En vista de sus revisiones a la primera edición, Paz agregaba entonces que "sus dos últimos capítulos" eran un esfuerzo por *"situarnos* en el mundo, esto es, dentro de la corriente histórica mundial (no ya como objetos sino, así sea parcialmente, como agentes de los cambios que se operan en todo el planeta)" (p. *228).* Lo último sugiere, por tanto, que la segunda parte (capítulos V a VIII) se divide a su vez en dos: capítulos V y VI (sobre la historia de México), y VII y VIII (sobre su situación "en el mundo"). Esa subdivisión en dos de la segunda parte nos alerta que la primera parte, a su vez, también se divide en dos. Mejor dicho: la primera parte sólo comienza en el segundo capítulo, ya que el primero sirve más bien de introducción. Si nos propusiéramos, por tanto, hacer explícita la estructura del libro, tendríamos el siguiente índice:

Introducción
Capítulo I. El pachuco y otros extremos
Primera Parte: Análisis de los mitos de México
Capítulo II. Máscaras mexicanas
Capítulo III. Todos Santos, Día de Muertos
Capítulo IV. Los hijos de la Malinche
Segunda Parte: Historia de México
1. *Historia:*
    Capítulo V. Conquista y Colonia
    Capítulo VI. De la Independencia a la Revolución
2. *Situación en el mundo:*
    Capítulo VII. La "Inteligencia" mexicana
    Capítulo VIII. Nuestros días
Apéndice:
    La dialéctica de la soledad

A primera vista estamos ante una estructura de razonamiento inductivo: va de lo particular a lo general. De "ciertos mitos" a "la historia de México", y de ahí finalmente a la derivación de un "ritmo vital e histórico". Pronto veremos que ese razonamiento inductivo es sólo parte de un proceso hermenéutico más complejo, pero por lo pronto notaremos que es ésa la estrategia general del libro: inferir una historia, y sucesivamente un ritmo que la explique, a partir del análisis de una serie de "mitos". En este sentido, el libro procede empíricamente, a partir de lo más inmediato, para entonces razonar fenomenológicamente, en el sentido estricto que tiene el término filosófico *fenomenología:* una teoría de las apariencias. Resumiendo un primer estadio de comprensión del libro, se diría entonces, que *El laberinto de la soledad* quiere interpretar el ritmo de la historia de México partiendo de las apariencias de una serie de "mitos" nacionales.

Si hago hincapié sobre esta estructura es porque el libro mismo no lo hace. Al contrario de un tratado académico, por ejemplo, cuya coherencia retórica requiere la anticipación explícita de sus propósitos, su método y sus alcances, *El laberinto de la soledad* es reticente acerca de sus procedimientos. En esto, resulta fiel a su especie. Todo ensayo procede intuitiva y experimentalmente; de ahí que difiera de una prueba geométrica, o quizá de un tratado filosófico. Como dice Theodor Adorno, el ensayo "piensa discontinuamente como la realidad es discontinua". A lo cual corresponde otra frase de Ortega y Gasset: el ensayo es "ciencia, menos prueba explícita".[48]

En esa intuición de lo discontinuo —tanto en el lenguaje como en la realidad— reside precisamente la flexibilidad retórica de todo ensayo. Con demasiada frecuencia esa retórica se confunde, por parte de lectores exigentes de un método científico más enfático, con falta de lógica o mera desarticulación. Y en el caso de *El laberinto de la soledad* no han faltado lectores que encuentran su lectura ya de por sí, por así decirlo, "laberíntica", pues ante todo se trata, como dice el autor en el primer capítulo, de "una respuesta personal a una pregunta personal" (p. 156). Por eso, cuando Emmanuel Carballo tilda el libro de "impreciso, sinuoso y relampagueante", esa denuncia delata más una incomprensión del género del ensayo que del libro de Paz.

Que el libro se propone desentrañar los "mitos" de México, interpretar de ahí su historia y sacar en claro cuál es su ritmo vital no es, por tanto, algo que el lector puede derivar explícita o fácilmente del primer capítulo. Esto, a pesar de que sí se indica, a partir del tercer párrafo, que el libro trata sobre "la preocupación por el sentido de las singularidades de mi país" (p. 144); a partir del quinto, que el objeto de las reflexiones del autor es aquellos "que tienen conciencia de su ser en tanto que mexicanos" (pp. 145-146); y a partir del sexto, que el autor intentará explicar "algunos rasgos del mexicano de nuestros días" (p. 147). Bien miradas, cada una de estas fases constituyen claras, si bien moduladas, proposiciones sobre el razonamiento a seguir en el libro. Sólo que el carácter enfático que esperaríamos de ellas en otro contexto —el filosófico, digamos por caso— aparece reducido a consecuencia de su subordinación a la subjetividad que las

---

[48] Tomo estas dos citas de José Miguel Oviedo, "Introducción" a *Breve historia del ensayo hispanoamericano*, especialmente las pp. 11-20, el más claro e informado estudio que conozco sobre el tema; sobre el ensayismo de Paz, véase pp. 111-118 [Cátedra, Madrid, 1995].

enuncia: el *yo* del autor. Esa subjetividad resulta, en última instancia, un arma de doble filo. Por un lado, refuerza el poder de persuasión del texto de *El laberinto de la soledad,* pues la humanización del punto de vista despierta simpatía en el lector: la lectura de este libro nunca pierde de vista que hay un ser humano, una voz, hablándole a otros. Por otro lado, sin embargo, la virtualidad de su procedimiento hace equívocos, o menos explícitos, muchos de sus planteamientos: la lectura de este libro no anticipa, a ciencia cierta, los pasos a seguir en la meditación.

La virtualidad que funciona en el nivel retórico tiene otros alcances de tipo conceptual. Aunque el autor nunca lo dice abiertamente, es evidente que el análisis del "pachuco" —paradigma de buena parte del libro— en el primer capítulo se hace sobre un modelo de inspiración primordialmente psicoanalítica. El pachuco, como "uno de los extremos a que puede llegar el mexicano", se caracteriza por su carácter conflictivo: "siente vergüenza de su origen", se mueve con "aire furtivo e inquieto", y si "no quiere volver a su origen mexicano; tampoco —al menos en apariencia— desea fundirse a la vida norteamericana" (p. 148). El emblema de ese conflicto es el ropaje distintivo de los pachucos, que "los aísla y los distingue [...] esa misma ropa constituye un homenaje a la sociedad que pretenden negar" (p. 151). A su vez, el conflicto, cúmulo de "representaciones contradictorias" (p. 152), inevitablemente estalla en la violencia. La premisa de este análisis, por tanto, es que el pachuco revela síntomas *neuróticos,* en el preciso sentido freudiano de un "ego enfermo que ha perdido su unidad" y que vive atravesado por "deseos contradictorios y opuestos".[49] El conflicto es, en efecto, la enfermedad, la neurosis. A su vez, la agresividad del sujeto significa no sólo la existencia de un conflicto sino la necesidad de expresarlo. En la perspectiva psicoanalítica —sobre todo la de filiación freudiana— el conflicto central ocurre siempre entre instintos y represión, entre biología y cultura.

[49] Mi acercamiento de Freud al ensayo de Paz, en éste y otros pasajes, se basa principalmente en las ideas de Phillip Rieff, *Freud: The Mind of the Moralist,* University of Chicago Press, Chicago, 1979. Son sugestivos los comentarios de Thomas Merrall en su notable ensayo "Octavio Paz y el sicoanálisis de la historia", *Cuadernos Americanos,* año 27, núm. 1, enero-febrero de 1968, pp. 97-114.

Por otra parte, la meditación sobre el pachuco no describe un caso aislado, sino que constituye un microcosmos; el modelo reducido del mexicano moderno en general: "el mexicano se presenta ante los demás" con reserva, sus "fuerzas reprimidas rompen esa máscara impasible", por lo cual "nuestra soledad aumenta porque no buscamos a nuestros compatriotas" (p. 154). Por último, la rebelión y violencia del pachuco es una manera —irracional y autodestructiva, pero de todos modos elocuente— de expresar el deseo de reintegrarse a la sociedad que lo rechaza: "el ciclo, que empieza con la provocación, se cierra: ya está listo para la redención, para el ingreso a la sociedad que lo rechazaba" (p. 152). Si no entendemos que Paz interpreta la agonía del pachuco como un deseo de reintegración a la sociedad que lo rechaza (en este caso, la estadunidense) perdemos de vista dos aspectos importantes de su argumento: primero, el carácter prototípico de esta figura en relación con el mexicano en general. Como el pachuco, el mexicano también desea, y no logra del todo reintegrarse a su comunidad. Segundo, que Paz intuye al pachuco, en el fondo, como una prefiguración de lo que más tarde se conocerá como el "chicano" —el estadunidense de origen mexicano. Es cierto que, con los años, Paz ha cambiado sus ideas sobre el mexicano-norteamericano y, más allá de ese grupo particular, sobre los "hispanos de los Estados Unidos" —para citar el título de uno de los textos recientes que recoge esta edición [de 1988]. La meditación de estas páginas ha sido, de hecho, una de las más discutidas del libro, sobre todo entre intelectuales y artistas chicanos, y ha dado lugar a no pocos malentendidos.[50]

[50] Véase, sobre todo, la entrevista con José de Armas, *De Colores*, vol. 2, núm. 2, 1975, pp. 11-21. Es extensa y rica la bibliografía sobre las relaciones entre Paz, y sobre todo *El laberinto de la soledad*, y el movimiento chicano. Véase entre otros Arturo Madrid-Barela, "In Search of the Authentic Pachuco: An Interpretive Essay", en Renato Rosaldo *et al.* (eds.), *Chicano: The Evolution of a People*, Krieger, Malabar, 1982, pp. 202-219; Lauro Flores, "Dualidad del pachuco", *Revista Chicano-Riqueña*, año 6, núm. 4, 1978, pp. 51-58; Luis Leal, "Octavio Paz and the Chicano", *Latin American Literary Review*, vol. 5, núm. 10, primavera-verano de 1977, pp. 115-123; Don Porath, "Chicanos and Existentialism", *De Colores*, vol. 1, núm. 2, primavera de 1974, pp. 6-30; Carlos Monsiváis, "Éste es el pachuco, un sujeto singular", en Salvador Leal, (ed.), *A través de la frontera*, Centro de Estudios Económicos y Sociales del Tercer Mundo/Instituto de Investigaciones Estéticas, UNAM, México, 1983, pp. 83-90; Juan Bruce-Novoa, "Chicanos in Mexican Literature", en Renate von Bardeleben *et al.*, (eds.), *Missions in Conflict: Essays on U. S.-Mexican Relations and Chicano Culture*, Gunter Narr Verlag,

En todo caso, la premisa de todo el análisis —la virtualidad sobre la que descansa la meditación inicial del libro— es precisamente uno de los conceptos clave de Freud: el carácter normal se entiende a través de la neurosis; la salud a través de la enfermedad. Ya en el capítulo IV, después de haber analizado la persistencia de una serie de mitos nacionales, el autor se pregunta: "¿Y no es extraordinario que, desaparecidas las causas, persistan los efectos? ¿Y que los efectos oculten a las causas?" (p. 210). Pero no será hasta el capítulo VII —toda vez que se haya abordado la meditación propiamente histórica del libro— que se dará a entender que ésa ha sido, en efecto, la estrategia:

> Los conflictos examinados en el curso de este ensayo habían permanecido hasta hace poco ocultos, recubiertos por formas e ideas extrañas, que si bien habían servido para justificarnos, también nos impidieron manifestarnos y manifestar la índole de nuestra querella interior. Nuestra situación era semejante a la del neurótico, para quien los principios morales y las ideas abstractas no tienen más función práctica que la defensa de su intimidad, complicado sistema con el que se engaña, y engaña a los demás, acerca del verdadero significado de sus inclinaciones y la índole de sus conflictos. Pero en el momento en que éstos aparecen a plena luz y tal cual son, el enfermo debe afrontarlos y resolverlos por sí mismo. Algo parecido nos ocurre [pp. 314-315].

La observación, por tanto, se basa en la analogía que opera a lo largo de todo el libro: la historia de México es como la biografía de un sujeto clínico; sus conflictos históricos se pueden resolver, o al menos entender, a base del análisis debido. Años después, en *Postdata*, el sentido del modelo psicoanalítico será aún más enfático: "la persistencia de traumas y estructuras psíquicas infantiles en la vida adulta

Tubinga, 1986, pp. 55-64; Rubén Medina, "Del pachuco al hispano: Octavio Paz ataca de nuevo", *Crítica* (La Jolla, Ca.), vol. 2, núm. 1, primavera de 1988, pp. 69-78; Marcos Sánchez-Tranquilino, "Mano a mano: An Essay on the Representation of the Zoot Suit and its Misrepresentation by Octavio Paz", *Journal: A Contemporary Art Magazine*, Los Angeles Institute of Contemporary Art, invierno de 1987, pp. 34-42. Sobre el pachuco y el chicano véase, además del libro de Mazón y la bibliografía ahí adjunta (pp. 151-156), el interesante catálogo de exhibición de Dan Luckenbill, *The Pachuco Era. Catalog of An Exhibit, University Research Library September-December 1990*, University Research Library, Department of Special Collection, University of California, Los Ángeles, 1990.

es el equivalente de la permanencia de ciertas estructuras históricas en las sociedades".

Ya veremos más adelante que la "neurosis" a la que se refiere aquí es sólo una variante de un fenómeno más generalizado. Por eso habría que advertir que si bien el psicoanálisis es sólo una de las varias fuentes importantes de *El laberinto de la soledad,* su marca será indeleble. En su importante entrevista con Claude Fell, un cuarto de siglo después de haber publicado el libro, Paz señalaría en efecto que allí había intentado "una descripción [...] del mundo de represiones, recuerdos, apetitos y sueños que ha sido y es México" (p. 421). Entre sus fuentes mencionaría, asimismo, "el estudio de Freud sobre el monoteísmo judaico *(Moisés y el monoteísmo)",* y agregaría que la "crítica moral" que intenta el libro es una "autorrevelación de lo que escondemos y, como lo enseña Freud, curación [...] relativa" (p. 421). Parece claro, por lo demás, que al abrir con un marco psicoanalítico, el libro también aludía polémicamente a *El perfil del hombre y la cultura en México* (1934), de Samuel Ramos, el último y más célebre de los libros en México que había intentado utilizar conceptos psicoanalíticos con semejantes propósitos, y cuya pieza de resistencia había sido el famoso capítulo III sobre el "pelado", el pícaro violento de la ciudad.[51]

Varias son, por cierto, las referencias en el primer capítulo de Paz a Ramos y a su libro. En el tercer párrafo, por ejemplo, discrepa con su opinión de que "el sentimiento de inferioridad influye en nuestra predilección por el análisis y que la escasez de nuestras creaciones se explica [...] por una instintiva desconfianza acerca de nuestras capacidades" (p. 145). Poco después, lo vuelve a evocar como inevitable marco de referencia ante la sensación de diferencia cultural del mexicano una vez que cruza la frontera con los Estados Unidos. Y, por último, vuelve a aludir a Ramos para subrayar su desacuerdo prin-

[51] Sobre este tema son sugerentes los comentarios de Roger Bartra en su *La jaula de la melancolía. Identidad y metamorfosis del mexicano,* Grijalbo, México, 1987, especialmente las pp. 51-58. El título de Bartra es una parodia explícita del de Paz, cuyo libro también estudia. Otras lecturas valiosas sobre Ramos son las de Patrick Romanell, "Samuel Ramos on the Philosophy of Mexican Culture: Ortega and Unamuno in Mexico", *Latin American Research Review,* vol. 10, núm. 3 (otoño de 1975), pp. 81-102; y Henry C. Schmidt, *The Roots of 'Lo Mexicano': Self and Society in Mexican Thought (1900-1934),* Texas A & M University Press, College Station, 1978.

cipal: "más vasta y profunda que el sentimiento de inferioridad, yace la soledad. Es imposible identificar ambas actitudes: sentirse solo no es sentirse inferior, sino distinto. El sentimiento de soledad, por otra parte, no es una ilusión [...] sino la expresión de un hecho real: somos, de verdad, distintos. Y, de verdad, estamos solos" (p. 154).

Tanto el "pelado" como el "pachuco" representan, a su vez, variaciones del "héroe agachado", atávico *prototipo* —en el preciso sentido psicoanalítico de un "antecedente traumático y prefigurativo"— que, según ambos autores y siguiendo una venerable tradición intelectual en México, reside en el interior de todo mexicano.[52] La premisa, moral y psicoanalítica, de toda esa tradición es que el prototipo, producto imaginario de un trauma histórico, se repite en el presente del sujeto, y que es sólo por medio del análisis de ese ancestro, y la conciencia de ahí derivada, que nos liberaremos de sus taras o defectos. Todo psicoanálisis busca, en efecto, liberar al sujeto de su historia, de su memoria; de ahí que adquirir conciencia de un prototipo como el "agachado" signifique liberarse de éste. Un argumento análogo subyace, como veremos, al análisis de los otros "mitos" nacionales.

Con Fell, Paz había subrayado, por lo demás, la diferencia entre sus propósitos y los de Ramos: "Él se detiene en la psicología; en mi caso, la psicología no es sino un camino para llegar a la crítica moral e histórica" (p. 421). Como juicio, la observación es sugerente pero parcial. Bien mirada, la perspectiva de Ramos no era enteramente psicologista y en su libro intentó, bien que mal, una suerte de análisis moral e histórico de la sociedad en que vivía. En cambio, la observación de Paz sí sirve para señalar que no es precisamente en el ámbito de las intenciones donde residen sus diferencias de enfoque con las de Ra-

---

[52] Los precursores tanto de Ramos como de Paz son, en este sentido, dos: Ezequiel Chávez, "Ensayo sobre los rasgos distintivos de la sensibilidad como factor del carácter mexicano", *Revista Positiva*, vol. I, núm. 3, 10 de marzo de 1901, pp. 81-99; y Julio Guerrero, *La génesis del crimen en México. Estudio de psiquiatría social*, Viuda de Ch. Bouret, México, 1901. Sobre el tema de los "agachados" precisamente versó una de las columnas de *Novedades* de Paz: "De los agachados y otros extremos", *Primeras letras*, pp. 377-379, donde leemos: "Son los pobres, los que se agachan para comer, los que se agachan para vivir, los verdaderos 'gachos', no sólo de las orejas sino del alma [...] los 'agachados', pisoteados por los poderosos, han perdido la rebeldía y la dignidad pero conservan intacto su amor a la vida [...] Un número cada vez mayor de mexicanos pertenece a esta especie".

mos. Más cierto es que Paz trabajó con otras y más variadas fuentes —incluso las psicoanalíticas— y desde luego con mucha más capacidad de análisis y soltura retórica: Paz es, sencillamente, más escritor. En la polémica con Carballo, Paz señalaría que la dependencia sobre el modelo de Adler había hecho que Ramos acentuara "la importancia de la voluntad a expensas de realidades psíquicas más hondas, como la sexualidad" (p. *227*). Y sin embargo, no era tanto que Ramos hubiese omitido el tema de la sexualidad —que es, después de todo, uno de los puntos clave en su análisis del "pelado"— cuanto que el modelo voluntarista de Adler prescribía un enfoque sobre el *presente* del sujeto y las presiones psicológicas *actuales* de la sociedad. De ahí la insistencia de Ramos en "complejos" como la "imitación de Europa" que, según él, siguen afligiendo al mexicano, a lo cual se añadía lo que apenas llegan a ser incoherentes apuntes históricos que, desde un punto de vista estrictamente moral, no dejaban de ser admirables. Lo que en última instancia frustró la inquisición de Ramos es que su modelo analítico —la psicología de Adler— era, sin él saberlo, la antítesis de sus buenas intenciones historicistas. Difieren los dos analistas, además, en sus respectivas actitudes sobre la relación de México con las corrientes universales. Ramos veía en la "imitación de Europa" la fuente de un complejo de inferioridad que debería desecharse; Paz considera que esa relación, si bien defectuosa, sigue siendo necesaria. El objeto de análisis de Paz fue, por tanto, diametralmente opuesto al de Ramos: no el presente social sino el *pasado* histórico y su obsesiva y dañina *repetición* en el drama interno del individuo. Si la memoria del prototipo libera, su olvido (o represión) condena a repetirlo.

b) *Del monismo histórico a la alienación*

Es esa diferencia lo que determina la crítica del presente, que encontramos a todo lo largo del libro de Paz y que influye en su perspectiva histórica. La crítica del presente, contrapartida de la valoración del pasado, forma parte de lo que podríamos llamar el *monismo* que subyace a toda la empresa de su análisis. Como modelo de comprensión, todo monismo postula una sustancia unitaria primigenia de la cual a su vez se derivan emanaciones diversas, pero también degradadas, y que pasan a encarnarse en formas (enseguida veremos la justicia de ese término) en la realidad histórica. De ahí la imagen recurrente en el libro del *desprendimiento* (el mexicano quiere "volver al centro de la vida de donde un día fue [...] desprendido" (p. 155) o de la *ruptura* ("cualquier ruptura [...] engendra un sentimiento de soledad)" (p. 200), términos que, si bien evocan teorías contemporáneas como la del "trauma de nacimiento" de Otto Rank o del "estar arrojado" de Heidegger, reflejan más de cerca un monismo que, después de todo, es la base conceptual de estas nociones modernas. Es precisamente ese monismo histórico lo que revela la "extremidad" de los pachucos: "personas que hace mucho tiempo abandonaron su patria, que apenas hablan el idioma de sus antepasados y para quienes esas secretas raíces que atan al hombre con su cultura se han secado casi por completo..." (p. 153). No serán ellos los únicos, por cierto, sino sencillamente, como ya hemos visto, los más alejados física, temporal y moralmente de la "substancia primigenia" y por tanto, los que más dramáticamente encarnan los "síntomas" de esa "enfermedad" generalizada que se llama la *modernidad*. No será por azar, tampoco, que sean los "pachucos" la versión, o Forma, del mexicano que el autor encuentre en su propio presente histórico y que le hacen pensar, "fuera de México", en "muchas de las reflexiones que forman parte de este ensayo" (p. 147). Son ellos los que despiertan la meditación porque será precisamente con ellos que el autor compartirá la soledad del exilio —sólo que, a diferencia de sus semejantes, el autor sí meditará y reflexionará sobre ella.

El monismo histórico que se transparenta en el libro forma parte, a su vez, de la filosofía romántica —influida por Hegel y Schelling, sobre todo, pero cuyas raíces se remontan al neoplatonismo— que subyace a toda la visión del hombre y de la historia de *El laberinto de la soledad* en particular y de la obra de Octavio Paz en general. Es esa concepción romántica la que prescribe dos aspectos fundamentales. Primero, la morfología idealista, la encarnación del Espíritu (el nombre que le da Hegel a lo que hemos llamado "substancia primigenia") en Formas del mundo material. Segundo, y como parte de la misma morfología, el regreso cíclico de ese Espíritu al mismo punto de partida que anuncia la reconciliación consigo mismo. La encarnación en Formas, que el libro describe como sucesivas etapas históricas por las que el mexicano busca insertarse en corrientes universales —Colonia, Independencia, Reforma, Revolución—, son como aquellas "estaciones en el camino", o "Formas de conciencia" *(Gestalten des Bewusstseins)* que en su "Introducción" a *La fenomenología del Espíritu* Hegel describiera como el objetivo de su narración: "el camino del alma, que viaja a través de la secuencia de sus Formas, como estaciones señaladas para ellas por su propia naturaleza para que se purifique como espíritu, alcanzando así, a través de la experiencia de sí misma, el conocimiento de lo que es".[53]

Cuando en el primer capítulo Paz resume el proceso moral y psicológico por el que atraviesa el pachuco cada vez que se rebela como un "ciclo, que empieza con la provocación" para luego cerrarse "listo para la redención, para el ingreso a la sociedad que lo rechazaba" (p. 152), su descripción evoca esta misma imagen. Y cuando en el centro mismo del libro pasa a afirmar que "la historia de México es la de un pueblo que busca una forma que lo exprese" y "la del mexicano es la de un hombre que aspira a la comunión" (pp. 311-312), invoca tanto la primacía de las Formas en la concepción romántica de la historia como el paradigma de la peregrinación circular del Espíritu. En la tradición romántica dicha peregrinación aparece como una teodicea implícita, concepto que, según M. H. Abrams, constituye el meollo conceptual del romanticismo:

> el viaje es un camino espiritual a través del mal y el sufrimiento que se justifica como una manera necesaria para alcanzar el bien mayor; y con frecuencia [...] este proceso se concibe como una caída de la unidad a la división y un conflicto entre contrarios que a su vez lleva al movimiento hacia un nivel más alto de integración.[54]

[53] Traduzco de *Phänomenologie des Geistes,* ed. Johannes Hoffmeister, Meiner, Hamburgo, 1952, pp. 66-67. He revisado mi traducción cotejando otra, en inglés, de J. B. Baillie, *The Phenomenology of Mind,* Harper, Nueva York, 1967, pp. 135-136.
[54] Véase M. H. Abrams, *Natural Supernaturalism. Tradition and Revolution in Romantic Literature,* Norton, Nueva York, 1971, p. 193. El concepto central del estudio de Abrams es el paradigma del "viaje circular" como eje de la imaginación romántica. Frances Chiles, en un trabajo reciente, ha estudiado este paradigma en la obra poética de Paz, pero extrañamente no

Resultaría exagerado afirmar, desde luego, que la fuente primordial (o secreta) de *El laberinto de la soledad* es *La fenomenología del Espíritu*, de Hegel, aun cuando sí se justifica llamar al libro de Paz "hegeliano", en el más amplio sentido de esta palabra. El libro apenas cita a Hegel, por cierto, como tampoco lo haría el propio Paz en la entrevista con Fell, al repasar sus fuentes. De hecho, las "formas" que se invocarán a todo lo largo del libro no se deben enteramente a la tradición idealista, pues no son ni estáticas ni pasivas sino, por el contrario, recipientes activos, moldeados por la experiencia histórica, si bien inauténticos. Por eso, la concepción de las "formas" en el ensayo refleja más bien un cruce entre el idealismo hegeliano y la formatividad kantiana —para Kant, como se sabe, sólo la experiencia era, en efecto, formativa. Asimismo, la fuente de este cruce sería no tanto Hegel como el neokantiano Georg Simmel, sobre todo el Simmel de la *Sociología* (1908), a quien Paz sí mencionará en su entrevista con Fell como uno de "los filósofos alemanes que unos pocos años antes había dado a conocer en nuestra lengua Ortega y Gasset", y a quien él leyó con provecho. A su vez, sin embargo, la influencia de Simmel en el libro será más bien difusa y general, pues las "formas" de Paz tampoco serán (con la posible excepción del "pachuco") los "tipos" sociales que él describe en su conocido tratado —el "aventurero", "el extraño" o "el pordiosero"— sino etapas inauténticas —en el sentido de estaciones en el camino hacia la autenticidad— y que más bien se remontan a la morfología idealista que tuvo en Hegel su más lúcido exponente.[55]

discute *El laberinto de la soledad;* véase *Octavio Paz: The Mythic Dimension,* Peter Lang, Nueva York, 1987. He estudiado este tema en uno de los libros de poemas fundamentales de Paz: *Libertad bajo palabra,* Cátedra, Madrid, 1988, pp. 11-63.

[55] Véase, de Simmel, *Soziologie. Untersuchungen über die Formen der Vergesellschaftung* (1908), cuya traducción española, *Sociología. Estudios sobre las formas de socialización,* publicada en Madrid por *Revista de Occidente,* data de 1927. Es enteramente probable, también, que en la concepción de las "formas", Paz haya consultado a Georges Gurvitch, cuyas *Formas de la sociabilidad. Ensayos de sociología,* en la traducción de Francisco Ayala (Buenos Aires, Losada, 1941) estaba de moda entonces. Sobre el concepto de "forma" en Simmel son recomendables los estudios de P. A. Lawrence, "The Analysis of Forms and Types", en su *Georg Simmel: Sociologist and European* (Barnes and Noble, Nueva York, 1976), y el libro de Rudolph Weingartner, *Experience and Culture: The Philosophy of Georg Simmel* (Wesleyan University Press, Middletown, Ct., 1960). La influencia de la filosofía de la cultura alemana, tal como la propagó Ortega y Gasset en el mundo hispánico a través de su *Revista de Occidente,* está tan diseminada en el libro de Paz que resulta difícil deslindar una línea de otra.

En el fondo, sin embargo —y esto es lo esencial— el hegelianismo del libro es indirecto: proviene no de fuentes filosóficas sino de la poesía romántica alemana —Goethe (cuya teoría de los *Urformen* no podemos olvidar), además de Hölderlin y Novalis— que, remozada del vocabulario del idealismo alemán, fue lectura constante del joven Paz durante los años de formación previos a la escritura de *El laberinto de la soledad*. La mejor clave de esta fuente la da el mismo libro, hacia el final del capítulo VI —toda vez que se ha repasado la sucesión de "formas" históricas— en una discusión sobre la Revolución mexicana: "No es un esquema que un grupo impone a la realidad sino que ésta, como querían los románticos alemanes, se manifiesta y empieza a adquirir forma en varios sitios, encarnando en grupos antagónicos y formas diversas" (p. 292).[56] Basta con repasar los libros de poemas de Paz de esta primera época, como *A la orilla del mundo...* (1942) o *Libertad bajo palabra* (1949), para comprobar esta influencia y confirmar la enorme, casi obsesiva frecuencia con que se invocan las "formas" del mundo en que el poeta intenta reconocerse, así como la estructura circular de la trayectoria espiritual que traza cada una de estas colecciones. Tanto la crónica infeliz de esas "formas" como la circularidad de la búsqueda espiritual del poeta conforman gran parte de lo que se podría llamar la "poética de la soledad" de Octavio Paz durante su primera época, una poética que culmina con la publicación de *El laberinto de la soledad*.[57]

Ya en la primera de las *Vigilias*, el diario poético que Paz escribe a mediados de los años treinta aparece lo que pudiera ser el para-

[56] En reacción a este comentario, Octavio Paz me escribió lo siguiente: "No pensé nunca en las formas como estaciones inauténticas hacia esto o aquello sino como creaciones históricas en las que el impulso, o la idea, logran exteriorizarse y convertirse en expresiones duraderas, en objetos de participación. Por ejemplo, los estilos artísticos, las instituciones jurídicas, alguna idea social, un mito, una religión, etc... Precisamente, lo que me angustiaba en aquella época era que las Formas heredadas se habían vaciado o petrificado y que los mexicanos no habíamos creado otra Forma, la nuestra, que no nos habíamos realizado en una obra colectiva duradera". "Observaciones" en el archivo de Enrico Mario Santí.

[57] Para una discusión lúcida del concepto de "forma" en el romanticismo alemán —en su doble sentido de *Gestalt* (forma) y *Bildung* (formación)— se puede consultar el libro y antología de Philippe Lacoue-Labarthe y Jean-Luc Nancy, *L'Absolu littéraire. Théorie de la littérature du Romantisme allemand*, Seuil, París, 1978. Por lo demás, Carlos H. Magis estudió, con pericia, la presencia de "formas" en la poesía de Paz inmediatamente anterior a 1950, pero no llegó a ver su vinculación con los románticos alemanes; véase *La poesía hermética de Octavio Paz*, El Colegio de México, México, 1978.

digma metafísico que con los años informará el monismo del futuro libro:

> Las formas que hacen visible al dios extraño que alimenta la tierra se me presentan nada más como formas solitarias, y mi alma no goza en ellas; pretendo sumergirme en su dulce y frío torbellino; pero quedo, irreparablemente, extraño, como el aceite del agua. Ésta es la verdadera soledad: sin palabras, estrangulado por un mundo fríamente enemigo. Soledad del mundo inhumano, soledad del planeta hostil, ¿en dónde el placer puro de tocar la sombra de la tierra y respirar el aire que la limita y la ilumina? *(Primeras letras,* p. 63].

Presentes en este pasaje de 1935 están todos los elementos que hemos señalado: la sustancia primigenia (el "dios extraño que alimenta la tierra") y sus emanaciones degradadas ("las formas que hacen visible", "formas solitarias"); pero también, ejemplarmente, el efecto particular que ambas tienen en el sujeto: "irreparablemente, extraño, como el aceite del agua". Lo que en cambio estará ausente —de este pasaje particular de las *Vigilias,* así como de todo el diario poético— es la dimensión histórica, la aportación mayor de *El laberinto de la soledad.* Por último, tampoco se trata en este primer momento, tanto de percibir síntomas necesariamente neuróticos cuanto de interrogar una realidad más amplia: lo que modernamente, a partir de Hegel precisamente, llamamos *alienación* y que en cambio Paz, tanto en su diario poético como en el futuro libro, llamará *soledad.*

La alienación, como se deduce de este pasaje, surge visiblemente de la separación entre el sujeto y las formas que lo rodean. Es una separación *ontológica* que ocurre en el mundo físico porque el sujeto y la naturaleza pertenecen a dos órdenes diferentes: el sujeto es un ser pensante, está consciente. Pero la alienación surge también, tácita o invisiblemente, del acto previo a esta percepción infeliz: la autoconciencia que lleva a tomar la pluma para así reflexionar sobre las causas de ese malestar. En esto, el modelo metafísico de Paz es también fiel a su especie. En Hegel, como se sabe, la alienación es resultado de la "conciencia de sí como naturaleza dividida"; es decir, separación de la naturaleza, pero también separación de sí misma: conciencia de uno mismo como otro. Para analizar esa "conciencia infeliz", Hegel utilizó varios términos —*Entzweiung, Entfremdung, Entäusserung*—, pero fue sobre todo el segundo de éstos, *Entfremdung* (literalmente "alejamiento de sí mismo, aunque generalmente traducido como *alienación)* el que tuvo más fortuna en la tradición filosófica.[58] La conciencia, según Hegel, no puede persistir indefinidamente en el estado de desunión, y por eso tiene que proceder hacia una reconciliación (lo que él llamó *Versohnung),* que es, a un tiempo, una reunión *(Vereignung)* y una apropiación *(Aneignung).* Hegel llamó a la totalidad de este proceso *dialéctica,* la cual en su sistema asume un carácter provisionalmente negativo por el mero hecho de ser un proceso autoconsciente, y lógica y sucesivamente adquiere un cariz positivo en camino a la reconciliación. Después de Hegel, Marx, como también se sabe, volvió a formular la alienación vaciándola de contenido espiritual y metafísico (o como Marx la llamó, "abstracto") para interesarse en lo que a su juicio era su aspecto "humano" o "concreto": la separación del hombre de su cultura y su trabajo, sobre todo la clase económica a la que pertenece y los modos de producción. En Freud, en cambio, la alienación se vuelve enfermedad, lo que él justamente llama *neurosis,* como resultado de la represión de los deseos y sentimientos del sujeto, desconexión que lo lleva a sentirse *otro* en vez de lo que verdaderamente es. Asimismo, en la tradición existencialista —desde Kierkegaard y Nietzsche hasta Heidegger y Sartre— la alienación adquiere un cariz moral y psicológico y significa cualquier forma de inautenticidad: el sujeto desconectado de sus propios valores y principios.

Al escoger el término *soledad* por encima del de *alienación,* Paz recoge, por tanto, toda esta tradición filosófica pero también la critica: soledad es la *imagen* concreta del *concepto* abstracto alienación. Mientras que la alienación se piensa, la soledad se siente o, mejor dicho, se padece. Además, la soledad, como la alienación, nos ocurre a todos; pero a diferencia de ésta, le ocurre *a una persona en particular.* Por eso, nombrar la "conciencia infeliz" a base de la *soledad* significa apropiarme de una emoción mía, que reconozco por particular. De ahí la

---

[58] Para una discusión completa del concepto de alienación y amplia bibliografía, véase la entrada pertinente en el *Diccionario de Filosofía* de José Ferrater Mora, Alianza, Madrid, 1982, tomo I, pp. 97-99.

primera oración del libro: "A todos, en algún momento, se nos ha revelado nuestra existencia como algo particular, intransferible y precioso" (p. 143). Oración que recoge a su vez otra de 1941: "Universalidad no quiere decir 'hablar para todos', sino para cada uno, para la intimidad de cada quien" *(Primeras letras,* p. 259).

Son muchas, en efecto, las definiciones de la soledad a lo largo del libro: "sentirse solo no es sentirse inferior, sino distinto" (p. 154); "el mexicano no quiere o no se atreve a ser él mismo" (p. 210); "la soledad, fondo de donde brota la angustia, empezó el día en que nos desprendimos del ámbito materno y caímos en un mundo extraño y hostil" (p. 218); "vivir es separarnos del que fuimos para internarnos en el que vamos a ser, futuro extraño siempre. La soledad es el fondo último de la condición humana" (p. 341). Al mismo tiempo, sin embargo, la tesis central del libro es que cada pueblo, cada individuo, tiene su manera particular de padecer la soledad y, sobre todo, de expresarla. La importancia de esta tesis reside en que reconoce la particularidad del fenómeno de la soledad, pero también su universalidad. El "a todos" de la primera oración del libro es un "yo", pero también es un "nosotros" y un "ellos". De ahí que al principio del libro se afirme que "todo está lejos del mexicano, todo le es extraño" (p. 195), pero hacia el final —una vez que se hayan analizado los llamados "mitos" de la primera parte del libro— se llegue a la conclusión de que "esta enajenación —más que nuestras particularidades— constituye nuestra manera propia de ser", ya que "se trata de una situación universal, compartida por todos los hombres" (p. 317).

Es difícil exagerar la importancia de esta tesis, que alcanza y envuelve el resto de las llamadas particularidades del mexicano: si bien éstas constituyen una propia manera de ser, no cumplen funciones diferentes a las que encontramos en otros pueblos. Cuando Paz le escribe a Reyes que había escrito *El laberinto de la soledad* "para liberarme de esa enfermedad que sería grotesca si no fuera peligrosa", es precisamente a este deseo de arrebatar la máscara nacionalista a la que sin duda se refiere. "La mexicanidad será una máscara que, al caer, dejará ver al fin al hombre" (p. 318) resumirá en esos mismos términos al final del capítulo VII. Por eso, al análisis de cada "mito" o costumbre que aparece en la primera parte se añadirá lo que podríamos llamar una "frase bisagra", una coda que tiene el doble efecto de universalizar los rasgos del mito analizado y anular cualquier posible peculiaridad en la variante mexicana. Así como la soledad del pachuco, por ejemplo, se explica como parte de "los grandes mitos humanos relativos a la especie" y que revela "la convicción de que el orden del Universo ha sido roto o violado por el hombre" (p. 161), así también la "máscara" hipócrita atribuida al mexicano no tiene nada de particular, puesto que "en todos los tiempos y en todos los climas las relaciones humanas —y especialmente las amorosas— corren el riesgo de volverse equívocas. Narcisismo y masoquismo no son tendencias exclusivas del mexicano" (p. 177). En suma, el sentimiento de culpa y la soledad que engendra no son, en este sentido, ni una invención ni una maldición de México: "Estos sentimientos son comunes a todos los hombres y no hay en ellos nada que sea exclusivamente mexicano", por lo cual ya "no se trata de repetir una descripción que ya ha sido hecha muchas veces, sino de aislar algunos rasgos y emociones que iluminan con una luz particular la condición universal del hombre" (p. 218). Años después, en su entrevista con Fell, Paz precisará que "el hombre, por el hecho de ser hombre es un enajenado", puesto que "la enajenación consiste, fundamentalmente, en ser otro dentro de uno mismo. Esa enajenación es el fondo de la naturaleza humana y no de la sociedad de clases". "Estoy más cerca —resumirá entonces— de Nietzsche y de Freud que de Marx y Rousseau. Todas las civilizaciones son civilizaciones de la enajenación y todos los civilizados se rebelan contra la enajenación" (p. 442).

c) *Amor y muerte*

Es a partir de esta concepción universal de la soledad, por tanto, como podemos comprender el sentido último del análisis de los "mitos" de los capítulos II a IV. Si nos dejáramos llevar por la pericia con la que Paz los describe —la máscara y el "ninguneo", el nihilismo y la fiesta, la Malinche y la Virgen de Guadalupe— bien podríamos pensar que su propósito es meramente folklórico. En cambio, una reacción opuesta, que atendiera únicamente al contenido del análisis de esos mitos, nos llevaría a juzgarlo como una condena de cierta cultura de México. Esta última es la reacción que reflejan comentarios como los de Hernández Luna, y Ramos, y es el sentido de una de las anécdotas que Paz recuerda en su conversación con Fell: "Un poeta me dijo algo divertido: que yo había escrito una elegante mentada de madre contra los mexicanos" (p. 419). Esa pericia forma parte, sin embargo, de la retórica literaria del libro y constituye, por eso, otra arma de doble filo. Por un lado, con ella se dramatizan muy de cerca todos aquellos rasgos cotidianos del mexicano que revelan la persistencia de esos mitos y costumbres en su vida diaria. A Paz le interesa mostrar, sobre todo, la naturalidad con que el pueblo convive con estas particularidades *manifiestas* o patentes hasta el punto de convertirlas en parte de su naturaleza, su "identidad". Por otro lado, sin embargo, intenta también mostrar, con el mismo análisis, la "extrañeza" de esas mismas costumbres, toda vez que se ilustra su contenido *latente* —ese que a Claude Fell le describió como "realidad escondida y que hace daño". Así, a la vez que exalta, por medio de la descripción en una, también critica, por medio del análisis, en otra.

Si he subrayado dos adjetivos en el párrafo anterior, es porque, fiel a su reticencia ensayística, el libro mismo no hace explícito ese binomio *manifiesto-latente* sobre el que gira gran parte del análisis de la primera parte. Y, sin embargo, ese binomio determina no sólo el análisis de los primeros cuatro capítulos sino, como veremos, el vínculo lógico entre las dos partes del libro. El binomio *manifiesto-latente* es, como se sabe, de filiación psicoanalítica, y se relaciona con otro más fundamental: *consciente-inconsciente*. Tanto uno como otro significan que es sólo a través del nivel "superficial" —consciente/manifiesto y literal— como tenemos acceso al otro más "profundo" —inconsciente/latente y por tanto más auténtico. "La tendencia de explicar un nivel de realidad por otro más antiguo e inconsciente —ha escrito Paz en otro contexto—, el régimen social, la vida instintiva, es una herencia de Marx, Nietzsche y Freud."[59]

En efecto, la herencia común de estos tres pensadores es lo que hace años Arnold Hauser llamara la "psicología del destape" *(psy-*

---

[59] Cito de "La excepción de la regla", *Corriente alterna*, Siglo XXI, México, 1967, p. 188.

chology of exposure), y que Paul Ricoeur a su vez bautizó como la "escuela de la sospecha". "Si nos remontamos a la intención que los tres tenían en común —explica este último— encontramos la decisión de ver la totalidad de la conciencia como 'falsa' conciencia [...] todo entendimiento es hermenéutica: a partir de entonces, buscar sentido no es ya explayar la conciencia del sentido, sino *descifrar sus expresiones.*"[60] "Los tres —resume Ricoeur— comienzan con una sospecha acerca de las ilusiones de la conciencia y de ahí pasan a emplear la estrategia del desciframiento" (p. 34). Marx, Nietzsche y Freud comparten, por tanto, una hipótesis general: hay que deshacer la falsificación de la sociedad alienada, cuya conciencia —y por tanto cuyo lenguaje— es falsa y engañosa. Ya sea a causa de intereses de clase, mecanismos de defensa, o hipocresía moral, la realidad no es lo que parece: las apariencias engañan. Si Marx "ataca el problema de las ideologías desde dentro de la alienación económica", dice Ricoeur, Nietzsche en cambio, concentrándose en "el problema del 'valor' —evaluación y transvaluación— busca la clave de la mentira y las máscaras del lado de la 'fuerza' y la 'debilidad' de la voluntad de poder" (p. 34). Freud, por último, entra "en el tema de la falsa conciencia a través de la doble vía de los sueños y los síntomas neuróticos" (p. 34).

No sería exagerado ver la interpretación que realiza *El laberinto de la soledad* como una síntesis de estas tres estrategias de desciframiento. El propósito que los cuatro tienen en común es claro: disolver la alienación a partir de una estrategia de desciframiento, y toma de conciencia, de la realidad latente.

Ya vimos cómo en sus conferencias de 1942 Paz había llamado al mito "cifra de conflictos psíquicos", así como una fuente de sentido que "no nos finge otro mundo", sino que "revela el sentido de éste y nos llama a la vida". Siete años más tarde, en el libro posterior, se especificará el análisis de esos "conflictos psíquicos" con base en un examen de las oposiciones que estructuran los mitos nacionales. Con

---

[60] Hauser introdujo este término en el cuarto y último tomo de su *A Social History of Art*, Vintage Books, Nueva York, 1957-1958; traduzco de Paul Ricoeur, *Freud and Philosophy. An Essay on Interpretation*, Yale University Press, New Haven, 1970, pp. 33-34. En lo sucesivo, la paginación de las citas, que siempre traduzco yo, se incluye entre paréntesis.

mirada psicoanalítica, Paz analiza en el segundo capítulo, por ejemplo, los mecanismos de defensa del mexicano que se expresan en lo que él llama su "amor a la Forma" y sus consecuencias morales: la hipocresía y la simulación. El enfoque sobre las "máscaras" desde este principio tiene el efecto, por un lado, de abrir la discusión al tema psicoanalítico de la autorrepresión, tal como lo sugiere la cita del huapango mexicano que abre el capítulo: "Corazón apasionado, disimula tu tristeza". Por otro lado, sin embargo, alude a la crítica de Nietzsche a los valores sociales inauténticos, tal como lo sugiere el mismo símbolo —la máscara es el emblema nietzscheano por excelencia. Nietzscheano es también el nihilismo del mecanismo conocido en México como "ninguneo" —la negación (imaginaria) de los otros. En un hábil juego de alusiones, Paz relaciona "Ninguno" al "Don Nadie" español: si éste "es funcionario o influyente y tiene una agresiva y engreída manera de no ser", aquél, en cambio, "es silencioso y tímido, resignado" (p. 181). Lo más importante, sin embargo, es que el "ningunador también se ningunea; él es la omisión de alguien" (p. 181).

Gran parte del análisis de Paz propiamente se concentra en el análisis de la oposición entre "lo cerrado y lo abierto", conflicto cifrado en el contenido latente de la manifestación o síntoma que es la máscara. Abrirse —lo cual asocia con la mujer— significa para el mexicano "'rajarse', esto es, permitir que el mundo exterior penetre en su intimidad" (p. 165); pero "el hermetismo" —que se asocia con el macho— "es un recurso de nuestro recelo y desconfianza". Si "el ideal de hombría para otros pueblos consiste en una abierta y agresiva disposición al combate", el mexicano en cambio acentúa "el carácter defensivo, listo a repeler el ataque" (p. 166). Y si al llegar al apéndice no nos sorprende la afirmación de que "nuestras relaciones eróticas están viciadas en su origen, manchadas en su raíz" (p. 344), será porque el segundo capítulo ya habrá analizado el conflicto que concibe el amor "como conquista y como lucha", en el que "no se trata tanto de penetrar la realidad, a través de un cuerpo, como de violarla" (p. 177). Cuando Paz le dice a Fell que en su libro intentó descubrir una "realidad escondida y que hace daño", no hay duda, por tanto, de que tenía en mente este primer y fundamental conflicto en la vida afectiva del mexicano. Según él, ese conflicto condena a ambos sexos a la pobreza de intimidad, la soledad. ¿Reflejará también la intención original de aquella novela erótica o *lawrenciana* que sirvió de primer borrador al ensayo? Como después en efecto ocurre, el proyecto de novela debe haber explorado aquella antigua afirmación del joven poeta que "una nueva vida, una hermosa y limpia vida, rescatará a la mujer de todo esto y tornará claras las relaciones casi sobrenaturales de hombre y mujer, libres de angustia y sombras" *(Primeras letras,* p. 131).

Sin embargo, es sólo en el siguiente capítulo III, "Todos Santos, Día de Muertos", donde se completa el análisis del conflicto entre lo cerrado y lo abierto. Si el mexicano en efecto reprime su vida afectiva, y su trato personal es formulista, cortés y simulado, en cambio su vida colectiva le permite exteriorizarla, expresarla. Para ello Paz analiza la institución de la Fiesta mexicana y encuentra allí un síntoma saludable: "Si en la vida diaria nos ocultamos a nosotros mismos, en el remolino de la Fiesta nos disparamos" (p. 188). Para Paz la Fiesta manifiesta —el juego de palabras es de por sí significativo— menos un conflicto que el olvido o represión de su sentido. México es, en efecto, "un pueblo ritual" y "el arte de la Fiesta, envilecido en todas partes, se conserva intacto entre nosotros" (p. 182). La Fiesta mexicana está "inscrita en la órbita de lo sagrado", pues significa "ante todo el advenimiento de lo insólito", ya que "la rigen reglas especiales, privativas, que la aíslan y hacen un día de excepción. Y con ellas se introduce una lógica, una moral y hasta una economía que frecuentemente contradicen las de todos los días" (p. 186). El propósito del análisis, pues, sería no tanto auscultar un conflicto latente, cuanto de disolver cualquier enajenación hacia el ritual de la Fiesta a base de la recuperación de su sentido reprimido. Paz no explica las razones de esta represión en particular, pero sí da a entender —y en la segunda parte del libro lo confirma— que ese olvido se debe a la progresiva secularización de la modernidad, que ha hecho del "arte de la Fiesta" en México una supervivencia de lo sagrado.

El análisis de Paz alude al de "algunos sociólogos franceses", quienes "consideran a la Fiesta como un gasto ritual" (p. 185). Ninguna de las dos ediciones identifica de nombre a dichos "sociólogos", pero la paráfrasis de sus ideas que Paz incluye, así como sus comentarios pertinentes en la posterior entrevista con Fell, demuestran que se trata de Marcel Mauss, Roger Caillois y Georges Bataille (en particular, su ensayo "La noción de gasto"). De los tres etnógrafos (que no "sociólogos", como los llama Paz, aunque pronto veremos el sentido de este "error"), el que más lo influye es sin duda Caillois y su libro *El hombre y lo sagrado*. El libro, cuya traducción al español por cierto se publica en México justamente en 1942, dedica un capítulo entero a una "teoría de la Fiesta" que Paz aprovechará en su ensayo.[61] Junto a Bataille, Caillois había sido discípulo de Mauss —como éste a su vez lo había sido de Durkheim—, y con todas esas fuentes desarrolla lo que se podría llamar una teoría *económica* del sacrificio que incluye el ritual de la Fiesta.

Ya en sus conferencias de 1942 Paz había citado con admiración *El mito y el hombre*, libro anterior de Caillois donde apenas se mencionaba a la Fiesta como "un exceso permitido" (p. 31) del cual surge el héroe mítico. En su capítulo, Paz alude a la posterior teoría económica de Caillois y dice rechazarla —aunque no será del todo, como veremos. A pesar de considerarla "incompleta", gran parte de su descripción de hecho proviene de la de Caillois, si bien Paz introduce un cambio importante al llamar a la Fiesta "una Revuelta" (p. 187). El cambio del sentido ético por el económico altera la función de la Fiesta de manera que permite analizar cómo, entre los mexicanos, se convierte en un mecanismo de *ex*presión: "Ellas nos liberan, así sea momentáneamente, de todos esos impulsos sin salida y de todas esas materias inflamables que guardamos en nuestro interior" (p. 188). Y dada esta misma función, que compensa por otros defectos de expresión en la manera de ser del mexicano, la sobrecarga emocional del ritual resulta inevitable: "La violencia de nuestros festejos muestra hasta qué punto nuestro hermetismo nos cierra las vías de comunicación con el mundo" (p. 188). El mero hecho de que se conciba la

---

[61] Véase *El hombre y lo sagrado*, traducción de Juan José Domenchina, 1939, FCE, México, 1942, y en particular las pp. 109-145. En lo sucesivo la paginación se incluye entre paréntesis. Consúltese también la bibliografía de Caillois, sobre el tema de la Fiesta, que se incluye en las pp. 183-184.

Fiesta como una "ruptura violenta" demuestra, por tanto, que la tesis *económica* de Caillois se mantiene incólume, si bien modificada dentro de un marco psicoanalítico. La deuda con Caillois se hará evidente, por lo demás, en el "Apéndice", donde otras observaciones confirman su filiación, y sólo en la segunda parte del libro, cuando se analice la Revolución mexicana como Fiesta histórica, se completará su sentido ético de ritual festivo.

Para Paz, la importancia de la sobrecarga emocional de la Fiesta es que se resuelve en el "regreso a un estado original de indiferenciación y libertad" (p. 188). En su estudio Caillois llama a este estado "Caos Primitivo" ("el lugar de todas las metamorfosis, de todos los milagros" [p. 117]), y tanto uno como otro equivalen a lo que Freud a su vez llamaba "el instinto de muerte", lo que en teoría psicoanalítica equivale al *deseo* de muerte, regreso al estado indiferenciado de la materia inerte. No es de extrañar, por eso, que el tema de la muerte sea, en efecto, el vínculo lógico entre ambas partes del capítulo: "si en la Fiesta, la borrachera o la confidencia nos abrimos, lo hacemos con tal violencia que nos desgarramos y acabamos por anularnos" (p. 200). Al igual que en el caso de la Fiesta, el sentido sagrado de la muerte ha sido reprimido u olvidado, represión u olvido que no es síntoma exclusivo del mexicano sino de la modernidad en general. Pues así como el mexicano ha reprimido la doble herencia —cristiana y azteca— del sentido sagrado de la muerte, así también "en el mundo moderno todo funciona como si la muerte no existiera" (p. 192). La indiferencia del mexicano ante la muerte es, por tanto, síntoma de un exacerbado instinto de muerte; de hecho, es lo que lo lleva a construir lo que, en relación con la poesía de Villaurrutia, Paz llamara una vez "cultura de la muerte": "nuestras relaciones con la muerte son íntimas —más íntimas, acaso, que las de cualquier otro pueblo— pero desnudas de significación y desprovistas de erotismo" (p. 195). Para Paz, por último, todo el proceso de represión que a su vez estalla en la Fiesta y se resuelve en el instinto de muerte sugiere la existencia de una culpa inherente. Si el mexicano en efecto se autodestruye es porque quiere castigarse por sentirse culpable de ser. Paz llama a esta culpa la "mancha, no por difusa menos viva, original e imborrable" de un "desprendimiento" o "ruptura" original y que a su vez "engendra un sentimiento de soledad" (p. 200). Llámese soledad u "orfandad" —fiel al monismo que gobierna la concepción histórica del libro, ésta se concibe como una separación de esa "Madre" que es la "substancia primigenia"—, ésta "adquiere un carácter purgativo, purificador", cuyo propósito es la "promesa de comunión" (p. 201) que sin embargo nunca llega a realizarse.

En suma, por tanto, si examinamos de cerca el argumento conjunto de los capítulos II y III, descubrimos la lógica interna que los une. Mientras que el primero analiza las Formas que reprimen al mexicano y lo privan de intimidad —ya sea de los otros o de sí mismo— el segundo analiza el mecanismo ritual que, si bien sublima la represión individual de manera colectiva, en cambio reprime el sentido original de comunión sagrada y se resuelve en el instinto de muerte. Si el primero examina la falta, o defecto, de Amor, el segundo analiza la inevitabilidad, deseo y vacío, de la Muerte. Amor y Muerte, *Eros* y *Thanatos:* los dos instintos primarios que, según Freud, estructuran el conflicto fundamental de la vida humana, son por tanto el tema profundo de estas primeras dos entregas sobre los "mitos" nacionales.

d) *Romance familiar*

Que la primera parte del libro está concebida, entonces, como dos partes lo prueba la sección con que seguidamente abre —los primeros 17 párrafos— el capítulo IV, "Los hijos de la Malinche". Retóricamente se trata de una *recapitulación:* breve resumen e interpretación de lo dicho hasta entonces. Por eso, los antiguos temas del hermetismo, la Fiesta y la muerte vuelven ahora como parte de una meditación más amplia sobre la otredad de otras figuras —los campesinos, la mujer y el obrero urbano— y la alienación moderna. Pasando de la perspectiva psicoanalítica a la marxista, Paz observa cómo al obrero, por ejemplo, "el capitalismo lo despoja de su naturaleza humana [...] trabajador, nombre abstracto, que no designa una tarea determinada, sino una función" (p. 205). Con el propio marxismo, sin embargo, Paz aborda también los problemas de "los regímenes totalitarios" ("países socialistas", se sobreentiende, aunque ahora no los nombre), y los llama un "mundo del terror" que "como el de la producción en serie, es un mundo de cosas, de útiles" (p. 206). Al criticar tanto a un bando ideológico como a otro, el ensayo por tanto condena el mundo moderno en general —que no a una ideología, en particular. Y aunque reconoce en la marginalidad histórica de México una saludable excepción que "se opone a esta concepción del trabajo como esfuerzo impersonal", también resume "las oscilaciones psíquicas" que hasta ahora ha analizado como "rasgos de gente dominada, que teme y finge frente al señor" (p. 208). Al mismo tiempo, Paz aprovecha para poner límites a cualquier determinismo histórico que vería "en el carácter de los mexicanos... un producto de las circunstancias sociales imperantes en nuestro país" y para definir, de paso, la naturaleza dialéctica de su propia investigación:

> Nuestra actitud ante la vida no está condicionada por los hechos históricos, al menos de la manera rigurosa con que el mundo de la mecánica, la velocidad o la trayectoria de un proyectil se encuentra determinada por un conjunto de factores conocidos. Nuestra actitud vital —que es un factor que nunca acabaremos de conocer totalmente, pues cambio e indeterminación son las únicas constantes de su ser— también es historia [...] La historia no es un mecanismo y las influencias entre los diversos componentes de un hecho histórico son recíprocas, como tantas veces se ha dicho [...] Las circunstancias históricas explican nuestro carácter en la medida en que nuestro carácter también las explica a ellas. Ambas son lo mismo. Por eso toda explicación puramente histórica es insuficiente —lo que no equivale a decir que sea falsa (p. 209).

La explicación histórica —al menos en su versión determinista o "mecánica" que es el tema de estas observaciones— es siempre insuficiente por incompleta. Para completarla hay que acudir a una "metahistoria": la imaginación crítica que interprete *más allá de la historia* —como el mito, por ejemplo, o el inconsciente—; esa misma "interpretación poética de la historia" que el joven poeta había pedido una década antes. Muchos años después se lo describió de otra manera a Claude Fell: "La historia es conocimiento que se sitúa entre la ciencia propiamente dicha y la poesía" (p. 422). Y es la misma imaginación crítica la que le hace observar, seguidamente, que "luchamos con entidades imaginarias, vestigios del pasado o fantasmas engendrados por nosotros mismos", según lo cual concluye que "la historia podrá esclarecer el origen de muchos de nuestros fantasmas pero no los disipará" (p. 211). Más que una querella sobre el determinismo histórico, la observación vale sobre todo como aclaración de los principios que rigen la exposición de *El laberinto de la soledad*: la dialéctica —lo que en el pasaje anterior llama "influencias recíprocas"— entre los "mitos" y costumbres estudiados en la primera parte del libro y la historia, que será el tema de la segunda: "Las circunstancias históricas explican nuestro carácter en la medida que nuestro carácter también las explica a ellas" (p. 209).

Así, pues, si los anteriores capítulos se habían servido de Freud y el psicoanálisis, y la recapitulación del capítulo IV echa mano de la crítica marxista, el resto empezará con un procedimiento caro a Nietzsche: la filología, el análisis de las palabras. Nietzsche —"sobre todo ese libro que se llama *La genealogía de la moral* (le confesó Paz a Fell), me enseñó a ver lo que estaba detrás de palabras como *virtud, bondad, mal*. Fue un guía en la exploración del lenguaje mexicano: si las palabras son máscaras, ¿qué hay detrás de ellas?" (p. 440). Al igual que el síntoma esconde y revela, a un tiempo, un contenido latente, las palabras —y sobre todo las *malas* palabras— reflejan conflictos internos. Paz se concentra en el extraño verbo *chingar* y en sus derivados para descifrar el sentido del grito "¡Viva México, hijos de la Chingada!", oído proverbialmente en México en ocasiones patrióticas. En su análisis (cuyo origen había sido, por cierto, una de las viejas columnas de *Novedades*) revela que el verbo "denota violencia, salir de sí mismo y penetrar por la fuerza en otro", así como "herir, rasgar, violar —cuerpos, almas, objetos—, destruir", y por tanto que "está teñida de sexualidad, pero no es sinónimo del acto sexual", ya que "la idea de violación rige oscuramente todos los significados" (p. 214). La vinculación imaginaria con "la dialéctica de 'lo cerrado' y 'lo abierto'", antes analizada, resulta por tanto evidente: si el macho cerrado "chinga" o viola, la mujer abierta es violada, y el "hijo" o engendro de esa violación es entonces el propio mexicano, a quien el grito condena y celebra, a la vez. De esas figuras la historia mexicana provee ejemplos elocuentes —el estoico Cuauhtémoc, doña Marina y el mestizo mexicano. El análisis de Paz es por tanto filológico en su inicio pero psicoanalítico en sus alcances. Lo atrae tanto la imaginería sexual como el mito familiar —suerte de "romance familiar" mexicano— que el grito sintetiza con tres elementos: el padre violento, la madre humillada, y el hijo angustiado por su origen conflictivo. Tanto el análisis mítico de la familia como la elaboración del mito de Guadalupe cuentan entre las revisiones más importantes que incorpora la segunda edición, y no están exentas, por cierto, de algún que otro punto debatible. Es imposible aceptar, por ejemplo, que doña Marina "se da voluntariamente al Conquistador..." (p. 224), a menos que esa descripción se ofrezca como parte del propio mito de la Chingada.[62] Sea como fuere, lo importante es notar que ésta es la manera en que el ensayo aborda el tema central de la *ilegitimidad:* "la cuestión del origen es el centro secreto de nuestra ansiedad y angustia" (p. 217). De ahí que Paz interprete la tríada familiar como un mito histórico a dos niveles: uno abstracto y el otro concreto. En uno, "si es imposible no advertir la semejanza que guarda la figura del 'macho' con la del conquistador español", en cambio el hijo angustiado —ya sea Cuauhtémoc o Cristo sangrante— es "la imagen transfigurada de su propio destino" (p. 221), mientras que "la Chingada", por último, es la "Conquista, que fue también una violación" (p. 224). En otro, en cambio, el concreto "símbolo de la entrega es doña Malinche, la amante de Cortés" (p. 224), y el engendro de esa unión sería la población mestiza actual. Por último, si el mito de la familia encierra la alegoría histórica de un origen conflictivo, ese conflicto se alía en la imaginación con otro que encierra una profunda ambi-

---

[62] Éste es, en efecto, el planteamiento de Adelaida R. del Castillo, "Malintzin Tenépal: A Preliminary Look into a New Perspective", en *Essays on La Mujer,* ed. Rosaura Sánchez y Rosa Martínez Cruz, UCLA Chicano Studies Center, Los Ángeles, 1977, pp. 124-149. Son muy pertinentes, también, los ensayos de Beth Miller. "Seducción y literatura", en su *Mujeres en la literatura,* Fleischer, México, 1978, pp. 39-45; y Rachel Phillips, "Marina/Malinche: Masks and Shadows", en *Women in Hispanic Literature: Icons and Fallen Idols,* ed. Beth Miller, University of California Press, Berkeley, 1983, pp. 97-114.

valencia: las dos y opuestas representaciones míticas de la Madre, Guadalupe y la Chingada. Si una es la Madre Virgen, la otra es Madre Violada; una es "Madre de los huérfanos", la otra "la Nada". "La extraña permanencia de Cortés y la Malinche en la imaginación y en la sensibilidad de los mexicanos actuales —resume Paz— revela que son algo más que figuras históricas: son símbolos de un conflicto secreto, que aún no hemos resuelto" (p. 233).

Con estas observaciones podemos nosotros, a nuestra vez, recapitular el análisis de la primera parte del libro. Cualquier lector que se tome en serio su meditación no podrá dejar de notar que lo que en la entrevista con Fell el propio Paz llama "la tentativa por describir y comprender ciertos mitos" encierra una redefinición de fenómenos culturales. De hecho, las páginas de la primera parte están repletas de referencias a mitos mesoamericanos, sobre todo aztecas, que complementan gran parte del análisis; pero esos mitos antiguos no son, propiamente, el objeto del ensayo. La máscara, la Fiesta, el culto a la muerte, el grito obsceno, que son los estudiados, no forman, en este sentido, tanto instancias de una mitología cuanto manifestaciones cotidianas de la vida moderna, síntomas hasta cierto punto insólitos de una psique colectiva que muestra la supervivencia de lo sagrado.[63]

---

[63] Semejante aclaración parece imprescindible, dadas algunas malinterpretaciones a las que se ha sometido el libro. Carlos Blanco Aguinaga, en "El laberinto fabricado por Octavio Paz" en su *De mitólogos y novelistas* (Turner, Madrid, 1975, pp. 5-24), se pregunta, por ejemplo, si "¿corresponden a una realidad objetiva y permanente las estereotipadas características de comportamiento mexicano descritas por nuestro poeta?" (p. 12), así como "¿por qué, durante los primeros cuatro capítulos de su laberinto se dedica a la reventa de mitos que no sólo son 'insuficientes', sino 'falsos'?" (p. 23). Lo que es evidente es que el análisis de la primera parte del libro se mueve en el nivel de un discurso mítico, hecho *necesariamente* de estereotipos, y por tanto que son también, de hecho, falsos. El mismo autor acusa a Paz de "hacer 'como que' se enfrenta dialécticamente con la realidad, cuando, en rigor, nos 'disimula' la existencia antagónica de todo 'lo otro', escamoteando así el verdadero proceso dialéctico" (p. 18), pero en cambio reconoce que el análisis de la lucha de clases "Paz lo emplea aquí de vez en cuando muy acertadamente" (p. 22). Además de hacer caso omiso del análisis de la alienación del obrero moderno (pp. 61-62) en la "recapitulación" del capítulo IV, Blanco Aguinaga dice haber manejado sólo la primera edición de 1950 (véase p. 6, n. 3), lo cual le impidió conocer, aún a la altura de la década de los setenta, las revisiones de la segunda edición. Entre éstas figura, como se ha dicho, el análisis dialéctico de la Revolución mexicana del nuevo capítulo VIII.

e) Sociología de lo sagrado

No sería aberrante, por eso, llamar a la "tentativa" de Paz por describir y comprender esos "mitos" una "sociología de lo sagrado" —en el preciso sentido en que Roger Caillois, describiendo la empresa del célebre Colegio de Sociología, que él ayudara a fundar, lo haría en 1938: "el estudio de la existencia social en todas aquellas manifestaciones suyas donde se vislumbra la presencia activa de lo sagrado", proponiéndose así "establecer los puntos de coincidencia entre las tendencias obsesivas fundamentales de la psicología individual y las estructuras directrices que presiden la organización social y rigen sus revoluciones".[64] Resultaría exagerado, desde luego, reducir toda la empresa analítica de *El laberinto de la soledad* (al menos la de su primera parte) a una mera puesta al día de la agenda del Colegio de Sociología. Pero un acercamiento entre los dos no deja de esclarecer varias cosas. Caillois, como hemos visto, es una fuente importante para Paz por lo menos a partir de 1942, toda vez que sus libros empiezan a circular en traducción española avalados por la revista *Sur* de Buenos Aires, de la cual, por cierto, Paz era un asiduo lector y colaborador.[65] La referencia al Colegio de Sociología que Caillois había

[64] Cito de Roger Caillois, "Introducción", recogido en Denis Hollier (ed.), *El Colegio de Sociología 1937-1939*, traducción de Mauro Armiño, Taurus, Madrid, 1979, p. 25. Esta excelente recopilación de los textos del Colegio reúne textos de Bataille, Guastalla, Klossowski, Kojève, Leiris, Lewitzky, Mayer, Paulhan y Wahl, amén de los de Caillois.

[65] *El mito y el hombre*, por ejemplo, fue en efecto publicado en traducción española por la Editorial Sur en 1939, junto con su *Sociología de la novela* apenas tres años después. Otros ensayos de Caillois, entonces exiliado en Buenos Aires, aparecieron en la revista del mismo nombre: por ejemplo, "Naturaleza del hitlerismo", *Sur*, 61, octubre de 1939, pp. 103-107; un extracto del capítulo sobre la Fiesta en *El hombre y lo sagrado*, *Sur*, 64, enero de 1940, pp. 57-83; así como "Exámenes de conciencia", *Sur*, 79, abril de 1941, pp. 102-107. Varias obras de Caillois también se publicaron por ese tiempo en México: *La Communion des forts*, Ediciones Quetzal, México, 1943, y *Ensayos sobre el espíritu de las sectas*, El Colegio de México, México, 1945. Recientemente Paz ha dicho, a propósito de *El mito y el hombre*, que "el libro de Caillois fue para mí un descubrimiento y un reconocimiento... muchos de sus temas eran también míos, aunque él los trataba con mayor claridad y con una perspectiva más amplia... No es extraño que desde mi soledad mexicana hubiese sentido espontánea afinidad no tanto con las ideas como con la actitud de Caillois"; véase "Las piedras legibles de Roger Caillois", *Al paso*, Seix Barral, Barcelona, 1992, p. 59. Para otros textos de Paz sobre Caillois, véase *Obras completas*, tomo 2, pp. 467-470. Sobre la participación de Caillois en las actividades del grupo Sur, son elocuentes los comentarios de la propia Victoria Ocampo, directora de la revista y amiga del escritor; véase su "Roger Caillois y el intercambio cultural", en *Roger Caillois y la Cruz del*

ayudado a fundar en París junto a Georges Bataille en 1937, y de la cual se tendrían noticias en el mundo hispánico a partir de la siguiente década, explicaría el "error" de Paz cuando en el libro describe la obra antropológica de la escuela de Durkheim como de *"sociólogos franceses"* —y esto en medio de una discusión sobre la Fiesta, que, como hemos visto, el propio Caillois ya había analizado por su parte.

El libro de Paz, además, cita a varios de los otros integrantes del Colegio (como Jacques Soustelle), u obras que el Colegio había adoptado como suyas, como *La mentalidad primitiva,* de Lucien Lévy-Bruhl.

Pero el vínculo más importante entre la empresa analítica de Paz y la de ese Colegio ni siquiera serían las lecturas que uno y otro tienen en común (Hegel y Freud, por ejemplo), sino, sobre todo, el surrealismo. Como se sabe, Caillois y Bataille habían participado, de maneras diferentes, en el movimiento surrealista, y ambos fundan el Colegio siete años después de haber roto con André Breton (Bataille, por ejemplo, llegó a firmar el notorio segundo "Un cadavre", de 1930) como una alternativa científica, o al menos más rigurosa, a lo que consideraban la excesiva identificación del surrealismo como actividad artística. Para ello, los miembros del Colegio recurren a las llamadas "ciencias humanas", entre ellas la sociología y sobre todo la versión etnográfica de Durkheim y Mauss, con el propósito de estudiar la dinámica de los procesos culturales. Al mismo tiempo, sin embargo, disentían de una antropología ortodoxa o académica al enfocar sus estudios no sobre sociedades arcaicas —o mal llamadas "primitivas", como habían hecho Durkheim, Mauss o Métraux— sino sobre las sociedades modernas y actuales. Su propósito era estudiar aquellos momentos rituales en los que las experiencias insólitas encuentran expresión colectiva (como, por ejemplo, en la Fiesta). Una convicción común determina ese enfoque: la culpa del desierto de la modernidad la tiene el destierro de lo sagrado y el triunfo de lo profano en la sociedad actual. Por eso, la especulación teórica del Colegio —y, en el caso particular de Bataille, su práctica espiritual— militaba en contra de la alienación moderna y profana, y de manera no muy distinta, por cierto, a como lo había hecho el propio surrea-

Sur, Sur, Buenos Aires, 1972, pp. 9-19; y "Roger Caillois" en su *Testimonios. Segunda Serie, 1937-1940,* Sur, Buenos Aires, 1984, pp. 271-275.

lismo. Por tanto, a pesar de su violenta ruptura con el surrealismo —o tal vez debido precisamente a ella—, la empresa del Colegio significaba una crítica de la secularización de la sociedad moderna y de su consecuente desierto espiritual. Bien mirado, el espíritu de sus investigaciones en torno a la irrupción de lo sagrado en medio de la cotidianidad no fue sino una herencia más de esa operación mágica sobre la realidad, develación de su carácter insólito y maravilloso, que es la piedra angular del surrealismo.[66]

En lo tocante a Paz, es notorio que el autor reflexiona sobre todos estos temas y escribe *El laberinto de la soledad* en París durante una época (1945-1951) en que entra en contacto con el grupo surrealista. Al repasar esos años vimos los muchos contactos entre uno y otro, pero también las diferencias que los separaban. De hecho, cualquier lectura seria del libro debería tomar en cuenta este contexto inmediato y especular sobre la manera en que el surrealismo y su teoría de la cultura lo atraviesa también. Y sin embargo, no sólo no lo han tomado en cuenta los pocos estudios que se han hecho sobre el libro, sino que aquellos otros estudios globales sobre la obra de Paz han visto al libro como una excepción notable a su contexto inmediato. La impresión es que si bien ese contexto dio lugar a connotadas obras surrealistas como *¿Águila o sol?*, el ensayo, en cambio —publicado entre una y otra, pero carente de rasgos surrealistas superficiales, como la escritura automática— tiene poco o no nada que ver con ellas, y que más bien representa un salto regresivo al México de los años de formación del autor.[67] Debido precisamente al carácter analítico

[66] Sobre los vínculos entre el Colegio y el surrealismo, véase Jeannine Worms, *Entretiens avec Roger Caillois* (La Différence, París, 1991, especialmente pp. 95-104), donde Caillois da testimonio de su acercamiento al grupo. También, los testimonios de Michel Leiris", miembro singular del Colegio (Sally Price y Jean Jamin, "A Conversation with Michel Leiris", *Current Anthropology*, vol. 29, núm. 1, febrero de 1988, pp. 157-174); Jean Jamin, "Un Sacré college, ou les apprentis sorciers de la sociologie", *Cahiers Internationaux de Sociologie*, vol. 68, 1980, pp. 5-30; y Jean Duvignaud, "Roger Caillois et l'imaginaire", *Cahiers Internationaux de Sociologie*, vol. LXVI, 1979, pp. 91-96. Para apreciar la posición de Paz en torno al surrealismo en esa época, véase el texto de la conferencia suya de 1954, poco después de regresar a México: "El surrealismo", en *Las peras del olmo*, 1957 (Seix Barral, México, 1971, pp. 136-151).

[67] Una lectura típica es la de Jason Wilson, *Octavio Paz*, Twayne Publishers, Boston, 1986; a pesar de que sitúa la lectura del libro en un capítulo titulado "The Surrealist Years" (pp. 50-57), no explora los vínculos entre esos años y el libro. Y, sin embargo, es esa relación lo que explicaría, a su vez, los vínculos entre *El laberinto de la soledad* y *¿Águila o sol?* (1951), el otro

del libro —o quizás a sus ecos velados de la labor del Colegio—, bien podría suponerse que ello habría servido para distanciar a Paz del grupo surrealista (sobre todo de Breton), y esto a pesar de que su interpretación de la historia de México plantea una crítica de la modernidad muy cercana a la que hace el surrealismo y que concluye, en el "Apéndice", con una defensa del amor. No habría sido ésta, después de todo, lo único que separaba a Paz del grupo. Y sin embargo, a esa diferencia habría que oponer un elemento común más sobresaliente: su peculiar acercamiento a la cultura.

Porque en *El laberinto de la soledad* encontramos en efecto lo que podríamos llamar, con ayuda del antropólogo James Clifford, un *surrealismo etnográfico*: una experiencia *irónica* de la cultura "que ataca lo familiar, provocando así la irrupción de la otredad, de lo inesperado".[68] A diferencia del etnógrafo puro, "quien se esfuerza por hacer comprensible lo extraño", el surrealista "tiende a trabajar al revés, haciendo extraño lo familiar" (p. 119). En su análisis de este fenómeno, que incluye la propia empresa del Colegio de Sociología pero que explora sobre todo los paralelos —tanto en el tiempo como en la práctica— entre el arte de vanguardia del siglo XX y el desarrollo de la etnografía, Clifford identifica un elemento central común: ambos realizan una subversiva crítica cultural. Lo que tienen en común la pintura de un André Masson y la obra de un Marcel Mauss, por ejemplo, es la renovación de la cultura a partir de una reordenación crítica de sus "objetos". En el caso particular del arte de vanguardia —y dentro de él, del surrealista— se trata, como es bien sabido, de una atracción hacia el arte primitivo, que no sólo despliega elementos de lo sagrado sino que constituye una crítica del arte occidental profano.[69] De manera análoga, cuando Paz analiza una costumbre

---

libro sobre México que Paz escribe inmediatamente después, a manera de desciframiento poético de los mitos de México.

[68] Traduzco de James Clifford, "On Ethnographic Surrealism", en su *The Predicament of Culture*, Harvard University Press, Cambridge, Ma., 1988, p. 145. En lo sucesivo, la paginación de las citas, traducidas por mí, se incluyen entre paréntesis.

[69] Sobre este tema los más completos estudios que conozco son los de William Rubin y Evan Maurer en el catálogo de exhibición *"Primitivism" in 20th Century Art. Affinity of the Tribal and the Modern*, Museum of Modern Art, Nueva York (1984, tomo I, pp. 1-73, 535-586), aunque ninguno de los dos puede remplazar, naturalmente, el ensayo clave de André Breton, *Le Surréalisme et la peinture*, Gallimard, París, 1928.

tan cotidiana como la cortesía, una institución tan apreciada como la Fiesta, o un verbo tan manoseado como *chingar* para descubrir ahí un contenido inexplorado —pero no por eso menos dañino— en realidad está efectuando una operación "etnográfico-surrealista", por así decirlo, una crítica de la cultura a base de la desfamiliarización y la reordenación de "objetos" culturales con el propósito de descubrir su contenido latente "sagrado" y así reinvestirlos de sentido y valor. Asimismo, en el "Apéndice" hablará ampliamente acerca de la necesidad de rescatar el elemento sagrado de la vida cotidiana. De la Fiesta, por ejemplo, dirá que "es algo más que una fecha o un aniversario", ya que "abre en dos el tiempo cronométrico para que, por espacio de unas breves horas inconmensurables, el presente eterno se reinstale" (p. 358); así como de otras expresiones de la vida cotidiana: "el amor y la poesía nos revelan, fugaz, este tiempo original" (p. 358), "cada poema que leemos es una recreación, quiero decir, una ceremonia ritual, una Fiesta" (p. 359).

Lo que subyace a toda esta operación analítica —lo que permite la lectura fresca que descubre nuevas e insólitas relaciones— es una nueva concepción de la cultura, no por cierto como entelequia —que es lo que refleja, desde el propio título, el ensayo de Samuel Ramos— sino como *laboratorio* donde se disuelven, entre otras cosas, las jerarquías entre "alta" y "baja" culturas. Por eso en el libro la letra de un huapango aparece al lado de una cita de *La Jeune Parque*: reflexiones sobre los mitos aztecas comparten el mismo espacio con otros sobre la Universidad de Berkeley; y las obscenidades más groseras se juntan a los versos más refinados de Rubén Darío. Todo se vuelve fuente de sentido, todo nos revela, si sólo lo miramos con ojos frescos y *en relación con lo demás*.

Es difícil para el lector de hoy —saturado como está desde los iconos "posmodernos" de un Peter Max, la prosa vernácula de un Carlos Monsiváis, o las ingeniosas construcciones de un Roger Bartra— percatarse enteramente de la innovación que significa este procedimiento. Pero lo cierto es que nunca antes en la prosa hispánica, y pocas veces en la universal —la gran excepción serían justamente, los surrealistas— se había dado como en *El laberinto de la soledad* el fenómeno de un texto que practicase con tanta soltura tal radical heterogeneidad y, *al mismo tiempo,* mantuviese un alto y sostenido rigor analítico. Y es finalmente esa radical heterogeneidad, y no tanto la divergencia de interpretación, lo que debe haber molestado a espíritus conservadores como los de Ramos, Hernández Luna, y Carballo, por mencionar sólo tres de sus críticos más intransigentes.[70]

Por eso, para entender la Forma de *El laberinto de la soledad* —lo que Roland Barthes hubiese llamado su *escritura*— acaso sería útil acudir al propio modelo ideal de trabajo que, según Clifford, utiliza el "surrealista etnográfico": no por cierto la monografía científica, sino el *collage* —género vanguardista por excelencia. En ambos casos, el "analista" —ya sea artista o etnógrafo— recorta, recompone y vuelve a pegar esos elementos en un mismo plano, sólo que dejando visibles todas las costuras sin pretensiones de síntesis. "La etnografía, ciencia del azar cultural —resume Clifford—, presupone una voluntad constante de ser sorprendido, de deshacer cualquier síntesis interpretativa, y de valorar —cuando se halle— lo inclasificado, lo otro no buscado" (pp. 318-319).

---

[70] Hernández Luna observará, por ejemplo, en su notoria reseña, que "ni siquiera es filosófico en un sentido estricto el instrumental que emplea para manejar esta realidad", pues Paz utiliza "hasta 'frases' populares, 'observaciones' de amigos y 'dichos' de criada..." (p. 271). No menos conservador, en este sentido, resulta el estudio de Jorge Aguilar Mora, *La divina pareja: Historia y mito en Octavio Paz* (Era, México, 1978), para quien "situar *El laberinto de la soledad* en el contexto histórico en que se escribió es de alguna manera traicionar los principios mismos que el libro quiere que se respeten" (p. 44). Según esta tesis, el manejo que hace el libro del discurso mítico delataría, así, un deseo de ponerse a salvo de cualquier crítica de sus presupuestos, y por tanto condenaría de antemano su empresa analítica. La propuesta "purista" de Aguilar Mora es en realidad un callejón sin salida, pues se abstiene de cualquier posible debate con el libro —o siquiera de una investigación crítica acerca de sus fuentes, como, por ejemplo, se intenta hacer en la edición de Seix Barral de 1988— a partir de una petición de principio.

Resulta curioso, por lo demás, que, aunque bien lejos (al menos en intención) del "surrealismo etnográfico" que apuntamos, *The Lonely Crowd* (1950), el estudio de David Riesman sobre la soledad del estadunidense que se publica en el mismo año de la primera edición, también utilizara como fuentes de síntomas sociales y psicológicos, como dice su autor, "memorias fugaces, sueños, juegos infantiles, modos de destete, el contenido simbólico de anuncios publicitarios, historietas y películas populares, todo se ha convertido en materia de historia" en un esfuerzo por acortar la distancia entre realidad social y (alienada) teorización científica; traduzco del prefacio de 1961, *The Lonely Crowd*, Yale University Press, New Haven, 1961, p. XXVI.

f) "Collage" y analogía

Tanto un *surrealismo etnográfico* como una *sociología de lo sagrado* serían por tanto los móviles metodológicos que rigen el libro. Y es con ellos que podemos entender, así, otros dos rasgos importantes. Primero, que más allá de cualquier signo negativo que suponga la crítica de los "mitos" nacionales, o siquiera la "terapia" de su descodificación psicoanalítica, la empresa de Paz significa una crítica de la modernidad y un rescate de aquellos estratos sagrados —y por tanto significativos— que sobreviven en esa modernidad marginal que es México. Si en "Poesía de soledad y poesía de comunión" la función del poeta había sido la de "tornar sagrado el mundo", ya que "con la palabra sacramenta la experiencia de los hombres", en *El laberinto de la soledad* esa función se cumple con el uso de la prosa de ideas pero con una análoga intuición poética. Las cartas que Paz escribe durante estos años reflejan esa misma angustia, y serán esos "mitos" que el poeta recuerda y rescata en esos días de exilio los que lo vinculan a él y a su pueblo con la "substancia primigenia", el hilo de Ariadna que podría conducir fuera del "laberinto de la soledad". En este sentido, la anécdota de aquel poeta que recordaba al libro como "una elegante mentada de madre contra los mexicanos" resulta, a lo sumo, una verdad a medias. Si bien el análisis denuncia y condena ciertos mitos y costumbres, es en virtud del mismo análisis que vuelven a investirse de sentido. El efecto final es una defensa de la imaginación mexicana. Pero sólo podemos comprender esta noción conociendo de cerca lo que hemos llamado la segunda parte del libro, que plantea una filosofía de la historia de México. Lo cual nos lleva a nuestro segundo punto: es precisamente partiendo de la noción de *collage*, que según Clifford es el modelo interpretativo del "surrealismo etnográfico", como podremos comprender sus alcances.

Si es cierto, como subraya la recapitulación del capítulo IV, que "las circunstancias históricas explican nuestro carácter en la medida que nuestro carácter también las explica a ellas" (p. 209), entonces no podemos ver la segunda parte del libro ni como una simple deducción de la primera ni tampoco como su única explicación. Si nos dejáramos llevar por el fuerte colorido psicoanalítico de todo el libro, nada resultaría más natural que tomar la interpretación histórica de los capítulos v a viii como el contenido latente del "carácter" manifiesto, o "síntomas", que se nos describe en los anteriores. De esta manera, los últimos capítulos sencillamente contendrían la "explicación" de los "mitos" que se analizan en los primeros. Y sin embargo, como vimos, Paz insiste en un modelo de comprensión menos determinista, más dinámico y dialéctico, por el cual los polos *manifiesto-latente* resultan, por así decirlo, intercambiables. Carácter e historia, síntoma y etiología, se explican *mutuamente*. Ya en los primeros capítulos se anticipan los vínculos entre una y otra partes del libro. En medio de la discusión sobre el "formulismo" mexicano en el capítulo ii, por ejemplo, se discute cómo al "someter la realidad del país a la camisa de fuerza de la Constitución de 1857 (p. 168) los liberales causaron la dictadura de Díaz y la Revolución de 1910, mientras que al final del mismo capítulo se deja caer que "quizá el disimulo nació durante la Colonia" (p. 179). Asimismo, la discusión sobre el instinto de muerte en el capítulo iii está salpicado de referencias al concepto azteca de la muerte, que sirve de contraste. A esta discusión le precede, en el mismo capítulo, la intuición de que "la Fiesta es una Revuelta, en el sentido literal de la palabra" (p. 187), frase que a su vez resonará en la otra del capítulo vi y que la complementa: "la Revolución es una búsqueda de nosotros mismos [...] Y por eso es también una Fiesta: la fiesta de las balas..." (p. 294). Por último, Paz observa en el capítulo vi que "si la Chingada es una representación de la Madre violada, no me parece forzado asociarla a la Conquista, que fue también una violación" (p. 224), pero también que "la Reforma es la gran ruptura con la Madre" (p. 226).

Todas estas descripciones constituyen, desde luego, una interpretación mítico-psicoanalítica de la Historia. El Mito sirve para nombrar la Historia, y también para interpretarla psicoanalíticamente. Pero también significan una aseveración de su reverso: el Mito es, a su vez, histórico; ha encarnado en la vida de México de manera tal que Mito e Historia son, ya, prácticamente indistinguibles. En el "Apéndice", por ejemplo, la idea volverá a ser formulada de otra manera: "el Mito —disfrazado, oculto, escondido— reaparece en casi todos los actos de nuestra vida e interviene decisivamente en nuestra

Historia: nos abre las puertas de la comunión" (p. 360). La intuición general aflora en pasajes clave de la segunda parte. La discusión del colapso del imperio azteca en el capítulo V, que significa "la victoria del instinto de la muerte" (p. 236), hace eco, por ejemplo, de la meditación anterior en el capítulo III, sobre la indiferencia del mexicano moderno hacia la muerte. De manera análoga, el mismo capítulo describe el nuevo imperio español en términos que ya se habían visto en un contexto anterior: "el Estado fundado por los españoles fue un orden abierto" (p. 241); "un mundo suficiente cerrado al exterior pero abierto a lo ultraterreno" (p. 241); "con la llave del bautismo el catolicismo abre las puertas de la sociedad y la convierte en un orden universal, abierto a todos los pobladores"; "mundo abierto a la participación y, por lo tanto, orden cultural vivo, sí, pero implacablemente cerrado a toda expresión personal, a toda aventura" (p. 258). Y así como "la Fiesta es una Revuelta, en el sentido literal de la palabra" (p. 187), así también la Revolución es "una fiesta [...] un exceso y un gasto" (p. 294).

Pero es sin duda el concepto de Forma, los detalles de cuya filiación ya estudiamos, el que capta con mayor precisión este procedimiento. El concepto de Forma aparece en ambas partes del libro, sólo que tendrá objetos diferentes en una y en otra. En el capítulo II, por ejemplo, la Forma es sinónimo de la autorrepresión, y por tanto describe un rasgo de carácter individual, como la simulación; en la segunda parte, en cambio, la Forma será sinónimo de lo que antes llamamos "substancia primigenia", ente metafísico al cual corresponden, en el mundo histórico, las sucesivas corrientes universales —Conquista, Colonia, Independencia, Reforma, Porfirismo, Revolución— a las que el mexicano ha apelado. Todas son versiones o formas históricas de la idea (espiritual o metafísica, de filiación platónica o hegeliana) de la Forma. "Toda la historia de México, desde la Conquista hasta la Revolución —resume el capítulo VII— puede verse como una búsqueda de nosotros mismos, deformados o enmascarados por instituciones extrañas y de una Forma que nos exprese" (pp. 311-312).

En efecto, la maleabilidad con que el ensayo maneja un concepto como éste de Forma —que de rasgo de carácter pasa a ser una categoría metafísica o histórica— ilustra, asimismo, los avatares de otro concepto que ya mencionamos: el binomio *cerrado-abierto*. Si en la primera parte (capítulo II) nombra otro rasgo de carácter —distribuido según afinidad sexual, o al menos genérica— en la segunda (según vimos en las anteriores citas del capítulo V) es una categoría metahistórica. En cambio, en el caso particular de este binomio, la fuente de su descripción no será Freud sino Bergson, y en particular *Las dos fuentes de la moral y de la religión* (1932). En ese libro, como se sabe, Bergson planteó por primera vez el concepto de sociedades cerradas y abiertas, a las que les atribuyera respectivos tipos de moral y religión. Así, la sociedad cerrada es natural, comparable a agrupaciones animales instintivas, donde predomina la presión como forma moral y una religión estática; mientras que la sociedad abierta es culta, humana y libre, donde predomina la trascendencia continua y una religión dinámica. La interpretación de Paz, como vimos, es que la sociedad colonial de Nueva España —origen del México actual— estuvo atravesada por un conflicto entre estos dos tipos de moral: abierta al orden universal pero cerrada en sus creaciones. "El fervor y la profundidad de la religiosidad mexicana contrasta con la relativa pobreza de sus creaciones [...] Esta situación paradójica —y no por eso menos real— explica buena parte de nuestra historia y es el origen de muchos de nuestros conflictos psíquicos" (p. 241).

No hay duda, por consiguiente, de que el libro mismo establece relaciones entre sus dos partes. Pero lo que ante todo interesa subrayar es que esas relaciones no se hacen ni explícitas ni enfáticas —como si en efecto se procediese ante la heterogeneidad de objetos yuxtapuestos en un *collage*. Si ambas partes del libro utilizan el mismo vocabulario, a veces el mismo término —aun cuando, como hemos visto, sufran una radical alteración conceptual—, la relación entre ellas no tanto se atribuye como que se *insinúa*. No es tanto que una sirva de explicación a la otra como que ambas son su mutuo complemento. De ahí que la (mutua) explicación se trace y se plantee, pero nunca se articule o inflexione. Aunque se da a entender, en ningún momento se alega, por ejemplo, que la "dialéctica de lo cerrado y lo abierto", que según el capítulo II predomina entre mexicanos modernos, se debe al conflicto entre los dos conceptos de sociedad que conforma a Nueva España y que se explica en el capítulo v. Igualmente, nunca se atribuye explícitamente la existencia de un rasgo de carácter como la cortesía o la "reserva ceremoniosa" al fracaso del mexicano ante la búsqueda de "una Forma que le exprese" (p. 311). Esa reticencia del ensayo ante cualquier atribución enfática forma parte de los principios dialécticos del libro y no puede reducirse, por cierto, a un rasgo estilístico más del género del ensayo. Articular las relaciones únicamente en favor del Carácter significaría limitarse a una "filosofía de lo mexicano", mientras que favorecer sólo la Historia equivaldría a repetir la misma alienación histórica que se denuncia. En cambio, al señalarse la existencia de ambos fenómenos —junto a sus afinidades— sí se da a entender que tanto esa "dialéctica" como ese "formalismo" tienen una *posible* explicación en ciertos acontecimientos históricos. También *viceversa:* que esos rasgos de carácter bien *pueden* haber sido los causantes de esos acontecimientos históricos. Así, una parte del libro es el espejo de la otra. Pero sus reflejos no son necesaria o completamente fieles. Si la filosofía de la Historia complementa la fenomenología del Carácter, ésta nunca se reduce a aquélla. La una, en cambio, es la *analogía* de la otra: aunque no sean idénticos, el Carácter es *como* la Historia, la Historia *como* el Carácter. La existencia de esa relación analógica demuestra, por tanto, que la interpretación del libro es, en el fondo —y más allá de cualquier inspiración (psico)analítica— de índole *poética*. No es una prueba sino una analogía.

Se trata, por tanto, de una lectura de la Historia según principios analógicos, no según una lógica determinista, científica, o estrictamente racionalista. "La analogía —escribirá Paz muchos años después, en un ensayo sobre la poesía moderna— vuelve habitable al mundo. A la contingencia natural y al accidente opone la regularidad; a la diferencia y la excepción, la semejanza."[71] Su propósito, por tanto, es encontrar no la lógica, sino el *ritmo* de la Historia: o, mejor dicho, encontrar la *lógica del ritmo*. Y es con el preciso propósito de habitar ese mundo de la historia de México que el libro monta, de esta manera, una suerte de cámara de ecos, una galería de resonancias que dramatiza, a cada lectura, la dialéctica entre Carác-

[71] *Los hijos del limo*, Seix Barral, Barcelona, 1974, p. 100.

ter e Historia, y cuya síntesis estará a cargo del lector a quien se dirige. He aquí, ni más ni menos, el *laberinto* —si no de la soledad al menos sí de los conceptos que inventan su orden y apuntan hacia una salida; y es por eso que el ensayo opta por suspender una interpretación demasiado enfática, prefiriendo así un equilibrio espiritual—, aquel que debe de haber buscado el héroe mítico Teseo al pesar, ante el Minotauro, el hilo de Ariadna con su propia destreza, poniendo en la balanza así Pasado y Presente, Pasión y Crítica, Memoria y Poder.

g) *La pirámide y el círculo*

No es por azar, por eso mismo, que para dramatizar la alienación histórica del mexicano —la manera en que las sucesivas corrientes universales lo han desvinculado de las fuentes de lo sagrado que solían nutrir a los antepasados precolombinos— el ensayo recurra repetidamente a la imagen visual o espacial. La imagen predominante con que el ensayo describe la estructura de cada una de las formas históricas es, en efecto, la *superposición:* sucesivas capas ideológicas que recubren la "substancia primigenia", sean éstas mitos, creencias o costumbres: vestigios de lo sagrado. "Del mismo modo que una pirámide azteca recubre a veces un edificio más antiguo —explica en el capítulo v— la unificación religiosa solamente afectaba a la superficie de la conciencia, dejando intactas las creencias primitivas" (p. 232). La imagen, por cierto, se mantendrá a lo largo del resto del libro: verdadero prototipo (en el sentido psicoanalítico que hemos descrito), será también un concepto clave en *Postdata*. Y así, a la "voluntad unitaria" de los aztecas en relación con los pueblos sometidos le sucede la otra "voluntad unitaria" de los españoles en torno a los propios aztecas. Tanto una como otra significaron tentativas de unificación política, pero ambas aportaron también capas ideológicas —el imperio azteca y el catolicismo— que sirvieron para iniciar la desvinculación de sus orígenes del futuro mexicano.

A su vez, el recubrimiento iniciado por los aztecas y repetido por los españoles se vuelve a repetir por los criollos, nuevos creyentes en otra ideología: la liberal de Independencia. Con esa tercera "capa", la imagen de la superposición asume entonces otras versiones, como la máscara y el disfraz. Si hacia principios del siglo XIX "la Colonia, como la Metrópoli, era ya sólo forma, cuerpo deshabitado" (p. 260), la Independencia hispanoamericana pone en juego una serie de "ideas [que] enmascaran a la realidad en lugar de desnudarla o expresarla" (p. 263). Las leyes e instituciones liberales, de inspiración burguesa,

> en Hispanoamérica sólo servían para vestir a la moderna las supervivencias del sistema colonial. La ideología liberal y democrática, lejos de expresar nuestra situación histórica concreta, la ocultaba. La mentira política se instaló en nuestros pueblos casi constitucionalmente. El daño moral ha sido incalculable y alcanza zonas profundas de nuestro ser. (p. 265).

Tanto la superposición como la máscara constituirán, por tanto, el trasfondo psicológico de "la Reforma" que "funda a México negando su pasado" (p. 270) porque niega a España, al indio y al catolicismo. "El liberalismo es una crítica del orden antiguo y un proyecto de pacto social. No es una religión, sino una ideología utópica" (p. 271). Como tal, "afirma al hombre pero ignora una mitad del hombre: ésa que expresa en los mitos, la comunión, el festín, el sueño, el erotismo" (p. 271). La Reforma arrasa con las capas superpuestas anteriormente, pero sólo llena su triple negación con un sueño universal, el liberalismo, desprovisto tanto de especificidad nacional como de contenido religioso. Si el catolicismo colonial ofrecía participación, el liberalismo ofrece ideas, pero no propicia la comunión: "no se comulga con las ideas, al menos mientras no encarnan y se hacen sangre, alimento" (p. 278). Con la Reforma, por tanto, se inicia el desierto mexicano de la modernidad —universal, secular y profano— cuyo vacío, rostro en blanco, lo recubre con el tiempo la nueva mascarada del porfirismo en complicidad con una nueva ideología: el positivismo. El análisis de Paz ve en esta nueva "forma", en efecto, "un periodo de inautenticidad histórica" que "simula, en todos los sentidos de la palabra" (p. 275). Completa el anterior estudio de Leopoldo Zea sobre el positivismo en México con las nociones de "mala fe" (*mauvaise foi*) de Sartre y de "inautenticidad" (*Uneigentlich*) de

Heidegger, y ve en la nueva ideología "una superposición histórica bastante más peligrosa que todas las anteriores, porque estaba "fundada en un equívoco. Entre los terratenientes y sus ideas políticas se levantaba un invisible muro de mala fe. El desarraigo del porfirismo procede de este equívoco" (p. 276).

En efecto, la "inautenticidad" de Heidegger, uno de los modos de ser básicos del *Dasein* (estar ahí), según el filósofo alemán, significa "no elegirse a sí mismo" y por tanto "perderse". De manera análoga, la "mala fe" que describe Sartre en el segundo capítulo de *El ser y la nada* (1947) significa un autoenmascaramiento por el cual "se niega lo que se es" y de ahí se echa a andar tanto "un proyecto de disgregación" como la negación de la existencia de tal proyecto. La "mala fe" sartreana se relaciona estructuralmente, a su vez, a la "conciencia infeliz" de Hegel: tanto una como otra revelan conciencias escindidas, síntomas de alienación. Sólo que al preferir el término de Sartre, Paz subraya el efecto particular —tanto moral como psicoanalítico— implícito en la "maldad" de esa fe: la culpabilidad. "En México el sentimiento de culpabilidad de la burguesía europea se teñía de un matiz particular, por una doble razón histórica: los neofeudales eran al mismo tiempo los herederos del liberalismo y los sucesores de la aristocracia colonial" (p. 276). De ahí, el "equívoco": "Mentira e inautenticidad son así el fondo psicológico del positivismo mexicano" (p. 277).

Paz ve la Reforma y el porfirismo, por tanto, como mutuos complementos: si uno "niega la tradición", el otro muestra que los principios liberales son "hermosas palabras inaplicables" (p. 277). Son otras tres palabras, en cambio, las que resumen el desierto moderno que introducen estos dos periodos históricos: soledad, conflicto (o discordia) y superposición: "Al cabo de cien años de luchas el pueblo se encontraba más solo que nunca, empobrecida la vida religiosa, humillada su cultura popular. Habíamos perdido nuestra filiación histórica" (p. 277). De ahí que la imagen que ofrece "México al finalizar el siglo XIX es la de la discordia. Una discordia más profunda que la querella política o la guerra civil, pues consistía en la superposición de formas jurídicas y culturales que no solamente no expresaban a nuestra realidad, sino que la asfixiaban e inmovilizaban" (p. 277).

Así pues, el uso de términos como *inautenticidad* y *mala fe* para caracterizar al México prerrevolucionario señala, en este momento del análisis, una degeneración moral y psicológica respecto de las anteriores "capas": la "superposición histórica más peligrosa que las anteriores" (p. 276). A la imagen espacial, el porfirismo aporta la última capa de la "pirámide" previa a la "asfixia" e "inmovilización", pero esto a su vez causa una reacción saludable: la Revuelta. Vista psicoanalíticamente, se trata del momento de máxima frustración —máxima alienación neurótica— previo a la agresión del sujeto como resultado de la represión de sus instintos. De ahí que para el ensayo la Revolución sea, en última instancia, una catarsis: "verdadera revelación de nuestro ser" (pp. 279-280); "una explosión de la realidad y una búsqueda a tientas de la doctrina universal que la justifique e inserte en la Historia de América y en la del mundo" (p. 285); "una tentativa por reintegrarnos a nuestro pasado" (p. 287). Como la Independencia y la Reforma, la Revolución es una ruptura que intenta arrasar con las capas superpuestas, pero a diferencia de aquélla está "desnuda de doctrinas previas", sufre la "carencia de un sistema ideológico previo" (p. 285). Por el contrario, "su programa contenía pocas ideas, estrictamente las necesarias para hacer saltar las formas económicas y políticas que nos oprimían" (p. 287). Hacer "saltar las formas" significa, dentro del esquema espacial o visual, arrasar con la "pirámide" y llegar a su fondo: la "autenticidad".

Nuestra Revolución es la otra cara de México ignorada por la Reforma y por la Dictadura. No la cara de la cortesía, el disimulo, la forma lograda a fuerza de mutilaciones y mentiras, sino el rostro brutal y resplandeciente de la fiesta y la muerte, del mitote y el balazo, de la feria y el amor, que es rapto y tiroteo [p. 294].

Un México auténtico, por tanto, es un México fiel a sus propios instintos, aun cuando esto suponga el exceso que lleva a la destrucción, que para el Paz de este momento al menos no es también una forma de comunión.
Pero la Revolución —como indica su nombre— significa también la inauguración de otra "forma": "vuelta a la más antigua y per-

manente de nuestras tradiciones" (p. 289); "restablecer una justicia o un orden antiguos, violados por los opresores" (p. 287); "volver a nuestra raíz, único fundamento de nuestras instituciones" (p. 289). El Círculo remplaza a la Pirámide. Paz ve en Emiliano Zapata y el zapatismo —figura y movimiento agrarista, que abogaban por la repartición de las tierras y el restablecimiento del *calpulli*— el meollo de la Revolución mexicana. Tiene razón Enrique Krauze cuando señala que el concepto de Revolución que ofrece Paz, al menos en la primera edición de 1950, no es ni político ni racionalista, sino más bien poético y de raíz surrealista. Pero también que es primordialmente *zapatista* —influido sin duda por el padre de Paz, quien militó durante años en las filas del líder agrario— por sobre las otras corrientes del movimiento —como por ejemplo la carrancista, que es la que triunfa al final.[72] El surgimiento de esta "forma" zapatista de la Revolución —vuelta o círculo a la tradición— hubiera servido, ciertamente, como base positiva para un desarrollo posterior. Pero al adoptar el antiguo programa liberal —encarnado en la Constitución de 1917— se optó por un compromiso que "abrió nuevamente la puerta a la mentira y la inautenticidad" (p. 291) y propició que las nuevas ideas políticas sirvieran para "ocultar y oprimir nuestro verdadero ser" (p. 291). Por tanto, lejos de arrasar con la pirámide, la Revolución vuelve a recubrir al ser mexicano con una "capa" propia de la cual el país no se ha deshecho aún. A su crítica estará dedicado, en gran parte, *Postdata*.

h) *La puesta al día*

En la primera edición de 1950, el análisis de los efectos deletéreos de esa última "capa" —lo que equivale a la crítica de la Revolución mexicana— se detenía aquí. Sólo en la segunda edición, con la perspectiva de nueve años, se retoma la discusión en el nuevo capítulo VIII, "Nuestros días", así como en otras revisiones clave del libro —por no hablar de ensayos posteriores. Un cambio estilístico importante es que la nueva discusión de Paz abandona, casi del todo, las

---

[72] En la entrevista con Enrique Krauze, "El laberinto y el liberalismo", *Conversaciones con Octavio Paz*.

abstracciones —visuales, espaciales, filosóficas o psicoanalíticas— de los capítulos anteriores: no vuelve a aludir, por ejemplo, ni a la imagen de la "superposición" ni a términos como *mala fe* o *autenticidad*. En cambio, de la primera edición sí retiene, al final del capítulo, la imagen predilecta de las "formas": si el mexicano se rebela contra "formas petrificadas que nos oprimían" (p. 339), y "la nación ha desgarrado todas las formas que la asfixiaban" (p. 340), también está convencido de que "en unos cuantos años hemos agotado todas las formas históricas que poseía Europa" (p. 340).

Nueva asimismo en la segunda edición será la discusión de los fallos políticos y económicos de la Revolución. Vista dentro de la corriente de las revoluciones del siglo XX, la mexicana significa un intento de "no sólo gozar de ciertos bienes materiales, sino sobre todo, acceder a la 'normalidad' histórica: ser, al fin, 'entes de razón'" (p. 322). Así, el Estado se vuelve "principal agente de la transformación social", propiciando la reforma agraria, nacionalizando riquezas explotadas por potencias extranjeras (como el petróleo), e invirtiendo en el desarrollo industrial. Sin embargo, la tutela gubernamental de la clase obrera —para mencionar sólo una— desemboca en una coartada política al transformar los sindicatos en "un sector más, del Partido de la Revolución", frustrando así "la posibilidad de un partido obrero o, al menos, de un movimiento sindical [...] autónomo y libre de toda injerencia oficial" (p. 325).

Paralelos a los comentarios sobre la clase obrera en el nuevo capítulo son los que también se insertan sobre la clase intelectual en el capítulo VII. Si después de la Revolución el país en efecto termina "por aceptar una serie de compromisos, tanto en la esfera de la educación como en la de los problemas sociales" (p. 301), los intelectuales mexicanos, a su vez, "han hecho del compromiso un arte y. una forma de vida". Y si "su obra ha sido en muchos aspectos admirable", en cambio "han perdido independencia y su crítica ha resultado diluida, a fuerza de prudencia o de maquiavelismo. La 'inteligencia' mexicana, en su conjunto, no ha podido o no ha sabido utilizar las armas propias del intelectual: la crítica, el examen, el juicio. El resultado es que el espíritu cortesano —producto natural, por lo visto, de toda revolución que se transforma en gobierno— ha invadido casi toda la esfera de la actividad pública" (p. 303). Son severas estas palabras sobre el intelectual en México. Pero no menos duras serán las dedicadas a la "inteligencia" internacional y que comenta en el capítulo VIII ("¿Cómo es posible que la 'inteligencia' contemporánea —pienso sobre todo en la heredera de la tradición revolucionaria europea— no haya hecho un análisis de la situación de nuestro tiempo...?" [p. 336]), o a la latinoamericana ("es aún más desolador el silencio de la 'inteligencia' latinoamericana y asiática, que vive en el centro del torbellino" [p. 337]). Son estas ideas las que conforman la nueva "capa" ideológica de México, la más reciente alienación.

Importa subrayar, sin embargo, que Paz lanza estas palabras en 1959, en la segunda edición del libro, y no en la primera de 1950, donde la crítica a la Revolución, y a los intelectuales, había sido más bien tímida y el tono conciliador. Por eso no es exagerado describir el cambio que ha tenido lugar durante esos nueve años como un desencanto con la idea misma de Revolución —no ya mexicana sino como forma de transformación histórica y social:

> en lugar de la rebelión del proletariado organizado democráticamente —dice el capítulo VIII— el siglo XX ha visto el nacimiento del "partido", esto es, de una agrupación nacional o internacional que combina el espíritu y la organización de dos cuerpos en los que la disciplina y la jerarquía son los valores decisivos: la Iglesia y el Ejército (p. 333).

La Revolución ha dejado de ser una Fiesta: lo Sagrado se ha vuelto Burocracia. Y lo peor de todo es que ni Occidente ni los países del "'socialismo' totalitario" ofrecen alternativas viables. Si uno ha aplicado la "ley del león" (p. 328) —la explotación descarnada—, los otros perfeccionan una "moral silogística y policiaca" (p. 335). No obstante esa división, entre uno y otro campos Paz encuentra "otros pueblos con problemas semejantes a los nuestros" (p. 329), países que, como México, se "vuelven sobre sí mismos, descubren su identidad y se deciden a participar en la historia mundial" (p. 334). Son esos los países, que hacia 1959 se unían en un llamado tercer frente de la "Organización de Países no Alineados", a los que Paz sin duda se refiere ahora como nuevos "agentes de los cambios históricos" y que para México en efecto significa que "hay muchos como nosotros, dispersos y aislados" (p. 339). Ya sabemos que, con el tiempo, ese "tercer frente" degeneró en una máscara de la Unión Soviética, y que el propio Paz se convirtió en uno de sus críticos más severos.[73] Pero lo importante ahora es que la mención de este "tercer frente" sirve para reforzar la tesis central del libro: disolver el espejismo de la particularidad mexicana que condena a la soledad para reconocer finalmente que "allí, en la soledad abierta, nos espera también la trascendencia: las manos de otros solitarios. Somos, por primera vez en nuestra historia, contemporáneos de todos los hombres" (p. 340).

Con el reconocimiento del vacío de la modernidad viene, por tanto, no sólo el encuentro con los otros solitarios, sino también con la autenticidad, que ya en las reflexiones sobre "la 'inteligencia' mexicana" se define como "pensar a la intemperie un problema concreto" (p. 317). Si en el contexto del libro ese encuentro significa desechar la particularidad nacionalista como base de meditación filosófica o política ("La mexicanidad será una máscara que, al caer, dejará ver al fin al hombre" [p. 318]), en el de la obra de Paz esa llamada se remonta a aquella lejana encuesta de *Letras de México* en la que pedía el rechazo de "todos esos intentos alevosos y preconcebidos de 'mexicanidad'". Su primera manifestación política, en cambio, había aparecido en la serie de artículos sobre la Conferencia de San Francisco, donde se hacía patente la decadencia del Estado-nación. A su vez, en "Poesía de soledad y poesía de comunión", se observaba asimismo que "estamos hartos de la sinceridad inepta tanto como de la literatura disfrazada de poesía. Queremos una forma superior, digna, de la sinceridad: la autenticidad" (*Primeras letras,* p. 302). Parte de esa antigua llamada a la autenticidad será el resumen de todo el análisis histórico a partir del capítulo VI:

> Si se contempla la Revolución mexicana desde las ideas esbozadas en este ensayo, se advierte que consiste en un movimiento tendiente a reconquistar nuestro pasado, asimilarlo y hacerlo vivo en el presente. Y esa voluntad de regreso, fruto de la soledad y la desesperación, es una de las

---

[73] Esa crítica está contenida en dos libros, principalmente *El ogro filantrópico* (1979) y *Tiempo nublado,* Seix Barral, Barcelona, 1983.

fases de esa dialéctica de soledad y comunión, de reunión y separación que parece presidir toda nuestra vida histórica [p. 292].

La misma idea se repetirá en el capítulo siguiente: "Soledad y Comunión, Mexicanidad y Universalidad, siguen siendo los extremos que devolverán al mexicano" (p. 311). Y en el capítulo de la videoserie de 1989 dedicado a *El laberinto de la soledad* la idea se repetirá:

> En las actitudes de los mexicanos, y muy especialmente en aquellas relativas al misterio del origen, hay dos actitudes: una de unión y otra de separación. Afirmación comunitaria y negación del otro. Este doble movimiento de unión y ruptura es una respuesta instintiva a nuestra historia, y una tentativa por trascenderla, por unir lo que fue separado [...] Advierto que se trata de una oposición fecunda porque en la vida la unión de los contrarios implica fecundidad: fertilidad, creación...

Soledad y Comunión habían sido, en efecto, los extremos sobre los que Paz había intentado estudiar, en aquella lejana conferencia de 1942, toda la historia de la poesía. Ahora vemos que de esa conferencia retendrá aquí no su tesis histórica —que había resultado trunca en su momento— sino la naturaleza de esos dos "extremos": si la soledad es una "actitud de dominación" y poder que equivale a la técnica, la comunión en cambio es una "actitud de adoración" que equivale al instinto amoroso. La modernidad, por tanto —evidente ya en la angustia espiritual de un Quevedo—, ha preferido la soledad del racionalismo y la técnica por sobre la comunión del espíritu y el amor. No había sido otro el sentido del epígrafe de Antonio Machado con que abre el libro: "Lo *otro* no existe: tal es la fe racional, la incurable creencia de la razón humana". A lo cual, Machado (o su heterónimo, *Juan de Mairena*, opone lo que él llama "la esencial 'Heterogeneidad del ser', como si dijéramos en la incurable *otredad* que padece *lo uno*".

i) *Un mito para México*

La Historia, que antes había aparecido como una pirámide de capas superpuestas, se resume también, por tanto, como "una dialéctica" y una oscilación entre los "extremos" de soledad y comunión. Dicha dialéctica es el equivalente racional de la imagen que se venía proponiendo: si bien cada una de sus "capas" ideológicas "forma" un momento de soledad, en cambio cada una de sus rupturas representa una instancia de comunión. Al subrayar así el carácter dialéctico de esos dos extremos, se afirmaba también su consustancialidad. Ya no es cuestión —como de hecho da a entender la conferencia de 1942— de disolver la soledad a favor de la comunión, sino de reconocer ambos extremos como mutuamente necesarios. De ahí el epígrafe de Machado, donde tanto el racionalismo como "la esencial 'Heterogeneidad del ser'" aparecen como *incurables*. En efecto, no hay comunión sin soledad, y es esa la premisa de la meditación sobre el amor en el "Apéndice", culminando con la observación de que "la situación del amor en nuestro tiempo revela cómo la dialéctica de la soledad, en su más profunda manifestación, tiende a frustrarse por obra de la misma sociedad. Nuestra vida social niega casi siempre toda posibilidad de auténtica comunión erótica" (p. 349).

Paz basa su premisa en la observación del "dualismo inherente a toda sociedad, y que toda sociedad aspira a resolver transformándose en comunidad" (p. 348). De esta manera su argumento vuelve a evocar la noción de conflicto —freudiano o psicoanalítico, tantas veces utilizado en pasajes anteriores— sólo que no ya para criticarlo sino para justificarlo: "la sociedad moderna pretende resolver su dualismo mediante la supresión de esta dialéctica de la soledad que hace posible el amor" (p. 349). Y completa la idea de la dialéctica de la soledad echando mano del concepto de "recogimiento y regreso" (*"the twofold motion of withdrawal and return"*) que Arnold Toynbee había utilizado en su *A Study of History*.

En efecto, en el monumental estudio de Toynbee, que comienza a darse a conocer en la década de los treinta pero cuyas ideas no se difunden hasta la posguerra, ésa era una de las fundamentales "leyes históricas" que el autor decía haber deducido del estudio de la historia universal. Con esta ley en particular Toynbee describía el patrón de crecimiento y maduración no sólo de individuos singulares en la historia universal (desde Buda, Confucio y Mahoma hasta Jesús, san Pablo y Dante) sino de civilizaciones enteras —Atenas, por ejemplo, o las oscilaciones de la historia inglesa. Toynbee llegó a describir este patrón como un *spiritual voyage* (un viaje espiritual), que para él no sólo justificaba la función positiva de periodos aparentemente negativos, como los de decadencia (colectiva) o exilio (individual), sino que demostraba —como la dialéctica hegeliana— la teleología implícita de todo proceso histórico. Si bien el carácter religioso de dicha "ley histórica" le valió no pocas críticas a Toynbee por parte de sus colegas historiadores, fue esa misma religiosidad lo que sin duda atrajo al Paz de esos años para su argumento afín. Además, la "ley histórica" de Toynbee servía para otro propósito: insertar a México dentro de un panorama universal para así una vez más anular cualquier pretensión particular o nacionalista.[74]

Así pues, el justificado dualismo —hecho dialéctica— del amor en la sociedad moderna forma parte, a su vez, de otra premisa más amplia: la soledad es "el fondo último del ser humano" (p. 341). Utilizando un argumento análogo al de Heidegger respecto a la "inautenticidad" —en el sentido que reconoce su función inherente, no accidental, en la naturaleza humana—, Paz observa en el "Apéndice" que "vivir, es separarnos del que fuimos para internarnos en el que vamos a ser, futuro extraño siempre" (p. 341), afirmación que a su vez evoca otra que, si bien aparece en el capítulo anterior (VIII, p. 320) sólo se formula posteriormente en la segunda edición de 1959: "Ser uno mismo es, siempre, llegar a ser ese otro que somos y que llevamos escondido en nuestro interior, más que nada como promesa o posibilidad de ser" (p. 320). No es cuestión ya, por tanto, de deshacer la alienación por medio del análisis histórico, sino de reconciliarse con la alienación (Heidegger diría la "inautenticidad") como ineludible premisa de la existencia humana. Dicha nueva formulación no sólo disuelve cualquier particularidad de la dialéctica

[74] Véase *A Study of History*, Oxford University Press, Londres, 1961, pero sobre todo el capítulo XII (pp. 263-266), donde Toynbee recapitula el concepto de *withdrawal-and-return* y contesta a sus críticos.

histórica descrita en el libro —todo país y toda cultura, como todo ser humano está, en última instancia, solo— sino que plantea la otra cara de la dialéctica: todo país y toda cultura, como todo ser humano solo, aspira también a comulgar, es decir, a romper su soledad. Dicho en la única oración del libro que alude al título: "La plenitud, la reunión, que es reposo y dicha, concordancia con el mundo, nos esperan al fin del laberinto de la soledad" (p. 342).

El libro termina, por tanto, imponiendo esa última imagen del laberinto. Como la pirámide, el laberinto es una estructura sagrada, un espacio simbólico, que también cumple la función de prisión. Pero a diferencia de la pirámide —estructura funeraria cuyas capas se superponen sin otro recurso— o del círculo —que fatalmente nos devuelve al punto de partida—, el laberinto supone un *proceso:* hacer accesible una salida. Según el mito de Teseo y el Minotauro, esa salida es posible con dos claves: el amor de Ariadna y la memoria del hilo. Ya Caillois, en aquel lejano *El mito y el hombre* (1939), que Paz había leído y citado en su juventud, había descrito el Laberinto como "suprema condensación de lo sagrado" (p. 176). El "Apéndice" no cita a Caillois, pero es evidente que va más allá de éste para resumir no sólo el carácter sagrado de este mito sino los temas de todo el libro. En efecto, el laberinto (o al menos su mito) contiene la idea de un conflicto que produce culpa y exige sacrificio: "hemos sido expulsados del centro del mundo y estamos condenados a buscarlo por selvas y desiertos o por los vericuetos y subterráneos del Laberinto" (p. 357). A su vez, la solución de este conflicto reside, en parte, en la recuperación de la memoria, el hilo salvador: el repaso de la Historia hecho en los capítulos anteriores. Lo que por tanto propone el "Apéndice", ni más ni menos, es que habiendo ya encontrado las dos claves, México construya un nuevo mito —es decir, el de un *laberinto de la soledad:* un mito del "combate espiritual" pero también de "la gracia, esto es, la comunión" (p. 357). Si el mexicano ha esperado durante siglos en el laberinto de su Historia, consciente ahora del orden que lo estructura, entonces puede abrigar la esperanza de salir. El laberinto está hecho, como diría Laín Entralgo, de espera y esperanza.[75]

---

[75] Me refiero, claro está, al hermoso estudio de Pedro Laín Entralgo, *La espera y la esperanza. Historia y teoría del esperar humano*, Revista de Occidente, Madrid, 1957.

Por eso, si "toda sociedad moribunda, o en trance de esterilidad tiende a salvarse creando un mito de redención... La sociedad que vivimos ahora también ha engendrado su mito", lo que el ensayo llama "una nueva Forma de participación creadora" (pp. 360-361). No es exagerado decir que la creación de ese nuevo mito para México era justamente lo que Paz había entrevisto en la segunda de aquellas conferencias sobre Poesía y Mitología de 1942. Al repasar entonces el *Ulises criollo* de Vasconcelos, el joven Paz desea que "el poeta que logre condensar y concentrar todos los conflictos de nuestra nación en un héroe mítico no sólo exprese a México sino, lo que es más importante, contribuya a crearlo" *(Primeras letras,* p. 290). El comentario se hacía entonces teniendo en mente una crítica de la novela mexicana, lo cual hacía lógico el hincapié sobre la creación de un héroe mítico —como es el propio protagonista del *Ulises criollo.* Pero no sería demasiado arriesgado postular que si ésa en efecto había sido la motivación tras el proyecto de novela, también es evidente que el ensayo que con el tiempo la remplazó ofreció el equivalente retórico de lo que hubiese sido ese héroe —la discusión de las ideas que conforman su mito. Ya hubiera sido uno u otro, el nuevo mito significaba, de todos modos, "una manera de *crear* a México, y no sólo de expresarlo". "El mito —añadía entonces— no sólo expresa a la realidad; representándola en una acción imaginativa y hermética también la prefigura y la modela; al revelarla, la obliga a seguir los dictados de su misteriosa inspiración: la constriñe a alcanzar las metas que se propone." Todo lo cual equivalía, para aquel joven poeta, a actuar en la Historia con la Poesía: "¿Por qué —había preguntado entonces— en donde tantos han fracasado no ha de acertar la poesía, develando el secreto de México, mostrando la verdad de su destino y purificando ese destino?" *(Primeras letras,* p. 290).

Paz abriga la creencia, por tanto, de que la interpretación poética de la Historia no sólo puede encarnar en esta última, sino que en efecto *crea* la realidad —en el sentido de que puede activar la imaginación crítica de nuestros semejantes. Para lograr no ya la creación de ese mito, sino su aceptación, no bastaba por eso sólo entender el sentido del mito del laberinto en particular, sino apreciar la función del mito en general. De ahí los extensos comentarios, en el "Apéndice", sobre la "oposición entre Historia y Mito, o Historia y Poesía" (p. 359): al trascender la "cárcel de tiempo" de la Historia con su propio "tiempo vivo", el mito "reaparece en casi todos los actos de nuestra vida e interviene decisivamente en nuestra Historia: nos abre las puertas de la comunión" (p. 360). No otro había sido, como hemos visto, el propósito de la "sociología de lo sagrado" que se practica en la primera parte del libro.

3. ALCANCES

Es imposible medir, desde luego, hasta qué punto la meditación de Paz, desde su publicación hace casi medio siglo, ha podido servirle al mexicano para liberarse de su soledad. Pero a juzgar por su influencia sobre la literatura y pensamiento de su tiempo, su impacto ha sido enorme. Según el reciente estudio del sociólogo Claudio Lomnitz-Adler, su prominencia se debe en gran parte a que su representación de la cultura nacional —la representación de un *pensador*— no ha sido superada por posteriores intentos, de índole mayormente ideológica, por desmitificar esa misma cultura.[76] Por eso no sería exagerado decir que México, el mundo hispánico, y quizá hasta el mundo moderno no serían los mismos sin este libro. La literatura mexicana a partir de la década de los cincuenta, por ejemplo, no sería concebible sin su meditación sobre la soledad, fuente de intuiciones e imágenes acerca del ser del mexicano de medio siglo y su paisaje. Esa influencia se refleja en obras maestras de la narrativa tan sonadas como *Pedro Páramo* (1955), de Juan Rulfo, cuya metáfora central ya está sugerida en un pasaje del libro de Paz; *La muerte de Artemio Cruz* (1965), de Carlos Fuentes, donde se rinde homenaje a la disertación del capítulo IV sobre aquel célebre verbo; o incluso el título de *Cien años de soledad* (1967), de Gabriel García Márquez.[77]

---

[76] Véase *Exits from the Labyrinth*, University of California Press, Los Ángeles, 1992, p. 3. Lomnitz-Adler tiene en mente sobre todo el libro de Roger Bartra, ya citado, y un ensayo de Carlos Monsiváis: "La nación de unos cuantos y las esperanzas románticas: Notas sobre la historia del término 'cultura nacional' en México", en *En torno a la cultura nacional*, SEP/FCE, México, 1982.

[77] Compárese la escena final de la novela *Pedro Páramo* con este pasaje: "Se disimula tanto

Si la meditación inicial sobre el pachuco alimentó en un momento muchas de las discusiones políticas que desembocaron en la organización del movimiento chicano de los Estados Unidos, con el tiempo su representación del mexicano-norteamericano ha sido motivo de desacuerdo entre intelectuales del mismo movimiento. Por otra parte, la meditación de Paz sobre la Malinche, según Sandra Cypess, quien recientemente ha estudiado la presencia de esta figura mítica en la literatura mexicana, "ha servido de norma para la mayoría de los textos" literarios modernos que tratan ese tema, si bien también ha despertado polémicos desacuerdos entre lectoras feministas.[78] Ya sea para exaltarlo o para situarse contra él, prácticamente toda la ensayística mexicana sobre la identidad nacional publicada desde 1950 ha tomado en cuenta el libro de Paz, y hasta valiosos estudios de difusión internacional —como *El laberinto de la hispanidad* (1987), de Xavier Rubert de Ventós; *La jaula de la melancolía* (1987), de Roger Bartra, o el propio estudio de Lomnitz-Adler— han imitado su título y usado algunos de sus argumentos. El libro ha sido traducido a una docena de idiomas, y sobre él fácilmente se han escrito al menos 100 estudios, tesis o reseñas. Con el tiempo, Paz le diría a Fell que *"El laberinto de la soledad* fue una tentativa por describir y comprender ciertos mitos; al mismo tiempo, en la medida en que es una obra de literatura, se ha convertido a su vez en otro mito" (p. 423).

Lo que parece claro, en todo caso, es que con la proposición, a partir de la primera edición de 1950, de que México adoptara este nuevo mito de redención, Octavio Paz intentó reconciliarse con su sociedad. En cambio, con las revisiones de la segunda edición de 1959, que señalan una fuerte crítica de la situación política, económica y moral que desde entonces había surgido en el país, volvió a distanciarse. Si la primera edición del libro coincide con el regreso a México del autor, o al menos con el deseo de reintegrarse a la so-

---

su humana singularidad que acaba por abolirla; y se vuelve piedra, pirú, muro, silencio: espacio" (p. 187). Asimismo, la idea de la novela de García Márquez con este otro: "Ha olvidado el nombre, la palabra que lo liga a todas esas fuerzas en que se manifiesta la vida. Por eso grita o calla, apuñalea o reza, se echa a dormir cien años" (163).
[78] Véase *La Malinche in Mexican Literature. From History to Myth*, University of Texas Press, Austin, 1991, p. 95 y *passim*.

ciedad, las revisiones críticas a la segunda coinciden con una nueva separación y exilio que durarán otros 12 años. El mero hecho, sin embargo, de que la propuesta del nuevo mito no fuera eliminada del libro en la segunda edición, ni en ninguna de sus posteriores reimpresiones, demuestra una continua fe en la posibilidad de comunión. Porque, en efecto, en ese "diario" que con los años se convirtió el tema de México en Octavio Paz, son estos los cambios que demuestran el trasfondo biográfico del libro —cómo el propio poeta en efecto ha vivido, en relación con su país, la misma "dialéctica de la soledad y la comunión". "Al reflexionar sobre la extrañeza que es ser mexicano —señaló el autor sobre este trasfondo en la videoserie *México en la obra de Octavio Paz*— descubrí una vieja verdad: cada hombre oculta un desconocido. Cada hombre está habitado por un fantasma. Quise penetrar en mí mismo y desenterrar a ese desconocido, hablar con él." Y en seguida añadía: "Este libro mío sobre México, y los otros sobre tema parecido, son lo que yo soy. También lo que no soy, y quisiera ser: el desconocido que me habita. Una tentativa por desenterrarme y por verme ver el rostro de mi país, de mis semejantes".

Tal sugieren las circunstancias en las que Paz escribe *Postdata*, la "prolongación crítica y autocrítica" de *El laberinto de la soledad*. Como hemos dicho, el ensayo es una reacción demorada a la llamada "matanza de Tlatelolco" de octubre de 1968. Corresponde a una reacción anterior, y más inmediata, de renuncia a su puesto de embajador de México en la India, lo que a su vez supuso abandonar una carrera de un cuarto de siglo como funcionario del gobierno mexicano. Como en el caso de *El laberinto de la soledad,* Paz escribe el ensayo en el extranjero y lo publica en México cuando aún vive fuera del país. Pero para entonces la crítica de hacía nueve años se vuelve más severa y directa. Si en *El laberinto de la soledad* no había podido eludir del todo, según confiesa en la "Nota" preliminar, "las trampas del humanismo abstracto", así como "las ilusiones de una filosofía de lo mexicano", ahora los blancos se han hecho más claros a consecuencia de la crisis: los dos Méxicos, el partido único, la necesidad de democratización. Esos blancos se resumen en la pirámide, aquel viejo símbolo de la alienación histórica mexicana en *El laberinto de la soledad* y que ahora se somete a una nueva lectura crítica.

Si en el libro anterior la pirámide había sido el resultado nocivo de sucesivas superposiciones ideológicas, ahora es símbolo de la centralización del poder que ostenta el PRI [Partido.Revolucionario Institucional], y sus consecuencias nefastas para el país. Y si antes había estudiado los efectos alienantes del prototipo, ahora se concentra en su naturaleza inconsciente. El objeto de análisis no es ya ni la serie de síntomas neuróticos de esa alienación ni la lectura crítica de las sucesivas "formas" históricas, sino la repetición de lo que Paz llama "el arquetipo religioso-político de los antiguos mexicanos: la pirámide, sus implacables jerarquías y, en lo alto, el jerarca y la plataforma del sacrificio" (p. 397). La geografía misma de México, según este análisis, "tiende a la forma piramidal, como si existiese una relación secreta pero evidente entre el espacio natural y la geometría simbólica y entre ésta y lo que he llamado nuestra historia invisible" (p. 393). Por esto último, en efecto, Paz se refiere a la supervivencia de "el otro México" que, cercano al "subconsciente" de Freud o a la "ideología social" de Marx, significa "la existencia en cada civilización de ciertos complejos, presuposiciones y estructuras mentales generalmente inconscientes y que resisten con terquedad a la erosión de la historia y sus cambios" (p. 389). Persiste en Paz, por tanto, el deseo de descifrar la "falsa conciencia" de México, su estructura oculta, a partir del análisis del prototipo que se ha apoderado de la identidad mexicana: "el mito que encarnan la pirámide y su piedra de sacrificios" (p. 398).

Porque de sacrificios· se trata: la matanza de Tlatelolco fue, en efecto, "un acto ritual: un sacrificio" (p. 391). Y no es por azar que haya ocurrido, precisamente, en esa plaza, "imantada por la historia" que es, al mismo tiempo, "una de las raíces de México", contrapuesta a la Plaza Mayor de México-Tenochtitlan y al "Zócalo con su Palacio Nacional" (p. 412). Paz practica, por tanto, una lectura del espacio mexicano y descubre allí una red de signos que trazan la escritura simbólica de su historia invisible" (p. 412). Y por eso al PRI y al Zócalo, expresiones políticas modernas (o al menos contemporáneas) del arquetipo de la pirámide, corresponde el nuevo "templo" que ofrece la justificación seudohistórica de su prominencia: el Museo de Antropología. Si el museo es un espejo donde "adoramos a la Imagen que nos aplasta" (p. 413) es porque presenta una falsa idea de la prominencia del mundo azteca dentro de la civilización mesoamericana. En efecto, "desde el punto de vista de la ciencia y la historia la imagen que nos ofrece el Museo [...] es falsa. Los aztecas no representan en modo alguno la culminación de las diversas culturas que los precedieron. Más bien lo cierto sería lo contrario" (pp. 413-414). Paz no lo dice explícitamente, pero de su argumento ahora se desprende que la "inautenticidad" y "mala fe" cuyo inicio en la conciencia mexicana antes le había atribuido a la dictadura porfirista, ahora se le atribuye a la usurpación azteca de la cosmología tolteca, que él analiza. Es con esa usurpación, fuente de hipocresía y culpa, que se inicia propiamente esa "dualidad psíquica y moral" que alcanza a nuestros días y que explicaría el fenómeno de la "simulación", que en *El laberinto de la soledad* apenas se vislumbra como un fenómeno moderno. Junto a la adopción inconsciente del "punto de vista azteca" que representa la pirámide, el México moderno ha adoptado también el arquetipo religioso-político que desemboca en una centralización política como la del PRI, así como sacrificios humanos como el de la matanza de Tlatelolco: "la exaltación final del periodo azteca confirma y justifica aquello que en apariencia condena al Museo: la supervivencia, la vigencia del modelo de dominación en nuestra historia moderna" (p. 414). Criticar ese "modelo de dominación" significa por tanto hacer conciencia del prototipo, liberarse de su poder repetitivo: "La crítica es el aprendizaje de la imaginación en su segunda vuelta, la imaginación curada de fantasía y decidida a afrontar la realidad del mundo" (p. 415).

Desde la publicación de *Postdata* en 1970, Paz no ha cesado de criticar ese "modelo de dominación", como demuestran los otros siete ensayos que recoge esta edición. Trátese de las relaciones peligrosas entre México y los Estados Unidos, el sistema electoral mexicano, la nueva realidad de los hispanos de los Estados Unidos, o del juego de la imaginación numerológica en la evolución histórica de Mesoamérica, su análisis ha buscado el desciframiento de las realidades ocultas con el propósito de hacer lo inconsciente, consciente, palpable. Desde sus tempranos ejercicios críticos en la década de los treinta, pasando por la odisea del exilio por varios continentes, la escritura agónica de *El laberinto de la soledad* en sus dos ediciones, la nueva separación que lleva al autor a Oriente, luego a romper con el gobierno que había representado durante un cuarto de siglo, y después a reintegrarse al país con el propósito de librar discusiones demasiado postergadas en el tiempo, Octavio Paz ha sostenido una empresa de liberación. La palabra que resume esta empresa: *crítica*. "La crítica nos dice que debemos aprender a disolver los ídolos: aprender a disolverlos dentro de nosotros mismos. Tenemos que aprender a ser aire, sueño en libertad" (p. 415).

Esta edición invita a compartir ese sueño.

APÉNDICE: "RESPUESTA Y ALGO MÁS" (1960)*

La lectura de la nota que acompañaba a mi comentario al artículo de Emmanuel Carballo sobre *El laberinto de la soledad,* en la cual el director de *México en la Cultura* abandona toda imparcialidad y se erige, sin que nadie se lo pida, en juez y parte (algo así como el Padre Ubú y su conciencia), me dejó perplejo. Ahora, después de leer la respuesta destemplada del mismo Carballo, la higiene intelectual me aconseja el silencio. Además, las discusiones aburren al público; y ésta resulta estéril. Así pues, no sin vencer ciertas vacilaciones me decido a contestar, por última vez, a mi interlocutor (de alguna manera hay que llamarlo). Olvidaré las injurias y procuraré ser breve y claro.

En primer término: nunca intenté discutir las opiniones de Carballo. Agradezco sus juicios benévolos, lamento sus críticas adversas y respeto unos y otras. Sólo que no se trata de eso. Protesté porque Carballo me atribuye actitudes e ideas que no tengo. La primera: "ninguneo" (conjuguemos el verbo) a mis compañeros y a mis adversarios; la segunda: declaro que no me interesa la transformación "de las oprobiosas condiciones de vida de los hombres". Estas afirmaciones tienen poco o nada que ver con la literatura. Mucho con la moral intelectual. Esperaba que Carballo rectificase o probase sus acusaciones. Prefirió acumular otras. No tengo más remedio que referirme a ellas, aunque no me ocuparé de las que, por su misma fragilidad, no merecen respuesta.

* Este texto de Paz fue publicado en *México en la Cultura,* suplemento del diario *Novedades,* el 7 de febrero de 1960, en las pp. 2 y 7.

El "ninguneo": en diversos capítulos de *El laberinto* cito a la mayoría de los escritores que, de una manera u otra, se ha ocupado del tema. Mi libro no fue el primero ni es el único. Tampoco es un catálogo. (Verdadera omisión: la de varios estudios psicoanalíticos, particularmente el del doctor Ramírez. No es mi especialidad; y el libro estaba ya en la imprenta cuando aparecieron esos estudios.) Pero ahora Carballo ya no me acusa de "ninguneo" sino de plagio. De paso, no estoy contra el plagio cuando la víctima desaparece. Ya se sabe: "el león se alimenta del cordero". (Pero aquí no hay leones ni corderos.) Unos artículos de Salazar Mallén, que nadie recuerda, y un libro de Samuel Ramos, que todo el mundo conoce, son mis fuentes secretas.

Puesto que se habla de "orígenes", debo decir que algunas de las preocupaciones de *El laberinto* (la muerte, el nihilismo, la fiesta, las "malas palabras", la búsqueda de un destino, etcétera) se encuentran, como embriones o gérmenes, en un comentario a *Nostalgia de la muerte* de Villaurrutia, publicado en *Sur* a raíz de la aparición del libro (1938 o 1939), y en una serie de artículos en *Novedades* (1941 o 1942): mis fechas son un poco inciertas porque no tengo a la mano mis papeles. (Otras ideas, precisamente las que forman, por decirlo así, el esqueleto de mi ensayo —soledad y comunión, nacionalismo y universalismo, etcétera— aparecen en muchos de mis escritos, casi desde que empecé a escribir.) Por otra parte, la cuestión de las fechas carece de interés. A juzgar por los fragmentos que reproduce Carballo, Salazar Mallén trata el tema del "machismo" y el "malinchismo" en varios artículos. Pero muchos otros se han ocupado del mismo asunto: desde los cancioneros y autores cinematográficos hasta los periodistas, los psiquiatras y los historiadores. No podía ser de otro modo: son obsesiones populares, cifras y claves de una sensibilidad. Quizá Carballo no ignora que la primera novela mexicana con tema indígena se llama *Doña Marina o la piedra del sacrificio*. Ahora bien, cualquiera que haya leído los fragmentos que publica Carballo y mi libro, se dará cuenta de que, excepto el tema común a muchos escritores, poca o ninguna relación hay entre uno y otro. Pero ni siquiera esto tiene importancia, pues Carballo afirma que también Salazar Mallén es un plagiario. Y su víctima es la mía: *El perfil del hombre y la cultura en México*, de Samuel Ramos.

¿"Ninguneo" a Ramos, omito mis deudas, escamoteo su nombre o sus ideas? *El laberinto* se abre con una alusión a Ramos; al iniciar el primer capítulo, en el tercer párrafo, escribo: "Creía, como Samuel Ramos, que el sentimiento de inferioridad influye... etc." En ese párrafo, al mismo tiempo que señalo la coincidencia en la preocupación y la precedencia cronológica de Ramos, insinúo una diferencia de interpretación y de método. Más adelante, en el mismo primer capítulo, en la página 18, aclaro en qué consiste la diferencia y esbozo cuál será la idea central de mi libro.

La existencia de un sentimiento de real o supuesta inferioridad podría explicar [...] ciertas actitudes del mexicano [...] pero más vasta y profunda que el sentimiento de inferioridad yace la soledad. Es imposible identificar ambas actitudes: sentirse solo no es sentirse inferior sino distinto [...] la soledad, por otra parte, no es una ilusión —como lo es, a veces, el sentimiento de inferioridad—, sino la expresión de un hecho real: somos, de verdad, distintos. Y de verdad, estamos solos...

En la página 143, tras de afirmar que "el libro de Ramos es el único punto de partida que tenemos de conocernos" (puesto que "su idea central sigue siendo válida"), señalo con lealtad, pero sin saña, lo que a mí me parecen ciertas limitaciones de su estudio. Ramos hace un análisis psicológico de un tipo aislado y omite el examen histórico, la vida de relación (es decir, estudia al mexicano, como individuo, no en su historia, no como una comunidad habitada alternativamente por la voluntad de dispersión y de reunión); tampoco examina nuestros mitos (casi siempre ambivalentes: Guadalupe y Malinche; Cortés y Cuauhtémoc: cerrarse y "rajarse", etc.); no se ocupa de la historia de México ni de la relación vital de los mexicanos con ciertas ideologías universales (catolicismo, liberalismo, patriotismo, etc.); finalmente, no le interesa situarnos en el mundo, ni tampoco señala cómo la vida de México —sobre todo a partir de la Revolución y precisamente porque nuestra Revolución es un fragmento de la ola de revoluciones del siglo XX— desemboca en la historia universal. En suma, el libro de Ramos es un estudio de psicología social, inspirado sobre todo por Adler; o sea, por una rama del psicoanálisis, quizá la menos fecunda, que acentúa la importancia de la voluntad a expensas de realidades psíquicas más hondas, como la sexualidad... ¿Niego a Ramos? No, su libro es excepcional y abre un camino. Su influencia —o más exactamente: su *estímulo*— fueron decisivos. Sin el libro de Ramos quizá yo no hubiera escrito el mío. O habría escrito un libro distinto. Pero otro tanto debo decir —y me limito a los autores mexicanos— de los libros de Reyes, Zea, O'Gorman, Usigli, Herzog y otros. Nada viene de nada.

A riesgo de ser impertinente —un autor nunca debería hablar de sus obras— diré algo más sobre *El laberinto*: no se trata de una "psicología del mexicano", sino de la descripción de un ritmo vital e histórico (la dialéctica de la soledad y la comunión) en un momento y en un pueblo; asimismo, es una tentativa por desenmascarar ciertos mitos (el "macho", la "sufrida" mujer mexicana, la madre y la Chingada y otros no menos importantes que envenenan nuestras relaciones de hombre a hombre y, sobre todo, entre hombre y mujer); es un intento, demasiado apresurado y esquemático pero que quizá resista la prueba de un análisis más detenido, por entender la historia de México (y esto frente a interpretaciones reaccionarias y delirantes, como las de Vasconcelos, o puramente rituales y maniqueas, como las del liberalismo y la izquierda oficial); en fin, es un esfuerzo por desentrañar el sentido de nuestra relación con el mundo y, en sus dos últimos capítulos, por situarnos en el mundo, esto es, dentro de la corriente histórica mundial (no ya como objetos sino, así sea parcialmente, como agentes de los cambios que se operan en todo el planeta. En contra de las ideas de Ramos, no sólo rechazo la posibilidad (o la conveniencia) de una "filosofía mexicana" sino que afirmo expresamente que la historia de México —o sea: nuestra vida concreta, nuestra vida de ahora— desemboca en la historia universal. Nada más alejado del nacionalismo —y de su reverso: el cosmopolitismo— de la generación anterior. (Para mí, el nacionalismo válido es otro y está abierto al mundo. Por ejemplo: Cárdenas que expropia el petróleo y, al mismo tiempo, envía armas al pueblo español. Pero de todo esto tendré ocasión de hablar alguna vez.) En suma, lo que quería decir es que mi libro no sólo es una consecuencia del de Samuel Ramos; también es una respuesta.

Carballo nunca podrá probar que a mí no me interesa cambiar las condiciones de vida de los hombres. No es otro el tema de la última parte de *El laberinto*. Si fuese sincero confesaría que su acusación no sólo es infundada sino ridícula. Podría decir, sí, que yo rechazo ciertos métodos —los del "socialismo totalitario"— y que esos métodos son, para él, los únicos eficaces. Si obrase así, discutiría realmente mis opiniones y ejercería su función de crítico. ¿Hay que pedirle peras al olmo? Yo creo que sí. Pero Carballo prefirió ofrecer, por segunda vez, como única prueba, una cita trunca de mi libro. Y esto es lo que me parece inadmisible. Y si resulta escandaloso denunciar estos métodos de "crítica intelectual", ¿no es más escandalosa aún la impunidad con que se practican?

Los que conocen a Carballo no dejarán de reírse al leer que se declara "marxista ortodoxo". Pero la alegría desaparece cuando se advierte el celo policiaco con que este "marxista ortodoxo" vela por la inocencia de las conciencias simples. En efecto, Carballo escribe: *El laberinto* "es nocivo para un lector no familiarizado con estos temas" (¡los de la evolución económica y social de los países "subdesarrollados"!) Convertido en guardián de la santa ignorancia, no es extraño que prefiera mutilar un texto antes que discutirlo. ¿Qué decir? Callar, pues hemos

> *Salué l'énorme Betise*
> *La betise au front de taureau...*

Claro: la Betise, así con mayúscula, no es falta de talento; es inteligencia nublada por el odio.
Y algo más. En otro periodo se dice que *"El laberinto* es un libro discutible". ¡Claro que lo es! Y agrego: es un libro periodístico: aunque su actualidad no sea —por supuesto— la de la noticia diaria. Discutible y periodístico: compuesto de hipótesis, opiniones y sugestiones, objeción y enmienda. Condenado de antemano al olvido. Un libro que no aspira sino a ser devorado por la realidad, siempre más poderosa que las ideas y las teorías. Así, algunas de las cartas que he recibido durante los últimos meses, muchas de lectores desconocidos para mí, contienen preguntas, objeciones y rectificaciones. La mayoría de mis corresponsales son jóvenes latinoamericanos; otros son de países que no hablan nuestra lengua. A casi todos les preocupa la situación de los pueblos de la periferia (el "tercer mundo" como empiezan a llamarlo en Europa) en estos momentos de grandes cambios mundiales; a otros les interesa específicamente el problema del desarrollo económico de nuestros países. Entre todas estas cartas destaco una del economista mexicano Víctor L. Urquidi, en la que se toma el trabajo de rectificar algunas de mis conclusiones sobre este tema. Urquidi piensa, sin duda con razón, que dentro de las actuales circunstancias y a condición de que se emprendan ciertas reformas esenciales, es factible superar algunos de los obstáculos que entorpecen nuestro desarrollo integral, especialmente el bajo poder adquisitivo de los campesinos, el subempleo y la escasez de medios de "financiamiento". Críticas como ésta abren caminos y se reciben con gratitud. Ojalá que los estudios de Urquidi sean más difundidos y discutidos, pues creo que hasta ahora sólo han circulado entre los especialistas. Este tema, contra lo que se cree, no es exclusivamente técnico. Por una parte, colinda con la psicología, la sociología, la política, la historia y el porvenir mismo de la nación; por la otra, lo que se llama el desarrollo económico es en realidad un fenómeno histórico que entraña el cambio de una sociedad, es decir, de cada uno de nosotros.

Hace 50 años se inició la Revolución mexicana. Esa fecha también tiene un significado universal: hace 50 años principió una ola revolucionaria en el mundo, que aún no termina. Dos veces se ha roto el equilibrio internacional. Han surgido nuevas potencias mundiales. Algunos países han saltado de la sociedad feudal a la era industrial. En Asia y en África han nacido muchas naciones; otras han recobrado su independencia. Mali, Ghana, Guinea: nombres ayer desconocidos. Éste es, a mi juicio, el trasfondo histórico del siglo XX, la verdadera novedad mundial. Por lo menos, nuestra novedad. Hemos dejado de ser paisaje de fondo o escena de la acción histórica; empezamos a participar en el drama. ¿Cómo se han realizado estos cambios y qué fuerzas sociales, históricas, humanas encarnan esta voluntad revolucionaria? Estas preguntas merecen una respuesta. El "pasado inmediato", para no hablar del *porvenir inminente,* exige una explicación. No bastan las afirmaciones dogmáticas. Un amigo me dice: ¿y tú qué propones? Mi libro termina en una pregunta. Y más, desde la primera hasta la última página, es una interrogación. Pero no es una pregunta gratuita, especulativa o abstracta. Interroga al presente. Asistimos quizá al fin de un periodo mundial, el de la llamada Guerra Fría. Si las grandes potencias llegan a un acuerdo permanente, o al menos a un entendimiento duradero, se abrirá una época de grandes cambios. Todas las fuerzas que desde la primera Guerra Mundial se han manifestado como violencia acaso cambiarán el signo de la destrucción por el de la creación. En primer término, en el interior mismo de los dos bloques (posibilidad tratada, confieso que con cierta ligereza, en *El laberinto);* después, y sobre todo, en la periferia, en los países "subdesarrollados" y "en proceso de desarrollo". La situación de estas naciones es uno de los temas centrales y constantes en las reuniones que desde algunos meses celebran en los cinco continentes casi todos los jefes de Estado y de gobierno. Sobre este problema nosotros los mexicanos (y otros muchos pueblos, en condiciones análogas a las nuestras) tenemos algo que decir.

Sería un error plantear el problema de nuestras naciones en términos puramente económicos. Los artistas, los escritores, los poetas también tienen algo que decir. En una carta reciente a Robert Escarpit —a propósito de un comentario que dedicó en *Le Monde* a la edición francesa de mi libro— le confiaba: "Nuestra generación ha vivido en plena lucha ideológica y en permanente crisis y examen de conciencia". Sin embargo, en los últimos tiempos se han operado aquí y allá ciertos cambios que, acaso, transformen por muchos años la historia mundial. Esto no quiere decir, naturalmente, que debemos relajar nuestra vigilancia. Pero los peligros que yo veo son distintos a los del pasado y no provienen tanto del fanatismo ideológico o del culto a los jefes como del inmenso conformismo que en todo el mundo se extiende, quizá como una consecuencia fatal del desarrollo de la técnica. No estoy en contra del progreso pero no creo que la comodidad pueda ser el ideal del hombre... Y no crea usted que es pesimista la última frase de mi libro. Cuando digo que el hombre moderno ha soñado con los ojos abiertos, quiero decir que se ha entregado a utopías racionales que han terminado en hecatombes. Será mejor entonces soñar con los ojos cerrados; establecer, reanudar la comunicación entre la vigilia y el sueño, única manera de conjurar la *hybris*. De otro modo la mitad oscura se venga, disfrazada de razón, lucidez, sentido histórico o eficacia. Si, como creo y espero, al fin accedemos a la "normalidad histórica", esto es, si alcanzamos el nivel de las sociedades plenamente industriales, nos enfrentaremos a nuevos obstáculos que no serán de orden económico sino espiritual. Adivino la sonrisa "sociológica" de los "progresistas" y de los "prácticos" al tropezar con la palabra *espíritu*. Pero *psiquis* tampoco les gustaría; está teñida de mitología y, en sentido estricto, de Eros. Es, diría, la palabra erótica por excelencia. En la sociedad industrial, tal como empezamos a entreverla, todas estas palabras —y las otras: *arte, poesía, imaginación, juego, amor, alma, sueño, analogía*— brillan por su ausencia. No es un lugar común· brillan ausentes porque, como las estrellas, la luz que nos envían es de otro tiempo... ¿El tiempo de antes? De antes y después. El hombre no va a ninguna parte si no va al encuentro de sí mismo. La gran conquista no es la del espacio exterior sino la del espacio interior.

V. CRÍTICA Y POÉTICA:
"EL ARCO Y LA LIRA" Y EL POETA CRÍTICO*

> Conversiones, retractaciones, excomuniones,
> reconciliaciones, apostasías, abjuraciones,
> zig-zag de las demonolatrías y las androlatrías,
> los embrujamientos y las desviaciones:
> mi historia,
> ¿son las historias de un error?
> La historia es el error.
>
> *Nocturno de San Ildefonso*

1. POLÍTICA DE LA POÉTICA

ENTRE los críticos de habla española de hoy, pocos son tan influyentes como Octavio Paz. Como crítico, Paz disfruta de una reputación que no es inferior a su reputación como poeta. Textos suyos que no versan precisamente sobre literatura, desde sus inquisiciones sobre cultura y política mexicana hasta sus estudios sobre Lévi-Strauss y Duchamp, entre otros, son ya clásicos en sus respectivos campos. Tal formidable alcance podría parecer, a primera vista, un resultado más del papel de animador cultural y director de revistas que Paz viene desempeñando durante más de 40 años. A su vez, ese papel forma parte de una imagen mucho más abarcadora: lo que un ávido reseñador norteamericano cierta vez llamara "la idea platónica del intelectual latinoamericano".[1] Pero si bien la estatura crítica de Paz nos puede parecer extraña en un poeta, no nos sorprende, en cambio, si pensamos que en nuestra América el crítico practicante (para invocar el nombre que Eliot daba a los poetas que también escriben crí-

---

* Publiqué este ensayo, que funde a su vez dos ensayos míos, en mi libro *Escritura y tradición. Texto, crítica y poética en la literatura hispanoamericana* (Laia, Barcelona, 1988), pp. 103-126.
[1] Michael Wood, "Dazzling and Dizzying", *New York Review of Books*, 21, 1974, p. 12.

tica) constituye la regla y no la excepción. Más sospechosas acaso pudieran ser las apologías que Paz ha pronunciado en torno a su labor crítica. Pues con frecuencia le ha recordado a su lector que, a diferencia de la poesía, que es su verdadera vocación, la crítica que escribe es enteramente accidental. Estas defensas, por muy inocentes que nos parezcan, tienen como mínimo efecto el de movilizar una estrategia de poder. Dado el carácter testimonial de la crítica practicante, toda interpretación que enuncia el poeta adquiere un cariz de privilegio. Dentro de esa estrategia, la autoridad retórica deriva de su cercanía a la poesía: la ceguera crítica se va corrigiendo a base de una intuición poética en un vuelo dialéctico que culmina en una visión totalizante, inmune a los riesgos de la especulación o la arbitrariedad. Al conceder sus límites como crítico, y al repetir esas concesiones con tal frecuencia, Paz ha logrado vaciar la retórica de la falsa modestia y convertir ese gesto defensivo en una postura de autoridad.

¿Pero qué nos queda al intentar una lectura de su obra poética? ¿Cómo leer al Paz poeta sin convertirse en el Paz crítico? ¿Cómo evitar su influencia poderosa y, al parecer, ineludible?

Si sólo fuera cuestión de descartar los ensayos de Paz como documentos que revelan poco o nada el estudio formal de su poesía, fácil sería la respuesta. Pero ni suspender la intención del autor ni defender el poema como forma orgánica —tal y como lo intentaran, cada uno a su manera, el formalismo ruso o el *New Criticism* norteamericano— ayudaría a resolver un problema más errático: ¿Cómo precisar la (necesaria) relación entre el discurso crítico y el discurso creador de Paz?[2] Invocar ese problema de por sí equivale a encarar los problemas metodológicos que acarrea la lectura de una obra tan extensa y compleja como la de Paz. Por eso en estas notas me propongo explorar estos problemas como meditación previa a una futura lectura de la obra del escritor mexicano. Y para ello quisiera aproximarme a aquel sector de la crítica que acerca de su obra ha intentado la empresa más predecible y acaso la más discutible: la lectura de su poesía en términos de su prosa ensayística.

---

[2] Para precisarlo necesitaríamos de una biografía intelectual de Paz que documente la evolución de sus ideas y sus vínculos con diversos movimientos intelectuales. El propósito de estas notas es preparar el camino hacia ese estudio.

2. La lectura de Phillips

Dos ejemplos de esa empresa son los libros de Rachel Phillips y Monique Lemaître: *Las estaciones poéticas de Octavio Paz* y *Octavio Paz: poesía y poética*.[3] El Paz que ambos estudios reconstruyen no es, por cierto, el errático escritor al que acabo de aludir. Se trata más bien del poeta-crítico consciente de la unidad de su obra. En su "Introducción", Phillips anuncia que su proyecto totalizante se acerca al de la poética estructuralista: "Aclarar el sistema lingüístico de la poesía de Paz", en vez de "extraer un mensaje" (p. 2). Con ese fin, Phillips provee una aproximación "modulada" con base en un modelo musical que le permite explorar "el contrapunto entre la fachada cambiante de la poesía de Paz y el patrón constante detrás del mismo" (p. 2). Así pues, las "estaciones" o modalidades que Phillips descubre en Paz constituyen metáforas de los componentes estructurales de su obra. El conjunto de estos componentes representa, a su vez, un sistema de diferencias y repeticiones temáticas, lo cual le permite a Phillips distribuir su lectura en cuatro elegantes capítulos. Los primeros tres definen las modalidades mítica, surrealista y semiótica, el cuarto y último demuestra cómo estas modalidades convergen a lo largo de la obra de Paz. Según Phillips, esas convergencias culminan en el poema *Blanco* (1967).

Si bien Phillips se propone aclarar "el corazón constante" (p. 6), el centro del mundo poético de Paz, los resultados de su investigación, que se resumen en la "Conclusión" del estudio, demuestran que ese centro es en realidad "dialéctico". El esquema dialéctico, cuyo tema es "el ciclo mítico de la trascendencia" (p. 153), descansa sobre tres de los libros de Paz: *Libertad bajo palabra, 1953-1957* (1960, 1968), *Salamandra* (1962) y *Ladera este* (1969). Los primeros dos momentos de este proceso, que corresponden a los primeros dos libros, demuestran el deseo de trascendencia e inmersión "en el infierno de

---

[3] Del libro de Phillips hay una traducción de Tomás Segovia (FCE, México, 1976), pero prefiero citar, en traducción propia, por la edición original (Oxford University Press, Londres, 1972). El libro de Lemaître se publicó también en México (UNAM, 1976). La paginación de las citas se refiere a estas ediciones.

la desesperación". En cambio, *Ladera este,* el libro que recoge los poemas que Paz escribió durante su segunda estancia en la India (1962-1968), marca el momento de síntesis: "el momento de reconciliación que le sigue a la temprana conciencia y a la angustia en desarrollo" (p. 154).

No nos equivocaríamos al juzgar el estudio de Phillips como un temprano ejercicio estructuralista. De hecho, posee todos sus atributos: concibe el "mundo poético" del autor como un sistema lingüístico; evita interpretar a favor de describir patrones "objetivos"; alude con frecuencia a las ideas de Dámaso Alonso, de Saussure y Lévi-Strauss; por último, identifica en Paz una modalidad "semiótica". Son todas éstas las consignas del estructuralismo; sólo que en este caso estas consignas esconden una lectura piadosamente temática, ya que no estructural. El estudio de Phillips parece estar más cerca, por eso, de la obra temprana de Roland Barthes —un libro como *Michelet par lui-même* (1954), por ejemplo, o como *Sur Racine* (1963)— donde se perfila la transición entre crítica temática y el estudio estructural del sistema de un escritor. Pero aun tal comparación le otorgaría a Phillips una capacidad (que no tiene) por revelar lo que Barthes llamaba "la red organizada de obsesiones". Es más, tan pronto como Phillips explica la base estructural de su aproximación modulada, nos revela que su verdadero interés metodológico radica en la psicología profunda o crítica arquetípica:

> El paradigma tras estas modalidades poéticas, como la secuencia de tonos completos y medios que fundamentan la modalidad musical, es el de la trascendencia a través del sufrimiento. En los mitos, es el renacimiento después de la muerte; en el surrealismo es la reintegración de la personalidad después de la exploración del subconsciente; las fronteras del ser se expanden en el amor; el surgimiento de la obra de arte le sigue a la lucha entre el artista y su medio [p. 3].

La cita demuestra que en vez de delinear un sistema diacrítico de relaciones y diferencias que revele las funciones del sentido en la poesía de Paz, Phillips prefiere llenar ese sistema con el repertorio temático que es típico de la crítica arquetípica. Su estudio se propone deslindar una serie de versiones románticas (o hegelianas, para ser más precisos) de exilio y regreso en la poesía de Paz. Sólo que al empeñarse en identificar sustancias en vez de funciones semánticas, Phillips termina hipostasiando esas mismas categorías como arquetipos —precisamente aquello que no son. En suma, a lo largo de su estudio Phillips se muestra consciente de que el "sistema" de una obra equivale, en efecto, a su interpretación; pero su aproximación modulada no cumple con los fines de esa conciencia.

Las confusiones que vengo apuntando aparecen con mayor nitidez en el capítulo que Phillips le dedica a "la modalidad semiótica" (pp. 83-117). En él, basta identificar cinco significantes de presencia para justificar el uso de esa etiqueta. Así pues, la "semiótica" de Phillips se convierte, curiosamente, en "la capacidad que tienen los nombres para llenar motivos profundizando así su sentido a medida que la palabra misma se va nutriendo de los recursos psíquicos tanto del creador como del lector-participante" (p. 84). Lo curioso acerca de este comentario es que tal modalidad semiótica, que dramatiza la dualidad de engaño y salvación, sí es en efecto uno de los temas fundamentales de la poesía de Paz; sólo que la terminología que Phillips emplea no le hace entera justicia. No quiero decir que Phillips se haya equivocado de tema: al contrario, lo identifica muy bien. Pero las definiciones a medias a las que recurre le impiden abarcar con precisión uno de los temas centrales de la poesía que estudia. Más allá de este problema de interpretación, siempre discutible, existe otro, más grave, de información. Asumir, como hace Phillips, que un "motivo" (*leitmotiv*) lleva una carga semántica, como una suerte de vehículo psíquico, impone un modelo estético que no sólo termina subvirtiendo el propio sentido del término *semiótica,* sino distorsionando la naturaleza misma de la crítica arquetípica. Para realizar el cruce entre crítica arquetípica y estructuralismo, y de ahí derivar una temática de sustancias, Phillips invoca, asimismo, la famosa redefinición del signo lingüístico que hiciera Dámaso Alonso en *Poesía española* (1948), el clásico manual de crítica estilística. Como se sabe, cuando Alonso replantea la naturaleza del significante saussureano, opta por no distinguir entre sonido e imagen acústica, como hiciera el lingüista ginebrino, sino por definir el signo como "un complejo de significantes parciales". Dicha definición le permite a Alonso volver a definir la carga conceptual del significante como afectiva, y de ahí postular una estilística de la emoción poética.[4] Phillips se equivoca, sin embargo, al pensar que la carga afectiva del signo alonsiano equivale sencillamente a la de los arquetipos tal y como los plantea la psicología profunda. Pues aun si fuera cierto que los arquetipos portan un contenido subjetivo (cosa que dudo), su significante pertenecería a un orden radicalmente distinto al del signo lingüístico tal y como lo define Alonso: mientras éste reside en el lenguaje mismo, el significante arquetípico forma parte de un inconsciente colectivo que es, por definición, prelingüístico.

Así pues, al sobreimponer una terminología estructuralista a una lectura temática (y bastante tradicional, por cierto), Phillips logra inventar un sistema, pero no logra domar, salvo en un curioso sentido negativo, la complejidad de la obra de Paz. Quiero decir que los resultados de su estudio, si bien confusos, siguen siendo valiosos en cuanto nos ayudan a aclarar el tipo de ceguera crítica que proyecta su objeto. Porque si bien es cierto que toda empresa crítica conlleva el riesgo de contaminación con su objeto en proporción a la distancia que asuma el crítico hacia ella, entonces la ceguera que surge de esa misma empresa debe resultar de su propio objeto. Dicho de otro modo: los "errores" tan evidentes en el estudio de Phillips bien podrían ser un síntoma más de los que evidencia el propio Paz en sus textos críticos. Y lo que sugiere esta relación es el uso estratégico que hace Phillips de las meditaciones del propio Paz sobre el fenómeno poético. En su primer capítulo, por ejemplo, una extensa referencia a "Los signos en rotación", el epílogo a la segunda edición de *El arco y la lira* (1967), le sirve a Phillips para interpretar el poema "Solo a dos voces", así como el conocido interés de Paz por Lévi-Strauss refuerza su discusión en torno a lo que Phillips llama "la

[4] Dice Alonso: "Al reducir Saussure el contenido del signo al concepto, desconoce totalmente la esencia del lenguaje: el lenguaje es un inmenso complejo en lo que se refleja la complejidad psíquica del hombre. El hombre, al hablar, no se conduce como una fría y desamorada máquina pensante. Todas las vetas de su vida espiritual —intrincada como una selva virgen— buscan expresión, y aun en las frases más sencillas el oyente intuye inmediatamente la densa carga, el rico contenido complejo de su significado". *Poesía española*, 5ª ed. Gredos, Madrid, 1971, pp. 25-26.

modalidad mítica", y que las notas que Paz añade a los poemas recogidos en *Ladera este* se convierten en pantallas axiológicas que filtran la lectura de Phillips. De todas estas referencias a ensayos o ideas concretas de Paz es a *El arco y la lira* al que Phillips alude con más insistencia, en parte por ser éste una verdadera mina de información acerca del pensamiento poético de Paz. Pero para comprender a fondo el sentido de esa insistencia es preciso abordar un paréntesis sobre este importante libro.

3. ENTRE EL SURREALISMO Y LA FENOMENOLOGÍA

El arco y la lira es, junto con el reciente *Sor Juana Inés de la Cruz o las trampas de la fe* (1983), uno de los esfuerzos más sostenidos de libro que ha realizado Octavio Paz. En su primera edición de 1956 al menos representó un cruce entre los atisbos filosóficos del surrealismo y la fenomenología existencialista. En seguida repasaremos algunos de los cambios posteriores que sufrió este libro, pero por el momento hay que subrayar la importancia de este cruce y el objeto que lo guía. Porque más que un análisis del fenómeno poético, *El arco y la lira* constituye una defensa de la poesía y de la presencia poética; es decir, es una defensa de la plena significación, poder e irreductibilidad del acto poético. Sin esa distinción entre análisis y defensa no se entiende ni el sentido del cruce intelectual ni la armadura retórica del libro. Paz realiza una simultánea apropiación de surrealismo y existencialismo en un primer contacto con estas corrientes durante su periodo de residencia en la Francia de posguerra (1945-1953). A su vez, estas corrientes se pueden identificar con conceptos lapidarios que aclaran sus respectivas funciones. Mientras que el surrealismo le sirve a Paz para identificar a la poesía como revolución epistemológica, el existencialismo le ayuda a interpretar la vida como sentido y temporalidad. Resultaría ocioso multiplicar los muchos ejemplos donde se evidencia este cruce a lo largo del argumento del libro. Sí debe quedar claro que en este momento Paz intenta realizar un matrimonio entre estas dos corrientes con vistas a construir una defensa de la poesía. En una entrevista con Roberto Vernengo, realizada en

Ginebra en 1954, en vísperas de la redacción de *El arco y la lira*, ya Paz hablaba de los paralelos entre el surrealismo y "la metafísica de la libertad de un Heidegger", como también de la necesidad de "meditar, como punto de partida semejante confrontación, el sentido de las palabras inspiración y proyección, entre otras". Añadía Paz entonces que no se trataba de "realizar una síntesis", sino de hallar "una coincidencia en ciertos puntos fundamentales [...] creación poética y reflexión filosófica iluminándose recíprocamente".[5] Una vez publicado *El arco y la lira*, y que diera a conocer la exploración de esa coincidencia, el proyecto todo del libro constituyó la columna vertebral de la defensa paceana de la poesía. Tomás Segovia, en una reseña de 1957, justo a raíz de la publicación del libro, se llegó a sorprender, por ejemplo, de la incongruencia de esa empresa, subrayando "cómo el muy relativo automatismo de Paz no manifestará el funcionamiento real del pensamiento, sino de la existencia".[6]

En efecto, en *El arco y la lira* Paz mantiene las jerarquías conceptuales del surrealismo pero sustituye la revelación *psíquica* por la *ontológica:* no le interesa revelar al *inconsciente* sino al *Ser.* Para ello se apoya en Heidegger, o al menos en cierta lectura de Heidegger que es propia del momento en que se publica la primera edición. Porque el Heidegger de Paz aparece no sólo como cónyuge germano del surrealismo francés, sino como el reducto de cierto humanismo existencialista que permea la vida intelectual francesa durante la posguerra. El Heidegger de Paz se acerca, de esta manera, al de Sartre (aunque nunca coincide con él), que es exclusivo de la segunda parte de *El ser y el tiempo* y que se limita a plantear los nexos sistemáticos con las nociones de "cura", "ser en el tiempo", y en general el "ser-ahí" de la existencia que se explica en la primera parte del mismo tratado. Esa lectura trunca es también, por cierto, la que impera entonces en el México de los años cincuenta, impulsada en parte por los cursos sobre Heidegger que años antes impartió José Gaos en la Universidad de México, al igual que por su traducción e introducción a *El ser*

---

[5] "Entrevista con Octavio Paz", *Sur*, núm. 227, marzo-abril de 1954, p. 62.
[6] "Entre la gratuidad y el compromiso", *Revista Mexicana de Literatura*, núm. 8, noviembre-diciembre de 1956, p. 109. Véase en el mismo número la perspicaz discusión de Manuel Durán, "La estética de Octavio Paz", pp. 114-136.

y el tiempo. (Gaos había llegado a México, como exiliado de la guerra civil española, a fines de la década de los treinta.) *Temporalidad, estar arrojado, proyección* son, entre otros, los términos heideggerianos que aparecían en la primera edición de *El arco y la lira.* Pero estos términos, cada uno sumamente complejo dentro del esquema total de *El ser y el tiempo,* siempre aparecerán supeditados a una noción personal de la temporalidad. No deja de ser significativo que una explicación de Ramón Xirau sobre la indistinción entre vida y muerte en la poesía temprana de Paz aparezca anotada con la aclaración de que ello ejemplifica "la actitud típica de la lectura emotiva que en aquellos años se hacía en México de *El ser y el tiempo".*[7]

Tanto el surrealismo como el existencialismo sufren, por tanto, una discreta dislocación en el texto de Paz. Por supuesto que la complejidad de esa dislocación rebasa cualquier paráfrasis que pudiéramos intentar aquí. Baste señalar que lo que se desprende claramente de esa apropiación es una violenta reinserción del sujeto, de la conciencia individual, dentro de dos discursos (el surrealismo y el

---

[7] Ramón Xirau, *Octavio Paz: el sentido de la palabra,* Joaquín Mortiz, México, 1970, p. 37, núm. 18. Nunca se ha documentado, que yo sepa, esta *Mexican connection* de Heidegger. Un cotejo preliminar tomaría en cuenta, me parece, la influencia no sólo de Gaos, que es evidente, sino también la de otros exiliados españoles, como José Bergamín, quien fue durante años gerente de la Editorial Séneca. Bajo su dirección, esta editorial publicó de las primeras traducciones de Heidegger al español en México: *¿Qué es metafísica?,* tr. Xavier Zubiri, Séneca, México, 1941, y *Hölderlin y la esencia de la poesía seguido de Esencia del fundamento,* tr. y ed. Juan David García-Bacca, Séneca, México, 1944. Anterior e independientemente se había hecho en México otra traducción del ensayo sobre Hölderlin: tr. E. Prado Vértiz y José Luis Martínez en *Tierra Nueva,* vol. 3, núm. 15, diciembre de 1942, pp. 143-153. Fue precisamente en esa misma editorial, en 1941, el mismo año en que se publica el primer volumen de Heidegger, donde Paz publica *Laurel,* la célebre y polémica "antología de poesía moderna en lengua española" que él ayudó a compilar. Para la versión de Paz sobre esta última gestión, véase su *Xavier Villaurrutia, en persona y en obra,* FCE, México, 1978, pp. 16-18, y el más reciente "Poesía e historia *(Laurel* y nosotros)", en su *Sombras de obras,* Seix Barral, Barcelona, 1983, pp. 47-93. Fue el propio Bergamín, por cierto, el que invitó a Paz a participar, en 1942, en un ciclo de conferencias que celebró el cuarto centenario del nacimiento de san Juan de la Cruz. Su intervención fue el conocido ensayo "Poesía de soledad y poesía de comunión", luego publicado en *El Hijo Pródigo,* 5, 1943, pp. 271-278. Posteriormente, Paz habría de revisar este texto considerablemente para incluirlo en *Las peras del olmo* (UNAM, México 1957), y luego en otra edición revisada (Seix Barral, Barcelona, 1971). Significativamente, Paz ha dicho de *El arco y la lira* que no es "sino la maduración, el desarrollo, y en algún punto, la rectificación de aquel lejano texto" (1956, p. 7). Una perspectiva más global de la atención que le presta el grupo "Hiperión" a Heidegger en México se encuentra en la tesis inédita de J. L. Groves, *The Influence of Heidegger on Latin American Philosophy,* Boston University, 1960.

existencialismo) que postulan, o que al menos implican, todo lo contrario: el empobrecimiento y límites de la conciencia ordenadora. Como demostró Emir Rodríguez Monegal, Paz revisó posteriormente *El arco y la lira* (con motivo de su edición francesa) con el propósito de disminuir el sello existencialista de la primera edición y actualizar su argumento con planteamientos derivados del estructuralismo. Esa puesta al día revela no sólo un esfuerzo por utilizar un nuevo discurso crítico, sino por acercar el argumento de *El arco y la lira* al de otros libros que paz publica conjuntamente en 1967, como son los ensayos de *Corriente alterna* y el libro sobre Lévi-Strauss.[8] El emblema de todos estos cambios resultó ser el nuevo epílogo a *El arco y la lira,* el cual, según advierte Paz en la edición revisada, sustituyó al anterior, del mismo título. Pero si bien Paz aprovecha, en los respectivos capítulos, una nueva conciencia de la estructuración del sentido como lenguaje, el desmantelamiento del primitivismo y, en el nuevo epílogo, la precursora demostración de Mallarmé en torno a la arbitrariedad del signo, ninguno de esos cambios logrará alterar el argumento humanista de la primera edición. Es más, todas esas revisiones, que a lo largo de la segunda edición se yuxtaponen a aseveraciones de origen fenomenológico o surrealista, terminan dramatizando la contrahechura del texto, su naturaleza ecléctica y, hasta cierto punto, rapsódica. En la primera edición, la reinserción del sujeto se infiltra, por ejemplo, en un mismo texto sin fisuras; en la edición revisada, en cambio, la actualización del discurso crítico a partir de estructuralismo (donde sólo hay lenguaje y ningún hablante) dramatizará aún más una brecha entre la fidelidad de la *presencia* poética y el descubrimiento del goce de una *diferencia* originaria. Es el gesto que se vislumbra, por ejemplo, en una de las primeras páginas del capítulo sobre "El lenguaje", donde, después de tachar y de añadir algunas frases, una nota al calce nos informa que "Hoy, quince años después de escrito este párrafo, no diría exactamente lo mismo".[9]

---

[8] "Relectura de *El arco y la lira*", *Revista Iberoamericana*, 32, 1971, pp. 35-41.

[9] *El arco y la lira*, 1ª ed., 1956; 2ª ed., FCE, México, 1967, p. 31. En lo sucesivo, las citas diferenciarán entre esta edición revisada y la primera edición, señalando fecha y paginación entre paréntesis.

Resultaría instructivo estudiar cada uno de estos momentos; auscultar, por ejemplo, la supresión de un párrafo del capítulo "El verbo desencarnado" donde se propone una lectura de la poesía moderna "a partir de los escritos teóricos de los poetas"; es decir, a partir de la filosofía de la poesía que es también, según Paz, "una teoría de la historia, una religión, y hasta una política" (1956, p. 210). Si Paz suprimió comentarios como éste en la segunda edición no fue sencillamente para evitar redundancias, sino porque esa supresión respondía a una economía textual que necesitaba mantener abiertas sus opciones. De ahí que dentro de esa economía nada más eficaz, al final del libro, que un epílogo (a diferencia de una conclusión) que autorice la digresión y suspenda la necesidad de deducciones. ¿No es acaso significativo que el editor de la primera edición de "Los signos en rotación" llamara a este ensayo "un manifiesto poético"? Nada menos resonante proponía ese sugestivo título nietzscheano que pedía una interpretación aleatoria del mundo. Pero lejos de ser el manifiesto aleatorio que el título anuncia, "Los signos en rotación" dramatiza una síntesis del Paz antiguo con el nuevo. Una lectura cuidadosa de este ensayo nos revela, entre otras cosas, que la posición filosófica de Paz ha sufrido una evolución mucho más profunda de lo que se piensa, a medio camino entre la defensa del sujeto hablante y la arbitrariedad del signo, entre la "presencia" que propone la fenomenología, por una parte, y la "diferencia", ostensiblemente liberadora, del estructuralismo y sus avatares.

Es en "Los signos en rotación", precisamente, donde Paz oscila más entre los polos opuestos de la esperanza heideggeriana, tan propia de la primera edición, y el goce nietzscheano. A veces de hecho sostiene las dos posiciones simultáneamente. El resultado es un texto deslumbrante cuya retórica —ese poderoso estilo epigramático tan suyo— nos ciega a su argumento. Las tensiones que estructuran su argumento se hacen evidentes, con frecuencia, en la misma página, a veces hasta en el mismo párrafo, como en la sección en que Paz distingue la crítica del sujeto que implica la empresa surrealista. Se exalta, por un lado, "la tendencia crítica que en nuestra época adquiere toda actividad artística" (1967, p. 277); por otro, sin embargo, advierte lo siguiente:

Pero hay que distinguir entre la tentativa por hacer del poema una creación en común y la que pretende eliminar al creador, personal o colectivo. Lo segundo delata una obsesión contemporánea: un miedo y una resignación. Una dimisión. El hombre es lenguaje porque es siempre los hombres, el que habla y el que oye. Suprimir al sujeto que habla sería consumar definitivamente el proceso de sumisión espiritual del hombre" [1967, p. 227].

El argumento "logocéntrico" de Paz (en el sentido que le da Derrida a este término: hacer de la palabra, de la *phoné*, una falsa presencia), de evidente raíz heideggeriana, se extiende a lo largo de dos páginas más e incluye un ataque en contra de la escritura como enajenación de la autopresencia: "Si el libro redujo al oyente a la pasividad del lector, estas nuevas técnicas tienden a anular al hombre como emisor de la palabra" (1967, p. 227). El argumento, por consiguiente, se hace circular en la medida en que vuelve a cuestionar la crítica del sujeto con que comienza, e intenta fundir, en una oración que disloca su discurso, la presencia del habla con la pluralidad y la diseminación de la escritura: "Así, la reaparición de la palabra hablada no implica una vuelta al pasado: el espacio es otro, más vasto, y sobre todo, en dispersión. A espacio en movimiento, palabra en rotación: a espacio plural, una nueva frase que sea como un delta verbal, como un mundo que estalla en pleno cielo" (p. 280).

Resumiendo: el carácter emblemático de "Los signos en rotación" evidencia la estructura de un argumento cuyas tensiones van más allá de una simple contradicción. Reconocemos el mismo argumento, por ejemplo, en la conocida crítica de Paz a Lévi-Strauss, la cual rechaza el carácter circular de toda significación puesto que excluye un punto de origen; como también en la dialéctica entre ironía y revelación que constituye el tema central de *Los hijos del limo* (1972). Por tanto, al confundir la empresa estructuralista con una refinada crítica temática, el libro de Phillips no hace sino repetir la apretada síntesis de conceptos filosóficos que realiza el propio Paz en sus escritos teóricos. En lo que toca a Paz, como hemos visto, lo que promueve esa estrategia es la defensa de la presencia poética y del papel del creador a expensas de conceptos potencialmente subversivos; es decir, conceptos que plantean, desde su propio contexto filosófico, el desprestigio del sujeto y la necesidad de movilizar otros modos de análisis que rebasen sus límites. A su vez, sin embargo, esa estrategia termina domesticando esos mismos conceptos, vaciándolos de toda posible subversión. De esta manera Paz logra actualizar, poner al día, su discurso crítico, sin tener que renunciar a la postura que mejor lo define: la de un humanista existencial.

4. La lectura de Lemaître

Si la supuesta ceguera crítica de Paz se nos hace más evidente en el discurso de los críticos que escriben sobre su obra que en el suyo propio, será porque aquéllos no pueden contener la política de su poética; es decir, no pueden sustraerse al poder que ejerce el ensayismo de Paz sobre el lector. Es sabido, desde luego, que no es nada sencilla la relación entre el discurso crítico y el discurso creador de un autor. Y en el caso de Paz el problema metodológico que acarrea esa relación se agrava aún más porque sus ensayos con frecuencia adquieren un poderoso sesgo académico. Lejos de ser el tipo de reseña o prólogo circunstancial que a menudo asociamos con la prosa de un poeta, la mayoría de los ensayos de Paz demuestran una lucidez y rigor documental que supera a la de muchos críticos profesionales. Si tomamos como ejemplo *El arco y la lira,* con el que nos hemos venido familiarizando, Paz escribe el libro en 1954, durante un año de beca en el prestigioso Colegio de México, y lo publica dos años después en la misma colección del Fondo de Cultura Económica (Lengua y Estudios Literarios) que ya para entonces incluía tales clásicos de la crítica académica como *Mímesis* de Auerbach y *Literatura europea y Edad Media latina* de Curtius. Por lo demás, son célebres las meditaciones de Paz sobre crítica literaria, como también sobre la ausencia de espíritu crítico moderno, en el pensamiento hispánico. Por último, Paz ha ocupado cátedras en prestigiosas universidades —Middlebury, Cornell, las de Cambridge, Pittsburgh, Texas, San Diego, y hasta hace unos años, Harvard. De manera que nada más difícil para el crítico profesional que evitar a Paz como contexto para el estudio de su obra. Para evitarlo haría falta establecer una distancia que permita reconocer las vindicaciones que justifican su discurso crítico. A su vez, habría que tomar en cuenta también el carácter asistemático que subvierte ese discurso. Son muchos los que reconocen esa falta de sistema (lo cual no significa una falta de coherencia) en la obra de Paz, y la desechan con el razonamiento (que desde luego comparto) de que Paz es, ante todo, un poeta. Son ellos mismos, sin embargo, los que no se resisten a aplicar el conocimiento de esa poderosa subjetividad poética al estudio de las relaciones entre su poesía y su poética.

Si la lectura crítica de esa obra consistiera únicamente en demostrar esas relaciones, entonces el libro de Monique Lemaître sin duda sería un estudio ejemplar. En el examen de la poesía de Paz, su propósito explícito es el de interpretarla "mediante sus propias teorías poéticas" (p. 8). Lemaître es consciente, desde luego, de que la poética de Paz no es una simple preceptiva, y de que *El arco y la lira*, por ejemplo, resulta ser "una autobiografía intelectual parcial del autor" (p. 5). Pero también sostiene la autora que, ante todo, su punto de partida "consistió en tratar de leer a Paz como pensamos que él quisiera que se leyera" (p. 6). Cómo Lemaître determina ese método de lectura aparece prescrito por el propio *El arco y la lira*, que Lemaître toma como modelo del suyo. Al decir *modelo* empleo la palabra en su sentido estricto, ya que el libro de Lemaître repite los títulos y hasta el orden de muchos de los capítulos de *El arco y la lira* "con la intención de seguir a Paz paso a paso y conforme al orden que él mismo dispuso" (p. 9). Resulta evidente, por tanto, que el libro de Lemaître intenta reproducir los detalles del de Paz, a pesar de que el más somero cotejo de los índices de ambos libros revela grandes diferencias. Lemaître no discute, por ejemplo, los comentarios de Paz sobre "Poesía y poema" en su capítulo inicial, mientras que *El arco y la lira* sí lo hace. El capítulo II, que reproduce fielmente la discusión de Paz sobre "El poema", omite, en cambio, la sección sobre "Verso y prosa". De la misma manera, el capítulo III no menciona la sección sobre "La revelación poética", y el capítulo IV deja fuera los que tienen que ver con "Ambigüedad de la novela" y "El verbo descarnado". Tampoco se discute ni el epílogo (en ninguna de sus dos versiones), ni ninguno de los tres apéndices de *El arco y la lira*. Dicho de otro modo: Lemaître aspira a repetir a Paz con el propósito de acercar el discurso crítico a la poética del autor. Pero al igual que el Pierre Ménard de Borges, que aspiraba a escribir el *Quijote* de Cervantes olvidándolo, las diferencias que subvierten esta repetición producen un texto paródico. Si en el caso del libro de Phillips la discreta adopción de la poética de Paz señalaba la contaminación y pérdida de la distancia crítica, en el caso del libro de Lemaître el proyecto de un matrimonio entre "poesía y poética" demuestra los extremos a que puede llegar esa misma contaminación y la supresión de toda distancia. A su vez, la omisión de secciones enteras de *El arco y la lira* dentro de un argumento que pretende documentar esa poética "paso a paso", demuestra la imposibilidad de ese proyecto, sobre todo en lo que toca a conciliar las ideas que contiene este libro con posteriores ensayos de Paz. Hay algo fatalista en el estudio de Lemaître, algo que podríamos llamar "justicia poética" de no ser por la ironía que ello implica. Su texto parece satisfacer lo que hace años las obras de Paz han pedido a gritos: una unión entre teoría y práctica, ese matrimonio realizado, y nada menos, que en el propio espíritu del poeta. De hecho, el estudio de la prosa y poesía de Paz parecen prestarse a esa postura privilegiada —una postura más privilegiada al menos que en el caso de otros poetas menos elocuentes. Pero, para repetir mi idea central: ¿Cómo escribir acerca de la poesía de Paz sin hacer uso de sus ensayos? ¿Cómo explicar su poesía sin hacer eco de sus ideas? Dicho de otro modo: ¿Cómo escribir sobre Paz sin convertirnos en Paz, o sin convertir a la crítica sobre su obra en una suerte de autobiografía?

Son los propios poetas-críticos, desde luego, los primeros en defender la unidad entre teoría y práctica de su obra. A su vez, son ellos los mismos que sostienen la prioridad de su poesía por sobre su crítica. Eliot llegó hasta a decir que la crítica de un poeta era en realidad una defensa de su poesía. De esta manera, toda poética puede convertirse en un modo de conocimiento, en una pantalla contra la cual proyectamos, y ahí corregimos, todo error. Ninguna poética, sin embargo, puede ser una presencia cuya diferencia sería el poema; pues una poética no es tanto la respuesta a la pregunta que el poema nos hace como el espacio donde aparece el deseo del poeta. Dicho de otro modo: pensar en una poética, como pide Lemaître, como un código infalible que termina eliminando al propio poema, significa ignorar que la relación retórica entre una y otro es mucho más problemática. Porque una poética no es sino el rastro de un origen cuya pérdida el poema nos narra.

Es a partir del romanticismo, así como de la autoconciencia que supone la crisis de la modernidad, que surge el fenómeno del poeta-crítico en la historia literaria. Y es esa misma autoconciencia la que suele invocarse como una suerte de monismo que garantiza la continuidad semántica y retórica entre la teoría y práctica del escritor. Y sin embargo, dada la temporalidad que determina toda obra, la producción de una teoría o ensayo es siempre posterior a la de una práctica o poema. Así como el prólogo sólo se escribe una vez que se termina de escribir el libro entero, una poética se *deriva* del poema. "La literatura —decía Unamuno— no es cuestión de precepto, sino de *pos*-cepto." Es decir que el monismo implícito en la obra del poeta-crítico siempre está sujeto a un mínimo de discontinuidad o fragmentación. Si en la crítica de un poeta la teoría siempre trata de alcanzar, como quien dice, el preconocimiento que posee la literatura (ya que el texto contiene todas las posibles lecturas que de él se puedan hacer), entonces, ¿cómo distinguir entre la poética y la mera autojustificación, entre texto y contexto, o entre una autovaloración y la sencilla revisión? Si tomamos al propio Paz como ejemplo, ¿cómo establecer que *El arco y la lira* constituye en efecto una teoría sistemática de la poesía y no una poética personal que Paz produjo como contextos para la lectura de su poesía anterior a 1956? De la misma manera, ¿cómo asegurarnos de que las posteriores revisiones de este libro no intentan justificar la poesía posterior? Lo mismo se podría señalar, por cierto, acerca de textos que se suelen tomar como paralelos, texto parejas como *El laberinto de la soledad* (1950), y *¿Águila o sol?* (1951), o *Conjunciones y disyunciones* (1969) y la poesía de *Ladera este* (1969). ¿Se pueden reducir los poemas de uno y otro libro a las ideas que contienen sus respectivos (y paralelos) libros de ensayos?

Pocos libros en la obra de Paz se prestan más a esa lectura paralela que *El arco y la lira* y *Libertad bajo palabra, 1935-1957*. En 1967, el año en que aparece la segunda edición de *El arco y la lira*, Paz revisó también por segunda vez el texto de *Libertad bajo palabra* con el propósito de publicarlo al año siguiente. Desde entonces las dos ediciones revisadas, ambas publicadas por el Fondo de Cultura Económica, han corrido la suerte de textos paralelos, y a menudo sirven como introducción general, para el lector promedio al menos, de la poética y poesía de Paz. Resultaría difícil, desde luego, negar esa función a estos dos libros: tanto nos dicen sobre esa obra. No obstante, habría que cuestionar la autoridad absoluta de ese paralelo. Pues como sugiere la genealogía que acabo de resumir, las revisiones que afectaron la producción de un texto como *El arco y la lira* aparecen también en *Libertad bajo palabra*. De hecho, no exageraríamos al señalar que lo que más acerca a los dos libros es el común escamoteo de su textualidad.

Por ejemplo: la "Advertencia " anónima que aparece en la segunda edición de *Libertad bajo palabra, 1935-1957* (1960), nos dice que "este volumen contiene la obra poética de Octavio Paz, desde 1935 hasta 1958", afirmación que confirma las fechas del subtítulo.[10] A pesar de que la "Advertencia" aclara, además, que "se han excluido los poemas de adolescencia", y que "el autor [...] ha desechado algunos poemas" (p. 7), resulta evidente que el subtítulo sugiere una recopilación comprensiva. Pero el propio contenido del libro revela otra historia. Citando otra vez la "Advertencia": "Con la sola excepción de cuatro composiciones iniciales de la sección *Puerta condenada*, se excluye toda la poesía temprana" (p. 7). La misma "Advertencia", aclara, asimismo, que aunque la división del libro "tiene en cuenta las fechas de composición" no sigue un criterio cronológico, "sino que se atiene más a las afinidades de tema, coda, ritmo, entonación o atmósfera" (p. 7). Ocho años después, en la segunda edición revisada, Paz incluyó una segunda nota, firmada "Delhi, noviembre 1967" en la que aclaraba lo siguiente:

> No estoy muy seguro que un autor tenga derecho a retirar sus escritos de la circulación. Una vez publicada, la obra es propiedad del lector tan-

[10] Cito por la tercera edición, de 1968, del Fondo de Cultura Económica, p. 7.

to como del que la escribió. No obstante, decidí excluir más de cuarenta poemas en esta segunda edición de *Libertad bajo palabra*. Esta supresión no cambia al libro: lo aligera. Apenas si vale la pena añadir que el conjunto que ahora aparece *no es una selección* de los poemas que escribí entre 1935-1957; si lo fuese, habría desechado sin remordimientos otros muchos... Por otra parte, corregí unos cuantos poemas y me pareció que, sin renunciar a la división en cinco secciones, era necesario ajustarse con mayor fidelidad, hasta donde fuese posible, a la cronología. La nueva disposición me obligó a cambiar los títulos de algunas secciones [p. 8].

La nueva "Advertencia", elocuente de por sí, confiesa el "crimen" pero borra las huellas. Aunque la primera edición nunca pretendió recopilar una "poesía completa", la nueva nota no defiende nada menos. Al excluirse 40 poemas, y al justificar esa exclusión, Paz no sólo cambió el libro sino que cambió lo que ya había sido cambiado. Y de manera tal que se sugería como una sutil destilación de un volumen amorfo de "poesía completa". Nunca hubo tal volumen, desde luego, y la segunda edición de *Libertad bajo palabra, 1935-1957* está aún más lejos de serlo. La sintaxis de la quinta oración en la segunda "Advertencia" la hace deliberadamente ambigua, pues en realidad no sabemos cuál de sus sentidos tiene: 1º si la segunda edición no es una selección de poemas; 2º si la primera edición no lo fue, y 3º si ninguna de las dos lo fue. La fidelidad cronológica, en la nueva "Advertencia", resulta igualmente falaz, ya que, como indica la primera "Advertencia", la primera edición atiende a otra disposición más subjetiva. No tiene sentido, en todo caso, debido a los cambios de título que confiesa la segunda "Advertencia".

Para probar las revisiones que ha sufrido el texto de *Libertad bajo palabra* habría que realizar un cotejo de sus varias versiones, lo cual de por sí tomaría todo otro ensayo, o acaso hasta otro libro.[11] Pero

---

[11] Paz ha llegado a confesar su "manía revisionista", como quien dice, en la "Advertencia" a su *Poemas (1935-1975)*, Seix Barral, Barcelona, 1976, su más reciente recopilación: "Repito lo que dije entonces: este libro no es una selección de mis poemas. Si lo fuera, habría desechado sin remordimiento muchos otros más. La selección la hará el tiempo. Ya sé que es un juez ciego y guiado por otra ciega: la casualidad. No importa: a lo largo de los años, a sabiendas de la inutilidad de mis esfuerzos, he recorrido una y otra vez mis poemas. Homenajes a la muerte del muerto que seré" (p. 11). Por mi parte, estoy consciente de que en el capítulo II de este li-

no hay que ir tan lejos para sacar algunas conclusiones al respecto. En primer lugar, es evidente que tanto el subtítulo del libro como la "Advertencia" anónima resultan ser máscaras retóricas que crean la impresión de un texto totalizante, impresión que se desmantela tan pronto como descubrimos la genealogía real del texto. Mientras que las revisiones de Paz han subvertido la posibilidad de un volumen de poesía completa, estas máscaras sobreimponen una imagen totalizante que esconde la realidad más discreta del libro. De esta manera, podemos descubrir la peculiar ceguera de estudios como los de Phillips, que construyen modelos críticos sobre la base tan frágil de *Libertad bajo palabra,* como si éste siempre hubiese sido el mismo e inalterable texto. En su "Introducción" Phillips admite, por supuesto, que existen diferencias considerables entre las dos ediciones del volumen. Pero esa admisión pierde valor en cuanto añade que "todas nuestras citas se basan en la segunda edición, respetando así los deseos del poeta" (p. 2). Phillips parece casi obligada a descuidar las revisiones de Paz, ya que de prestarles atención amenazaría con desmantelar la estructura dialéctica que su estudio atribuye a la totalidad de la poesía. Por último, *Libertad bajo palabra, 1935-1957* y *El arco y la lira* no constituyen un paralelo orgánico de poesía y poética. Lo que más acerca a estos dos libros es su mutua discontinuidad.

5. El poeta-crítico

Plantear las cuestiones que he revisado en torno a la obra de Paz corre el riesgo de ser malentendido como una repetición disfrazada de la llamada "falacia intencional" —aquel tabú heredado del *New Criticism* norteamericano en contra del testimonio del autor como fuente de interpretación del texto literario. Debe quedar claro, no obstante, que en lo anterior no me he estado refiriendo al caso aislado de los comentarios que un poeta pueda o no hacer acerca de su obra. Tampoco me he referido a sus justificaciones *a posteriori,* como

bro se plantea la misma cuestión desde el punto de vista de la historia del texto de *Libertad bajo palabra.* En cambio, aquí mi interés es la imposible relación orgánica entre los textos de *Libertad bajo palabra* y *El arco y la lira.*

tampoco he abogado por un formalismo ascético. Mi planteamiento es más sencillo: interrogar la función retórica que las teorías de un poeta asumen en torno a su poesía; el papel que desempeña su prosa discursiva dentro de la configuración total de su obra —ese papel que muchos lectores adoptan, por cierto con el simple propósito de descodificar otro texto poético, acaso más abstruso. Mi planteamiento, por eso, se reduce a una pregunta: ¿son los poetas los mejores críticos? Y la respuesta que doy es francamente equívoca: sí y no.

Es a partir de la obra de Coleridge, quizá, que se les atribuye a los poetas nada menos que la fundación de la propia crítica literaria. Pero de alguna manera nunca nos llegamos a plantear el dilema que implica derivar toda teoría literaria de una empresa poética. De la misma manera que nunca se llegan a plantear las complejísimas relaciones retóricas entre la poesía y las teorías críticas de estos fundadores. Nuestra ignorancia se refleja a veces en hábitos que apenas sospechamos. Como por ejemplo cuando reconocemos los prejuicios que muchos poetas reflejan en su crítica, lo que equivaldría a su resentimiento hacia otros textos rivales. Al oponernos a esos prejuicios, defendemos nuestra propia lucidez crítica, nuestra pretendida "objetividad", pero seguimos aceptando otros textos menos personales, acaso más teóricos y más cercanos a nuestra concepción tradicional de lo que constituye una poética, para así mantener nuestra propia interpretación de su poesía. En cambio, si la crítica de un poeta nos resulta útil e interesante, no ha de ser, por cierto, a causa de su valor documental, lo cual siempre tiene sus límites. Más bien será porque es en ese discurso que podemos trazar el intercambio entre deseo y autoengaño que estructura la epistemología de todo ejercicio crítico.

El caso de Baudelaire es precisamente el de uno de esos augustos "fundadores", y es en su obra, me parece, donde se plantea con mayor nitidez la relación problemática entre poética y poesía. Más pertinentes aún resultan ser las opiniones del propio Baudelaire sobre el fenómeno del poeta-crítico moderno. Esas opiniones aparecen, casi como un paréntesis, en su célebre ensayo sobre "Richard Wagner y Tannhäuser en París". Como se sabe, en este célebre ensayo, Baudelaire exalta a Wagner y su uso de la mitología como resultado de su papel como teórico y poeta. Baudelaire defiende esa doble vocación en contra de las acusaciones de racionalismo y autojustificación que la fama de Wagner desató en el París de los años 1860. El comentario de Baudelaire, somero pero brillante, sobre la naturaleza del poeta-crítico comienza tan pronto como invoca la necesidad fatal de esa figura. Cito en extenso:

> ¿Cómo podría Wagner no comprender admirablemente el carácter sagrado, divino, del mito, él que es poeta y crítico al mismo tiempo? He escuchado a mucha gente sacar del dominio de sus facultades y de su alta inteligencia crítica una razón de desafío relativo a su genio musical, y creo ésta la ocasión más propicia para refutar un error muy común, cuya raíz principal es quizá la envidia, el más torpe de los sentimientos humanos. "Un hombre que razona tanto sobre su arte no puede producir bellas obras con naturalidad", dicen algunos que disectan así el genio de su racionalidad y asignan una función puramente instintiva, vegetal, por así decirlo. Otros quieren considerarlo como un teórico que ha escrito óperas sólo para verificar, *a posteriori,* el valor de sus propias teorías. No sólo es esto totalmente falso, puesto que, como se sabe, el maestro comenzó desde muy joven a producir ensayos poéticos y musicales de una naturaleza variada y sólo progresivamente ha conseguido hacer un ideal del drama lírico; también es totalmente imposible. Sería un hecho nuevo en la historia de las artes que un crítico se hiciera poeta —una inversión de todas las leyes psíquicas: una monstruosidad. Al contrario, todos los grandes poetas se convierten, natural y fatalmente, en críticos. Lamento a los poetas a quienes guía el solo instinto; los creo incompletos. En la vida espiritual de aquéllos se produce una crisis en la que se quiere razonar su arte, descubrir las leyes oscuras en virtud de las cuales se producen, y extraer de ese estudio una serie de preceptos cuyo divino fin sea la infalibilidad en la producción poética. Resultaría prodigioso que un crítico se convirtiera en poeta, y resulta imposible que un poeta no contenga un crítico. El lector no se sorprenderá, por tanto, de que yo considere que el poeta es el mejor de todos los críticos. Los que reprochan al músico Wagner por haber escrito libros sobre la filosofía de su arte y de ahí derivan la sospecha de que su música no es un arte natural, espontáneo, deberían entonces negar igualmente que Da Vinci, Hogarth, Reynolds, hayan podido pintar buenos cuadros, sencillamente porque ellos también dedujeron y analizaron los principios de su arte.

¿Quién discute mejor la pintura que nuestro gran Delacroix? Diderot, Goethe, Shakespeare —tanto productores como admirables críticos. La poesía existe y se afirma primero; y después engendra el estudio de las reglas. Tal es la historia indiscutible del trabajo humano.[12]

Baudelaire nos habla de una crisis en la carrera del poeta como el origen de una búsqueda razonada tras una filosofía del arte. El acto crítico que invoca Baudelaire no es una mera metáfora del esfuerzo de composición. Antes bien, nombra el deliberado intento de teorización. Esa teoría se sabe emparentada con la poesía, pues determina su crisis, como también superior a ella: invoca poderes racionales, por ejemplo con el propósito de revelar "leyes oscuras" y "preceptos" que la poesía por sí sola jamás podría describir. Al igual que la filosofía, la crítica del poeta invoca un conocimiento autorreflexivo, crítico, que sólo puede generar su poder expulsando una otredad —el pensamiento mítico o precientífico en el caso de la filosofía, la poesía en el caso de la crítica— cuyo carácter aparece determinado por su incapacidad ante dicho conocimiento. En relación con su expulsada otredad, por tanto, la crítica que escribe el poeta asume la necesidad de desmistificar el discurso aparentemente ingenuo y engañoso de la poesía con el propósito de restaurar una coincidencia entre signo y sentido. La crítica del poeta, según Baudelaire, siempre asume esa posición retórica no importa cuán deliberado sea su intento de desmistificación.

Y sin embargo, es precisamente esa retórica desmistificadora la que termina causando los propios autoengaños de los que pretende escapar. Como ha demostrado Paul de Man, en una meditación que responde oblicuamente al planteamiento de Baudelaire, "la retórica de crisis plantea su propia verdad en forma de error. Es radicalmente ciega a la luz que emite".[13] Es decir, todo planteamiento de crisis, tal y como lo dramatiza el poeta-crítico, incurre en una automistificación en el preciso momento en que pretende desmistificar su otredad. En tanto que el lenguaje poético sí se despide de la realidad

---
[12] Traduzco de Charles Baudelaire, *L'Art Romantique. Littérature et musique,* ed. Lloyd James Austin, Garnier-Flammarion, París, 1968, pp. 111-113.
[13] Traduzco del ensayo "Criticism and Crisis", en su *Blindness and Insight,* Oxford University Press, Nueva York, 1971, p. 16.

que designa —puesto que él mismo se sabe una ficción en la que no pueden coincidir signo y sentido— la prosa del poeta-crítico, siempre desmistificadora, intenta regresar a esa realidad y restaurar esa coincidencia. Como tal, la crítica que escribe el poeta, su ostensible "poética", supone que la naturaleza teórica del discurso crítico garantiza un replanteamiento más directo y preciso de los mismos temas de que habla la poesía. Ahora bien, ¿es esa garantía verdaderamente posible?

Es casi un lugar común sostener que todo poeta-crítico escribe sólo el tipo de crítica que le interesa como poeta. Pero tal beatería por lo general termina escondiendo que son los propios poetas-críticos los que profieren ese lugar común, con el propósito las más veces de borrar las fronteras entre crítica y poesía y así aseverar la unidad de su obra. Se podría demostrar, a mi juicio, que cuando un poeta escribe crítica que hace eco de su poesía, en realidad nos está ofreciendo una poderosa interpretación de esa poesía y no, como se suele pensar, una poética implícita o escondida. Toda crítica de crisis, la que surge de un intento desmistificador, aspira a reescribir un conocimiento poético; pero esa misma voluntad desmistificadora necesita cegarse a los poderes nihilistas de toda ficción. Todo intento de poética, a su vez, termina divirgiendo del acto poético y desplazando su interpretación hacia la creación de otro texto, un *con*-texto, si se quiere, siempre diferente al del acto poético anterior, no a pesar sino precisamente a consecuencia del deseo rectificador que lo suscita. Por lo demás, dicha interpretación, al ser formulada a partir de una retórica de crisis, constituye una distorsión de esos mismos textos poéticos, distorsión que sigue siendo de utilidad, desde luego, como índice de futuras lecturas de la obra de ese poeta. Subestimar el poder que ejerce esa interpretación equivale a rendirse ante la dimensión política de la retórica de crisis y a otorgarle al poeta-crítico poderes que ni siquiera él mismo reclama. Tales proyectos como los que Baudelaire invoca de "infalibilidad" o de "revelación de oscuras leyes", por ejemplo, aparecen constituidos por una estructura futura que excluyen el presente. Tal es, por tanto, la falacia en que se incurre al leer la obra de un poeta según sus planteamientos sobre poesía, o lo que con frecuencia llamamos su "poética". Esa "poética" siempre aparece mistificada por el deseo de controlar tanto el texto poético (en busca de una infalibilidad perdida) como toda futura interpretación que de ella se haga. A su vez, todo aquel que cae víctima de la autoceguera del poeta-crítico termina imitando su error, sólo que de manera aún más patética.

La formidable intuición de Baudelaire consistió en descubrir el mecanismo que regula las tensiones entre crítica y crisis dentro de la prosa discursiva de todo poeta. No obstante, el propio Baudelaire no se dejó engañar pensando que él mismo podría evadir la problemática general de poeta-crítico. Su ceguera (siendo él mismo, en fin, poeta-crítico), consistió en menospreciar las implicaciones de esa problemática, lo que de otra manera le hubiese demostrado la fundamental discrepancia retórica entre poesía y poética. Sí favorecería, en cambio, una hipóstasis del "progreso de la poesía", lo que el ensayo llama "el divino fin de la infalibilidad en la producción poética". Pero en la medida en que esa ceguera puede haber compensado el uso estratégico del adjetivo *divino*, que esquiva cualquier referencialidad, queda otra vertiente más por explorar.

La intuición de Baudelaire sobre la estructura de crisis en la crítica de todo poeta la propone un poeta-crítico en el acto mismo de derivar una teoría acerca de la obra de todo poeta-crítico. La proposición misma, por tanto, parece estar sujeta a la ceguera que ella implica —lo cual equivale a sacudir todo el esquema epistemológico de Baudelaire. Para llegar a esa conclusión, sin embargo, habría que ignorar que el propio Baudelaire pudo haber anticipado esa objeción al incluir su breve teoría sobre el poeta-crítico dentro de un ejercicio (uno de sus pocos) de crítica musical y en el contexto de una discusión sobre el uso de la mitología en Wagner. La música y el mito, como se sabe, son las dos musas del compositor alemán, y son ellas mismas las que constituyen la quintaesencia de ese discurso que se sabe ficticio —aquel que no sólo ostenta la disparidad entre signo y sentido, sino que construye toda una semiótica a partir de ella. A lo largo de toda la segunda sección de su ensayo, por ejemplo, Baudelaire alude al uso que hacía Wagner de material legendario y de las divergencias entre ese material histórico y el uso estético que Wagner le daba. A este último Baudelaire lo llama el "método de abstracción", método que para él lograba "el Ideal": "Para construir libremente el drama ideal resultaría prudente eliminar todas las dificultades que pudieran surgir de detalles técnicos, políticos o aun demasiado positivamente históricos" (p. 278). Más adelante, Baudelaire pasa a atribuirle a Wagner "una admirable comprensión de la naturaleza divina y sagrada del Mito", opinión cuyos adjetivos subrayan la naturaleza no mimética, antirreferencial, del discurso wagneriano. Sin embargo, Baudelaire parece sugerir también que el poeta-crítico corre el riesgo de que su método sólo intuya "las oscuras leyes" de la poesía por medio de las metáforas de que su crítica hace uso. Se diría, por eso, que Baudelaire se sitúa en una especie de "cuerda floja" hermenéutica: una constante autolectura que privilegia la revelación poética a la vez que se expone al pluralismo interpretativo. Baudelaire parece haber entendido que toda crisis implica el error, pero prefirió su ceguera a la intuición a fin de asegurar la política de su poética.

Conclusión

Estas notas al margen de la obra de Octavio Paz corren el riesgo de ser malentendidas como una cruel guerra en contra de su poética. Un par de aclaraciones en torno a ese posible malentendido me servirán para concluir.

He tratado más bien de pensar lo que es una poética y en qué radica su estatuto textual.[14] Una poética no es una presencia estable cuya diferencia sería el poema. No es, por tanto, la respuesta a la pregunta que plantea el poeta, o siquiera la que plantea el crítico profesional, sino el espacio donde se juegan las ilusiones de poeta-crítico: la radiografía, por así decirlo, de su deseo. El dilema de una poética, para nosotros los lectores interesados, es que siempre escapa a su creador —un poco como la ideología de clase, la estructura y función del mito, o las leyes de un lenguaje para el hablante nativo. Cuando se habla de una poética siempre se asume una coherencia de intención

[14] Los estudios de Phillips y Lemaître no han sido los únicos en intentar esta misma empresa. Edelweis Serra, en su "Poesía y poética de Octavio Paz", ensayo recogido en su *El men-*

y sentido. Pero al hablar de ella de alguna manera nunca nos llegamos a plantear la propia problemática de intención y sentido que sustenta la articulación de esa poética. Nada más tentador, por eso, que suponer que Paz, acaso el poeta más elocuente de nuestra historia literaria (con la excepción, quizá, de Martí) nos pueda ofrecer la clave privilegiada de la lectura de esa obra. Y sobre todo para nosotros, sus contemporáneos, que con él compartimos su deseo por actualizar un discurso crítico que produzca nuevas lecturas de nuestros textos. Pero si hemos de hacer homenaje a Paz no será, ciertamente, duplicando reflexivamente las observaciones que encontramos en su prosa. Sí será, en cambio, entablando un *diálogo* con sus textos; percibiendo, si así fuera necesario, la discontinuidad que media entre lo que él mismo impone y lo que le es impuesto por los esquemas de lenguaje de que hace uso. Si bien Paz el poeta nunca ha dejado de creer que lo Otro es lo mismo, nosotros sus lectores y críticos hemos de afirmar, sin pena, que lo Otro no siempre es lo Mismo: a veces, también es lo Otro.

saje literario (Universidad Nacional de Rosario, Facultad de Filosofía, Rosario, 1979, pp. 33-64), ha intentado demostrar "cómo la teoría poética del ensayista tiene su correlato en su propia poesía" (p. 33). Su lectura de varios poemas de Paz, sobre todo "Piedra de sol" y "Salamandra" demuestran, en efecto, muchas coincidencias entre éstos y el pensamiento de Paz. Pero para justificarlo Serra a veces tiene que violentar datos de la bibliografía de Paz. No es cierto, por ejemplo, que "Piedra de sol" fuera "concebido casi al mismo tiempo que la obra teórica *El arco y la lira* (1956)". Paz comenzó a escribir ésta a mediados de 1952 y la completó al año siguiente: el poema es *posterior* al ensayo. A falta de esa coincidencia cronológica, por tanto, habría que demostrar esa "transferencia recíproca entre poesía y ensayo" (1953) a base de un método de lectura precisamente *inverso* al que utiliza Serra: la interpretación, y hasta cierto punto, la corrección que de *El arco y la lira* pueda realizar "Piedra de sol". Por lo demás, el estudio de Serra de 1979 ni siquiera toma en cuenta la segunda edición revisada de *El arco y la lira,* a pesar de que sí cita (p. 60, núm. 12) de la publicación por separado de *Los signos en rotación* (Sur, Buenos Aires, 1965). Si el propósito ulterior ésta a mediados de ensayos como los de Serra, Lemaître y Phillips es demostrar el pensamiento poético de Paz, harto más eficaz me parece el reciente libro de Jorge Arturo Ojeda, *La cabeza rota* (Premiá Editora, México, 1983). En él se hilan diversos fragmentos de los ensayos de Paz para reconstruir los conceptos que operan en su pensamiento (el poeta, el lenguaje, el verso, la inspiración, la crítica, etc.), sin tener que establecer nexos discutibles con los poemas. El peligro del estudio de Ojeda sigue siendo, claro está, que vacía el pensamiento de Paz de su natural evolución. Es decir, no toma en cuenta los *cambios* de Paz y la significación que esos cambios acarrean.

VI. SOR JUANA, OCTAVIO PAZ Y LA POÉTICA DE LA RESTITUCIÓN*

> Y diversa de mí misma
> entre vuestras plumas ando
> no como soy, sino como
> quisisteis imaginarlo.
>
> "A las inimitables plumas de la Europa"
>
> No hay sentido: hay piedad, hay ironía.
> Hay el pronombre que se transfigura:
> Yo soy tu yo, verdad de la escritura.
>
> "Aunque es de noche"

1. Introducción

EN LAS últimas páginas de *Sor Juana Inés de la Cruz, o las trampas de la fe* (1988), Octavio Paz resume su opinión de la vida y obra de la monja mexicana comentando que "su derrota cobra, gracias a su obra, una significación diferente: su luz la ilumina. Sus escritos, en especial la *Respuesta* y *Primero sueño*, son el mejor remedio contra esa intoxicación moral que hace ver su fin y su humillación como un motivo edificante".[1] "En el momento en que comenzamos a flaquear —agre-

* Este ensayo no se había editado antes en español; en inglés, se publicó en *Indiana Journal of Hispanic Literatures,* núm. 2, 1992, Department of Spanish and Portuguese, Indiana University Press, Bloomington, Indiana. La traducción es de Ricardo Ramos Tremolada.

[1] Cito de *Sor Juana Inés de la Cruz, o las trampas de la fe* (FCE, México, 1983); la cita viene de la p. 630. Desde la publicación de la edición de 1982, Paz ha publicado los siguientes textos adicionales sobre Sor Juana: "Préface", en Sor Juana Inés de la Cruz, *Le divin Narcisse, précédé de Premier Songe et autres textes,* trad. Frédéric Magne, Florence Delay and Jacques Roubaud, Gallimard, París, 1987, pp. 7-21; "Foreword", *A Sor Juana Anthology,* trad. Alan S. Trueblood, Harvard University Press, Cambridge, Ma., 1988, pp. ii-v; "¿Azar o justicia?", en Sor Juana Inés de la Cruz, *La segunda Celestina,* Vuelta, México, 1990; "Sor Juana Inés de la Cruz, o las trampas de la fe", parte v de la serie en video "México en la obra de Octavio Paz", Televisa, México, 1989. Además de las entrevistas consignadas más adelante, véase Eusebio Rojas

ga Paz en una nota mucho más personal— presos de la seducción de la culpa y el castigo, recordamos esos textos y, como si fuesen un espejo, los interrogamos: ¿qué sentido tuvo la derrota de Juana Inés?" El ambicioso libro de Paz —a un tiempo biografía, estudio crítico y tratado histórico— tiene por tanto un propósito moral. Como Faetón, el mito de la transgresión que se invoca hacia el final del *Sueño*, Sor Juana también será derrotada. Pero a pesar de esa derrota, sus últimas obras resultan extrañamente ejemplares para el lector moderno: le confieren fuerza moral para superar los obstáculos ante los cuales ella misma sucumbió hacia el final de su vida. En efecto, como la figura de Faetón —emblema mismo de la contradicción, según Paz, "imagen paradójica de la libertad: huida y caída, transgresión y castigo"—, Sor Juana fue al mismo tiempo transgresora y víctima. Sus últimos años contradicen abiertamente sus últimos textos, formando así un vínculo contradictorio entre vida y obra. En el abismo que se abre entre sus últimos años y sus postreros testamentos se lee lo que el *Sueño* describe como "los caracteres del estrago": el enigma que, según Paz, constituye "el significado real" de su vida.[2]

El propósito moral de Paz aparece en la introducción a su libro, que explica el significado del subtítulo "las trampas de la fe":

> Confieso que esta frase no se aplica a toda la vida de Sor Juana y que tampoco define el carácter de su obra: lo mejor de ella misma y de sus escritos escapa a la seducción de esas trampas. Pero me parece que la expresión alude a un mal común a su época y a la nuestra. Vale la pena subrayarla y por eso la he mantenido: aviso y escarmiento.

De hecho, son los efectos de ese "mal común" los que Paz pretende combatir por medio de lo que él llama la "tentativa de restitución":

Guzmán, *Conversación con Octavio Paz. Vida de Sor Juana: su nacimiento, su niñez, la corte y el convento*, Publicaciones Culturales, México, 1983. Últimamente han aparecido varias versiones de la vida de Sor Juana en la pantalla y en las tablas: entre ellas, María Luisa Bemberg, "Yo, la peor de todas" (1990); Juan Carlos Moyano, "Los ritos del retorno, o las trampas de la fe" (1991); Diane Ackerman, *Reverse Thunder*, Lumen Books, Nueva York, 1988.

[2] Verso 810 de *Primero sueño*. Cito de *Obras completas de Sor Juana Inés de la Cruz*, ed. Alfonso Méndez Plancarte y Alberto G. Salceda, FCE, México, 1951-1954, t. I, p. 321. Salvo indicación a lo contrario, todas las citas se basarán en esta edición.

Pretendo restituir a su mundo, la Nueva España del siglo XVII, la vida y la obra de Sor Juana. A su vez, la vida y la obra de Sor Juana nos restituye a nosotros, sus lectores del siglo XX, la sociedad de la Nueva España en el siglo XVII. Restitución: Sor Juana en su mundo y nosotros en su mundo. Ensayo: esta restitución es histórica, relativa, parcial. Un mexicano del siglo XX lee la obra de una monja de la Nueva España del siglo XVII.

No podemos descartar que la restitución de Paz significa igualmente la restauración de la obra de esta poeta al lugar que le corresponde dentro del canon de la literatura española del Siglo de Oro y al lado de grandes poetas hombres como Calderón, Góngora o Quevedo. Como tampoco es menos cierto que la perspectiva de restitución que prevalece en Paz va de la mano de una lectura moral de la vida de Sor Juana. Tales serían al menos los elementos que su estudio nos proporciona: una historia ejemplar, suerte de fábula moral que se destaca, según Paz, por la contradicción entre la valentía de dos testamentos y la abyección de una serie de actos finales. El verdadero culpable en esa fábula, "el mal común" al que alude Paz, sería nada menos que la coacción que han sufrido intelectuales y escritores del siglo XX a manos de burocracias ortodoxas, las que en el caso de Sor Juana estarían representadas por la Iglesia católica de la Contrarreforma. "En ese sentido —contestaba Paz a una pregunta que yo mismo le hice en una entrevista de 1988— Sor Juana prefigura la situación del intelectual en el siglo XX. Sobre todo, en los países totalitarios. Claro, también la del intelectual latinoamericano, pero en un sentido un poco distinto. El intelectual que lucha con los poderes constituidos, y con la sociedad, pero que no tiene armas, sino su propia pluma, y nada más."[3] Paz restituye a Sor Juana al identificar las causas y efectos de su complicidad, como escritora, con la ortodoxa burocracia de su tiempo.

Mi ensayo ofrece una lectura antitética del libro de Paz. Para ello me centro en el tema de la restitución como eje de un dispositivo hermenéutico. Cotejo el uso que hace Paz de la restitución como

---

[3] Cito de mi entrevista "'Conversar es humano': Entrevista con Octavio Paz", *La Torre*, San Juan, 9, enero-marzo de 1989, p. 45.

abierta crítica moral con el uso recurrente del mismo concepto tanto en la obra de Sor Juana como en el canon crítico que se ha construido alrededor de su obra. No es nuevo, por cierto, el tema de la restitución en lo que se ha escrito sobre Sor Juana, pero dentro de ese canon es la lectura de Paz la que lo ha formulado de manera más explícita y poderosa —aun cuando él mismo acaso negaría esa virtud. En lo que sigue espero demostrar, por eso, que tal restitución siempre ha estado en el mismo centro de la recepción institucional de Sor Juana, con los consabidos matices que merece el caso. Ya sea bajo los auspicios de una ortodoxia católica, un liberalismo político, o las más recientes políticas feministas, lo que aquí llamo la voluntad o compulsión de restitución está determinada por la convergencia de varios filamentos institucionales, a la cabeza de los cuales están los hechos que "Sor Juana" —es decir, la institución crítica que se ha construido alrededor de su figura— es mujer, es poeta y es barroca. Si bien cada uno de estos tres datos fueron causa suficiente para marginarla, las sucesivas restituciones por las que su figura y obra han atravesado se enmarcan no sólo en un canon crítico sino en la muy peculiar recepción editorial de sus obras.

Por último, mi argumento se sustenta no tanto en pruebas de carácter histórico, con todo lo cruciales que las considero, como en la lectura de un poema ejemplar. Como veremos, dicho poema moviliza la restitución como concepto crítico central, pero le impone límites epistemológicos de los que el propio canon crítico no parece haberse percatado. Más allá de elucidar el libro de Octavio Paz, al que considero la culminación de ese canon, o de contribuir al estudio de la política sexual implícita en toda recepción literaria, me interesa estudiar el tema de la restitución como práctica generalizada en los estudios culturales contemporáneos. Mi propósito no es ni defender ni atacar el libro de Paz, sino utilizarlo como base para examinar una instancia ejemplar de lo que, por su parte, Geoffrey Hartman ha llamado "el proyecto Filomela (la restauración de la voz a pueblos mudos)".[4] Para el crítico norteamericano, dicho proyecto sugiere que "el proceso de restitución parece interminable", en la

---

[4] Véase, de Hartman, "The Philomela Project", en su *Minor Prophecies: The Literary Essay in the Culture Wars*, Harvard University Press, Cambridge, Ma., 1991, pp. 164-175. El

medida en que restauramos únicamente fragmentos de documentos históricos y, por tanto, condenamos a historiadores y críticos a la construcción de lo que él llama "ficciones legales", con el propósito de "inventar una *persona* por presencia ausente" (p. 32). En su ensayo, Hartman protesta en contra de los efectos potencialmente deletéreos que ostenta la época por la que atravesamos actualmente, por lo cual concluye que "la clave de toda restitución es el reconocimiento", dado que "el propósito no es corregir males como tales (ya que puede haber muchos derechos en conflicto)", sino más bien lo que él llama "un nuevo sentido de respeto que sea eficaz tanto espiritual como políticamente" (p. 32).

Soy escéptico, debo confesarlo, ante las conclusiones de Hartman. La fragmentación de documentos históricos se puede atribuir sencillamente a nuestra alienada herencia cultural. Pero de su ensayo sí quiero recoger una sugerencia que nos sirva para examinar lo que él llama la "ficción legal", ficción que, como hemos visto, le confiere fundamento al libro de Paz. Me interesa, por tanto, la hermenéutica compensatoria de la restitución como práctica cultural y crítica, y en esa misma instancia me pregunto: ¿qué tipo de *persona* (en el sentido dramático de la palabra: "máscara poética") construimos en el proceso de inventar dichas "presencias ausentes"? Mi tesis es que toda restitución, como práctica, es suplementaria: al enmendar una omisión, termina excediendo al original en lugar de restaurarlo únicamente. Es más, se diría que en el caso de Sor Juana, dicho exceso es lo que realmente cuenta en la construcción de esa otra *persona* —sea ésta "la santa" de la ortodoxia católica, la mártir y disidente del liberalismo, o incluso la precursora del feminismo contemporáneo— que el canon construye con miras a domesticar la radical otredad de su obra. Dicho de otro modo, mi tema en este ensayo es el uso interesado del pasado cultural.

primer título de este ensayo fue, justamente, "Criticism and Restitution" [Crítica y restitución], publicado en *Tikkun*, enero-febrero de 1989, pp. 29-32.

2. Restitución

Como sabemos, la restitución es un concepto legal y moral que significa devolver algo a su legítimo dueño. Toda restitución es un instrumento de justicia que se ejecuta a través de la reparación de daños o la enmienda de una falta. Toda restitución implica la devolución, ya sea de hecho o de principio, de algo que ha sido sustraído ilegalmente; pero a diferencia de la restauración, que no presupone el derecho violado, y por tanto cae fuera de la red de intercambio legal, toda restitución supone un tipo de reparación. De la etimología del término podemos deducir su fundamento legal. *Restitución*, en español, es un cultismo, el mismo que se relaciona etimológicamente con otros términos aledaños al latín de *statuere: estatuir, constituir, instituir, prostituir,* etc. Según Corominas, el término se remonta a la segunda mitad del siglo xv; en efecto, en 1490 ya aparece en el Diccionario Universal Latín-Castellano, de Fernández Palencia. Como concepto legal, la restitución tiene raíces tanto en el derecho romano como en el hebreo. Dentro del primero, por ejemplo, la *restitutio in integrum* —antecedente histórico de todos los estatutos modernos que garantizan tal derecho— era un poder extraordinario del *pretor* romano que le facultaba a demandar en nombre de partes ausentes o dementes. El derecho hebreo, por otra parte, define la restitución como corolario del séptimo mandamiento, base de su futuro tratamiento en los cánones legal y moral.[5]

---

[5] La más completa discusión sobre el tema en teología moral aparece en el *Dictionnaire de Théologie Catholique,* Letouzey, París, 1936, 13, columnas 2466-2501; véase especialmente la monumental e inmensa bibliografía de las columnas 2499-2501. Una versión más corta y modernizada aparece en la *New Catholic Encyclopedia,* McGraw-Hill, Nueva York, 1967, 12, pp. 400-401. Para el aspecto legal del término véanse los siguientes: Anthony G. White, *Restitution as a Criminal Sentence: A Selected Bibliography,* Council of Planning Librarians, Monticello, 1977; Gerald Henry Louis Fridman, *Restitution,* Carswell, Co., Toronto, 1982; Robert E. McKay, "A Humanist Foundation for Restitution", *Ratio Juris,* vol. 6, núm. 3, diciembre de 1993; Paul T. Wagerin, "Restitution for Intangible Gains", *Louisiana Law Review,* vol. 54, núm. 2, noviembre de 1993; N. J. McBridge y P. McGrath, "The Nature of Restitution", *Oxford Journal of Legal Studies,* vol. 15, núm. 1, 1995; D. Stevens, reseña de Andrew Burrows (ed.), *Essay on the Law of Restitution, Canadian Business Law Journal,* vol. 23, 1994; Vincent Megaw, "Something-but for Whom? Ethics and Transitional Art", *Cultural Survival Quarterly,* vol. 10, núm. 3, 1986, pp. 64-69; J. Beatson, "Proprietary Claims in the Law of Restitution", *Canadian Business Law Journal,* vol. 25, núm. 1, 1995; Belinda Wells, "Restitution from the

Es precisamente en su versión bíblica donde podemos identificar con mayor claridad la lógica conmutativa que define la restitución como práctica cultural. La ley hebrea señala dos elementos en cualquier acto de apropiación o daño: primero, existe una ruptura de la justicia causada por el acto mismo; y segundo, hay culpabilidad en la ejecución del delito. La restitución de lo que fue tomado remedia la injusticia, pero el castigo —la devolución en exceso de lo que fue tomado— supone una enmienda por la culpabilidad del crimen cometido. Toda restitución supone expiación. Si se trata de restituir, y no sólo de restaurar, entonces el castigo tiene que exceder al delito.

Para ejemplos, la Biblia: "Si uno roba un buey o una oveja, y la mata o la vende, restituirá cinco bueyes por un buey y cuatro ovejas por oveja" (Éxodo, 22:1); "Señor, doy la mitad de mis bienes a los pobres, y si a alguien he defraudado en algo, le devuelvo cuatro" (Lucas, 19:8). Como vemos, toda restitución implica una devolución mayor de lo que fue incautado; y como corolario de esa lógica simbólica, establecer con exactitud lo que originariamente se perdió resulta poco menos que imposible. Para resumir, doy un ejemplo más gráfico y también más reciente: el de la comunidad nipona-norteamericana en los Estados Unidos, la misma que, como resultado de su internación en campos de concentración durante la segunda Guerra Mundial, hace poco ganó una demanda judicial contra el gobierno federal. Las cortes norteamericanas dictaminaron que esa comunidad merecía una *reparación,* sinónimo moderno y judicial del término en cuestión. Desde luego, ni el tiempo ni la dignidad perdidos podían serles restituidos a esa comunidad; se optó por una disculpa pública como retractación de esa política, así como por una compensación económica destinada a subsanar la humillación colectiva del grupo.

Crown: Private Rights and Public Interest", *The Adelaide Law Review,* vol. 16, núm. 1, 1994; N. Jessup Norton, "Compensation, Reparation and Restitution: Indian Property Claims in the U. S.", *Georgia Law Review,* vol. 28, núm. 2, invierno de 1994; L. Kellehan, "Land Restitution in Eastern Europe", *Law Institute Journal* (Institute of Victoria), vol. 68, núm. 11, 1994; y el número especial de *Lloyd's Maritime and Commercial Law Quarterly,* 3, 1994, dedicado íntegramente al tema. Sería interesante considerar a la restitución dentro de lo que James Boyd White últimamente ha llamado "la fundación traductora del sistema de justicia"; véase su estudio *Justice as Translation: An Essay in Cultural and Legal Criticism,* University of Chicago Press, Chicago, 1990, y en particular las pp. 229-270, *passim.*

La crítica literaria muestra ejemplos de esa misma práctica, y en particular dentro de la filología, una de las disciplinas o métodos en que el término *restitución* se utiliza con mayor frecuencia. Aparece ahí como metáfora de los procedimientos de autentificación textual: por ejemplo, en la restitución formal de un manuscrito original, o en discusiones sobre cualquier autenticidad o atribución de autoría. Autorizan ese uso los propósitos restaurativos de toda empresa filológica, tal como lo establece la definición clásica de Guillaume Budé: "un recurso de regeneración y restauración". Desde el Renacimiento, como se sabe, la filología ha sido precisamente un instrumento de regeneración del conocimiento; y como práctica crítica, de la restauración de antiguos significados que se aseguran verdaderos. Forma parte de toda empresa humanista que la filología se oriente hacia desligar el *sentido* de un texto —considerado en función de su estructura lingüística y contexto histórico— de su *verdad,* lo que está en función de su interpretación y por tanto sujeto a las cambiantes necesidades ideológicas de sus lectores. Todorov, quien ha estudiado el papel del simbolismo en toda interpretación, distingue entre estos dos usos al poner ambos conceptos (sentido/verdad) en una escala: al primero se asocian "conocimiento, razón, filosofía, ciencia", mientras que al segundo se asocian "fe, efecto en el receptor, y como decimos hoy, la ideología" (pp. 134-135).[6] Todorov considera la búsqueda del sentido la base de todo discurso *científico,* "en el cual domina la función representativa" (p. 134); en cambio, la búsqueda de la verdad es la base de todo discurso *ideológico,* dominada esta última por lo que llama la función "impresiva", es decir, destinada a causar una impresión particular en el receptor.

No es preciso abundar en las implicaciones de tan humanista empeño para descubrir que lo que he llamado el excedente lógico de la práctica restitutiva se establece desde el momento en que la búsqueda de la verdad supera a la del sentido en cualquier ejercicio de interpretación. Desde luego que toda interpretación supone restitución:

[6] Tzvetan Todorov, *Symbolism and Interpretation,* trad. Catherine Porter, Cornell University Press, Ithaca, 1982, pp. 134-135; pero véanse también las pp. 136-162 para una discusión más extensa sobre el tema de la exégesis filológica. Véase también el ensayo reciente de Jan Ziolkowski, *On Philology,* Penn State University Press, University Park, 1990.

al interpretar siempre intentamos restaurar en términos discursivos y racionales el tema o mensaje que desplaza el lenguaje figurativo del texto. Sin embargo, las distinciones de Todorov nos permiten identificar, además, de qué manera ciertas formas de interpretación, como las morales o ideológicas, agravan la tensión entre verdad y sentido. En ese tipo de interpretación se inclina la balanza, como quien dice, en favor de la verdad y, al mismo tiempo, se provee un tema o mensaje que de hecho excede la figuralidad del texto. De este modo, la filología parecería ser clara instancia de una ley constante en el excedente económico de la restitución: así como en un litigio el castigo excede al crimen, así también en esa interpretación la verdad excede al sentido.

Tal exceso es lo que se encuentra mayormente en versiones modernas de la filología historicista —la de la historiografía romántica alemana, por ejemplo— cuyos ecos se escuchan en el libro de Paz. Para los filólogos románticos, desde August Boekh hasta Ramón Menéndez Pidal, la filología significa menos una técnica de crítica textual que un desciframiento cultural de mayor monta. Su propósito era comprender y recuperar el dominio de aquellos conocimientos que se habían perdido o alienado con la hecatombe de la modernidad y, como sima reciente de la misma, la Revolución francesa. Rama de aprendizaje con objetivos propios, la filología del siglo XIX tenía por tanto una misión ideológica: derrotar la alienación a base de restaurar la integridad y armonía del pasado; percibe ese pasado como un conjunto de piezas dispersas cuya reintegración a la vida presente restauraría la continuidad entre pasado y presente.[7] La restitución de los textos fundadores de literaturas nacionales —*Beowulf, La Chanson de Roland, Poema de mío Cid, Die Nibelungenleid*— forma parte de esa amplia "misión de rescate" cultural. El estudio de esos textos, incluyendo su establecimiento científico, combina elementos de psicología e ideología no menos que aquellos otros, harto más evi-

---

[7] En esto y lo que sigue consigno mis deudas con Lionel Gossman, *Between History and Literature*, Harvard University Press, Cambridge, Ma., 1990; y en particular su capítulo 8: "History as Decipherment: Romantic Historiography and the Discovery of the Other", pp. 257-284. Un punto de vista distinto sobre la función y alcances de la filología es el de Franco Gaeta, *Lorenzo Valla: Filologia e Storia nell'umanesimo italiano*, Nella Sede dell'Istituto, Nápoles, 1955.

dentes, de lingüística y paleología a través del estudio de lenguas nacionales y la reconstrucción de fragmentos literarios del pasado medieval. Dentro de proyecto tan amplio, la filología historicista funciona generalmente como conocimiento del pasado según las necesidades restauradoras del presente —lo que en términos hegelianos equivale a la subordinación del Otro antiguo al Mismo presente. "Dios mismo —escribió Michel Foucault acerca del cambio radical de episteme durante el siglo XIX que encarna la filología— es tal vez no tanto una región más allá del conocimiento cuanto algo que precede a las oraciones que pronunciamos" (p. 298).

Este cambio histórico que se produce en los objetivos de la interpretación se inscribe en la trayectoria que va de la comprensión del pasado en sí hasta su subordinación a las necesidades del presente. El origen de ese cambio está en el cuestionamiento del propio lenguaje que se produce a todo lo largo del siglo XIX; así, la pregunta sobre la genealogía ("¿de dónde viene?") termina cediendo el paso a nuevas preguntas estructurales ("¿cómo funciona?"). De ahí que la filología devenga, como ha notado Edward Said, en "una manera de apartarse históricamente, como en verdad hace un gran artista, tanto de su propio presente como de su pasado inmediato, aun cuando al hacerlo, paradójica y antinómicamente, uno tenga que admitir su propia modernidad" (p. 137).[8]

De ahí también que se pueda decir que, como disciplina, la filología aparece atravesada por un dilema epistemológico análogo al de un campo más reciente y conocido: la etnografía. Su método tiende a crear su objeto de estudio más que a comprenderlo. Sin embargo, a diferencia de la etnografía, que logra incorporar dicho dilema dentro de su método (incluso si no logra resolverlo del todo), la filología historicista reprime ese aspecto al intentar otorgarle superioridad al presente histórico. Lejos de representar el pasado en su irreductible

---

[8] Michel Foucault, *The Order of Things* [trad. inglesa de *Les mots et les choses*], Random House, Nueva York, 1972, p. 298. Edward Said, *Orientalism*, Basic Books, Nueva York, 1977, p. 132, donde se indica lo siguiente: "The job of philology in modern culture (a culture Renan calls philological) is to continue to see reality and nature clearly, thus driving out supernaturalism, and to continue to keep pace with the natural sciences". Para más comentarios sobre la función de la filología dentro de los llamados "juicios objetivos" de culturas no occidentales, véanse las pp. 134, 142, 147, 148.

otredad, su objetivo implícito, la filología lo inventa en nombre de un presunto dominio del presente. Si a su vez trasponemos este esquema histórico a los términos de nuestra indagación acerca de la lectura de Sor Juana según Paz, lo podríamos resumir de la siguiente manera: la filología se interesa *en principio* en la restauración, pero *en la práctica* realiza restituciones. Es decir, la regeneración y la restauración son su justificación ética, su ideología; pero la restitución constituye su práctica real, pues siempre devuelve algo más de lo que se propone restaurar. Así, si bien es cierto que dentro de cada filólogo late un patriota reprimido, también es cierto que para ese patriota la voluntad de restitución forma parte de un programa inconsciente.

Resultaría tentador insistir un poco más en esta indagación hasta dar con el papel común que cumple la restitución como economía simbólica general. Sus efectos ya han sido al menos parcialmente revelados en el psicoanálisis (la dialéctica de culpa y reparación en la formación del ego, que estudia Melanie Klein), en la etnografía (los estudios de Marcel Mauss en su clásico ensayo sobre el don) y en la filosofía (las meditaciones de Jacques Derrida sobre la atribución y propiedad en *La verdad en pintura*).[9] Dicho estudio supondría, asimismo, otras expresiones sociales más recientes: toda la discusión que se libra actualmente en la academia y sociedad norteamericanas sobre los temas de "diversidad" y "multiculturalismo". Dicha discusión forma parte, desde luego, de un debate mucho más amplio sobre los derechos de restitución de minorías oprimidas dentro de la sociedad estadunidense; su versión académica habilita ese foro crítico que Hartman llama "el proyecto Filomela". Nuestra época de liti-

[9] Véase, entre otros trabajos, los de Melanie Klein, "Love, Guilt and Reparation" en Melanie Klein y Joan Rivière, *Love, Hate and Reparation and Other Works, 1921-1945*, Virago, Londres, 1988; Marcel Mauss, *The Gift. Forms and Functions of Exchange in Archaic Societies*, trad. Ian Cunnison, McGraw-Hill, Nueva York, 1967; y Jacques Derrida, "Restitutions of the Truth in Pointing *(pointure)*", en su *The Truth in Painting*, trad. Geoff Bennington e Ian McLeod, University of Chicago Press, Chicago, 1987, pp. 258-382. Debo añadir que, en este ensayo al menos, Derrida no vincula de manera explícita lo que en otras obras llama la "lógica del suplemento" a su propio tratamiento del tema de la restitución; trato más bien de formular mi propia posición ante ese concepto derridiano, que considero fundamental. Por lo demás, últimamente la restitución se ha vuelto un valioso concepto en la poética generativa, dentro de la cual se refiere a la competencia citacional del lector; para ello, véanse los trabajos de Jean-Jacques Thomas y Daniel Delas, "Poétique générative", *Langages*, 51, 1978, pp. 7-64, y del primero "Le coq et la perle", *Poétique*, 45, 1981, pp. 111-125.

gios es también una época de restituciones... No obstante esa tentación, opto aquí por concentrarme en el papel que cumple la restitución dentro de la filología; y en particular porque creo que se trata del método crítico más cercano a este libro de Octavio Paz, al igual que es el método implícito en la gran mayoría de estudios de la llamada literatura colonial latinoamericana.

En América Latina, donde el auge del romanticismo coincide con los estragos de las guerras de independencia y la búsqueda de una autonomía cultural y política, surgen filólogos como Andrés Bello para justificar la especificidad de un vocabulario, e incluso hasta una ortografía, peculiarmente latinoamericanos y distintos a los de España. Así como la Edad Media es para filólogos europeos el origen de las modernas culturas nacionales, también el llamado periodo colonial devino, para filólogos románticos como Bello, en el origen de una América Latina independiente. Los monumentos culturales de esa nueva entidad histórica —perdidos y alienados para el presente culturalmente autónomo— van ellos mismos en busca de restitución. De ahí la elaboración por parte de Bello no sólo de una gramática moderna del español, la primera en su especie, sino también de muchos estudios críticos de los clásicos de la literatura colonial, como *La Araucana*. La épica renacentista de Ercilla significa para Bello nada menos que el equivalente latinoamericano del español *Poema de mío Cid*.[10] Poco importaba, desde luego, que el propio Ercilla hubiese sido español, o que hubiese estado al servicio de un rey en el momento en que escribe su célebre poema; lo que contaba era lo que Bello llamó "el estilo simple, natural y reservado" de Ercilla, que encajaba a la perfección con sus gustos neoclásicos, así como la descripción que hiciera Ercilla de los indios araucanos, tan heroicos como sus adversarios iberos —todo ello un tratamiento que sirviera de modelo moral para el futuro latinoamericano independiente.

Sin embargo, quedaba el problema de que, dado que América Latina no podía vanagloriarse de una Edad Media propia, los filólogos emprendieron la tarea de "inventarla", forjándola a partir de los ves-

[10] Sobre la carrera filológica de Bello es indispensable la consulta de Emir Rodríguez Monegal, *El otro Andrés Bello*, Monte Ávila, Caracas, 1979.

tigios del pasado colonial europeo. Muchas cosas, entre las cuales la menor no era ciertamente la naturaleza política de las sociedades americanas recién fundadas, se interpusieron entre ese proyecto cultural y los hechos históricos. Aquellos filólogos no se sentían alienados por los orígenes precolombinos: eran precisamente los orígenes españoles de la Colonia los que alienaban. Y aún así, era precisamente con esos orígenes con los que más se identificaban, pese al desprecio que sentían hacia España, esa Madre Patria premoderna y retrógrada. Para agravante mayor estaba el problema estético: la retórica y estética ultrabarroca de esa época cuya bancarrota había sido denunciada por críticos ilustrados como Bello. (Menéndez y Pelayo llegaría a hablar de "la atmósfera de pedantería y aberración literaria en la que Sor Juana solía vivir".) Por eso la empresa que esos filólogos realizaron a lo largo del siglo XIX a fin de restaurar el periodo colonial en América Latina estuvo colmada por los fantasmas de las diferencias históricas entre ambas épocas. Y es precisamente esa diferencia fantasmal lo que explica la ambivalencia con que escritores como Bello —el otro caso ejemplar es el de Ricardo Palma en el Perú— contemplaron su labor literaria. Se podría decir que gran parte de los trabajos de investigación hasta hoy realizados sobre literatura colonial latinoamericana se fundan en una misma voluntad restitutiva; y que, con raras excepciones, sus premisas teóricas se siguen ciegamente.[11]

En el caso del libro de Paz sobre Sor Juana, cuya primera parte es

[11] Una visión programática del fenómeno se ofrece en el estudio de Rolena Adorno, "Arms, Letters and Native Historian in Early Colonial México", en *1492-1992: Re/Discovering Colonial Writing*, eds. René Jara y Nicholas Spadaccini, The Prisma Institute, Minneapolis, 1989, pp. 201-224. Adorno llega a una conclusión parecida a la mía al comparar el libro de Tzvetan Todorov, *La conquista de América*. *La cuestión del otro*, con el de Michel de Certeau, *Heterologies*. Según la autora, el primero de éstos reduce la otredad del pasado colonial a debates ideológicos del presente. Sin embargo, Adorno no llega a relacionar esta reducción a la práctica (o imaginación) filológica, que yo considero fundamental, relaciónese o no con la terminología de Todorov en particular. Más comentarios al respecto se pueden encontrar en los estudios de Roberto González Echevarría: "José Arrom, autor de la *Relación acerca de las antigüedades de los indios* (picaresca e historia)", en su *Relecturas*, Monte Ávila, Caracas, 1976, pp. 17-35, así como en "Reflections on *Espejo de paciencia*", *Cuban Studies*, 16, 1986, pp. 150-176. Para un estudio ejemplar de la ambivalencia de un escritor romántico en torno al pasado colonial, véase Juan Durán Luzio, "Ricardo Palma, cronista de una sociedad barroca", *Revista Iberoamericana*, 140, 1987, pp. 581-594. A pesar de la publicidad, y buenos fondos, de nuestra época posfranquista, el tema de la complicidad de la filología no ha sido, por desgracia, muy

de principio a fin una amplia lectura revisionista del periodo colonial en México, dicha voluntad restitutiva resulta evidente en dos aspectos formales. En primer lugar, el libro está determinado por el uso del concepto de litigio como "ficción legal"; dicho de otro modo, el litigio es el código simbólico de la trama del libro. Así lo sugiere al menos su doble distribución: empezamos con un "Prólogo" cuyo propósito acabo de mencionar, y terminamos con un epílogo titulado "Ensayo de restitución". En segundo lugar, la segunda edición revisada de 1983 no haría sino reforzar el código al que me he referido: añade un apéndice titulado "Sor Juana: Testigo de cargo" que contiene una sorprendente carta, recién entonces descubierta, en la cual la monja ofrece detalles sobre su ruptura con su confesor, el influyente jesuita Antonio Núñez de Miranda. Conocida como la "Carta de Monterrey", ese documento nos permite fechar hacia 1680 las desavenencias de Sor Juana con la jerarquía eclesiástica; es decir, toda una década antes de la crisis que precede a su muerte. La "Carta de Monterrey" sale a la luz cuando la primera edición del libro de Paz estaba en prensa, oportuno descubrimiento que no haría sino confirmar una de sus premisas: que la llamada conversión y renuncia de Sor Juana era un mito hagiográfico inventado por sus enemigos para así justificar las acciones que contra ella se habían tomado dentro de la Iglesia.[12] Así pues, si seguimos la lógica de esa estructura, podríamos decir que si la restitución de Sor Juana a nuestro tiempo es el objetivo central del libro de Paz, entonces ello indicaría que Paz cree que Sor Juana fue ilícitamente sustraída del mismo. Si en efecto todo el argumento del libro es de nítido corte judicial,

---

favorecido por la investigación; la excepción es el ensayo, aún inédito, de E. Michel Gerli: "Ramón Menéndez Pidal, Spanish Cultural History and the Ideology of Philology". Para una buena introducción de la compleja cuestión de la restitución legal de los derechos y propiedades de los pueblos conquistados, véase el estudio de Guillermo Lohmann Villena, "La restitución por conquistadores y encomenderos: un aspecto de la incidencia lascasiana en el Perú", en *Estudios lascasianos. IV Centenario de la muerte de fray Bartolomé de las Casas (1566-1966)*, Escuela de Estudios Hispano-americanos, Sevilla, 1966, pp. 21-89.

[12] Véase *Sor Juana Inés de la Cruz*, pp. 638-646. Aureliano Tapia Méndez, editor de la carta, la publicó dos veces: *Autodefensa espiritual de Sor Juana*, Monterrey, 1981; y *Carta de Sor Juana Inés de la Cruz a su confesor*, Monterrey, 1986. Ambas incluyen el facsímil de la carta, basada en una copia del siglo XVIII. Una edición crítica del texto, al igual que un comentario prácticamente exhaustivo, aparece en el estudio de Antonio Alatorre, "La *Carta* de Sor Juana al P. Núñez (1682)", *Nueva Revista de Filología Hispánica*, 35, 1987, pp. 591-672.

ello consolida su esfuerzo restituyendo a Sor Juana a nuestro presente histórico, y en especial al del presente histórico de América Latina, a la que la vida y obra de la monja se refieren más directamente.

Un segundo aspecto estratégico de la lectura de Paz sería, además, la tensión entre lo que ya he llamado, con la ayuda de Todorov, sentido y verdad. Lo podríamos designar como la tentativa por equilibrar los requisitos ideológicos del presente histórico de Paz con la irreductible otredad del pasado de Sor Juana —aun cuando el propio Paz podría objetar que tales requisitos son de orden puramente moral y ético, y para nada ideológico. Dicha tensión aparece con claridad en el esfuerzo de Paz por yuxtaponer su riguroso historicismo a una lectura políticamente desmistificada. Si el rigor histórico tiene el efecto de reafirmar aquellos rasgos de la obra de Sor Juana que más atraen la atención de sus modernos lectores, como su feminismo, la lectura política de su carrera está pensada como estructura moral y temporal: nada menos que como el *exemplum* de "las trampas de la fe". Así, por un lado, el historicismo riguroso sirve a la voluntad de Paz por restituir a Sor Juana: ofrece una reconstrucción aparentemente neutral de su vida, su obra y su contexto histórico. Por otro, sin embargo, la interpretación moral se inserta dentro de una red ideológica moderna, reclamo interpretativo que se presenta libre de todo reduccionismo. Voraz *intérprete* —en el doble sentido de traductor y portador de sentido—, Paz establece amplias verdades fuera del tiempo y más allá de cualquier sentido que se pueda reducir a un debate ideológico. Se diría que el programa todo se encuentra resumido en un poema de *Árbol adentro*, "Aunque es de noche", cuyos últimos versos parecen responder a los antagónicos términos de Todorov:

> No hay sentido: hay piedad, hay ironía.
> Hay el pronombre que se transfigura:
> Yo soy tu yo, verdad de la escritura.

Ciertamente, cuando Paz ha dicho, por medio de esa conocida *boutade* flaubertiana, que "Sor Juana Inés de la Cruz, *c'est moi*", tal parece que está reclamando que en verdad él es Sor Juana: la biografía moral a la que él le otorga *sentido* ha develado la *verdad* de la vida de la monja.[13] Dada la resistencia del argumento moral de Paz a cualquier planteamiento ideológico, es de esperar que su estudio haya merecido reparos de ambos lados del canon crítico de Sor Juana. Estudiosas feministas como Stephanie Merrim han reclamado, por ejemplo, que el libro no proporciona "suficiente información, ya sea de carácter social o literario, respecto al mundo de la mujer en el cual Sor Juana vivió y escribió"; asimismo, el libro, según ella, "se esfuerza poco por situar sus obras ya sea dentro de la tradición literaria femenina o en el contexto de la escritura femenina".[14] Abogando por lo que ella misma describe como "una restitución feminista", Merrim admite que Paz sí ve a Sor Juana como una "feminista *avant la lettre*", pues toma en cuenta "el contenido ideológico feminista" de sus textos así como todas aquellas circunstancias de su vida "que habrían inspirado sus posiciones protofeministas". Pero en un final Merrim concluye que Paz ve a "Sor Juana desde su perspectiva, como mujer, no como una mujer escritora".

La crítica de Merrim no es injustificada —las omisiones de Paz respecto a la cultura femenina son ciertamente evidentes. Pero al

[13] Octavio Paz, *Obra poética, 1935-1988*, Seix Barral, Barcelona, 1991, pp. 699-701. Hay varias versiones de esa frase de Paz en la entrevista "'Conversar...'", p. 117; así como en la de Jacobo Machover, "Octavio Paz, le poète dans la cité", *Magazine Littéraire*, 263, 1989, pp. 105-111.

[14] Stephanie Merrim, "Toward a Feminist Reading of Sor Juana Inés de la Cruz: Past, Present and Future Directions in Sor Juana Criticism", en su recopilación *Feminist Perspectives on Sor Juana Inés de la Cruz*, Wayne State University Press, Detroit, 1991, p. 20. La recopilación de Merrim, así como su introducción, es el tratamiento más completo del tema que conozco sobre el feminismo de Sor Juana. En América Latina la importancia de Sor Juana como mujer muchas veces se ha entendido con una dosis de piedad católica, como es el caso del estudio canónico de *Razón y pasión de Sor Juana*, Porrúa, México, 1952. Una reacción, a mi juicio prematura, y definitivamente estadunidense, al libro de Paz la dio Electa Arenal, "Comment on Paz's 'Juana Ramírez'", *Signs*, 5, 1980, pp. 552-555; la misma puso al día su lectura, con análogo furor ortodoxo, en su reseña: *Criticism*, 21, 1989, pp. 463-470. De interés son también los siguientes estudios: Marylin I. Ward, "The Feminist Crisis of Sor Juana Inés de la Cruz", *International Journal of Women's Studies*, 1, 1978, pp. 475-481, y Judith Thruman, "Sister Juana: The Price of Genius", *Ms.*, abril de 1973, pp. 14-21, así como Sor Juana Inés de la Cruz, *Respuesta a sor Filotea de la Cruz*, ed. Grupo Feminista de Cultura, FEM, México, 1979, que incluye la defensa del feminismo de Sor Juana por parte de este grupo editorial (véase las pp. 7-21). Muchos de los trabajos recogidos en *Y diversa de mí misma entre vuestras plumas ando* (eds. Sara Poot Herrera y Elena Urrutia, El Colegio de México, México, 1993) se dedican al mismo tema feminista en la obra de Sor Juana.

presentarla con tal convicción, no se muestra lo suficientemente historicista como podría serlo, por ejemplo, si hubiera señalado al menos la posibilidad que la Sor Juana del siglo XVII bien podría no haber aprobado una lectura exclusivamente feminista como la suya. Sin embargo, tampoco creo que el cuestionamiento de Merrim vaya lo suficientemente lejos, al menos en cuanto lo permitiría una crítica más abierta del historicismo de Paz. Al conceder de entrada que el ensayo de Paz "elude los disparates ideológicos respecto al sujeto femenino, sean evidentes o implícitos, que tanto abundan en otros estudios críticos" sobre Sor Juana, tal parece que Merrim favorece el historicismo selecto de Paz. De ahí que se pueda hacer la siguiente crítica: ¿por qué ese historicismo que suspende una interpretación feminista no suspende igualmente otras interpretaciones que Paz en cambio sí promueve?[15]

[15] "Sor Juana después de Paz: Una restitución feminista", es el título de la versión en español de la introducción de Merrim a esta colección de ensayos: *Cf. Ínsula,* 522, junio de 1990, pp. 20-22. Sobre la cuestión de si Sor Juana "abdicó" o no al final de su vida, o la posible influencia de esa decisión en su feminismo, Merrim no toma partido; véanse sus pp. 14, 95 y 119-120, n. 3, donde menciona la teoría de la "conspiración" pero sin mencionar el nombre de Paz. En defensa de Paz, sin embargo, habría que decir que gran parte de las investigaciones sobre una cultura específicamente femenina que se han hecho últimamente fueron, como máximo, contemporáneas de la redacción de *Sor Juana Inés de la Cruz.* En realidad, rara fue la investigación seria hecha con anterioridad sobre el tema, como de hecho es el caso de Asunción Lavrin, "Values and Meaning of Monastic Life for Nuns in Colonial Mexico", en *Catholic Historical Review,* 58, 1972-1973, pp. 367-387. Hoy en día contamos con una bibliografía extensa sobre el tema, a saber: Lavrin [con Edith Coutovrier], "Las mujeres tienen la palabra. Otras voces en la historia colonial de México", *Historia Mexicana,* 31, 1981, pp. 278-311; "Women and Religion in Spanish America", en Rosemary Radford Ruether y Rosemary Skinner Keller (eds.), *Women and Religion in America,* Harper & Row, Nueva York, 1983, 2, pp. 42-77; "Female Religious", en Louisa Schell Hoberman y Susan Migden Socolow (eds.), *Cities and Society in Colonial Latin America,* University of New Mexico Press, Albuquerque, 1986, pp. 165-196; "In Search of the Colonial Woman in Mexico: The Seventeenth and Eighteenth Centuries", ed. Asunción Lavrin, *Latin American Women: Historical Perspectives,* Garland Press, Westport, 1978, pp. 23-25. De interés también es *Literatura conventual femenina: Sor Marcela de San Félix, hija de Lope de Vega. Obra completa,* ed. de Electa Arenal y Georgina Sabat-Rivers, PPU, Barcelona, 1988. Para una bibliografía de trabajos más recientes, véase, entre otros, Pilar Gonzalbo, *Las mujeres en la Nueva España. Educación y vida cotidiana,* El Colegio de México, México, 1987; Electa Arenal y Stacey Schlau, *Untold Sisters: Hispanic Nuns in Their Own Works,* University of New Mexico Press, Albuquerque, 1989; y Jean Franco, *Plotting Women. Gender and Representation in Mexico,* Columbia University Press, Nueva York, 1989. El libro de Solange Alberro, *Inquisición y sociedad en México, 1571-1700* (FCE, México, 1988), contiene comentarios valiosos sobre la época. Para una revisión historicista del feminismo, véase el estudio de Constance Jordan, *Renaissance Feminism. Literary Texts and Political Models,* Cornell University Press, Ithaca, 1990. Y para un reciente estudio de la tradición poética "protofeminista", véase Ann Rosalind Jones, *The Currency of Eros: Women's Love Lyric in*

Para ahondar sobre esa preferencia, pasamos ahora a una discusión del origen del interés de Paz por Sor Juana. Con esa perspectiva histórica en mente veremos su análisis de la postrera crisis de la monja, así como algunas de las reacciones que dicho análisis ha provocado desde otras posiciones del canon crítico.

3. POÉTICA

El tema de Sor Juana es recurrente entre intelectuales mexicanos de la década de los veinte —Alfonso Reyes, por ejemplo, y algunos de los poetas del grupo Contemporáneos. Octavio Paz se nutre de estas lecturas y discusiones durante su juventud, pero el tema de Sor Juana como tal apenas aparece en sus *Primeras letras,* los ensayos que escribe entre 1931 y 1943. En cambio, es a principios de los años cincuenta, cuando Paz vivía en París y trabajaba en tres de sus primeros libros —*El laberinto de la soledad* (1950), una antología histórica de la poesía mexicana que preparaba para la UNESCO, y el libro de poemas *Libertad bajo palabra*— cuando emprende su primera lectura de Sor Juana. Entre 1948 y 1950 Sor Juana aparece en tres de sus ensayos por lo menos. La primera, en el conocido pasaje al final del quinto capítulo sobre "Conquista y Colonia" de *El laberinto de la soledad;* la segunda, en la introducción a la mencionada antología; y la tercera, en un ensayo íntegramente dedicado a Sor Juana en homenaje al tricentenario de su nacimiento.[16] Es precisamente este último ensayo el que Paz señalará en *Sor Juana Ines de la Cruz, o las trampas de la fe* como origen de su meditación. Una aproximación a estos tres ensayos nos permitirá obtener una idea más clara del origen del libro. También aclarará el interés de Paz por el concepto de restitución como estrategia crítica.

Europe, 1540-1620, Indiana University Press, Bloomington, 1990; así como *Y diversa de mí misma, passim.*

[16] Véase *El laberinto de la soledad,* Cuadernos Americanos, México, 1950, pp. 113-118; *Anthologie de la poésie mexicaine,* ed. Octavio Paz, trad. Guy Lévis Mano, prólogo de Paul Claudel, UNESCO, París, 1952; "Homenaje a Sor Juana Inés de la Cruz en su tercer centenario (1651-1695)", *Sur,* 206, 1951, pp. 29-40. "Introducción a la historia de la poesía mexicana" y "Homenaje a Sor Juana Inés de la Cruz en su quinto centenario", ambos en *Las peras del olmo,* Seix Barral, Barcelona, 1972, pp. 11-33 y 34-49, respectivamente.

En los dos primeros ensayos Paz describe dos aspectos aislados de Sor Juana. En *El laberinto de la soledad*, Sor Juana encarna los conflictos de la sociedad novohispana, conflictos que expresan la autocensura de figuras como ella y contemporáneos suyos como Sigüenza y Góngora. En la antología, en cambio, Paz la define como poeta: "un ser para quien la vida es un ejercicio del entendimiento". Si ambos ensayos destacan el carácter único del *Sueño*, en *El laberinto de la soledad* Sor Juana aparece como una emblemática "figura de soledad". Como si estuviese desenterrando un símbolo del pasado novohispánico, y cuya significación refuerza el tema de ese libro, Paz se refiere sucesivamente a su "soledad como mujer e intelectual", a su necesidad de "crear un mundo en el que pudiera vivir sola" y a su imagen como "solitaria melancólica". Pero es en el tercer ensayo donde Paz estudia a Sor Juana como intelectual de su tiempo. Para ello desplaza su interés de la poesía propiamente dicha hacia la crisis de la *Carta athenagórica*. Todo lo que Paz dirá entonces sobre la poesía de Sor Juana, incluyendo el *Sueño*, estará subordinado a su tesis principal sobre la crisis intelectual por la que atraviesa Sor Juana hacia el final de su vida. "Me temo —dirá entonces— que no será posible comprender su obra y su vida a menos que primero comprendamos el significado de esta renuncia a la palabra."

Ya dije que el interés de Paz se desplaza hacia la crisis personal de Sor Juana. Pero el esquema es en realidad más complejo. Paz señala una coincidencia entre dos crisis: la personal de Sor Juana y la del orden social de Nueva España, tal como la dramatiza el motín de 1692. La primera es síntoma de la otra: "renunciar a la palabra racionalmente —quedarse callado— y quemar la Corte de Justicia, un símbolo del Estado, fueron actos de igual significación [...] El poeta calla, el intelectual abdica, el pueblo se rebela". El ensayo-homenaje no llega entonces a refutar del todo la conocida tesis de la llamada conversión —aun cuando en *El laberinto de la soledad* ya había lanzado una pulla contra sus "panegiristas católicos". Sí señala, en cambio, el conflicto intelectual entre la monja y sus contemporáneos. Es decir, el ensayo abundará en la crisis al examinar de nuevo el contexto histórico inmediato, y no sólo sus repercusiones en la historia de la poesía. Si el conocimiento intelectual, y no la contemplación religiosa, fue la verdadera afición de Sor Juana, entonces textos como el *Sueño*, o la *Respuesta a sor Filotea*, demuestran un conflicto que no es único en Sor Juana sino que afecta a toda Nueva España. Vemos, por tanto, que de un ensayo a otro hay un cambio de enfoque respecto de la figura de la monja. ¿Por qué ocurre dicho cambio? En cuestión de dos o tres años, entre 1947 y 1950, ocurre paulatinamente, aun cuando me parece que se puede atribuir a un acontecimiento histórico en particular del que Paz fue testigo. Me refiero a la polémica que a fines de 1949 irrumpió en el semanario comunista parisino *Lettres Françaises* entre el escritor David Rousset y otros intelectuales franceses, entre ellos Sartre y Merleau-Ponty, en torno a la existencia de los campos de concentración soviéticos. La polémica comienza en 1949, poco después de que Paz concluya la redacción de *El laberinto de la soledad*, pero poco antes de que escriba el ensayo-homenaje. Como se sabe, esa polémica, que terminó en un juicio por difamación en el que Rousset salió victorioso, se entabla a raíz de la publicación de un *dossier* que revelaba, en pleno estalinismo, no sólo la existencia de campos de concentración sino también de testimonios personales y documentos relacionados con el sistema penal soviético. El *dossier* de Rousset, publicado dos años después de su conocida novela *Les Jours de notre mort*, donde había analizado en detalle el sistema penal nazi, causó enorme furor entre los estalinistas franceses, quienes de inmediato lo denunciaron como falsario y propagandista antisoviético. Ni siquiera el triunfo de Rousset en las cortes modificaría la opinión de los simpatizantes de la Unión Soviética, quienes llegaron a justificar la existencia de tales campos como una reacción ante los estragos del capitalismo (p. 16).[17]

Veinte años más tarde, Paz recordaría esa polémica de la siguiente manera: "Me conmovió y me emocionó: cuestionó la validez de un proyecto histórico que había llenado las cabezas y los corazones de los mejores entre nosotros". De hecho, tan grande fue la conmoción que poco después de que ocurriera, Paz y Elena Garro, entonces su

---

[17] La descripción más completa que conozco sobre este *affaire* la ofrece Herbert Lottman, *The Left Bank*, Houghton Mifflin, Boston, 1982, pp. 273-274, junto con la bibliografía pertinente en la p. 306. Son también iluminadores los comentarios en Tony Judt en su genial libro *Past Imperfect. French Intellectuals, 1944-1956*, University of California Press, Berkeley, 1992, pp. 113-115.

esposa, emprendieron la recopilación y traducción al español de una serie de documentos del *dossier,* selección que luego publicaron, con una "Nota final" en la revista *Sur* en el número de marzo de 1951. El dato bibliográfico es significativo: será precisamente en *Sur,* nueve meses después, donde Paz publicará el ensayo-homenaje a Sor Juana. Lo que cambió su enfoque no debe haber sido, sin embargo, las revelaciones de Rousset por sí solas, pese a lo conmovedoras que fueron para Paz. Es más, ni Rousset ni el propio Paz plantearon en ese momento que los campos de concentración formaban parte de una red de coacción mucho más vasta, que se extendía hasta los propios intelectuales y artistas de Occidente. Tampoco entonces denunciaría Paz lo que años más tarde reconocería como error: que "los campos de concentración soviéticos eran una tacha que desfiguraba el régimen ruso pero no constituía un rasgo inherente al sistema". En cambio, lo que sí debe haber sido decisivo en su revisión de Sor Juana, aun cuando en ese momento apenas mostrara conciencia de ello, es la ciega reacción de intelectuales como Sartre y Merleau-Ponty.[18] Para Paz, quien 10 años antes, a raíz del pacto Hitler-Stalin, ya se había alejado de los comunistas (entre ellos su antiguo amigo, Pablo Neruda), que además había vivido en México el asesinato de Trotsky y, posteriormente, radicado en París, se acercaría a la crítica del comunismo que por entonces hacía el movimiento surrealista, las revelaciones de Rousset confirmaban su propia trayectoria política y moral. En cambio, la indiferencia, por no decir complicidad, de sus contemporáneos franceses respecto de los horrores del estalinismo, han de haberle parecido perversamente ingenuas. "Ni Merleau-Ponty ni Sartre —escribiría años más tarde— negaron los hechos [las revelaciones de Rousset], pero tampoco estuvieron dispuestos a sacar las conclusiones que la existencia de esos campos hacían evidentes." Por su parte, ni el ensayo-homenaje de Sor Juana ni el libro que hoy tenemos hacen eco de esa lejana polémica, al menos de manera explícita. Pero en la fórmula que Paz invoca en el ensayo —"el poeta calla, el intelectual abdica, el pueblo se rebela"— se oyen ecos de esa crisis intelectual que Paz vivió en los comienzos de la Guerra Fría.

[18] Cito por Octavio Paz, *El ogro filantrópico. Historia y política, 1971-1978,* Seix Barral, Barcelona, 1982, p. 242. Véase "David Rousset y los campos de concentración soviéticos", *Sur,* 197, 1951, pp. 48-76. Paz se refiere a Sartre y Merleau-Ponty en *El ogro,* pp. 241-242.

El año de 1949, por tanto, una vez que Paz concluye *El laberinto de la soledad*, marca el origen de su lectura de Sor Juana como disidente silenciada, lectura que irrumpe 20 años después en *Las trampas de la fe*. En el prólogo al libro, Paz cuenta que "como si se tratara de una presencia recurrente", en 1971, cuando dictaba la cátedra Charles Eliot Norton en la Universidad de Harvard, fue invitado a enseñar otro seminario para el cual escogería como tema las obras de Sor Juana. "Repetí el curso en 1973, y con las notas que había hecho durante esos años impartí, en 1974, en El Colegio Nacional, una serie de conferencias." Las fechas que Paz señala son, una vez más, significativas, y nos ayudan a explicar en parte su meditación. ¿Cómo olvidar que fue precisamente mayo de 1971 el mes y el año del célebre "caso [Heberto] Padilla", cuando el poeta cubano hizo su triste autocrítica por los llamados crímenes contra el Estado ante la Unión de Escritores, suerte de versión tropical de los Juicios de Moscú? En su momento, ese juicio igualmente conmovió a los intelectuales del mundo entero. Entre los críticos del neoestalinismo cubano estuvo el propio Paz, quien publicó en la revista *Siempre!* de México un pequeño ensayo sobre el caso, junto a otros escritores mexicanos. En ese significativo texto, que Paz escribe justo antes de empezar a impartir el curso sobre Sor Juana en Harvard, se señalaría no sólo el terrible paralelo de dicho caso con sus antecedentes soviéticos, sino también lo que entonces llamaría "el tono religioso de las confesiones": "Tal parece que la autodivinización de los líderes exige la autohumillación de los incrédulos".[19] Una vez más, una crisis sobre la disidencia intelectual coincidía en el tiempo con la "recurrencia cíclica" de Sor Juana, sólo que esta vez la crisis tocaba a las puertas de América Latina, y no sólo en las del pasado soviético, o en las de su reciente avatar parisino.

En esta evolución esbozada podemos observar, a grandes rasgos, cómo para Paz Sor Juana vino a constituir la síntesis de su preocupación tanto por la historia mexicana como por el estado precario

---

[19] Los textos del "caso Padilla" se encuentran en *El caso Padilla*, Lourdes Casal (ed.), Ediciones Universal, Miami, 1972, y *Libre*, 1, 1972. El texto de Paz, cuyo título es "La autohumillación de los incrédulos", se publicó por primera vez en *Siempre!*, 19 de mayo de 1971, p. 4, y ahora está reimpreso en *El ogro*, pp. 239-240. Últimamente el propio Padilla ha publicado sus memorias: *La mala memoria*, Plaza y Janés, Barcelona, 1983.

del intelectual moderno. Atrapada entre las exigencias de la ortodoxia católica y los riesgos de una naciente modernidad, Sor Juana no podía dejar de convertirse en la precursora trágica de los disidentes contemporáneos. Que Sor Juana hubiese sido monja comprobaba, además, el papel exagerado que sigue cumpliendo toda ortodoxia —el neotomismo en Nueva España, el Estado centralista en el México actual— en la historia de México. Una alianza entre política y religión —o mejor dicho, entre política y perversión eclesiástica del fervor religioso—, lo que en el orden colonial de la Nueva España representa la alianza entre la Iglesia católica y la monarquía absoluta, parecía resurgir 300 años después a través del dogmatismo de muchos intelectuales latinoamericanos, muchos de ellos inspirados por el marxismo. Para ello, el proyecto de restitución de Sor Juana, iniciado en 1971, deviene en parte de un proyecto mucho más vasto: el de retomar la terapia moral e ideológica de México que ya había comenzado 20 años antes con *El laberinto de la soledad*.

En su discusión de la crisis final de Sor Juana, en particular, Paz se apoya en las investigaciones de archivo de Dario Puccini, el distinguido hispanista italiano. En 1967 Puccini había revelado algunos datos que sugerían que dicha crisis final era consecuencia de una lucha de poder entre dos prelados de la Iglesia, rivales del Arzobispado de Nueva España (p. 19).[20] En un análisis detallado, Paz subraya que esta lucha comenzó luego del regreso a España de la virreina María Luisa, protectora de Sor Juana y amiga personal, lo cual dejó a la monja sintiéndose insegura y vulnerable, a la merced de enemigos y en busca de nuevos aliados. Precisamente por ello se habría hecho cómplice del obispo de Puebla, Manuel Fernández de Santa Cruz. En un intento por desacreditar al rival de este último, Francisco Aguiar y Seijas, escribe su crítica a un sermón pronunciado 50 años antes, la célebre *Carta athenagórica*. Sin embargo, la crisis habría de tener un desenlace inesperado, pues el presunto aliado de Sor Juana la habría traicionado al publicar su crítica (sin su autorización, como ella misma sostendría luego) junto al famoso prólogo firmado con el

---

[20] Véase Dario Puccini, *Sor Juana Inés de la Cruz. Studio di una personalità del barocco messicano*, Edizioni dell'Ateneo, Roma, 1967. Puccini reseñó elogiosamente el libro de Paz: "La Sor Juana de Octavio Paz", trad. Fabio Morábito, *Vuelta*, 187, junio de 1992, pp. 30-34.

seudónimo de Sor Filotea, el mismo que criticaba la inusual devoción de Sor Juana hacia las letras seculares. La publicación de esa crítica obligó así a Sor Juana a asumir por sí misma toda responsabilidad pública. Como sabemos, es a ese misterioso editor a quien ella dirige su famosa *Respuesta,* que es, a un tiempo, su autodefensa intelectual y canto de cisne.[21]

El papel de Sor Juana en esta "conspiración" habría sido un público aunque velado ataque a los puntos de vista de Aguiar y Seijas: la crítica se dirigía en realidad a Antonio de Vieyra, mentor jesuita de Aguiar y autor de aquel viejo y olvidado sermón. Que Aguiar y Seijas fuera un conocido misógino —hecho que Paz no deja de subrayar— en nada reduce los perjuicios causados a la monja. Y aunque en la *Respuesta* Sor Juana reclama haber escrito tal crítica tan sólo con fines privados, Paz identifica su complicidad con el obispo Santa Cruz en contra de su presunto rival. A diferencia de Puccini, quien creyó que Sor Juana había sido un "involuntario instrumento de las maquinaciones de Fernández de Santa Cruz" (p. 409), Paz sostiene que "fue su aliada" (p. 410), lo que en efecto sería una jugada por parte de Sor Juana en medio de una lucha de poder dentro de la burocracia de su tiempo. No es exagerado decir, por tanto, que dentro de la "ficción legal" que construye Paz, Sor Juana desempeña un doble papel: es tanto cómplice del crimen como testigo de cargo. Además, lo que Paz encuentra significativo acerca de esta crisis no es tanto su carácter bizantino ("revelaba una de las características de la sociedad hispánica de ese tiempo: las rivalidades entre prelados se expresaban sólo de manera velada. La teología era la máscara de la política"), como que involucraba a una mujer: "la aparición de una conciencia femenina". En medio de esas batallas indirectas, en una de las cuales Sor Juana cae literalmente en su propia "trampa de la fe",

---

[21] Sobre la propuesta de una "teoría de conspiración", véase *Sor Juana Inés de la Cruz,* pp. 511-565, y la propuesta de José Pascual Buxó, "Sor Juana: monstruo de su laberinto", en *Y diversa de mí misma...,* pp. 43-70. Sobre la *Respuesta,* véase, además: Connie Montrose, "Virtue or Vice? The *Respuesta", Latin American Literary Review,* 9, 1980, pp. 17-27; Silvana Serafín, "La *Respuesta* sorjuanina: Ipotesi interpretativi", *Rassegna Iberistica,* 13, 1982, pp. 3-15; Rosa Perelmuter Pérez, "La estructura retórica de la *Respuesta a sor Filotea", Hispanic Review,* 51, 1983, pp. 147-158; Josefina Ludmer, "Tricks of the Weak", en Merrim (ed.), pp. 86-93; Merrim, *"Narciso desdoblado:* Narcissistic Stratagems in *El Divino Narciso* and the *Respuesta a sor Filotea de la Cruz",* Bulletin of Hispanic Studies, 64, 1987, pp. 111-117; y Franco, pp. 23-54.

Paz encuentra un antecedente de casos más recientes de rivalidad burocrática. El más famoso: los ataques de Zhdanov contra la poeta Anna Ajmatova, que en verdad fueron alentados por Grigor Malenkov, rival de Zhdanov y protector de la poeta. "Menos prudente que Ajmatova —dice Paz— Sor Juana intervino en la disputa entre dos poderosos príncipes de la Iglesia y fue destruida en el proceso." De ahí el didactismo del subtítulo del libro: "las trampas de la fe" evoca el de algunos *romans philosophiques* del siglo XVIII como la *Justine, ou les malheurs de la vertu,* de Sade, que confiere un resumen irónico de la moraleja del libro.

No nos debe sorprender, por todo ello, que dicha "teoría conspirativa" haya despertado sospechas, a su vez, entre algunos sorjuanistas, intérpretes harto más tradicionales que el poeta mexicano. Hasta la fecha, el canon crítico había visto a Sor Juana de dos maneras: como ejemplo piadoso o como mártir disidente, pero nunca como cómplice traicionada. Ante el argumento de Paz, que presenta a Sor Juana como una conspiradora activa, han reaccionado investigadores católicos como la profesora Marie Cécile Bénassy-Berling, quien se ha opuesto a tal teoría subrayando, entre otras cosas, que fue el mismo obispo Santa Cruz, presunto cómplice de Sor Juana, quien aprobó la publicación de los *Villancicos a Santa Catarina,* textos abiertamente feministas, en fecha posterior a la publicación de la *Carta athenagórica.* Sugiere así la profesora que, en lugar de abandonarla, su presunto cómplice siguió defendiéndola entre bambalinas. La misma investigadora ha disputado igualmente la opinión de Paz respecto a Aguiar y Seijas, a quien éste ve como neurótico instigador de la venta de la biblioteca de la monja y de su posterior abdicación. En cambio, Bénassy-Berling lo ve como un "tigre de papel" —más piadoso fanático que misógino—, dado que fue él personalmente quien aprobó la compra de Sor Juana de su celda de convento, en igual fecha posterior a la *Carta,* hecho que contradecía, por otra parte, los votos de pobreza de la monja.[22]

[22] Véase Marie-Cécile Bénassy-Berling, *Humanisme et religion chez Sor Juana Inés de la Cruz. La Femme et la culture au XVIIe siècle,* Editions Hispaniques/Publications de La Sorbonne, París, 1982, una versión revisada de la tesis doctoral de la autora (Université de Paris III, Sorbonne Nouvelle), de 1979; la edición en español: *Humanismo y religión en Sor Juana Inés de la Cruz,* UNAM, México, 1983. De esta misma autora, véase igualmente: "Más sobre la conversión de

Más allá de la precisión filológica de tales argumentos, lo que llama la atención sobre toda esta polémica es que investigadores como Bénassy-Berling nunca lleguen a cuestionar lo más crucial en la teoría de la conspiración que invoca Paz: las investigaciones de archivo de Dario Puccini. De esta manera, y desafiando lo que bien podría llamarse una lectura política y transideológica, el debate se reduce a la importancia que de hecho tuvieron en el caso los prelados de la Iglesia, y orientan la discusión hacia las evidencias de la "conversión" de Sor Juana. Dicho de otro modo, el argumento remplaza la *causa* de la crisis (la complicidad de Sor Juana en una lucha de poder) con sus *efectos* (la conversión), lo cual a su vez equivale a hacerle a Sor Juana cambiar de identidad: de la política a la religiosa. Lo cierto es que en tales debates resulta menos importante refutar la teoría de Paz que restituir a Sor Juana *de otra manera:* maniobra hermenéutica que, al igual que la tácita sanción que hace Merrim del sesgo historicista, deja el argumento incólume. ¿Fue forzada la conversión de Sor Juana, como Paz sostiene, o es que se trata por el contrario de una decisión propia por la que optó con entera libertad y como natural consecuencia de su formación católica y vocación religiosa? Por último, ¿puede la piadosa abjuración de Sor Juana ser análoga a las autohumillaciones de un Bujarin, como también aduce Paz?

Que la interpretación de Paz constituye, entre otras cosas, una lectura política merece ser subrayado. La mayoría de las reseñas que se han publicado —incluso las que han salido en México— han obviado ese aspecto, desplazando su atención hacia el estudio de la poesía de Sor Juana. No obstante, parece claro que para Paz el valor histórico de Sor Juana reside no sólo en su excelencia como poeta, sino en su ejemplaridad (negativa) como intelectual, tal como anticipa el uso del verbo *abdicar* en fecha tan temprana como 1951.[23]

Sor Juana", *Nueva Revista de Filología Hispánica,* 32, 1983, pp. 462-471; "Frutos del olmo de la fe", *Nexos,* 90, 5 de junio de 1985, pp. 45-49; y "Sor Juana Inés de la Cruz, Dixième Muse", *La Quinzaine Littéraire,* 501, 16-31 de enero de 1988, pp. 13-14. En "Frutos" (p. 48, nota 4) la autora revela que en 1974 compartió con Octavio Paz sus ideas acerca de la conversión de Sor Juana y que, con la excepción de dos de sus aspectos, la conversación se descarriló. La ausencia del estudio de Bénassy-Berling en el de Paz hace pensar que hubo un desacuerdo entre ambos desde esa fecha. Para una crítica de las investigaciones de Bénassy-Berling, véase Alatorre, art. cit.

[23] Por ejemplo: Frederick Luciani, "The Convent as Prison and Salon", *The New York Times Book Review,* 25 de diciembre de 1988, pp. 12-13, a diferencia de Michael Wood ("The

Es precisamente en esta coyuntura donde la restitución feminista de Sor Juana entronca con la católica para criticar la interpretación historicista de Paz y destacar la consistencia y fortaleza de Sor Juana a lo largo de su postrera crisis. La profesora Georgina Sabat-Rivers, la sorjuanista que acaso ha llevado más lejos este punto, cita el testimonio de Dorothy Schons, primera investigadora feminista de la obra de la monja, quien luego de examinar los documentos en que Sor Juana abjuró de su devoción por las letras, concluyó que "su caligrafía se mantuvo firme y clara hasta el final" (p. 23).[24] "Los factores que nos permiten prever la decisión que ella tomó hacia fines de 1693 —dice por su parte Sabat-Rivers— cerca de año y medio antes de su muerte, en abril de 1695, había estado presente en sus escritos: como mujer y monja del siglo XVII, le otorgó más valor a la eternidad que a los asuntos temporales" (p. 16). Es por eso que la misma investigadora califica de "excesivos" los paralelos que traza Paz "entre las presiones ejercidas por el régimen de Stalin en los juicios de Moscú", y sostiene, por el contrario, que "la Iglesia le prometía a la monja, a cambio de su sacrificio, una recompensa espiritual de gloria eterna". Sabat-Rivers se pregunta, además, si es posible "establecer paralelos de este tipo, entre diferentes ideologías, sin conocer

Genius of San Jerónimo", *New York Review of Books,* 13 de octubre de 1988, pp. 39-43), quien asevera, en cambio, que la tesis política de Paz, *"is not as strong as it looks".* Hasta la fecha el único que ha hecho una lectura política del libro es Juan Goytisolo: "Una heroína de nuestro tiempo (Notas sobre *Sor Juana Inés de la Cruz o las trampas de la fe,* de Octavio Paz)", *La Torre,* 2, 1988, pp. 527-539. En México, donde Paz es conocido tanto por sus puntos de vista políticos como por su poesía, la mayoría de las reseñas han hecho caso omiso de esta "teoría de conspiración", o de sus implicaciones. Véase, en cambio, la entrevista con Paz, "Sor Juana: Política sagaz", *Excélsior,* 14 de marzo de 1989, pp. 1, 12, 14. Para una lectura lúcida del libro, en cambio, véase la reseña de Anthony Stanton, *Literatura mexicana,* 1, 1990, pp. 242-248. Para una crítica de las investigaciones históricas de Paz, véase la reseña de Asunción Lavrin, *The Americas,* 40, abril de 1984, pp. 589-591; otra crítica, esta vez de su lectura de las fuentes clásicas de Sor Juana, es la de Tarsicio Herrera Zapién, *Buena fe y humanismo en Sor Juana,* Porrúa, México, 1984, pp. 9-51.

[24] Georgina Sabat-Rivers, "Sor Juana: Or, The Traps of Faith", *Siglo XX/20th Century,* 8, 1990-1991, p. 160. Todas las citas se refieren a esta edición. Véase, también, su reseña de la primera edición en MLN, 100.2, 1985, pp. 417-423; y sus ensayos, "Biografías: Sor Juana vista por Dorothy Schons y Octavio Paz", *Revista Iberoamericana,* 32-33, 1985, pp. 927-937, y *"Ejercicios de la Encarnación:* sobre la imagen de María y la decisión final de Sor Juana", *Literatura Mexicana,* 1, 1990, pp. 348-371. En 1984, Paz y Sabat-Rivers sostuvieron un vigoroso debate sobre la cuestión en los dos programas de televisión dedicados a la vida y obra de Sor Juana Inés de la Cruz dentro de la serie *Conversaciones con Octavio Paz* que produjo Televisa en la ciudad de México.

de manera directa la mentalidad de la época, así como los sentimientos y pensamientos más íntimos de Sor Juana" (p. 161). "Sor Juana no era —concluye— el tipo de mujer que se dejaría aterrorizar" (p. 161).

Aun cuando coincido con el argumento de Sabat-Rivers en favor de una interpretación historicista más sobria acerca de la postrera crisis, me resulta igualmente razonable convenir en el paralelo que establece Paz entre las presiones ortodoxas de dos épocas tan distintas. Como buena católica, Sor Juana puede ciertamente haber buscado su salvación. Pero resulta igualmente razonable reconocer ciertos ecos de su caso en el de Bujarin, por ejemplo, cuyos fiscales estalinistas le prometieron eterna gloria en el cielo del materialismo histórico a cambio de su autocrítica. Sin duda existen buenas razones para creer —como de hecho lo prueba la "Carta de Monterrey"— que "Sor Juana no fue el tipo de mujer que se dejara aterrorizar". Y sin embargo, la caligrafía que Schons detectó como "firme" se muestra así *a pesar* de que consistía "de su propia sangre", no *debido a ella*.

Se pensará que al alegar lo anterior estoy tratando de defender la interpretación de Octavio Paz en contra del reto de Sabat-Rivers, el cual considero, por otra parte, enteramente legítimo. Mi propósito, en cambio, es establecer una tesis más amplia sobre el canon crítico alrededor de Sor Juana, que abarca ambas lecturas. Lo que vemos, en cambio, es que las diversas restituciones de Sor Juana mantienen una relación mutuamente suplementaria entre sí. Esas restituciones cubren los vacíos u omisiones que se abren entre ellas porque todas responden a premisas análogas, premisas que son francas interrogantes o lagunas en nuestro conocimiento de la vida y época de Sor Juana. Es cierto que la restitución de Paz moviliza una crítica mordaz de dichas lagunas al verlas como resultado de censura ideológica más que como erosión natural del archivo; pero esa visión no le impide construir en su libro una "ficción legal" propia con base en los argumentos de ese archivo y en el espacio que se abre entre restituciones de otros tipos. Tomemos, por ejemplo, esta última muestra del debate. ¿Cuál de los dos lados restituye la *verdadera* Sor Juana "feminista": el que sostiene que fue aterrorizada hasta la sumisión *debido* a que era una intelectual mujer, o el que asegura que se negó a dicha sumisión y por tanto que actuó con base en sus convicciones religiosas? Si ninguna de las restituciones de Sor Juana es capaz de ofrecer una visión totalizante, es probable que ello se deba no sólo a la naturaleza del archivo sorjuanino sino a la lógica suplementaria que rige toda voluntad de restitución. Lo cierto, en cambio, es que estas interpretaciones, todas basadas en la biografía de Sor Juana, contribuyen a explicar su "talón de Aquiles", el mismo que Paz identifica en su lectura del *Sueño* como resultado de su fascinación con Faetón, demasiado dispuesto a "inmortalizar su nombre en su ruina". Es precisamente ese llamado defecto, sea éste real o irreal, lo que sustenta lo que bien podría describirse como "la fantasía de rescate" que opera dentro del canon crítico sobre Sor Juana, esa curiosa obsesión que comparten tanto editores como investigadores de su obra, por salvarla —ya sea de sus mortales enemigos, del olvido, o de sí misma. Ciertamente, la relativa escasez de información que poseemos respecto a la vida de Sor Juana, así como la ruina de los documentos en torno a su obra —por ejemplo, la desaparición de la mayor parte de su correspondencia— es uno de los motivos que subyacen a tal "rescate". De ahí la naturaleza especulativa de muchas de las investigaciones sobre Sor Juana, las recurrentes preguntas acerca de las grandes decisiones en su vida, o bien nuestra incertidumbre ante las razones que la llevaron a renunciar al mundo de las letras; su decisión de hacerse monja, o igualmente, la morbosa curiosidad del canon crítico en torno a su orientación sexual, para no hablar de las frecuentes polémicas acerca de la correcta atribución de sus textos, que hasta hoy siguen siendo materia de intensos debates públicos en México —todo un *mysterium regni* que ha hecho de la voluntad restitutiva una estrategia tan "natural" en la interpretación de su obra.[25]

[25] El más reciente debate de este tipo fue en torno a la publicación de *La segunda Celestina*, una obra que se atribuye a Sor Juana, y su reciente ostensible restitución; véanse los siguientes: Alejandro Toledo, "Por diversos caminos, Antonio Alatorre y Guillermo Schmidhuber llegaron a 'La Celestina' de Sor Juana", *Proceso*, 710, 11 de junio de 1990, pp. 50-55; Guillermo Schmidhuber, "Las trampas de la investigación literaria: el descubrimiento de *La segunda Celestina*", *Proceso*, 714, 2 de julio de 1990, pp. 56-57; Antonio Alatorre, "Algo más sobre Sor Juana y 'La segunda Celestina'", *Proceso*, 715, 9 de julio de 1990, pp. 56-57; "*La segunda Celestina* ante sus jueces" (incluye ensayos de Luis Leal, Antonio Alatorre y Guillermo Schmidhuber), *Vuelta*, núm. 169, 1991, pp. 44-53; "Tercer repaso a 'La segunda Celestina'",

Una de las primeras expresiones de esa estrategia es la angustia que han mostrado los editores de Sor Juana ante el rescate de sus textos. En esa difícil empresa el primer inverosímil protagonista fue nada menos que Juan de Castorena y Ursúa, obispo de Yucatán y flamante editor del tercer y póstumo tomo de la poesía de Sor Juana, la *Fama y obras pósthumas* de 1700.[26] Como se sabe, después de la muerte de Sor Juana, fue Castorena el que llegó a reunir sus pocas obras dispersas y las publicó en España, donde habrían de convertirse en un *bestseller*. Sin embargo, dicha edición no estuvo exenta de problemas. Antonio Alatorre ha demostrado, por ejemplo, que otros poetas novohispanos lo criticaron, indignados todos por su decisión editorial de excluirlos de la sección laudatoria de la *Fama*. De entre todas las dificultades, sin duda la más extraordinaria, y la que más condiciona la obra de Castorena, fue la propia desaparición de la monja, que ocurrió apenas cinco años antes de que se publicara su libro bajo un manto de silencio y censura. En su simpático prólogo, Castorena se lamenta que no hubiese llegado a recopilar *todos* sus textos dispersos, y que finalmente tuviese que optar por dejarlos en manos extrañas, hecho que él mismo llegó a describir en deliciosa prosa barroca que no puedo dejar de citar: "Retirómelos lo huraño, con noble intención de atesorarlos, o recatólos la discreción de mesurada prudencia que malogré con mis instancias por la precisión de mi viaje". De ahí que a lo largo de todo su prólogo Castorena llegue a solicitar la ayuda del público lector en la restitución del resto de la obra. "Así —añade Castorena— los privilegias de lo caduco del olvido, los indultas del peligro de un papel suelto, darás buenos ratos de diver-

Proceso, 740, 7 de enero de 1991, pp. 56-58; José Pascual Buxó, "Las vueltas de Sor Juana", *La Jornada Semanal*, 25 de noviembre de 1990, [s. p.], y del mismo autor, "Sor Juana Inés de la Cruz entre el autoritarismo y la frustración", *Proceso*, 745, 11 de febrero de 1991, pp. 56-57; igualmente, la más reciente edición hecha por Buxó de un manuscrito atribuido a Sor Juana, *El oráculo de los preguntones*, UNAM/El Equilibrista, México, 1991, y Guillermo Schmidhuber, "La segunda Celestina. Sor Juana y la estilometría", *Vuelta*, 174, 1991, pp. 54-59. Los últimos avatares interpretativos de Sor Juana la representan como "teóloga frustrada" [George H. Tavard, *Juana Inés de la Cruz and the Theology of Beauty*, University of Notre Dame Press, Notre Dame, 1991], y como "escritora criolla de sentimientos protonacionalistas" (René Jara y Nicholas Spadaccini, "Allegorizing the New World", *1492-1992*, p. 42).

[26] He cotejado todas las citas con el ejemplar de *Fama y obras pósthumas* que se encuentra en la Biblioteca del Congreso, Washington, D. C. (Madrid, 1700). Véase también el estudio detallado de Antonio Alatorre, "Para leer la *Fama y obras pósthumas* de Sor Juana Inés de la Cruz", *Nueva Revista de Filología Hispánica*, 29, 1980, pp. 428-508.

sión a los tertulios, y renuevos inmarcesibles al perenne nombre de la poetisa".

Poco sospechaba Castorena que para cumplir con ese cometido tendría que esperar casi dos siglos, hasta 1873, para encontrar ese ayudante en la igualmente inverosímil figura de Juan León Mera. Mera es el mismo escritor ecuatoriano y autor de *Cumandá*, rimbombante novela indianista, que fue responsable de realizar lo que con razón se podría llamar la primera edición moderna de la obra de Sor Juana. Era moderna esa edición no tanto por sus criterios editoriales, que no eran precisamente científicos, como por la distancia crítica con que asumió su tarea de editor. Para entonces, Sor Juana, junto a Góngora y toda la legión de poetas barrocos, había sido víctima del racionalismo ilustrado que reaccionó contra la cultura de la Colonia. Entre 1700, fecha de publicación de la *Fama*, y 1873, cuando se publica la edición de Mera, Sor Juana desaparece literalmente: no se publican sus obras en todo ese tiempo. Así como el poeta brasileño Haroldo de Campos ha hablado del "secuestro del barroco" en la historia de la literatura brasileña, no es exagerado hablar del "secuestro de Sor Juana". Si dos siglos antes Castorena había luchado contra haraganes colaboradores y celosos dueños de manuscritos, para no hablar de feroces prelados que se erizaban a la menor mención del nombre de la monja, Mera, en cambio, luchó contra un enemigo peor: el olvido. Y es precisamente por eso que en su caso podemos igualmente hablar de un proyecto de restitución. En su "Biografía y juicio crítico", prólogo a su edición donde justifica el rescate de sus obras, Mera hace uso tan eficaz de sus evidentes dotes narrativas que se diría termina escribiendo *otra* rimbombante novela: la de su propio interés crítico en la vida y la obra de la monja, los obstáculos que tuvo que vencer para encontrar información acerca de su vida, y sobre todo su épica búsqueda de los textos de sus poemas. En la ficción editorial que constituye la "Biografía y juicio crítico", Mera urde una trama a base de un esquema de caída y redención, pérdida y restitución. El objetivo de esa trama sería restituir no tanto la obra de Sor Juana como su figura, su persona. Percibimos esa trama a medida que Mera nos va contando cómo descubrió a Sor Juana en nada menos que la *Historia de la literatura española* de Ticknor, quien apenas la menciona citando a su vez un ejemplar descabalado del *Semanario pintoresco de México de 1845*, donde, entre otras cosas, se afirma que Sor Juana era "más notable como mujer que como poeta". Mera no llega a denunciar el evidente sexismo de ese comentario, pero sí confiesa su preocupación ante el mismo: "El velo de la ilusión no se había rasgado del todo, aunque pretendíamos que iba a desaparecer una estrella del cielo americano. La ruptura entre nuestro primer pensamiento sobre la autora y nuestro juicio posterior, entre el efecto que había anidado en el corazón y el rayo de luz que aclaraba el entendimiento, nos parecía inevitable". La conversión a la causa de Sor Juana ocurre, en cambio, cuando Mera dice haber tropezado por azar con las célebres redondillas "Hombres necios..." cuya lectura termina sacudiéndolo, y cuyo efecto es nada menos que *restituir* literalmente la estatura moral de la poetisa en su escala de valores: "La belleza poética y la belleza moral de esos versos nos entusiasmaron, y Sor Juana fue *restituida* al honroso pedestal de que la habíamos bajado [...] Esa poesía, nos dijimos, no la produce sino un poeta: esa verdad no es hija de un alma vulgar; Sor Juana fue sin duda una mujer de gran talento, y sus obras deben ser dignas de ella".

Mera, y Castorena comparten una misma lógica de restitución: ambos manejan, acaso inconscientemente, una concepción arqueológica de la empresa editorial, concepción que es consecuente con la incipiente imaginación filológica de sus dos épocas. De ahí las metáforas que ambos movilizan: Castorena, henchido de la retórica de la Conquista, se refiere a textos como joyas ("oros y rubíes"); Mera, lamentándose de la tacaña burguesía en la que le tocó vivir, denuncia el que ésta hubiese encerrado esas "alhajas en los cofres del olvido". Mera se refiere a ellas, además, como "perlas sacadas del mar" e invoca un deseo aún mayor: "sacudir el polvo que cubre las producciones de que venimos hablando, escoger las más bellas y darlas nuevamente a luz para deleite de los amantes de la verdadera poesía". Lo que fundamenta todo este insólito lenguaje de restitución (y, en el caso de Mera, el uso explícito de ese término) es un problema en común: la angustia ante la eficacia editorial. No es exagerado decir que esta angustia es el punto álgido del canon crítico sobre Sor Juana.

Bajo el confiado lenguaje de los primeros editores de Sor Juana late un temor generalizado de que la desaparición física de la monja —sea ésta debida a inmolación, persecución u olvido— haría difícil, o acaso imposible, cualquier restitución de su obra. El temor tiene un fundamento histórico: de comprobarse las afirmaciones de Octavio Paz sobre el contexto político de Sor Juana, podríamos decir que dicha angustia se relaciona con lo que debe haber sido un trauma: el terror de venganza por parte de la burocracia eclesiástica contra la obra de una disidente que, para colmo, era también una mujer. De ahí que cualquier esfuerzo de restitución corriese el riesgo de transgredir un tabú. En cambio, y más allá de nuestra comprensión de todas estas presiones institucionales, lo que me temo comprendemos mucho menos es que la angustia editorial que se desprende de esa lógica suplementaria de restitución refuerza a su vez la imagen institucional que intenta combatir. Dicho de otro modo: al combatir la imagen de Sor Juana como figura borrosa a punto de extinguirse, terminamos reforzando, más que disolviendo, esa misma imagen. La necesidad de restituir textos perdidos termina condicionando una interpretación restitutiva. No es casual, por eso, que esa angustia crítica sea precisamente el complemento perfecto de la poética de Sor Juana, esa voz fantasmal que evoca perennemente retratos y deseos y que acaso es el rasgo más definitivo de su poesía; un carácter fugaz y elusivo, dato que por cierto el libro de Paz subraya a cada paso, y que el novelista mexicano Sergio Fernández capta de manera ejemplar al escribir lo siguiente:

> Y aun cuando no se despeje la incógnita, sino más bien se acentúe el dilema en la medida en que más y más se insista en leerla, en meditarla, en interpretarla, se tiene la impresión de que a cada instante y a cada golpe de página va a descubrirse un secreto latente y agresivo que burlonamente [...] se escapa siempre de las manos...[27]

[27] Sergio Fernández, *Retratos del fuego y la ceniza*, FCE, México, 1968, pp. 28-29. Véase también, de este autor, "La doble vida histórica de Sor Juana", en *Homenajes: a Sor Juana, a López Velarde, a José Gorostiza*, Sep-Setentas, México, 1972, pp. 20-102. Para la obra de Mera, véase *Obras selectas de la célebre monja de Mejico, sor Juana Inés de la Cruz, Precedidas de su Biografía y Juicio crítico sobre todas sus producciones*, ed. Juan León Mera, Imprenta Nacional, Quito, 1873. Todas las citas se basan en esta edición; para la obra de Haroldo de Campos, *O Sequestro do Barroco na Formação da literatura brasileira. O Caso de Gregório de Matos*, Fundação Casa de J. Amado, Salvador, Bahía, 1989.

Con todas estas prevenciones es justo concentrarnos ahora en la posible relación entre estas realidades institucionales y la poética de restitución de la propia Sor Juana. Para ello resultaría instructivo examinar un texto en particular en el que la propia Sor Juana plantea el tema de la restitución como tema poético. Me refiero al proemio a *Inundación castálida*, primer tomo de la primera edición de sus poemas, publicado en Madrid en 1689. No tomo el texto al azar; al contrario, lo escojo porque es un prólogo que define su obra y también intenta definir a su autora. Más aún, hace esas definiciones precisamente en términos de restitución, el mismo concepto que, como hemos visto, ha utilizado la crítica para rescatar, desentrañar y entender a Sor Juana.

A la excelentísima señora condesa de Paredes, marquesa de la Laguna, enviándole estos papeles que su excelencia la pidió y pudo recoger soror Juana de muchas manos en que estaban, no menos divididos que escondidos como tesoro, con otros que no cupo en el tiempo ni copiarlos.

El hijo que la esclava ha concebido,
dice el derecho que le pertenece
al legítimo dueño que obedece
la esclava madre, de quien es nacido.
El que retorna el campo agradecido,
opimo fruto, que obediente ofrece,
es del señor, pues si fecundo crece,
se lo debe al cultivo recibido.
Así, Lisi divina, estos borrones
que hijos del alma son, partos del pecho,
será razón que a ti te restituya;
y no lo impidan sus imperfecciones,
pues vienen a ser tuyos de derecho
los conceptos de un alma que es tan tuya.

Como es bien sabido, este soneto acompañaba a 109 otros textos en *Inundación castálida*, textos que, como indica la estructura metafórica del poema, son hijos de la esclava (es decir, Sor Juana) y por tanto en realidad pertenecen a la condesa de Paredes, tal como el fruto de la tierra pertenece a su legítimo dueño. Comos sabemos, y además Paz nos explica en su libro, Sor Juana le dedicó *Inundación castálida* a la condesa de Paredes, su amiga, protectora, musa y, en un final, editora del libro. Fue la propia condesa (por medio de su secretario Francisco de las Heras) la que propició la publicación de *Inundación castálida* en España, y fue a ella a quien Sor Juana le entregó sus poemas con el propósito explícito de que los hiciese publicar en forma de libro. De hecho, *Inundación castálida* fue el único de sus libros que Sor Juana llegó a revisar. En su estudio Paz se refiere a este poema como "uno de los testimonios más impresionantes de la correspondencia que seguramente sostuvieron las dos mujeres".

El proemio en sí es una epístola que se estructura sobre una alegoría editorial que a su vez sirve de pórtico al libro y de ahí, lógicamente, a toda la obra: se trata del primer libro publicado por la monja. Sin embargo, es significativo que a pesar de su apta situación textual, para no hablar de su evidente legitimidad editorial, el soneto de Sor Juana no fue vuelto a publicar como prólogo a su obra sino hasta hace relativamente poco, en 1982, en la excelente edición crítica de *Inundación castálida* que ha hecho Georgina Sabat-Rivers. Hasta entonces fue consistentemente desplazado de su legítimo lugar por el insulso y (me atrevo a proponer) anónimo romance "Al lector".[28] La monumental edición canónica de las llamadas *Obras completas,* publicadas entre 1951 y 1954, no suprimen el soneto, por cierto, pero su editor, el padre Alfonso Méndez Plancarte, lo desplazó arbitrariamente del prólogo hacia la sección que él mismo llamó "lírica personal". Al trazar el destino peculiar de este poema no deseo sugerir que estamos ante un caso de violación de propiedad literaria, lo cual sería más propio de una situación moderna. Sin embargo, los efectos de ese desplazamiento nos dicen mucho, al menos algo más de lo que nos diría un cotejo de variantes.

El proemio es el prefacio, como hemos dicho, a la única edición cuyo orden y contenido Sor Juana revisó y aprobó. Pero al desplazar-

---

[28] Sigo el texto establecido en la edición Sor Juana Inés de la Cruz, *Inundación castálida,* ed. Georgina Sabat-Rivers, Castalia, Madrid, 1982, pp. 89-90. Una historia detallada de los cambios la hizo Pedro Henríquez Ureña, "Bibliografía de Sor Juana Inés de la Cruz", *Revue Hispanique,* 40, 1917, pp. 161-214. Un resumen parcial se ofrece en *Obras completas de Sor Juana Inés de la Cruz,* pp. 361 y 543, para el "Romance" y el poema, respectivamente. Véanse también los comentarios de Sabat-Rivers, *Inundación castálida,* p. 28.

se el poema de su lugar legítimo, se termina suprimiendo la dedicatoria a la condesa de Paredes. Dicha dedicatoria, es justo señalar, es una hipérbole de la condesa de Paredes, con quien Sor Juana tuvo una intensa relación personal. No se trata, por tanto, de un texto más sobre el tema de la condesa, que es como la mayoría de los editores lo han visto, sino de un componente esencial de la "unidad dramática" que le da coherencia a *Inundación castálida* como secuencia lírica.[29] "Lysi" o "Lísida" (nombre poético de la condesa) se invoca explícitamente en ocho poemas por lo menos (17, 19, 20, 30, 51, 52, 63, 70) a todo lo largo de la secuencia. Todas esas referencias comportan instancias o episodios dramáticos de lo que es, en efecto, un personaje poético dentro del libro. Aún más crucial, sin embargo, es que el último texto de la secuencia (107-110) sea el *Neptuno alegórico,* el texto barroco que a Sor Juana se le comisionó en homenaje a Manuel de la Cerda Manrique de Lara (esposo de la condesa) para decorar el arco triunfal de 1681 que se le construyó a la pareja a su llegada a Nueva España. De esta manera, el "arco" que termina la secuencia lírica es uno de los dos pilares de ese otro "arco" que estructura el libro, comenzando con el proemio. Y así, con simetría barroca, *Inundación castálida* comienza y termina trazando un arco con cada uno de los miembros de la pareja virreinal presidiendo emblemáticamente sobre la secuencia lírica entera. Al volver a ordenar la obra de Sor Juana, sus editores han desmantelado ese arco. También han suprimido el argumento central del proemio: la restitución. Incluso si tomáramos en cuenta la irregularidad del prefacio poético como género en la poesía renacentista (el caso de las *Rime sparse* de Petrarca es ejemplar en este sentido), la pregunta en torno a la restitución que hemos esbozado sería la siguiente: ¿existirá alguna conexión entre, por una parte, la muy peculiar historia editorial del poema —una historia de *des*titución textual— y, por otra, su temática explícita, es decir, la *res*titución interpretativa?

El poema mismo construye, a partir del uso de la restitución como concepto central, toda una serie de analogías legales basadas

---

[29] Derivo este útil término del reciente estudio de Roland Greene: *Post-Petrarchism: Origins and Innovations of the Western Lyric Sequence,* Princeton University Press, Princeton, 1991, y en particular las pp. 3-62.

todas en el código del amor cortés. Ese código o convención define los poemas que el soneto precede y acompaña. A su vez, las analogías legales forman parte del tópico de "falsa modestia" que define la actitud del poeta-hablante hacia su propia escritura. Lysi (es decir, la condesa de Paredes) aparece como amo de la poeta-sierva o esclava; la esclava, a su vez, en vez de sólo entregar sus poemas, reconoce en su amo el legítimo dueño y por tanto el verdadero autor de los poemas; de ahí que se los restituya. Las metáforas de derecho doméstico y agrario terminan creando así una hipérbole de Lysi —musa y propietaria, verdadera "patrona", en más de un sentido de la palabra. También, y de manera indirecta, aunque no menos significativa, el poema emplea *lítotes,* suerte de *understatement* acerca de la realización poética: triunfo formal. La ironía proviene, desde luego, del contexto inmediato del poema: después de todo, el lector implícito sabe que lo que sigue a continuación son los poemas de una gran poeta, afluentes todos que amenazan con desbordarse en esta "inundación castálida". Si los poemas aparecen como "borrones", cuyas imperfecciones bien podrían ser rechazadas por Lysi, también la propia autoría de la poeta-esclava, la *persona* poética que Sor Juana escoge en este poema clave, aparece como la sombra o fantasma del alma: suerte de estenógrafa suplicante cuyos borrones de segundo grado —copias de otras copias— aspiran a regresar a su origen. A su vez, ese *understatement* regresivo y sobre el tema de su obra fluye contra la corriente, como aquel que dice, y crea en el poema un evidente quiasmo o cruce retórico. En ese cruce se contraponen la falsa modestia del hablante, por un lado, y la paulatina idealización de los poemas, por el otro, tal como si fuera formando una "gran cadena del Ser" (de evidente resonancia neoplatónica): comienza en el primer terceto con "el hijo que la esclava ha concebido", el término más bajo y material; le suceden el relativamente más alto "opimo fruto" del segundo terceto, y los "hijos del alma", del primer cuarteto; para resolverse finalmente en los idealizados "conceptos de un alma" del último verso. Si mi alma te pertenece (podríamos resumir), entonces mis poemas, hijos del alma, también te pertenecen; de manera que en vez de sólo entregártelos, te los devuelvo: te los *restituyo.*

A mi juicio se trata de un prólogo perfecto. Al menos es mejor que el torpe romance "Al lector" que favorecen la mayoría de ediciones de Sor Juana. Lejos de reducir el público del poema, el apóstrofe a Lysi, lectora implícita, lo amplifica construyéndola como metáfora del lector real. Pero si en verdad se trata de un prólogo tan perfecto, entonces, ¿cómo explicar el extraño olvido en que cayó durante los siguientes 300 años? Georgina Sabat no especula al respecto, salvo quizá para poner en duda, dadas las dificultades de comunicación entre España y sus colonias, si Sor Juana podría haber tenido suficiente tiempo para revisar alguna edición suya más allá de esta primera. Esa duda contradice por lo menos la imagen publicitaria que crearon los posteriores editores de Sor Juana, tan ávidos por anunciar que la edición había sido "corregida y mejorada por su autora". Tampoco nos aclara nada Méndez Plancarte, quien en su edición de las *Obras completas* optó por ordenar los poemas según criterios de versificación en vez de los de cronología, que son los que dictan las ediciones originales.

Al encarar un enigma de tales proporciones, bien podríamos cuestionar nuestro juicio y dudar si en efecto el soneto sirve como prólogo. Después de todo, ¿podría funcionar como tal semejante poema, tan repleto de *understatement* irónico, y que para colmo propone nada menos que la figura de una suplicante estenógrafa como *persona* poética? ¿Cómo podría tal imagen fantasmal, esa voz demasiado ventrílocua, ser favorecida por editores harto ansiosos por darle publicidad a esta "Poetisa única, Décima musa" cuya desbordante obra amenaza con ahogarnos a todos en esta "inundación" de poemas? En cambio, en el caso de "Al lector", prólogo favorito de los editores, no hay lugar a dudas: "Estos textos, Lector mío", reza el primer verso. ¿Cómo dudar que se trata de un poeta concreto, independiente, dirigiéndose a un lector igualmente concreto? Sólo que, aún así, quedaría una pregunta: ¿podría tal poeta ser Sor Juana, o al menos la misma Sor Juana que ella quiso manejar y explotar en su poesía?

Casi todos los bienintencionados editores de Sor Juana —empezando por Castorena, y pasando por Mera, y Méndez Plancarte—, al igual que legiones enteras de nobles lectores, cuyos esfuerzos colectivos culminan en el extraordinario libro de Octavio Paz, han aspirado a recrear una imagen fuerte y clara de Sor Juana Inés de la

Cruz. Pero el intento por restituir su imagen y significación tocan un límite en la medida en que Sor Juana, o al menos la Sor Juana que se transparenta en su poesía, no lo permite —en la medida en que Sor Juana *resiste* la restitución. El prejuicio editorial que hemos visto, y que yo quisiera interpretar como una reveladora decisión institucional —otra instancia más de esa política sexual de la historia literaria que ha estudiado Joan de Jean—, desea restituir una voz poética concreta. Pero también hemos visto cómo ese mismo gesto crítico violenta de tal manera la decisión original de Sor Juana, al extremo de suprimirla durante tres siglos; como si al hacerlo repitiese la publicación desautorizada de la *Carta athenagórica* por el obispo Fernández Santa Cruz. Algunos de los efectos institucionales de esa supresión se pueden auscultar hasta en el resumen que va a la cabeza del soneto (según Paz, obra del padre Calleja, primer biógrafo de la monja). Utilizando una lógica francamente ambivalente, demuestra, por una parte, la angustia editorial que es típica del canon; pero por otra le impone una identidad personal al hablante que la retórica del poema no admite, ya que el esclavo no tiene identidad propia, salvo quizá aquella que su amo le concede.

No podemos, en todo caso, sencillamente descartar esta retórica particular como una versión más del tópico de falsa modestia. El soneto elabora demasiado conscientemente la metáfora del siervo o esclavo-hablante al situar el poema como prólogo o pórtico de la colección. De esta manera, hace de la restitución la fuente misma de la poética de Sor Juana, la fundación paradójica de un lenguaje del deseo. Si bien es cierto que la *persona* de Sor Juana se propone restituir, en cambio lo que restituye no es tanto su propio Ser como el ser del Otro; no restituye al poeta o su persona, sino a su tema, e implícitamente, a su lector. En vez de la voz concreta que sus editores quisieron promover, lo que devuelve es un fantasma: su restitución es una *des*titución, un paulatino vaciamiento del ser poético.[30] Y al

---

[30] Véase Joan de Jean, *Fictions of Sappho, 1546-1937,* University of Chicago Press, Chicago, 1989. Es revelador que en el otro único uso explícito que hizo Sor Juana del término *restitución* fue la dedicatoria a sus *Ejercicios devotos (ca.* 1684-1688) a la Virgen María. Ahí invoca un análogo vaciamiento del ser, doblemente reforzado por el hecho de que la primera edición de este panfleto fue anónimo. Véase *Obras completas de Sor Juana Inés de la Cruz,* IV, pp. 475-507.

tomar esta decisión retórica, tal parece que Sor Juana se apoyase menos en las convenciones del amor cortés y mucho más en el mito hermético de Isis, ese mito que, según Paz, sería el eje central de la mitología personal de la monja y que en el *Neptuno alegórico,* último texto de *Inundación castálida,* se elabora ejemplarmente. En el proemio, el mito de "Isis" se evoca como palimpsesto en la homofonía de "L[ysi]". Y se trata, por cierto, no de un mito más, sino nada menos que del mito mismo de la restitución.

Porque el mito de Isis y Osiris, mito de fundación de la práctica cultural de momificación, es el mito hermético (y por tanto alternativo) de toda interpretación restitutiva. La transformación de Osiris en el dios egipcio de la muerte a través de su asesinato ritual, la dispersión de su cuerpo y la recuperación paulatina de sus partes a manos de su hermana Isis con el propósito de resucitarlo, termina en la pérdida de una de sus partes (el falo) que hace de su restauración una empresa incompleta; hace de su presunta restauración una restitución. Toda momia es un cuerpo restituido; pero al igual que ocurre con las ediciones críticas, análogas de las ediciones originales, al restaurarse resulta ser algo más (o menos) que un cuerpo rescatado: es diferente al original, es una restitución.[31] Tal parece ser el descubrimiento melancólico que resuena en el proemio de Sor Juana, y se diría que en toda su poesía. En vez de una voz segura y confiada, lo que encontramos es otra cosa, más conmovedora y acaso dolorosa: lo que Patricia Meyer Spacks ha llamado "una retórica de la incertidumbre": un lenguaje consecuente con el discurso femenino tradicional que se niega tanto la tranquilidad de la legitimación como el crédito del triunfo.[32]

---

[31] Paz analiza la fascinación de Sor Juana con la figura de Isis en su lectura del *Neptuno alegórico* (pp. 155-179) y de la egiptomanía de la monja. La fuente principal de Paz fue el libro clásico de Jurgis Baltrusaitis, *La Quete d'Isis,* Gallimard, París, 1967. Hay reveladores paralelos entre el mito de Isis y el de la Virgen María; véase Marina Warner, *Alone of All Her Sex: The Myth and Cult of the Virgin Mary,* Random House, Nueva York, 1976, pp. 208-209.

[32] Patricia Meyer Spacks, "Selves in Hiding", en *Women's Autobiography: Essays in Criticism,* ed. Estelle C. Jelinek, Indiana University Press, Bloomington, 1980, pp. 112-113.

4. Conclusión

Mi conclusión, por eso, apunta hacia otra pregunta: ¿cómo leer a Sor Juana sin traicionar a Sor Juana? Esa pregunta, que es la pregunta sobre la restitución, surge tan naturalmente al final de este ensayo como aquellas que se hace Octavio Paz en las primeras páginas de su libro sobre la identidad personal de la monja y las decisiones que tomó durante su vida. Es un crédito merecido para Paz que bien adentrado en su estudio, hacia la página 500, en medio del epílogo "Hacia una restitución", cuando ya está a punto de sacar sus últimas conclusiones y darnos la última palabra sobre el tema, todavía se refiere a cómo "es imposible definir en una palabra o en una frase el elemento distintivo de su poesía..." Y luego para aludir a esa distinción, recurre a una serie de preguntas que abren más que cierran una serie de perspectivas: "¿lucidez, ironía, conciencia de los límites y del hasta aquí?"

Más allá de cómo todas esas preguntas puedan resonar en el canon crítico, debemos reconocer que la honestidad intelectual que reflejan es poco frecuente en nuestros debates contemporáneos sobre la restitución —esas últimas batallas nuestras por vindicar al Otro. Cualquier descripción de este tema nos sacaría de nuestro trillo; pero baste indicar, por lo pronto, que trátese de exotismo académico, tolerancia colonial o mero paternalismo, todas esas versiones benignas de la restitución poseen un rasgo en común: terminan subordinando la verdad del Otro a la percepción salvacionista del Mismo. En vez de reconocer la irreductible diferencia del Otro, o tal vez hasta su superioridad, nuestras restituciones terminan asignándole un papel institucional que satisfaga a la moralina mistificada del Mismo. Pretenden trabajar en nombre del Otro, pero en realidad lo que hacen es descargar la conciencia del Mismo.

A esas preguntas de Paz, que son también las nuestras, la propia Sor Juana parece haber respondido en su "En reconocimiento a las inimitables plumas de la Europa", el último poema suyo que se encontró inconcluso, en el que reaccionó, acaso sorprendida y confusa, a los poemas laudatorios sobre su poesía que se incluyeron en *Inun-*

dación castálida. Más que una sencilla nota de agradecimiento a sus admiradores, el poema revela, poco después de la última crisis de su vida, la única reacción conocida de la monja a la recepción crítica de su poesía. De manera análoga subraya, en un gesto que es típico de sus frecuentes meditaciones sobre el género del retrato, la disparidad que media entre el ser y la imagen estética que está llamada a representarla. La lectura que propone Sor Juana —lo que equivaldría a su posición crítica respecto a su obra— sería abogar por una visión antitética de la identidad personal dentro de la obra literaria, una posición que toma en cuenta la intuición que otorga el poema en la medida en que precisamente *oculta,* en vez de revelar, el ser del poeta:

> No soy yo la que pensáis
> sino que allá me habéis dado
> otro ser en vuestras plumas
> y otro aliento en vuestros labios.
>
> Y diversa de mí misma
> entre vuestras plumas ando
> no como soy, sino como
> quisisteis imaginarlo.[33]

La autonegación que se dramatiza tanto aquí como en el proemio equivaldría, de esta manera, a la versión sexuada del descubrimiento paradójico que hace todo gran escritor, casi siempre hacia el final de su carrera: el ser histórico, a cuyo conocimiento le ha dedicado su obra, se dispersa desde el momento en que éste pone pluma a papel. Todo gran escritor sabe que a efectos de compensar esa dispersión, en su nombre se librarán demandas históricas, y hasta judiciales. Pero sabe igualmente que a pesar de las buenas intenciones con que se recubren, todas esas demandas seguirán siendo, al igual que sus propios intentos de autoconocimiento, meras hipótesis que están sujetas a evidencias imaginarias. No se trata, desde luego, de evitar la restitución; en realidad no podemos evitarla, salvo quizá si el escritor optara por destruir su obra y su archivo —el gran deseo (la gran frus-

---

[33] *Obras completas de Sor Juana Inés de la Cruz,* tomo I, p. 367.

tración) de Franz Kafka. El escritor sabe perfectamente que no será entendido, que su obra será malinterpretada. Pero a esas alturas lo único que le queda es proveer una crítica de la restitución desmistificando sus alcances y sus exigencias epistemológicas. También, consolar a todo aquel lector que se sabe capaz de malinterpretarla. La estrategia discursiva de Sor Juana, su precaria manera de descubrir y encubrir su ser en el poema, es pedirnos que nos reconciliemos con una triste pero profunda verdad: acaso no sabremos nunca quién fue Sor Juana, qué fue lo que verdaderamente pensó, o cuál fue la "verdad" acerca de su derrota. Al resistir la restitución, Sor Juana mantiene su diferencia y su otredad; y al resistir de esa manera insiste en que la pregunta sobre "Sor Juana", como toda importante pregunta, siga resonando en nuestras vidas.[34]

---

[34] En su versión preliminar como conferencia, este ensayo fue leído en varias universidades. Por sus valiosos comentarios y sugerencias, agradezco a los profesores Asunción Lavrin, Georgina Sabat-Rivers, Lucille Kerr, Ricardo Quiñones, Roland Greene, Efraín Kristal, Eduardo González, Harry Sieber, Gustavo Pérez-Firmat, José Miguel Oviedo, Anthony Stanton y, desde luego, a mi amigo Octavio Paz.

VII. "ESTO NO ES UN POEMA": LECTURA DE "BLANCO"*

> No me preocupa la *otra vida* allá sino aquí. La experiencia de la *otredad* es, aquí mismo, la *otra vida*.
>
> "Los signos en rotación"

"BLANCO" es el poema más ambicioso que ha creado Octavio Paz, si no el más importante. Se trata de uno de los cinco brazos —junto con *Piedra de sol* (1957), *Nocturno de San Ildefonso* (1974), *Pasado en claro* (1974) y *Carta de creencia* (1987)— del delta de cinco grandes poemas en su obra. El poeta lo escribió durante casi dos meses en Delhi, India, en 1966 —"del 23 de julio al 25 de septiembre", según reza la firma al final del poema— durante lo que se podría llamar la culminación de la etapa oriental en su obra, que comienza en 1962, con su llegada a la India como embajador de México, y termina seis años después, cuando renuncia al mismo cargo en protesta por la llamada "matanza de Tlatelolco". La gestación y creación del poema coincide con su encuentro amoroso con Marie-José Tramini, con quien se casará el 20 de enero de 1966, y conmemora ese encuentro. En suma, *Blanco* constituye un intrincado cruce entre la poesía erótica, el poema extenso, el budismo tántrico y la obra abierta o indeterminada. El propio Paz lo ha llamado "uno de mis poemas más ambiciosos y complejos".

La primera edición del poema, limitada a 579 ejemplares, fue publicada en México por la Editorial Joaquín Mortiz entre el 4 y el 10 de diciembre de 1967, a 15 meses de haberse terminado el manuscrito. Consistía esa edición en una caja rectangular de cartón dentro de la cual iba una sola tira de papel de 75.59 centímetros de largo,

---

*Se trata del epílogo a mi edición de *Archivo Blanco* (1994), publicado en México por Ediciones El Equilibrista y en Madrid por Ediciones Turner.

dividida en 32 hojas plegadas e impresas en una sola cara en cinco tipos y a dos colores (rojo y negro). También incluía una hoja suelta, con un párrafo en prosa, sin firma, pero en realidad redactada por el propio autor, que describía algunos aspectos formales del poema. Al final de la tira iban también unas "Notas" que planteaban posibles lecturas y aclaraban una de sus fuentes del budismo tántrico.

Esa primera edición fue enteramente diseñada por Octavio Paz y ejecutada con sumo gusto por Joaquín Díez-Canedo, director de la Editorial Joaquín Mortiz. En primera instancia el autor pensó, según revela en carta a Díez-Canedo recogida en el *Archivo Blanco* (12 de octubre de 1967), "que podría imprimirse en un largo pliego enrollado, a manera de los libros cilíndricos de los antiguos chinos". Pero abandonado ese primer proyecto ("la lectura resultaría engorrosa, la distribución difícil, etc."), opta por "la forma de esos acordeones que usan (o usaban) los estudiantes los días de exámenes". También le dice entonces que el poema "tiene la particularidad de leerse de varias maneras, como los poemas barrocos o como la poesía *kavya*". Otra carta posterior (9 de febrero de 1967) a Díez-Canedo, también recogida aquí, revela que al principio el autor pensó ponerle el título de *Sunyata*, "que quiere decir vacío o vacuidad y que, en el budismo mahayana, también quiere decir realidad —realidad de realidades: Samsara es igual a Nirvana, la realidad a la irrealidad, la locura a la sabiduría". Pero abandonado también ese primer título, opta por *Blanco:* "es el equivalente de *Sunyata* —inclusive en el sentido de que es un estado por definición inalcanzable, ese blanco que nunca tocamos".

En 1972 apareció, también en la Editorial Joaquín Mortiz, una segunda edición de 500 ejemplares, idéntica a la primera que se agotó pronto. El poema también se incluyó en *Ladera este* (1969), un libro que recoge los poemas de Octavio Paz escritos en Oriente entre 1964 y 1968. Desde entonces, *Blanco* ha aparecido en las sucesivas reediciones de *Ladera este* así como en dos recopilaciones: *Poemas (1935-1975)* y *Obra poética (1935-1988)*. En todas estas ocasiones posteriores se reproduce el poema sucesivamente al frente y dorso de las páginas, sólo que en tinta negra y en dos tipos. También se trasladan las "Notas" del final a la cabeza del poema; y se añaden al final del tomo cinco más para explicar alusiones oscuras en el texto; por último, se añade la siguiente advertencia:

> Como no ha sido posible reproducir aquí todas las características de la edición original de *Blanco* (México, 1967), señalo que este poema debería leerse como una sucesión de signos sobre una página única; a medida que avanza la lectura, la página se desdobla: un espacio que en su movimiento deja aparecer el texto y que, en cierto modo, lo produce. Algo así como el viaje inmóvil al que nos invita un rollo de pinturas y emblemas tántricos: si lo desenrollamos, se despliega ante nuestros ojos un ritual, una suerte de peregrinación hacia ¿adónde? El espacio fluye, engendra un texto, lo disipa —transcurre como si fuese tiempo. A esta disposición de orden temporal y que es la forma que adopta el curso del poema: su discurso, corresponde otra, espacial: las distintas partes que lo componen están distribuidas como las regiones, los colores, los símbolos y las figuras de un mandala... La tipografía y la encuadernación de la primera edición de *Blanco* querían subrayar no tanto la presencia del texto como la del espacio que lo sostiene: aquello que hace posible la escritura y la lectura, aquello en que terminan toda escritura y lectura.

En una carta del 6 de marzo de 1968, Paz le reveló a Vicente Rojo que la creación de *Blanco* formaba parte de una exploración más vasta de "las relaciones entre sonido, plástica y palabra" que podría realizarse en una versión cinematográfica del poema y que "combinaría en forma dinámica las. letras, la palabra hablada, las sensaciones visuales y auditivas y los diferentes sentidos". A ese proyecto cinematográfico respondía, paralelamente, un guión (recogido aquí en una versión posterior y algo distinta como *"Blanco*. Indicaciones escénicas") que para antes del 29 de noviembre de 1969 Paz ya le había enviado al dramaturgo mexicano José Luis Ibáñez, como base de una posible colaboración entre ellos dos y Vicente Rojo, pero que nunca prosperó. "Se trata de una película de no más de 15 minutos de duración" —le dice Paz a Vicente Rojo en una carta de esta misma última fecha. "En verdad lo que te propongo es la proyección cinematográfica del libro, o mejor dicho, *la proyección de su lectura* (lectura a veces silenciosa, otras en voz alta)." Años después, Paz volvería a elaborar el guión, se lo volvería a enviar a Ibáñez para reanudar el proyecto, esta vez como pieza de teatro, y sólo en fecha reciente ha llegado a realizarse.

En 1974, a cinco años de incluirse el poema en *Ladera este,* el pintor norteamericano Adja Yunkers ilustró el poema en un *livre d'artiste* de edición limitada a 50 ejemplares. *Iluminations,* que fue el título que escogió Yunkers para el libro, reproduce un facsímil del manuscrito en español junto con la traducción inglesa del poema en una serie de litografías estampadas en relieve que, de manera sorprendente, extiende algunas de las bases conceptuales y estéticas del poema. Desde entonces, el poema ha sido traducido a varios idiomas. En él se basó también el compositor norteamericano Richard Cornell para crear una sinfonía homónima de 1988. Por último, en 1986 fue el motivo de *Transblanco,* una recopilación de textos ideada por el poeta brasileño Haroldo de Campos, traductor del poema al portugués, en la que se incluye esa versión y se aportan valiosos documentos para su estudio. Sin duda se trata de la contribución más importante a la extensa lista de estudios que hasta la fecha se le ha dedicado al poema. La presente edición [de 1994], a 27 años de la publicación original del poema, debe mucho a aquella fecunda idea del maestro De Campos y trata de extenderla.

1. Contexto

Signos en rotación

En una carta a Emir Rodríguez Monegal, fechada en "Delhi, 19 de abril de 1967", adjunta a un fragmento de *Blanco* solicitado para publicación en la revista *Mundo Nuevo,* Octavio Paz explicaba sus múltiples posibles lecturas.

> Si usted lee el poema verá que no se trata de caprichos tipográficos. Ese poema (ese fragmento) es tres poemas: la primera parte, la columna de la izquierda y la derecha. Puede leerse de varias maneras: como un solo texto; como dos poemas, primera y segunda parte; como tres poemas,

cada parte como unidad aislada (la columna de la izquierda y la de la derecha *make sense* por sí solas). También puede leerse así: primera parte y columna de la derecha o primera parte y columna de la izquierda. Observará usted que la columna de la derecha es la contraparte de la columna de la izquierda —que es un poema erótico. Todo el poema obedece a la misma lógica: son los signos en rotación...

Las indicaciones a Rodríguez Monegal hacían eco de las "Notas" que irían al final del poema, entonces aún inédito, y de la primera carta a Díez-Canedo. "Esta composición ofrece la posibilidad de varias lecturas", dirá, en efecto, la primera frase de esas "Notas" para introducir una lista de seis posibles lecturas. Dos aspectos formales del poema confirman la carta a Rodríguez Monegal. El primero: su evidente filiación a la poética de la "obra abierta", para citar el título del célebre libro de Umberto Eco. Ya en la hoja suelta de la primera edición el propio autor señalaría que el poema se insertaba dentro de una antigua corriente poética "que consiste en enfrentar dos textos distintos que, de algún modo, producen un tercer texto". Esa descripción se refería al *simultaneísmo*: lo que años después en *Los hijos del limo* (1972) el propio Paz llamará "la descripción simultánea de las diversas partes de un objeto". Pero la hoja suelta también añadía inmediatamente que la literatura y música contemporáneas han rescatado esa forma de creación, y mencionaba algunos nombres emblemáticos: Pierre Boulez y John Cage en el ámbito de la música; y Michel Butor y Julio Cortázar en el de la novela, pensando seguramente en obras como *Mobile* o *Rayuela,* respectivamente. "Ahora [Paz] lo emplea —añadía finalmente refiriéndose a *Blanco*— en un poema largo y complejo porque piensa que esta forma ofrece al poeta (y al lector) la posibilidad de combinar dos elementos contradictorios: la extensión y la intensidad, la concentración y la sucesión, lo que pasa aquí y lo que pasa allá."

Más adelante regresaremos a otros aspectos de esta importante hoja suelta y de la poética de la obra abierta. Por lo pronto, el otro aspecto importante de la carta a Rodríguez Monegal es que Paz vincula el poema explícitamente con otro texto suyo de la misma época. Al decir que "el poema entero obedece a la misma lógica: son los signos en rotación", alude al célebre ensayo del mismo nombre y que figura como epílogo a la segunda edición revisada de *El arco y la lira* (1967). Fue en este ensayo, si recordamos, donde Paz llegó a plantear la apertura hacia una nueva poética, no sólo de la época sino suya propia, y donde, oponiéndose en parte a Heidegger, volvió a formular la crisis ontológica que refleja la obsesión moderna con la técnica. Refiriéndose a su propio ensayo, Paz se lo describe por la misma fecha a José Luis Martínez (en carta desde "Delhi, 7 de abril de 1965") como una "'declaración de principio' en singular y en el doble sentido de la palabra: mi idea de la poesía del medio siglo y lo que pienso o creo acerca del principio de una nueva poesía —que tal vez no escribiremos nosotros sino los que vengan después..." Un breve resumen del ensayo nos ayudará a explicar por qué Paz vería a *Blanco* como parte de la poética de los "signos en rotación".

Paz comienza su ensayo observando cómo la progresiva pérdida de la imagen del mundo nos ha llevado, en la era moderna, a la creación de un nuevo poema que refleja esa dispersión. También lo refleja el auge de la técnica, que "no es propiamente un lenguaje, un sistema de significados permanentes fundados en una visión del mundo", sino "un repertorio de signos dueños de significados temporales y variables" y que, a su vez, "no nos ofrece una imagen del mundo sino un espacio en blanco, el mismo para todos los hombres". La técnica ha tenido un impacto sobre ese nuevo poema, pues "ante la ausencia de toda imagen del mundo, la lleva a configurarse". Esa configuración, según Paz, "es el poema", que "plantado sobre lo informe, a la manera de los signos de la técnica, es un espacio vacío pero cargado de inminencia [...] una parvada de signos que busca su significado y que no significa más que ser búsqueda".

Lo que Paz llama "la dispersión de la imagen del mundo en fragmentos inconexos" se resuelve en "uniformidad y así, en pérdida de la *otredad*". De ahí que el nuevo poema, concebido como configuración de signos, sea un intento por restaurar la *otredad*. Por este término fundamental Paz quiere decir aquella experiencia "hecha del tejido de nuestros actos diarios" por la cual tenemos "la percepción simultánea de que somos otros sin dejar de ser lo que somos y que, sin cesar de estar en donde estamos, nuestro verdadero ser está en otra parte". Experiencia ciertamente diaria, pero cuya significación capital Paz emparienta, por un lado, con la experiencia de lo sagrado, y por otro con la poesía, la *otredad* es lo que dice su nombre: la visión de "lo Otro". Según Paz, "hay situaciones propicias y temperamentos más afinados" que suscitan la aparición de la *otredad,* pero insiste en que se trata de un "don imprevisto, un signo que la vida hace a la vida sin que el recibirlo entrañe mérito o diferencia alguna, ya sea de orden moral o espiritual". Así, si la *otredad* "se confunde con la religión, la poesía, el amor y otras experiencias afines", también es más vasta y "anterior" a todas estas categorías culturales y "abarca las dos notas extremas de un ritmo de separación y reunión, presente en todas las manifestaciones del ser". De suerte que si la *otredad* describe, por ejemplo, "el día en que de verdad estuvimos enamorados y supimos que ese instante era para siempre", también describe "cuando caímos en el sinfín de nosotros mismos y el tiempo abrió sus entrañas y nos contemplamos como un rostro que se desvanece". Separados o reunidos, juntos o solos, la otredad está hecha de "la verdadera vida, la vida de todos los días". Y según me señaló Paz, en un comentario al primer borrador de este ensayo, la *otredad* "designa a la vida diaria, la de todos los días, *en su radical extrañeza".* Se trata, por tanto, de "la experiencia de 'estar en el mundo', es decir, de estar aquí y ahora [...] La *otredad* es el manantial perenne de la poesía y, asimismo, de la novela y el teatro; es la vida misma. Es la fuente central de *Blanco,* que es un poema carnal, de amor".

Las raíces del nuevo poema, según el mismo ensayo, se pueden rastrear no sólo en la obra de poetas como Mallarmé, específicamente el Mallarmé de *Un lance de dados,* poema que para Paz marca un cambio crucial en la poesía de Occidente: del poema como representación ideal del mundo al poema como negación de esa posibilidad, lo cual hace de esa misma negación el suelo temático y retórico del poema. En vez de cantar la presencia del mundo, el nuevo poeta, heredero de Mallarmé, hace de la pérdida de su imagen la base retórica del poema. Principal innovación de Mallarmé es un poema suyo como *Un lance de dados,* que de cierta manera prefigura al nuevo poema: "Hoy el espacio se mueve, se incorpora y se vuelve rítmico [...]

La página, que no es sino la representación del espacio real en donde se despliega la palabra, se convierte en una extensión animada, en perpetua comunicación con el ritmo del poema. En cambio, "la escritura alude al ritmo del poema y [...] en cierto modo convoca al objeto que designa el texto".

Paz encuentra que esta relación entre página y escritura es "nueva en Occidente" y sin embargo "tradicional en las poesías del Extremo Oriente y en la arábiga" —todo lo cual resuena especialmente en el caso de *Blanco* y otros textos de su periodo oriental. Por último, y lo que es más elocuente, para Paz el poema del futuro "suscitará la imagen de una ceremonia: juego, recitación, *pasión* (nunca espectáculo). El poema será recreado colectivamente. En ciertos momentos y sitios, la poesía puede ser vivida por todos: el arte de la fiesta aguarda su resurrección". Ese poema-ceremonia se regirá, en cambio, por principios radicalmente distintos a los de la fiesta antigua, pues si antes estaba fundada en "la concepción o encarnación del tiempo mítico en un espacio cerrado", la fiesta moderna inaugura "la dispersión de la palabra en distintos espacios, y su ir y venir de uno a otro, su perpetua metamorfosis, sus bifurcaciones y multiplicaciones, su reunión final en un solo espacio y una sola frase". Así, el poema del futuro sería una representación dramática en la que "la imagen" sería "el personaje único de ese teatro, el escenario es una página, una plaza o un lote baldío; la acción, la continua reunión y separación del poema, héroe solitario y plural en perpetuo diálogo consigo mismo: pronombre que se dispersa en todos los pronombres y reabsorbe en uno solo, inmenso, que no será nunca el yo de la literatura moderna. Ese pronombre es el lenguaje en su unidad contradictoria: el yo no soy tú y el tú eres mi yo". Para resumir esa nueva relación: "Escritura en un espacio cambiante, palabra en el aire o en la página, ceremonia: el poema es un conjunto de signos que buscan un significado, un ideograma que gira sobre sí mismo y alrededor de un sol que todavía no nace".

"Los signos en rotación" constituye en efecto una "declaración de principio" no sólo sobre la poesía del futuro en general, sino sobre el futuro inmediato de la poesía de Octavio Paz. Leído retrospectivamente, el ensayo describe los poemas que Paz estaba o bien escribiendo entonces o a punto de escribir. Y si bien resulta exagerado llamarlo un "manifiesto" (así lo proclamó Héctor A. Murena, cuando era director de la Editorial Sur, en la carátula de su primera edición), también resulta inevitable que lo veamos como una profesión de fe en torno al futuro de la poesía, y de la suya en particular. No sería difícil asociar este ensayo, por tanto, a los poemas que Paz escribe en este momento —me refiero a textos como "Viento entero", "Vrindaban", *Topoemas, Discos visuales, Renga, El mono gramático* y, por supuesto, *Blanco*—, de manera que el ensayo constituye el suelo conceptual, la poética explícita, de estos poemas: su descripción ideal. En todos estos textos el poema es, como añade este ensayo, una "configuración": plantado "sobre lo informe a la manera de los signos de la técnica y, como ellos, en busca de un significado sin cesar elusivo". No sólo plantean una nueva relación entre página y escritura —sea esta nueva invención simultaneísmo, páginas móviles, aspectos visuales inspirados en la poesía concreta o el contrapunto entre texto e ilustración—; también exploran la poética de la otredad: "la percepción simultánea de que somos otros sin dejar de ser lo que somos". En resumen, si la poética de los "signos en rotación" formula un concepto de la poesía como configuración de signos en busca de un sentido cuya figura final sería la dispersión, entonces serán precisamente éstos los poemas que responden a esa poética.

Un segundo aspecto del ensayo es su concepción del poema como ceremonia o ritual en el que lector y autor recrean conjuntamente un espacio sagrado: "juego, recitación, *pasión*" (el último de estos términos subrayado) que aguarda una participación colectiva. Se trata, por tanto, de uno de los aspectos más recalcados por Paz en sus sucesivas descripciones del poema. En la advertencia a la edición de *Ladera este,* recordemos que la metáfora que describe el poema es la del "viaje inmóvil al que nos invita un rollo de pinturas y emblemas tántricos: si lo desenrollamos, se despliega ante nuestros ojos un ritual, una suerte de [procesión o] peregrinación hacia ¿adónde?" El mismo tema volverá a hacerse presente, en términos generales, en otro ensayo de 1967, el importante "La nueva analogía: poesía y tecnología":

Apenas si vale la pena detenerse en la utilización de los nuevos medios de comunicación en la transmisión de la poesía. Esos medios hacen posible, como todos sabemos, la vuelta a la poesía oral, la combinación de la palabra escrita y palabra hablada, el regreso de la poesía como fiesta, *ceremonia,* juego y acto colectivo. En su origen la poesía fue palabra hablada y oída por una colectividad. Poco a poco el signo escrito desplazó a la voz humana y el lector individual al grupo: la poesía se convirtió en una experiencia solitaria. Ahora volvemos otra vez a la palabra hablada y nos reunimos para escuchar a los poetas... [I, pp. 305-306; las cursivas son mías].

Años después, en sus conferencias sobre "Cuarenta años de escribir poesía" (1975), Paz invocaría nuevamente cómo *Blanco* se asemejaba al "rollo nepalés o tibetano" donde "leemos un ritual". Llámese ritual, ceremonia o *pasión* —término subrayado que además de significar una emoción perturbadora alude al ritual de un cambio—, tal sería el modelo conceptual más amplio con que deberíamos abordar la lectura de *Blanco.*

Pero antes de proseguir con otros aspectos de la poética de los "signos en rotación", resulta preciso, para comprender el entronque entre ella y *Blanco,* retomar el tema con que comenzamos: la poética de la "obra abierta".

Ante todo, es evidente que para su autor *Blanco* se sitúa en esa línea de obras del siglo XX como *Mobile* o *Rayuela* que, según Umberto Eco (en el libro que mejor resume esa tendencia en las artes del siglo XX), se "presentan [...] no como obras terminadas que piden ser revividas y comprendidas en una dirección estructural dada, sino como obras 'abiertas' que son llevadas a su término por el intérprete en el mismo momento en que las goza estéticamente" (p. 73). De ahí que la obra abierta, según Eco, tienda "a promover en el intérprete 'actos de libertad consciente', a colocarlo como centro activo de una red de relaciones inagotables entre las cuales él instaura la propia forma sin estar determinado por una *necesidad* que le prescribe los modos definitivos de la organización de la obra disfrutada" (pp. 74-75). Dentro de esta poética, por tanto, "el lector se vuelve 'máximo ejemplar'", usuario que "organiza y estructura, por el lado mismo de la producción y de la *manualidad,* el discurso [...] Colabora a *hacer* la obra" (p. 84). "La verdadera obra abierta" —dirá por su parte Paz en el prólogo a *Poesía en movimiento* (1966)— en sus expresiones más rigurosas y complejas, es reciente." Y después de mencionar a algunos autores latinoamericanos (Macedonio Fernández, Cortázar, Lezama Lima) que ponen en práctica la poética de la obra abierta ("Escribir, jugar y vivir se vuelven realidades intercambiables"), describe una actitud creadora que no puede ser sino propia: "Me parece que ahora la clave es *indeterminación.* Textos en movimiento". El prólogo resume, de esta manera, algunos de los temas que inquietaban al Paz creador en ese momento.

Pero es sin duda en "Recapitulaciones", otro texto de la misma época que escribe a finales de 1966 y sección clave del libro *Corriente alterna* (1967), donde se hacen las precisiones más útiles sobre su concepto de la poética de la obra abierta. No sería exagerado describir estos fragmentos como componentes explícitos de la poética de *Blanco,* y a ellos tendremos ocasión de regresar en estas páginas. Entre estas precisiones, las más pertinentes aparecen en los siguientes cinco fragmentos:

> La oposición entre obra cerrada y obra abierta no es absoluta. Para consumarse, el poema hermético necesita la intervención de un lector que lo descifre. El poema abierto implica, asimismo, una estructura mínima: un punto de partida o, como dicen los budistas: un "apoyo" para la meditación. En el primer caso, el lector *abre* el poema; en el segundo, lo completa, lo *cierra.*
>
> La página en blanco o cubierta únicamente de signos de puntuación es como una jaula sin pájaro. La verdadera obra abierta es aquella que *cierra* la puerta: el lector, al abrirla, deja escapar al pájaro, al poema.
>
> Abrir el poema en busca de *esto* y encontrar *aquello* —siempre otra cosa.
>
> Abierto o cerrado, el poema exige la abolición del poeta que lo escribe y el nacimiento del poeta que lo lee (p. 72).
>
> La palabra se apoya en un silencio *anterior* al habla —un presentimiento de lenguaje. El silencio, *después* de la palabra, reposa en un lenguaje —es

un silencio cifrado. El poema es el tránsito entre uno y otro silencio —entre el querer decir y el callar que funde querer y decir (p. 75).

La nueva relación entre página y escritura que se proclamaba en "Los signos en rotación" resulta ahora el aspecto material de una poética que se apoya en otros dos rasgos, si no formales al menos síéticos. Un primer aspecto sería la reducción de la figura del poeta o autor a la de un recombinador de las distintas partes del texto. Lo que en aquella "declaración de principio" aparecía como "busca de un significado sin cesar elusivo", "un espacio vacío pero cargado de inminencia", "una parvada de signos que buscan su significado y que no significan más que ser búsqueda", contenía ya la subversión de la idea tradicional del autor como generador u otorgador de un sentido único previo a la lectura —lo que ahora se formula como "la abolición del poeta que lo escribe y el nacimiento del poeta que lo lee"—. La hoja suelta de la primera edición de *Blanco*, por su parte, ya confirmaba este dato: "La escritura no es sino un punto de partida, un texto inicial, sobre el cual se escriben la lectura o lecturas, nunca las mismas, que según su humor puede hacer el lector —esa criatura hipotética". Al reducirse la función del autor se amplía, en cambio, la del lector, el que se vuelve verdadero otorgador del sentido; o, como habría dicho Mallarmé (una de las principales divinidades del panteón de *Blanco*), "el operador" del texto. Además, si como dice el primer fragmento, "el poema abierto implica una estructura mínima: un punto de partida o, como dicen los budistas: un 'apoyo' para la meditación", esa observación se llevará a la práctica en *Blanco*. No se trata, por tanto, de una obra *absolutamente* abierta, ya que ofrece no sólo uno sino, como veremos, varios "apoyos para la meditación", estructuras mínimas cuya primera manifestación es la propia "escritura [...] sobre la cual se escribe la lectura o lecturas [...] que puede hacer el lector".

Si en obras abiertas como *Blanco* el lector es simultánea y paradójicamente el verdadero autor del texto, ello constituye otro aspecto más de la poética de la otredad —lo que el segundo fragmento citado llama la "puerta cerrada" por la que, al abrirse, el lector deja escapar al pájaro de la jaula de la página. El tercer fragmento, por su parte, llamará esta misma búsqueda la de *esto* que termina en el encuentro con *aquello,* "siempre otra cosa" y que ya vimos citada en la hoja suelta de la primera edición de *Blanco:* "la posibilidad de combinar dos elementos contradictorios: la extensión y la intensidad, la concentración y la sucesión, lo que pasa aquí y lo que pasa allá".

Por lo pronto, debemos reconocer que la observación va más allá del mero dato sobre teoría literaria, o de lo que un crítico español, comentando la poética de la obra abierta, cierta vez llamara "la hora del lector". Se trata más bien de una visión metafísica que reconoce la libertad de la lectura y que conmina al lector de la obra abierta a asumirla en todas sus dimensiones. "En la India —observa Paz en otro pasaje de *Corriente alterna*—, la negación, no menos sutil que la de Occidente aunque aplicada a otros fenómenos, está al servicio de la indeterminación; su oficio es abrirnos las puertas de lo incondicionado..." (p. 141). Es decir, la indeterminación de la obra abierta apunta, en última instancia, a la indeterminación de la vida: el componente "incondicionado" que solemos conocer bajo los nombres de Azar, Suerte, Accidente, Aventura o Destino: formas de la *otredad*. Juego de la escritura, la obra abierta confronta al lector con su propia libertad: la que se juega a la hora de leer, interpretar y *hacer* el texto, escribiéndolo. En el prólogo a *62: Modelo para armar* (1967), texto con el que *Blanco* tiene no pocas afinidades, Cortázar recordará el sentido de esa poética: "La opción del lector, su montaje personal de los elementos del relato, serán en cada caso el libro que ha elegido leer".

Que la poética de la obra abierta coincida en el tiempo con cierto auge del budismo en Occidente, como demuestra la última cita de *Corriente alterna,* apunta asimismo hacia el entronque conceptual entre ambos. No es un accidente, por ejemplo, que Eco incluya en *Obra abierta,* por lo menos a partir de la segunda edición de 1967, un ensayo suyo de 1959 sobre "El Zen y el Occidente" y que justifique hacerlo porque, como dice, "el Zen sostiene que la divinidad está presente en la viva multiplicidad de todas las cosas y que la beatitud" consiste en "aceptar todas las cosas, en ver en cada una la inmensidad del todo" (p. 254). De ahí que "en este ofrecimiento de posibilidades, en esta petición de libertad de goce, están la aceptación de lo indeterminado y una repulsa de la causalidad unívoca" (p. 259). Entre las obras contemporáneas que demuestran esta nueva actitud de apertura formal, el propio Eco destaca la de John Cage (a quien llama "profeta de la desorganización musical, el gran sacerdote de lo casual"), cuyas innovaciones en el campo de música aleatoria y estructuras indeterminadas serían el equivalente estético de la adivinanza zen *(koan)*: "la adivinanza sin solución de la que surgirá la derrota de la inteligencia y la luz".

En lo que toca a Paz, sabemos que su encuentro con el budismo data por lo menos de principios de los años cincuenta, cuando lee en París el célebre *Manual de budismo zen* de D. T. Suzuki. Luego amplía sus lecturas durante una breve estancia en la India y Japón. Pocos años después profundiza sus implicaciones poéticas en el transcurso de su traducción y comentario de *Sendas de Oku* (1956), de Matsuo Basho, y de la redacción de *El arco y la lira* (1956). Pero no será hasta casi una década después, en su segundo viaje a la India, que llevará esas lecturas hasta sus últimas consecuencias. Ya en aquel primer encuentro con el zen, que su comentario al texto de Basho registra con elocuencia, se destacaba cómo "sólo si nos damos cuenta de la irrealidad del universo fenomenal, podemos abrazar la buena vía y escapar el ciclo de las reencarnaciones, alimentado por el fuego del deseo y el error. El yo se revela ilusorio" (p. 13). Así, si el "Zen predica la iluminación súbita [...] en un instante que es todos los instantes, momento de revelación en el que el universo entero —y con él la corriente de temporalidad que lo sostiene— se derrumba", la iluminación se provoca recurriendo a "paradojas, al absurdo, al contrasentido, y en general, a todas aquellas formas que tienden a destruir nuestra lógica y la perspectiva normal y limitada de las cosas". En suma, Paz resume toda la perspectiva zen en términos de la poética de la otredad: "no es ni 'esto' ni 'aquello' sino, más bien, 'esto y aquello'" (p. 14). De hecho, cuando casi 20 años más tarde, en "Recapitulaciones", aconseja "abrir el poema en busca de *esto* y encontrar *aquello* —siempre otra cosa—", no está sino evocando esas mismas palabras. No sería exagerado observar, por último, que aunque no lo diga explícitamente, para Paz el haikú constituye una forma breve de la obra abierta gracias precisamente a la visión metafísica del zen que la informa: "Basho nos ha dado dos o tres realidades inconexas que, sin embargo, tienen un sentido que nos toca a nosotros descubrir" (p. 19).

Nuestro retrato del contexto en que se escribió *Blanco* necesita un último brochazo: dilucidar hasta qué punto llegarán las meditaciones de Paz sobre la obra abierta y sus implicaciones estéticas. Para ello es preciso ahora dar un salto hasta los años sesenta, cuando coincidirán en su vida y obra tres importantes temas: el estructuralismo, el budismo tántrico y el amor.

Signos de relación

Ya es un lugar común decir que entre 1962 y 1968 se opera un cambio importante en la obra de Octavio Paz. No sólo el escritor se desplaza fuera de México hacia Europa y el Oriente, en un periplo que ha de durar hasta 1971, sino que su obra se nutre de otras y diferentes lecturas y experiencias. Principal entre ellas es una profundización del fenómeno del lenguaje y de la poesía que se refleja, a su vez, no sólo en los poemas que escribe durante esos años, sino en numerosos ensayos. *Cuadrivio* (1964), *Claude Lévi-Strauss, o el nuevo festín de Esopo* (1967), *Corriente alterna* (1967) y la segunda edición revisada de *El arco y la lira* serán sólo algunos de los títulos que verán la luz durante esta época. Mucho se podría decir sobre esta época, en efecto, pero para el propósito inmediato de comprender el contexto intelectual de un texto como *Blanco* valdría la pena reducirlo a los tres temas más importantes que subyacen a él y ya hemos mencionado: estructuralismo, budismo tántrico y el amor. ¿Qué tienen los tres en común?

En las primeras páginas de *Claude Lévi-Strauss*, libro que Paz termina de escribir el "17 de diciembre de 1966", pocos meses después de concluir el manuscrito de *Blanco*, el autor hace la siguiente observación general sobre la teoría que subyace al estructuralismo:

A la idea de que "cada ítem del lenguaje —oración, palabra, morfema, fonema, etc.— existe solamente para llenar una función, generalmente de comunicación", se superpone otra: "ningún elemento del lenguaje puede ser valorado si no se le considera en relación con los otros elementos". La noción de relación se convierte en el fundamento de la teoría: el lenguaje es un sistema de relaciones [...] La función significativa del fonema consiste en que designa una relación de alteridad u oposición frente a los otros fonemas; aunque el fonema carece de significado, su posición en el interior del vocablo y su relación con los otros fonemas hacen posible la significación. Todo el edificio del lenguaje reposa sobre esta oposición binaria. Los fonemas pueden descomponerse en elementos más pequeños que Jakobson llama "haz o conjunto de partículas diferenciales". Como los átomos y sus partículas, el fonema es un "campo de relaciones", una estructura [pp. 16-17].

El pasaje resume algunos de los conceptos más conocidos del estructuralismo y no pretende ninguna innovación teórica. Sí destaca, en cambio, el concepto de relación como "fundamento de la teoría". De hecho, el pasaje repite la palabra "relación" o "relaciones" cinco veces para recalcarlo. Toda estructura —vale decir, todo sistema de significación, llámese éste palabra, oración o texto— descansa sobre una serie de relaciones. Sin relación no hay sentido, y todo sentido implica una serie de mutuas relaciones que, a su vez, lo produce. Así, Paz destaca dos importantes límites del análisis estructuralista. El primero se refiere a la respuesta circular del estructuralismo a la cuestión del sentido:

> si el lenguaje —y con él la sociedad entera: ritos, arte, economía, religión— es un sistema de signos, ¿qué significan los signos? Un autor muy citado por Jakobson, el filósofo Charles Peirce, dice: "el sentido de un símbolo es su traducción en otro símbolo". A la inversa de Husserl, el filósofo angloamericano reduce el sentido a una operación: un signo nos remite a otro signo. Respuesta circular y que se destruye a sí misma: si el lenguaje es un sistema de signos, un signo de signos, *¿qué significa este signo de signos?*... [p. 19].

La segunda, en cambio, se refiere a la omisión de toda discusión sobre el vínculo entre el lenguaje y lo que está más allá del mismo:

si sólo tiene sentido el lenguaje, el universo no lingüístico carece de sentido e inclusive de realidad; o bien, todo es lenguaje, desde los átomos y sus partículas hasta los astros. Ni Peirce ni la lingüística nos dan elementos para afirmar lo primero o lo segundo. Triple omisión: en un primer momento se soslaya el problema del nexo entre sonido y sentido, que no es simplemente el efecto de una convención arbitraria como pensaba F. de Saussure; en seguida, se excluye el tema de la relación entre la realidad no lingüística y el sentido, entre ser y significado; por último, se omite la pregunta central: el sentido de la significación [pp. 19-20]

Más allá del señalamiento de estas dos omisiones, el concepto fundamental que destacará Paz en el estructuralismo es precisamente el de la relación, como se comprueba hacia el final del mismo libro. Es ahí, en efecto, donde regresa al tema, luego de una serie de recurrencias, sólo que ahora vinculándolo inesperadamente a otro tema fundamental: el budismo. Ante todo, Paz comienza aludiendo a sus anteriores objeciones al estructuralismo:

En un mundo de símbolos, ¿qué significan los símbolos? No al hombre pues, si no hay sujeto, el hombre no es ni el ser significado ni el ser significante. El hombre es, apenas, un momento en el mensaje que la naturaleza emite y recibe. La naturaleza, por su parte, no es una substancia ni una cosa: es un mensaje. ¿Qué dice ese mensaje? La pregunta que me hice al comenzar y que ha reaparecido una y otra vez a lo largo de estas páginas, regresa y se convierte en la pregunta final: ¿qué dice el pensamiento, cuál es el sentido de la significación? [p. 20].

En seguida, alude brevemente a las respuestas que algunos filósofos han dado a esta pregunta. Así, en torno a la pregunta sobre "el sentido de la significación" a la creencia de que el hombre conoce las claves con que el mundo puede ser descifrado, Kant "mostró que una región de la realidad era intocable", Hegel "transformó a la inaccesible 'cosa en sí' en concepto", y Marx "convirtió al 'concepto' en 'naturaleza histórica' [...] La ininteligibilidad de la naturaleza se transformó, por la negación creadora del concepto y la praxis, en significación histórica" (p. 123). El último eslabón en esta cadena de tentativas de hallarle un sentido al sentido es justamente el de Lévi-Strauss:

> Dije al principio que la respuesta de Peirce a la pregunta sobre el sentido era circular: el significado de la significación es significar [...] Lévi-Strauss no niega ni contradice la respuesta de Peirce; la recoge y, fiel al movimiento de la espiral, la enfrenta consigo misma: sentido y no sentido son lo mismo. Esta afirmación es una repetición de la antigua palabra del Iluminado y, simultáneamente, es una palabra distinta y que sólo un hombre del siglo XX podría proferir. Es la verdad del principio, transfigurada por nuestra historia y que únicamente frente a nosotros se revela: el sentido es una operación, una relación. Combinación de llamadas y respuestas psicoquímicas o de *dharmas* impermanentes e insustanciales, el *yo* no existe. Existe un nosotros y su existir es apenas un parpadeo, una combinación de elementos que tampoco tienen existencia propia [p. 124].

Un par de páginas más adelante vuelve a retomar el tema:

> La esencia de la palabra es la *relación* y de ahí que sea la cifra, la encarnación momentánea de todo lo que es relativo. Toda palabra engendra una palabra que la contradice, toda palabra es *relación* entre una negación y una afirmación. *Relación* es atar alteridades, no resolución de contradicciones. Por eso el lenguaje es el reino de la dialéctica que sin cesar se destruye y renace sólo para morir [p. 127].

No contento con describir el concepto de relación como fundamento teórico del estructuralismo, el afán de Paz consiste en llevarlo hasta sus últimas consecuencias, al extremo de elaborar una crítica de aquellos teóricos —como Peirce o el propio Lévi-Strauss— que a su juicio lo formularon insuficientemente. Principal tema en esa crítica sería la pregunta que el Paz escritor se repite a lo largo del libro y que aquéllos ni siquiera se plantearon: "¿qué dice el pensamiento, cuál es el sentido de la significación?" La respuesta de Paz, a la vez crítica e inesperada, tendrá dos fuentes, que paso a analizar sucesivamente.

La primera fuente es el budismo, "la malla que falta en la cadena de nuestra historia" (p. 123). El paso entre éste y el estructuralismo nos puede parecer violento, pero el hecho es que para Paz el principal hallazgo del estructuralismo del siglo XX *coincide* con aquel que hiciera el budismo milenario: que el sentido es "una operación, una relación" y que por tanto "el *yo* no existe". La misma idea aparece en las primeras páginas del importante ensayo "La persona y el principio" (que data de 1965, está recogido en *Corriente alterna*, y a su vez forma parte indispensable de la "biblioteca" de *Blanco*):

> El gran descubrimiento del pensamiento moderno en sus distintas ramas —de la física, la química y la biología a la lingüística, la antropología y la psicología— consiste precisamente en haber encontrado, en lugar de un elemento último irreductible, una relación, un conjunto de partículas inestables y evanescentes. La unidad es plural, contradictoria, en perpetuo cambio e insustancial [p. 132].

Es precisamente la conciencia de que el budismo se funda "en una teoría combinatoria del mundo y del ego que prefigura a la lógica contemporánea", como dice a continuación el mismo pasaje de *Claude Lévi-Strauss*, el paso decisivo que dará Paz en la comprensión de este pensamiento oriental; es decir, será el paso entre su primer encuentro con el budismo durante los años cincuenta y una década después. Tránsito del zen a la tendencia Madhyamika y, en particular, a su elaboración por Nagarjuna, su "lógico" más célebre (150-250 a. C.). Si la máxima aspiración de la primera tendencia es la iluminación súbita *(satori* o *koan)*, la otra en cambio postula algo mucho más radical: lo que revela el carácter fundamental de la relación no es otra cosa que el vacío, la impermanencia *(Sunyata)*. El verdadero conocimiento, por tanto, no residirá ya en el triunfo de la paradoja sobre la lógica, o siquiera su consiguiente iluminación, sino en el vacío.

Con el término *vacío* el budismo Madhyamika (y en particular Nagarjuna) no quiso decir que nada existe (que es como interpretaríamos el concepto en Occidente), sino otra verdad: que todo es relativo. En efecto, en un primer momento al menos, la tendencia Madhyamika es relativista, ya que concibe las cosas desprovistas de lo que el budismo llama *svabhava,* "propio ser". Como nada tiene sustancia independiente o eterna, las cosas, siendo imágenes de sueño o ilusión, ni existen sustancialmente ni dejan de existir absolutamente. Y así, en vez de concebir la ontología a base de conceptos como razón suficiente, causa, fundamento o razón de ser, que es como la entendemos en Occidente a partir de Aristóteles, la ontología misma se desvanece: el mundo se vuelve un tejido, como dice el budismo Madhyamika, de "originación dependiente" *(Pratityasamutpada,* en sánscrito). La pluralidad de dicha "originación", a su vez, subvierte la posibilidad de cualquier origen único o punto absoluto desde el cual podamos medir cualquier fenómeno. Así como los términos *largo* y *corto,* por ejemplo, sólo adquieren sentido relativamente y están desprovistos de cualidades independientes, así también todo fenómeno (lo que el budismo llama *dharma)* carece de propio ser *(svabhava).* De ahí que el budismo haga la siguiente generalización: si una cosa tuviere "propio ser" eterno e independiente, no sería propiamente ni producido ni existente, ya que el origen y la existencia presuponen el cambio y la impermanencia. O como lo explica Frederick Streng, exégeta del budismo:

> La pérdida total de realidad (o realidades) autosuficiente involucra un tipo de calidad ontológica muy distinta de la que se basa en relaciones entre ser y proceso. En semejante contexto, no sólo desaparece el "ser" individual; también desaparece un "ser" universal que pueda proveer la base de una cosa visible o imaginada. Tanto la construcción mundana como la causa de esa construcción se vacían a través del "proceso radical" que es el vacío [p. 64].

El propio Paz ha dicho lo mismo de otra manera:

> Ni el Ser del Vedanta ni la Vacuidad del budismo son constituyentes; al contrario, son disolventes. Con ellos no empieza el hombre: con ellos termina. Son la verdad final. No están en el comienzo, como el ser, la energía, el espíritu o el Dios cristiano; están más allá, en una región que sólo la negación puede designar. Son la liberación, lo incondicionado; ni muerte, ni vida sino la libertad de la cadena de morir y vivir *(Corriente alterna,* p. 137).

A las implicaciones derivadas del budismo como fuente Paz opone, sin embargo, otra fuente más: sus propias convicciones en torno a la *otredad*, aquel concepto fundamental que habíamos encontrado en "Los signos en rotación". A continuación del largo pasaje de *Claude Lévi-Strauss* que citamos anteriormente añade:

> Cada hombre y cada sociedad están condenados a "perforar el muro de la necesidad" y a cumplir el duro deber de la historia, a sabiendas de que cada movimiento de liberación los encierra aún más en su prisión. ¿No hay salida, no hay *otra orilla?* La "edad de oro está en nosotros" y es momentánea: ese instante inconmensurable en el que —cualesquiera que sean nuestras creencias, nuestra civilización y la época en que vivimos— nos sentimos no como un yo aislado ni como un nosotros extraviado en el laberinto de los siglos sino como una parte del todo, una palpitación de la respiración universal —fuera del tiempo, fuera de la historia, inmersos en la luz inmóvil de un mineral, en el aroma blanco de una magnolia, en el abismo encarnado, casi negro de una amapola, en la mirada "grávida de paciencia, serenidad y perdón recíproco que, a veces, cambiamos con un gato". Lévi-Strauss llama a esos instantes *desprendimiento.* Yo agregaría que son también un *des-conocimiento:* disolución del sentido en el ser, aunque sepamos que el ser es idéntico a la nada [p. 125].

Al relativismo Madhyamika, o estructuralista —o bien al relativismo a secas—, Paz opone su visión de la *otredad:* la ventana abierta al infinito que, como "Edad de Oro", cada uno lleva dentro de sí. De esta manera, su crítica al relativismo tiene el efecto de abrir una grieta hacia la experiencia del infinito, sólo que se trata de una apertura que apenas apunta o alude a esa experiencia, y está ella misma atravesada por el fundamento de la relación. La otredad, como indica el pasaje, es universal —es decir, es constitutiva del ser humano y no es histórica, en el sentido de que no está sujeta a cambiar según el momento o el lugar en que cada ser la experimenta—, pero sí se trata de una experiencia *indecible,* en la medida en que no tiene sentido; por el contrario, está más allá del lenguaje, o mejor aún, como dice al final del pasaje, es una "disolución del sentido en el ser". "Occidente —dice el mismo pasaje a continuación— nos enseña que el ser se disuelve en el sentido y Oriente que el sentido se disuelve en algo que no es ni ser ni no ser: en un Lo Mismo que ningún lenguaje designa excepto el del silencio" (p. 125). Es por tanto en el silencio, y no en ningún fenómeno asociado al sentido o al lenguaje, donde desemboca este argumento: "los hombres estamos hechos de tal modo que el silencio también es lenguaje para nosotros. La palabra del Buda tiene sentido, aunque afirme que nada lo tiene, porque apunta al silencio: si queremos interrogar lo que dijo debemos interrogar su silencio" (p. 125).

Varios postulados se derivan de este hallazgo. En primer lugar, el silencio del Buda no significa pero sí tiene un sentido último: "El silencio del Buda es la *resolución* del lenguaje. Salimos del silencio y volvemos al silencio: a la palabra que ha dejado de ser palabra. Lo que dice el silencio del Buda no es negación ni afirmación. Dice otra cosa, alude a un más allá que está aquí. Dice *Sunyata:* todo está vacío porque todo está pleno, la palabra no es decir porque el único decir es el silencio" *(Claude Lévi-Strauss,* p. 127). Segundo, al postular el vacío de todo, desaparecen todas las dualidades y, en general, la diferencia entre fenómeno y espíritu. "La negación del mundo implica una vuelta al mundo, el ascetismo es un regreso a los sentidos. Samsara es Nirvana, la realidad es la cifra adorable y terrible de la irrealidad, el instante no es la refutación sino la encarnación de la eternidad, el cuerpo no es una ventana hacia el infinito: es el infinito mismo" *(Claude Lévi-Strauss,* pp. 127-128). En "La persona y el principio", la misma idea aparece de otro modo: "Si todo es vacío, Ser y *Sunyata* (vacuidad) son idénticos: nada se puede decir sobre ellos, excepto la sílaba *No.* En sánscrito cero se puede decir *sunya* (vacío) pero también *purna* (pleno)..." (p. 136). Así, si en un primer momento el budismo Madhyamika nos aparece como un relativismo, en cambio en un segundo momento su postulación de la identidad entre vacío y plenitud disuelve ese relativismo. Asimismo, la crítica de Paz al relativismo occidental (cuyo último avatar sería justamente el estructuralismo) a base del concepto de otredad realiza una disolución análoga. Al oponer la otredad al relativismo del sentido —tal como lo plantea el concepto de relación—, Paz critica al relativismo de la misma manera que lo hace, en el budismo, la identidad de plenitud y vacío. Para decirlo a la manera de un silogismo:

la *otredad* paciana es al infinito lo que el vacío es al relativismo. Tanto uno como otro desembocan en lo mismo: la contemplación de lo indecible, la postulación del silencio como única posible expresión.

Comenzamos esta sección señalando que eran tres los temas que se encontraban en el contexto de la elaboración de *Blanco*. Además del estructuralismo, que ya hemos repasado, incluimos en esa lista al budismo tántrico, sobre el cual no hemos hablado aún, salvo para abordar su antecedente general en el budismo Madhyamika, y el amor. Después de este breve repaso del budismo, es hora de retomar los otros dos temas.

Si, como indica la advertencia en *Ladera este, Blanco* es "como el viaje inmóvil al que nos invita un rollo de pinturas y emblemas tántricos" y el texto del poema mismo comienza con una cita del *Hevajra Tantra (By passion the world is bound, by passion too it is released* [Por la pasión el mundo está encadenado, por la pasión también se libera]), el poema mismo está impregnado de la doctrina tántrica, la tendencia cronológica o históricamente última del budismo. Para entender los fundamentos de esa doctrina había que llegar, en nuestro argumento, al último postulado que derivamos del concepto de vacío: "la negación del mundo es una vuelta al mundo", Samsara es Nirvana, el mundo (o el cuerpo) es el espíritu. Vuelta en redondo o regreso, el budismo tántrico no difiere doctrinalmente del Mahayana (que es de donde se deriva la tendencia Madhyamika). Su especificidad reside en la práctica, el ritual específico, que asume para disolver la dualidad. Dice Paz en *Conjunciones y disyunciones:*

> Lo característico del tantrismo consiste en la decisión de abandonar la esfera conceptual y la de la moralidad corriente (buenas obras y devociones) para internarse en una verdadera "noche oscura" de los sentidos. El tantrismo predica una experiencia total, carnal y espiritual, que ha de verificarse concreta y realmente en el rito [p. 165].

Si Nagarjuna asevera el vacío a partir de la lógica de la "originación dependiente" —todo es relativo— y de ahí derivamos a nuestra vez que el mundo *es* el espíritu —"el cuerpo no es una ventana al infinito: es el infinito"—, el budismo tántrico da el último paso: poseer el espíritu a través del cuerpo, o como dijo cierta vez Paz en relación con López Velarde, seguir "el camino de la pasión". Al elaborar un rito sexual y corporal como vía de acceso al vacío, el tantrismo parecería contradecir la lógica radical del budismo Madhyamika, que postula exactamente lo opuesto *(Sunyata)*. Y sin embargo, el uno es la justa prolongación del otro. En *Conjunciones y disyunciones* Paz lo explica:

> Llevada por la lógica de sus principios o arrastrada por la afinación del espíritu indio a suprimir los contrarios sin aniquilarlos, la tendencia mahayana afirmó la identidad última entre el mundo fenomenal y la vacuidad, entre samsara y nirvana. Esta sorprendente afirmación metafísica tenía que provocar una resurrección de la corriente corporal, yóguica, pero ahora como un ascetismo de signo inverso: un erotismo. Así pues, el tantrismo no se desvía del budismo ni es, como se ha dicho, una intrusión extraña, mágica y erótica, destructora de la tradición crítica y especulativa. Al contrario, fiel al budismo, es una nueva y más exagerada tentativa por reabsorber el elemento yóguico, corporal y aborigen, en la gran negación crítica y metafísica del budismo mahayana [p. 67].

Tanto en su versión hindú, como en la budista, el tantrismo es erotismo cargado de espiritualidad. Su rito central, dice Paz en *La llama doble* (1993), su más reciente tratado sobre el amor, "es la copulación" con la cual se repite "ritualmente el proceso cósmico de la creación, la destrucción y la recreación de los mundos". En ese rito el "yogui debe evitar la eyaculación y esta práctica obedece a dos propósitos: negar la función reproductiva de la sexualidad y transformar el semen en pensamiento de iluminación". Al realizarse la fusión del yo y del mundo, del pensamiento y de la realidad, se produce una iluminación que "literalmente consume al sujeto y al objeto". El sentido final del ritual tántrico es "por una parte, una inmersión en el caos, una inmersión en la fuente original de la vida; por otra, es una práctica ascética, una purificación de los sentidos y de la mente, una desnudez progresiva hasta llegar a la anulación del mundo y del yo" (pp. 200-201).

Una conclusión provisional señalaría que si tantra es en efecto el extremo erótico de Madhyamika, entonces no es cuestión ya de optar por una u otra tendencia al hablar del trasfondo conceptual de *Blanco*.

Mucho ha especulado la crítica, desde la primera edición, sobre el ritual erótico del poema y su vínculo con el tantrismo. La culminación de semejante propuesta sería la extraordinaria lectura que propone Eliot Weinberger, traductor del poema al inglés, en *Archivo Blanco*. Ha faltado, en cambio, una discusión verdaderamente contextual de este ritual que destaque el vínculo igualmente poderoso del poema con la doctrina Madhyamika del vacío, y la importancia que asumen tanto el concepto de relación como el de *otredad*. El ritual tántrico no culmina, como podría dar a entender cierta lectura occidentalista, o piadosamente causalista, en la satisfacción sensual del ego, sino en la disolución de éste por medio de la conciencia del vacío. La razón por la cual esa discusión se hace necesaria es que ayudaría a situar precisamente lo que suele perderse cuando se subraya la presencia del ritual tántrico; la variante específica de indeterminación, de obra abierta, con la que Paz dio al componer *Blanco*.

Si, como veremos en seguida, *Blanco* consiste no en un solo poema sino en varios —o mejor dicho, que se trata, como afirma su advertencia, de "una composición que ofrece la posibilidad de varias lecturas"— entonces resulta igualmente concebible que la relación, o relaciones, que establecen entre sí sus diferentes partes o secciones postule(n) un vacío: un "blanco". No sería exagerado decir, por eso, que aun cuando el lector tiene ante sí un texto cuya corporeidad resulta no sólo indiscutible sino exageradamente material —una extensa tira de papel que desenrolla un complejo ritual tipográfico— una vez que ese lector decide adentrarse en el mismo y se pone en contacto con la relación (o relaciones) entre sus diversas partes, también llega a la opuesta y paradójica conclusión: no hay poema, sólo hay *lectura*. Para parodiar la célebre frase de Magritte: *Esto(s) no es/son (un) poema(s)*.

2. El texto

Título, epígrafe, poema crítico

La palabra *blanco* tiene muchas acepciones que resuenan en el título de esta composición. En primer lugar, es uno de los siete colores y, cromáticamente, es la suma de todos los del espectro. *Blanco* es también cualquier objetivo o punto al que se dirige un tiro, una flecha o cualquier cosa que se lanza. De esta última se deriva una serie de expresiones idiomáticas como "apuntar al blanco", "atinar al blanco", "dar en el blanco", "pegar en el blanco", "errar el blanco", etc., todas las cuales aluden a la noción de deporte o juego, como es el "tiro al blanco" de las ferias o de los *pubs* ingleses. *Blanco* es también el hueco en una fila, serie o conjunto de cosas, o también el espacio vacío en cualquier escrito. "Dejar en blanco", por ejemplo, quiere decir "dejar sin escribir", pero "quedarse en blanco", a su vez, significa quedarse ignorante o lelo. El "blanco del ojo", por último, es la parte visible de la córnea, con la cual no se puede ver ni, por ende, leer.

A continuación del título del poema le siguen dos epígrafes. El primero, como ya vimos, viene del *Hevajra Tantra,* uno de tantos libros rituales del budismo tántrico. Según reza la nota al final de la primera edición, Paz manejó la edición crítica de D. L. Snellgrove (1959) de este texto del siglo VIII d. C. El epígrafe —*By passion the world is bound, by passion too it is released* [Por la pasión el mundo está encadenado, por la pasión también se libera]— aparece en la parte II, capítulo II, en un pasaje del rito titulado "The Certainty of Success" ["La certeza del éxito"], que ahora traduzco del inglés:

> Así como el agua que entra en el oído se saca también con agua, así también la noción de las cosas existentes se purifica con apariencias (p. 49). Así como aquellos que se han quemado por el fuego deben sufrir otra vez con fuego, así también los que han sido quemados por el fuego de la pasión deben padecer el fuego de la pasión (p. 50). Todo aquello por lo que los malos están encadenados, los otros convierten en bienes y así se liberan de los lazos de la existencia (p. 51). Por la pasión el mundo está encadenado, por la pasión también se libera, pero los budistas herejes no conocen esta práctica de reverso (p. 93).

El pasaje, que forma parte de la meditación ritual del yogui tántrico, provee una justificación, como ha señalado con acierto José Quiroga, "homeopática" de la sensualidad: la pasión corporal se cura a base de un exceso, en vez de represión, del cuerpo. La palabra clave, en cambio, es *pasión,* no sólo en su sentido más común de "emoción fuerte", deseo corporal o padecimiento, sino del otro que ya vimos en nuestra discusión de "Los signos en rotación": *pasión* es también ritual, ceremonia, "juego, recitación, *pasión* (nunca espectáculo)".

El segundo epígrafe es una cita de Stéphane Mallarmé: *Avec ce seul objet dont le Néant s'honore*. No se identifica la fuente, pero se trata de un verso en uno de los sonetos más célebres del poeta francés, "Ses purs ongles...", más conocido como "soneto en ix" a causa de su inusual rima. El verso es el segundo del segundo cuarteto, que reza así:

Sur les crédences, au salon vide: nul ptyx,
Aboli bibelot d'inanité sonore,
(Car le Maître est allé puiser des pleurs au Styx
Avec ce seul objet dont le Néant s'honore.)

Tenemos la suerte de contar con una traducción de este poema que hizo Octavio Paz en 1968 junto con un comentario pormenorizado. Su traducción del cuarteto reza así:

Sala sin nadie no en las credencias concha alguna,
espiral espirada de inanidad sonora,
(el Maestro se ha ido, llanto en la Estigia capta
con ese solo objeto de nobleza de la Nada.)

En su comentario a la traducción del poema, Paz explica que en este segundo cuarteto, que indica el tránsito del mundo natural al humano, el "solo objeto" a que se alude es el *ptyx*, una concha marina. La concha, a su vez, aparece como "el instrumento del poeta: es un *bibelot* hueco y sonoro —y es el único objeto con que la Nada se enaltece. La caracola es una estructura que se repliega sobre sí misma" (p. 77). Al mismo tiempo, sin embargo, el *bibelot* aludido es un pliegue, "una forma vital de la reflexión" y también un símbolo "carnal: el sexo de la mujer se repliega y esconde bajo un vellón oscuro. Símbolo reflexivo y erótico, la caracola es asimismo una habitación, una casa..." Por último, "la caracola encierra el mar y así es un emblema de la vida universal, de su morir y renacer perpetuos. Al mismo tiempo, la caracola no contiene sino aire, es nada". De esta manera, se trata de un símbolo múltiple: a un tiempo "cacharro" y "objeto ritual" que "en su pequeñez inmensa, resume a todas las otras imágenes, metáfora de metáforas [...] La caracola es el punto de inserción de todas las líneas de fuerza y el lugar de su metamorfosis. Ella misma es metamorfosis" (pp. 77-78).

Así como en el epígrafe del *Hevajra Tantra* la palabra clave era *pasión*, aquí lo es *la Nada* en lo que equivale a un contrapunto. No se trata precisamente de un juego de opuestos: como ya sabemos, el ritual tántrico, llevado a sus últimas consecuencias, culmina en la experiencia del vacío; de la misma manera, la concha marina es un símbolo tanto de la Nada como de la carne. En realidad, las dos citas son reversos la una de la otra, dos extremos de la misma espiral, como si el poeta francés hubiese expresado la experiencia equivalente del budismo tántrico, o viceversa. No nos debe sorprender que en *Corriente alterna* Paz se refiera a Mallarmé como el poeta de una "ambición tal vez irrealizable y que recuerda las paradojas de los sutras *Prajnaparamita*: encarnar la ausencia, dar nombre a la vacuidad, decir el silencio" (p. 110). Al mismo tiempo, el "solo objeto" de esa Nada —el caracol— posee, para efectos del poema, un valor emblemático. No sólo por lo que significa —"la caracola no contiene sino aire, es nada"— sino por su forma de espiral. "Aparición, desaparición y reaparición de ciertos temas, presencias, palabras, obsesiones, la forma de *Blanco* es la de la espiral", indica de manera contundente la hoja suelta que acompañaba la primera edición. A lo cual podemos aproximar esta otra descripción de *Tristes tropiques* que aparece en *Claude Lévi-Strauss:* "Una geometría de resplandores que adopta la forma fascinante de la espiral. Es el caracol marino, símbolo del viento y de la palabra, signo del movimiento entre los antiguos mexicanos: cada paso es simultáneamente una vuelta al punto de partida y un avanzar hacia lo desconocido. Aquello que abandonamos al principio nos espera, transfigurado, al final. Cambio e identidad son metáforas de Lo Mismo: se repite y nunca se es el mismo" (p. 122).

Si la forma de *Blanco,* como afirma la hoja suelta, es la de la espiral, ha de ser porque, como sugiere lo anterior, el poema se despliega con una lógica en la que "cada paso es simultáneamente una vuelta al punto de partida y un avanzar hacia lo desconocido". También porque, como la caracola de Mallarmé, el poema se convierte, en virtud de su simbología, como veremos, en un "punto de intersección de todas las líneas de fuerza y el lugar de la metamorfosis". No nos equivocaríamos al ver esta lógica como parte de lo que en "Los signos en rotación" Paz, siguiendo a Mallarmé, llamó el "poema crítico": "aquel poema que contiene su propia negación y que hace de esa negación el punto de partida del canto, a igual distancia de afirmación y negación": (p. 272). Mallarmé, por su parte, en la nota final a *Divagations* (1897), había hablado, crípticamente, de "rupturas del texto" que "procuran concordar, con sentido y sólo inscriben de espacio desnudo cuando alcanzan sus puntos de iluminación", y de cómo "una forma, quizá, brota de ahí, actual, que permite, a aquello que fue por mucho tiempo el poema en prosa y a nuestra búsqueda, desembocar, constituyendo, si unimos mejor las palabras, el poema crítico" (p. 28).

En su fecundo diálogo con Mallarmé, una de las aportaciones más importantes de Paz consiste, en efecto, en haber señalado a la espiral como la forma del poema crítico. Su modelo es *Un lance de dados*, título que ahora podemos relacionar con *Blanco* una vez aclarada la resonancia de este último con los juegos de azar: si Mallarmé lanza dados, Paz tira al blanco ... Tanto en uno como en otro poema encontramos un concepto de poesía "que se niega a sí misma cada vez que se realiza en un poema [...] salvo si el poema es simultáneamente crítica de esa tentativa"; "poema abierto hacia el infinito [...] la negación de la poesía es también exaltación jubilosa del acto poético, verdadero disparo hacia el infinito" (pp. 271-272). También (aunque en "Los signos en rotación" Paz rehúya el término) una "obra abierta" en la que "no hay una interpretación final [...] porque su palabra última no es una palabra final [...] sino un espacio en el que despunta una constelación: su poema. No es una imagen ni una esencia; es una cuenta en formación, un puñado de signos que se dibujan, se deshacen y vuelven a dibujarse"; no una figura, "sino la posibilidad de llegar a serlo" (pp. 271-274). Pero hasta ahí llega la comparación. En realidad, se trata de dos poemas muy distintos.

Ya Maurice Blanchot, en un ensayo de 1959 que el propio Paz en "Los signos en rotación" describió como "uno de los más densos y luminosos que se hayan escrito sobre este texto capital para la poesía venidera" (p. 272), había señalado, aludiendo a esa lógica paradójica que es la espiral del poema crítico, cómo

> con igual firmeza, en *Un coup de dés* se indica la obra misma que constituye el poema y que no lo convierte en una realidad presente o solamente futura, sino que, bajo la doble dimensión negativa de un pasado incumplido y de un porvenir imposible, lo designa en la extrema lejanía de un tal vez de excepción. Invocando las certidumbres que sólo determinan la producción real de las cosas, todo está dispuesto para que el poema no pueda tener lugar [...] Obra que no está, pues, ahí, sino presente en la única coincidencia con que está siempre más allá. *Un coup de dés* es tan sólo en la medida en que expresa la extrema y exquisita improbabilidad de sí mismo [p. 264].

La lógica de la espiral, presente tanto en *Un lance de dados* como en *Blanco*, sería entonces la paradoja que estructura al "poema crítico": texto que se niega al producirse, que se critica al exaltarse, que está ahí con tal que esté más allá, que se borra al tiempo que se lee o escribe. En realidad, habría que decir que Mallarmé es una presencia tan generalizada en *Blanco* que desborda el epígrafe del "soneto en ix" o la lógica de la espiral del poema todo. Su presencia se hace sentir en el título, suerte de homenaje implícito al poeta francés ya que el "blanco" no es sino un emblema mallarméano. Dentro de la compleja metafísica poética de Mallarmé, resume Gardner Davies —otra de las fuentes admiradas de Paz en "Los signos en rotación"—, "la lectura comienza en el espacio blanco que precede inmediatamente el texto impreso. Esa blancura representa el azar infinito, de suerte que la primera palabra del texto impreso debe ser considerada no como un valor positivo sino como una negación. Es primero la negación de la blancura y al mismo tiempo la negación del azar infinito". Una vez que el texto llega a su conclusión lógica, "el blanco aparece de nuevo; pero entonces ya no se trata de la misma blancura que antes, ya que de ahora en adelante contiene su contrario: es la *noción ideal* de la blancura" (p. 50). Es decir, dentro de su poética, el blanco en Mallarmé representa, a un tiempo, el azar al que se enfrenta el poeta y el ideal de la representación que frustra o derrota ese mismo azar. Como ha dicho recientemente Jaime Moreno

Villarreal, "El blanco suscita el terror del vacío, pero también la belleza de la concepción pura [...] Mallarmé ahonda el blanco, disemina en la línea 'una resquebrajadura' para que por ella el blanco regrese, primero 'gratuito', luego 'cierto', venciendo el azar" (p. 18). A este valor metafísico del blanco mallarméano, debemos aproximar, además, otro valor, esta vez prosódico. Ya en el prólogo a *Un lance de dados,* Mallarmé señalaba cómo en este poema "los 'blancos', en efecto, asumen importancia, impresionan de entrada" puesto que "la versificación los exigió, como silencio en torno, ordinariamente, al punto de que un trozo, lírico o de pocos pies, ocupa, en el medio, alrededor de un tercio de la hoja". "El papel —añadía seguidamente— interviene cada vez que una imagen, por sí misma, cesa o vuelve a entrar, aceptando la sucesión de otras y no se trata, según la costumbre, de trazos sonoros regulares o versos —más bien, de subdivisiones prismáticas de la Idea..." La ventaja de esa nueva técnica espacial, por así llamarla, que "mentalmente separa grupos de palabras o las palabras entre sí", sería que "parece consistir tan pronto en acelerar como amortiguar el movimiento, escandiéndolo, convocándolo incluso según una visión simultánea de la Página, tomada ésta por unidad como lo es por otra parte el Verso o línea perfecta" (pp. 85-86). El blanco es, ni más ni menos, "un silencio significante que da un más allá a las palabras y suscita las apariciones de lo inexpresado", dice Moreno Villarreal. Y no se equivoca este mismo escritor al ver esta técnica como precursora de cierta música aleatoria —u "obra abierta" musical— "que sólo indica episódicamente tonos, notas, silencios y alteraciones, y deja algunos espacios blancos de la partitura al arbitrio del ejecutante" (p. 16). Lo dicho sobre *Un lance de dados* vale igual para *Blanco:* su prosodia es también una de "blancos", en el sentido que el ritmo de sus versos está marcado tanto por los acentos silábicos de las palabras como por los silencios significantes que enmarcan a éstas. "El espacio se vuelve escritura —dice Paz en "Los signos en rotación"—; los espacios en blanco (que representan al silencio, y tal vez por eso mismo) dicen algo que no dicen los signos" (p. 281).

Nuestro recuento de la noción del poema crítico, tal como Paz la derivó de Mallarmé y refinó con la lectura de Blanchot, nos lleva, finalmente, a cotejarlo con nuestra discusión anterior en torno a su propia meditación sobre la relación y el vacío. Porque tal parece que trabajando con fuentes budistas Paz encontró en *Blanco* su propia versión del poema crítico. Así, elaboró una obra abierta cuyas diferentes partes o diferentes posibilidades de lectura crean el efecto budista de vacío, lo que a la vez equivale a un concepto de poesía "que se niega a sí misma cada vez que se realiza en un poema [...] salvo si el poema es simultáneamente crítica de esa tentativa": la lógica de la espiral. Al mismo tiempo, sin embargo, aportó otra cosa que no habían hecho ni Mallarmé ni el budismo: compuso un poema de amor.

Cómo tirar al blanco

La primera edición de *Blanco* incluía al final dos "Notas": una aclaraba que "esta composición ofrece la posibilidad de varias lecturas" e indicaba cuáles eran; la otra citaba la edición del *Hevajra Tantra* de la que se derivaba el primer epígrafe. A partir de la edición de *Ladera este* (1969) la primera nota se trasladó, sin cambios, a la cabeza del poema, seguida inmediatamente después de la advertencia del autor; la segunda, en cambio, se eliminó. La primera nota, que nuestra edición [de 1994] igualmente reproduce al final, equivale a lo que en *Rayuela* Cortázar llamó el "tablero de direcciones"; las reglas con las que se "juega" el texto a continuación. Sólo que, como aparecen al final en vez de a la cabeza del texto, el lector no se puede percatar de esas reglas hasta que termina la primera lectura de corrido, y acaso desconcertante. Por tanto, la idea original de la lectura de *Blanco* es que el lector debe primero atravesar un primer recorrido a lo largo de toda la tira, para después encontrar las otras lecturas posibles que el tablero de direcciones indica. Esta lectura es la que el propio Paz llamará la "fundamental".

Las varias lecturas del tablero son las siguientes:

a) En su totalidad, como un solo texto;

b) la columna del centro, con exclusión de las de izquierda y derecha, es un poema cuyo tema es el tránsito de la palabra, del silencio al silencio (de lo "en blanco" —a lo blanco— al blanco), pasando por cuatro estados: amarillo, rojo, verde y azul;

c) la columna de la izquierda es un poema dividido en cuatro momentos que corresponden a los cuatro elementos tradicionales;
d) la columna de la derecha es otro poema, contrapunto del anterior y compuesto de cuatro variaciones sobre la sensación, la percepción, la imaginación y el entendimiento;
e) cada una de las cuatro partes formadas por dos columnas puede leerse sin tener en cuenta esa división, como un solo texto; cuatro poemas independientes;
f) la columna del centro puede leerse como seis poemas sueltos y las de izquierda y derecha como ocho.

No hacemos más que terminar la primera lectura y llegamos al tablero de direcciones y encontramos que ya hemos realizado la primera de las seis posibilidades que nos ofrece el tablero. Las restantes cinco reestructuran el texto de diferentes maneras según incluyamos las columnas del centro, izquierda o derecha; aquéllas donde aparecen juntas izquierda y derecha; o las distintas páginas de las columnas del centro, izquierda o derecha. Según esta cuenta, la permutación total de cada posibilidad sería la siguiente:

a) un solo texto: 1
b) centro: 1
c) izquierda: 1
d) derecha: 1
e) dos columnas: 4
f) centro: 6
g) izquierda y derecha: 8

TOTAL: 22

A su vez, el texto del poema consiste en 23 páginas sin numerar, una más del número de lecturas que indica el tablero. A ellas les preceden tres páginas: título, pie de imprenta y epígrafes; y les siguen otras tres: en blanco, notas y colofón. La edición entera consta de 29 páginas.

Un cotejo de las posibles lecturas del tablero plantea la pregunta de si la lista es exhaustiva. Según Fein, no lo es, y da algunos ejemplos: las secciones a doble columna se podrían leer como un solo poema, y no sólo como cuatro separados, como indica la opción e.

Asimismo, se podría alterar el orden de las secuencias y subdividir los poemas en porciones más discretas; se podría también leer de atrás hacia adelante; leer las secciones a doble columna de derecha a izquierda; o bien la columna del centro junto a la mitad de las secciones a doble columna, etc. Fein llama a esta flexibilidad del texto "modular", refiriéndose a "la variedad de diseño que se puede conseguir a través de partes intercambiables" (p. 68). Sin embargo, esta observación, aunque acertada, también es incompleta. En realidad, si optamos por no seguir las indicaciones del tablero, las cuales regulan las posibles lecturas discursivas del poema, y en su lugar optamos por abrir el texto hasta su máxima "modulación", las permutaciones se podrían multiplicar con ayuda del papel plegable. Como el lector puede doblar las páginas según su antojo, puede reestructurar la extensión o el contenido del poema con todos los módulos (o páginas) que guste incluir en su lectura.

Sin embargo, la presencia del tablero sí tiene un sentido y subraya el hecho de que no se trata de una obra totalmente abierta. Al contrario: el "tiro al *Blanco*" tiene reglas muy estrictas que denotan un rigor formal que a su vez genera la lectura o lecturas. Esas posibles lecturas dependen, a su vez, de una división más básica: la que el lector percibirá en una segunda lectura, una vez que atraviesa la primera de corrido. En la nota de *Ladera este,* Paz distingue una "disposición del orden temporal y que es la forma que adopta el curso del poema: su discurso" de "otra, espacial: las distintas partes que lo componen están distribuidas como las regiones, los colores, los símbolos y las figuras de un mandala". La conferencia sobre *Blanco* de la serie "Cuarenta años de escribir poesía" (1975) abundó en la explicación de esta división del poema: "dividido en seis partes [que] pueden, como en un rompecabezas, unirse hasta formar un solo texto o subdividirse hasta formar 14 poemas independientes". La cuenta de seis partes y 14 poemas se basa, a su vez, en la estructura de un mandala:

> esa figura que es una representación simbólica del universo, y que sirve como apoyo visual para la meditación, *Blanco* puede concebirse como un cuadrado, una figura cuadrada, con una entrada y una salida. La puerta

de entrada es el breve poema inicial sobre la palabra: pero es la palabra *antes* de ser dicha, el silencio antes de la palabra, la palabra en blanco. Las cuatro partes que siguen corresponden a cuatro colores, cuatro elementos, cuatro puntos cardinales y cuatro facultades del hombre. A su vez, cada una de estas partes está dividida en dos: uno es un poema erótico y el otro es su contrapunto. Ambos poemas, ambas voces, se entretejen en una suerte de diálogo.

La primera gran división de estas cuatro partes se inscribe bajo el color amarillo encendido y alude a la sensación, al elemento fuego y al sur. La segunda división se asocia a la percepción, al color rojo, al elemento líquido, a la sangre y al oeste. La tercera división corresponde a la imaginación, al color verde, al elemento tierra y al norte. La cuarta división al entendimiento, al color azul, al elemento aire y al este. La puerta de salida, es decir, la sexta parte, la final, corresponde al espacio blanco, en el que se han fundido todos los colores, el horizonte, lo que está más allá. Y alude también al silencio después de la palabra. Empieza con el silencio antes de la palabra y termina con el silencio después de la palabra.

El siguiente diagrama resume estas observaciones:

Entrada	2	3	Blanco
1	A-B	A-B	6
Silencio antes palabra	Sensación Amarillo Sur Fuego	Percepción Rojo Oeste Agua	Silencio después palabra

4	5
A-B	A-B
Imaginación Verde Norte Tierra	Entendimiento Azul Este Aire

A = Poema erótico
B = Contrapunto

En el diagrama, los números 1-6 representan las diferentes "partes" del poema. Las letras A-B representan las partes que incluyen las columnas izquierda y derecha, aun cuando las mismas partes incluyen también columnas del centro, cuyo tema no es el contrapunto entre las otras dos sino el lenguaje. La correspondencia entre los números y las secciones, identificadas con los versos primero y último, es la siguiente:

1. "el comienzo... Incendiadas" = 1 poema
2. "en el muro la sombra del fuego... La pasión de la brasa compasiva" = 3 poemas
3. "Un pulso, un insistir... La transparencia es todo lo que queda" = 3 poemas
4. "Paramera abrasada... El mundo es tus imágenes" = 3 poemas
5. "Del amarillo al rojo al verde... Da realidad la mirada" = 3 poemas
6. "En el centro... Da realidad a la mirada" = 1 poema

TOTAL: 14 poemas

En su conferencia, Paz llama a esta división "fundamental, que es la básica". Sin embargo, ninguna de las ediciones del poema la explica, si bien siempre reproducen el tablero de direcciones, que incluye entre sus opciones la lectura *a*) ("como un solo texto"). La división por partes, cuyo modelo es el mandala, es vertical y espacial: organiza el texto a partir de imágenes superpuestas con un principio y un final cuyos temas son el silencio antes y después de la palabra, respectivamente. La división por lecturas, cuyo modelo es el juego, es horizontal y temporal: organiza el texto a partir de temas discursivos donde el del silencio antes y después de la palabra es uno más dentro de un repertorio de opciones que ejerce el lector. La división por partes es un "apoyo visual para la meditación" que relaciona e integra conjuntos de imágenes. La división por lecturas es una obra abierta en la que el lector, al escoger un texto sobre otros, distingue y disgrega conjuntos de imágenes. La división por partes, que refuerza la presencia del autor, provee al texto de unidad orgánica: el texto se convierte en un solo poema total. La división por lecturas, que refuerza la presencia del lector, favorece una pluralidad de temas: el texto es una serie de poemas fragmentados.

Si la división por partes es *metafórica,* la división por lecturas es *metonímica,* en el sentido que Roman Jakobson dio a estos dos ejes del lenguaje: selección y combinación. La una relaciona verticalmente para crear imágenes; la otra lo hace horizontalmente para crear discursos. La división por partes es *simbólica,* a diferencia de la división por lecturas que es *paradigmática,* para usar otra distinción que una vez hizo, en relación a *Mobile,* Roland Barthes. Si la una ve el signo "en profundidad" y por tanto ve la forma como superficial, la otra lo ve "en perspectiva" y como parte de "un llamado" en el cual "el signo se deriva de una reserva organizada". Por último, en la división por lecturas, que suspende el objetivo de llegar al silencio de la sección seis, el concepto de "blanco" que predomina es el "mallarméano": el espacio se recarga de importancia prosódica o rítmica. En cambio, en la división por partes, que proyecta el poema hacia el silencio y la página en blanco del final, el concepto de "blanco" que predomina es el budista, en su triple sentido de vacío, silencio y objetivo. Agehananda Bharati, en otro libro que Paz cita a menudo y forma parte de la "biblioteca" del poema, se pregunta en un momento: "¿Cuál es, entonces, el objetivo {*target,* inglés "blanco"} de la *sadhana* y vida tántricas? El mismo que el de toda la religión hindú y budista: liberarse de la miseria y de la materia" (p. 285).

La división por lecturas es de inspiración occidental, sugiere un tono irónico, y busca sucesiones en el tiempo; su modelo ha de haber sido los tableros de direcciones de obras abiertas contemporáneas, como las novelas *Rayuela, Mobile* o *Avalovara,* o quizá piezas musicales como la *Terza sonata per pianoforte* de Pierre Boulez. En cambio, la división por partes es de inspiración oriental, impone una concepción analógica y busca correspondencias cósmicas. Su modelo seguramente fue el panteón del mandala Vajrasattva que se reproduce en *An Introduction to Tantric Buddhism* (1958) de S. B. Dasgupta, libro que Paz cita en *Conjunciones y disyunciones* (p. 86) y que sin duda también forma parte de la "biblioteca" de *Blanco.* La mejor prueba de que ésa en efecto fue su fuente son los apuntes del manuscrito del poema que *Archivo Blanco* incluye en la página 10, donde Paz reproduce, en traducción, el panteón que confecciona Dasgupta. De ahí se derivan, por ejemplo, las correspondencias entre *colores* (azul, amarillo, rojo y verde), *elementos* (aire, fuego, agua y tierra), *puntos cardinales* (este, sur, oeste y norte) y *facultades* o *skandhas* (sensación, percepción, imaginación y entendimiento) que pertenecen a cada uno de los Buddhas Dhyani de ese panteón (Aksobhya, Ratnasambhava o Ratnaku, Amitabha y Amoghasiddhi), respectivamente. Según Dasgupta, esos cuatro conjuntos o haces de correspondencia culminan, a su vez, en el quinto Buddha (Vairocana) cuyos atributos son, a su vez: blanco, zenit, éter y formas. Los apuntes de Paz en el manuscrito muestran, además, que el autor desechó otras posibles correspondencias de esos mismos Buddhas —como por ejemplo: lugar del cuerpo, animal, sonido (o *bija*) o sentidos— que podrían haber expandido las dimensiones conceptuales del poema.

Por lo tanto, más allá de cualquier lectura parcial que indica el tablero de direcciones, el poema ofrece dos vastas opciones: la lectura del tablero, irónica y occidental, o la del mandala, analógica y oriental. Un ejemplo de la primera fue la excelente de Enrique Pezzoni, o tal vez la de John Fein; de la segunda, las de Weinberger y Quiroga. Pezzoni desglosa los "relatos" o discursos de las tres columnas: "la palabra sufre una expiación y llega a transmutarse con un mundo surgido de ella misma" (centro), "identificación entre la mujer y el mundo y por lo tanto entre el hombre y el mundo en el acto del amor" y "la conciencia entra en contacto con el mundo siguiendo cuatro modos de conocimiento" (pp. 282-283). Weinberger, a su vez, opta por una vía más discreta, pero igualmente hermética: la geografía del mandala y los pasos del ritual del "ascenso de la kundalini (el 'poder serpentino' de la energía latente)" (p. 197 de esta edición [de 1994]). Más importante aún, sin embargo —y es lo que ninguno de los muchos y muy notables comentaristas del poema han expresado hasta ahora—, es que optar por una lectura con exclusión de la otra condena el texto a una mutilación. Si bien es cierto que ni una ni otra opción por sí misma agota las posibilidades hermenéuticas de *Blanco,* también lo es que para que esa mutilación no ocurra, tendríamos que realizar interpretaciones no sólo de todas las lecturas del tablero sino, simultáneamente, de la geografía cósmica que describe el mandala del texto.

Semejante empresa resultaría no sólo engorrosa. También sería imposible —como ese *Sunyata* que el autor le describió a Díez-Canedo, "estado por definición inalcanzable, ese blanco que nunca tocamos". También sería inútil. Hay que recordar que practiquemos una u otra opción —división por partes o por lecturas— lo que ambas tienen en común es su base en la *relación*. Para reconstruir la geografía cósmica del mandala, el lector necesita establecer las correspondencias entre las distintas categorías simbólicas —colores, elementos, facultades y puntos cardinales—, puesto que ninguna categoría de por sí tiene sentido. Se trata nada menos que del reconocimiento de estas correspondencias como aquellas "líneas de fuerza" que, en la descripción que hace Paz de la caracola de Mallarmé, convergen en este poema para establecerlo como "lugar de la metamorfosis". De la misma manera, sin embargo, y para abordar la otra opción para trazar los distintos discursos que prescribe el tablero de direcciones, el lector tiene que tender puentes entre las sucesivas entregas del relato —las columnas que van modificando los posibles argumentos que contiene el texto— puesto que ninguna sección tampoco tendría sentido de por sí. Por tanto, optemos por practicar una lectura irónica o analógica, occidental u oriental; el concepto de *relación* formal es la base hermenéutica de *Blanco*, y el poema recalca a cada paso —incluso en su peculiar paginación— la importancia de esta base. Es esa conciencia del carácter *radicalmente relativo* del texto —pero también la de su *radical otredad*— la que genera, dentro del propio poema, la conciencia de su paradoja material. Y cumple así lo que podemos llamar, sucesiva y alternativamente, la lógica de la espiral, la poética del poema crítico, o bien la "originación dependiente" de *Blanco*.

Comentario a "Blanco"

La anterior descripción de las dos divisiones no impide que también hagamos otra lectura, más limitada pero acaso más básica, del poema corrido. Es la lectura que Paz, por otra parte, también ha llamado "fundamental" y la que las ediciones del poema corrido, que son las más frecuentes, de alguna manera privilegian. Una primera observación señalaría que el poema se divide también según sus sucesivos cambios tipográficos. Así, podemos enumerar las secciones del poema de la siguiente manera: de "el comienzo" hasta "incendiadas" (I); de "en el muro la sombra del fuego" hasta "**La pasión de la brasa compasiva**" (II); de "Un pulso, un insistir" hasta "hasta el agua:" (III); de "los ríos de tu cuerpo" hasta "**La transparencia es todo lo que queda**" (IV); de "Paramera abrasada" hasta "verdea la palabra" (V); de "**se desata se esparce**" hasta "**El mundo haz de tus imágenes**" (VI); de "Del amarillo al rojo al verde" hasta "en pensamientos que no pienso" (VII); de "**caes de tu cuerpo a tu sombra**" hasta "**da realidad a la mirada**" (VIII); de "En el centro" hasta "da realidad a la mirada" (IX). Es cierto que dentro de las secciones pares cambia la tipografía de una a otra columna, pero me refiero a aquellos cambios que producen una alteración no sólo visual sino de tono, o al menos que marcan una división relativamente más evidente que la que existe entre las columnas derecha e izquierda. En este sentido, el cambio tipográfico de sección impar a par va acompañado de otra característica: mientras que las impares las enuncian un solo sujeto que se va constituyendo, es el diálogo lo que enuncian las pares.

Las secciones impares (I, III, V, VII y IX), que comportan lo que el tablero de direcciones llama "la columna del centro", constituyen "un poema cuyo tema es el tránsito de la palabra, del silencio al silencio"; mientras que las secciones pares (II, IV, VI y VIII) comportan, como explica Paz en su conferencia de 1975, un poema que es "una suerte de diálogo" entre un poema erótico y su contrapunto. Si optamos por esta división, sin embargo, notaremos también que el poema entero está montado, a su vez, sobre otro contrapunto: el que establecen las dos series de secciones, la impar con la par. El poema sobre el tránsito de la palabra se entreteje, así, con el poema del diálogo, que desde luego incluye el poema erótico (el de la columna izquierda) y el otro basado en las facultades de conocimiento.

Insisto en el concepto de "entretejido", que desde luego pido prestado de la descripción de Paz, porque de ese mismo se trata. La razón es que la división tipográfica no es tan tajante como indica la lista que acabo de proponer, ya que los temas —para no hablar de los símbolos, las imágenes y los colores— se desbordan muchas veces de las secciones y se van desarrollando sucesivamente. Así, por ejemplo, el fuego del "cáliz de consonantes y vocales / incendiadas" que aparece al final de la sección I vuelve a aparecer en la primera imagen de "**en el muro la sombra del fuego**" de la sección II; al igual que la imagen líquida de "hasta el agua" con que termina la sección III se desborda en la de "**los ríos de tu cuerpo**" de la siguiente. Hay muchos otros ejemplos, desde luego. Lo fundamental es que lejos de presentarnos dos series inconexas, se trata de dos poemas de distinta índole temática pero que establecen vasos comunicantes entre sí, por medio de un contrapunto, muchas veces evidente, de imágenes. Ese ritmo visual apunta hacia algo más que una estructura de contrapunto; nos indica también una analogía entre los dos temas. El tránsito de la palabra del silencio al silencio resulta, en este sentido, análogo al diálogo entre eros y conocimiento. La pasión de la palabra —en el sentido de ceremonia ritual— es análoga a la pasión de la pareja —en el sentido más lato de tránsito espiritual. Extendiendo un poco esa analogía podría decirse que por medio de este vasto contrapunto *Blanco* nos propone una triple analogía: *escribir un poema es igual a hacer el amor, es igual a conocer el mundo*. Si *Blanco* es en efecto un ritual, ese rito se estructura sobre el ritmo que establece la alternancia entre estas dos series de poemas y que se resuelve, al final, con el regreso al origen material del rito: el blanco de la página, o el silencio.

La sección I, como Paz lo ha explicado, es la "puerta de entrada", cuyo tema es "la palabra *antes* de ser dicha, el silencio antes de la palabra, la palabra en blanco". Se trata también, como ha observado Julio Ortega, del momento en que el poema se engendra a sí mismo por medio de la serie paranomásica *comienzo/cimiento/simiente*. El autoengendro equivale a "decir que el poema investiga su origen mientras aguarda la aparición inminente de la palabra: poema y lenguaje son un mismo gesto". Lo cual apunta, a su vez, al drama de la columna del centro: el tránsito de la palabra se realiza en el acto de escribir un poema. En todo caso, se podría decir, a partir de esta observación, que no existe un espacio del poema previo a este autoengendro por el cual, como dijo Mallarmé sobre su propio "soneto en ix", "las palabras se reflejan las unas a las otras".

Pero si bien es cierto que se trata de una génesis positiva, también comporta un momento negativo: la palabra antes del silencio, que coincide con el nacimiento del poema, es "inaudita inaudible / impar... nula / sin edad... / sin nombre sin habla". La palabra antes de ser dicha se caracteriza por su negatividad: por lo que no es. Se trata, en efecto, como aclara la siguiente sección, de un lenguaje "deshabitado" que se va alterando a medida que nos vamos moviendo por la "escalera de escapulario" de la creación, o al menos de la espera de un habla. La imagen se refiere a esas escaleras colgantes (y peligrosas) que se usan en las minas. Lo cual sugiere que habitar el lenguaje —es decir, aquello que realizaría el poeta o al menos cualquier hablante— significa transitar esa escalera dentro de un vacío en busca de material explotable.

Es precisamente a partir de otra imagen de descenso ("Bajo la piel de la penumbra") que comienza lo que pudiéramos llamar la segunda parte de esta primera sección. Sólo que el sujeto, ya constituido por la sensación de su entorno, desciende no tanto dentro de una mina literal sino de su figura: la penumbra. Es ahí donde "late una lámpara", cuya realidad el sujeto siente. No la ve o percibe: la siente, como por ejemplo sentiría los latidos de un corazón "entre las confusiones taciturnas". La lámpara "late", además, de igual manera que la palabra antes de ser dicha: es "latente"; sólo que el sujeto la siente en un contexto más incierto: en la penumbra y "entre las confusiones taciturnas".

Seguidamente el sujeto va identificando otros aspectos físicos de la "lámpara". Por ejemplo, "asciende / en un tallo de cobre / resuelto / en un follaje de claridad". Lo que primero se creía una lámpara ahora va adquiriendo aspectos de planta ("tallo", "follaje"), aunque es cierto que el objeto ilumina a los objetos a su alrededor: de ahí que se identifique como "amparo de caídas realidades". A su vez, lo que al principio se alude como planta anónima adquiere la forma particular de "un girasol / ya luz carbonizada / sobre un vaso de sombra"; es decir, la lámpara parecida a una planta resulta ser un girasol en un vaso. Lo que el sujeto confunde con una lámpara, fuente de luz, resulta ser, mejor mirada, una flor, cuyos brillantes pétalos destellan reflejos que contrastan con el vaso oscuro donde reposa. El contraste relativo entre los pétalos y el vaso, la penumbra y las confusiones, todo esto, ha contribuido a la confusión del sujeto.

Una vez que mira bien ese girasol, el sujeto vuelve a reflexionar que se trata en realidad de una "flor/ni vista ni pensada/oída" que descansa "en la palma de una mano/ficticia". No sólo no existe el girasol: el vaso o palma que la sostiene es en realidad "la palma de una mano/ficticia". Esa flor "oída" evoca, a su vez, la palabra "inaudita inaudible" con que comienza la sección. La flor no es como esa palabra que no se oye. El sujeto ha oído no la palabra antes del silencio que, como dice Paz en "Recapitulaciones", es sólo un "querer decir", sino su paradójica encarnación ilusoria: la flor. De hecho, es el "querer decir" el que ha hecho que el sujeto "oiga" a la flor. Por otra parte, la "palma" que ahora aparece como la base de la "flor oída", es un anagrama parcial de "lámpara", juego de palabras que, según Jason Wilson, alude a su vez al poema "Brise marine" de Mallarmé, donde ocurre el anagrama más completo *(lampe/palme)*. El sello mallarmeano de la sección, que en realidad comienza con la insistencia en la negatividad de la palabra de los primeros versos, apunta a su vez al procedimiento que la secuencia de esta primera sección recuerda: lo que Mallarmé llamaba "transposición" y que consiste, según explica Paz en "Los signos en rotación", "en volver imaginario todo objeto real: la imaginación reduce la realidad a idea" (p. 275). Digo que la sección lo recuerda y no lo realiza o imita porque, como veremos, no se trata exactamente del mismo procedimiento.

Dije antes que la "flor oída" es una paradójica encarnación ilusoria porque, como sigue explicando el poema, ni siquiera el sonido de la flor, que el sujeto oye, tiene una realidad sustancial. Este sonido sólo existe en el "amarillo/cáliz de consonantes y vocales/incendiadas", es decir, el haz o conjunto de fonemas que, en su diferencia estructural, constituirían, por ejemplo, las cuatro consonantes y tres vocales de la palabra "g-i-r-a-s-o-l". Por tanto, el sujeto, después de percatarse de su error, da un paso más en el análisis de la realidad del objeto. Si a primera vista la lámpara le había parecido un objeto independiente y sustancial, un examen más somero le revela no sólo que se trata de un error cometido bajo los efectos ilusorios del contexto físico —no es la lámpara lo que vio sino un girasol—, sino que la existencia misma de ese objeto depende de circunstancias y condiciones específicas. El emblema de esa realidad relativa y circunstancial, que el sujeto descubre, es el propio nombre del objeto, que puede descomponerse en un conjunto de "consonantes y vocales" cuya realidad sustancial no existe salvo en mutua relación con las demás. Es precisamente esa conciencia del haz de relaciones fonémicas en que consiste la palabra lo que hace que las consonantes y vocales se disipen "incendiadas", o que al menos el sujeto crea verlas incendiarse.

El procedimiento es análogo al de la "transposición" mallarmeana, en el sentido de que "anula lo real en beneficio del lenguaje" y "anula también la palabra. Las nupcias entre el verbo y el universo se consuman de una manera insólita, que no es ni la palabra ni el silencio sino un signo que busca su significado" (p. 274). La diferencia entre el procedimiento de la sección y el de la transportación mallarméana reside, en cambio, en el efecto que tiene sobre la estructura lógica. En Mallarmé, el procedimiento es *proyectivo:* el objeto se anula sólo después de atravesar una secuencia metafórica que va reduciendo la realidad a idea; en la sección, el procedimiento es *retrospectivo:* el descubrimiento de la inexistencia de la lámpara (o la flor, o su nombre) disuelve la propia secuencia metafórica en su origen. Mallarmé nunca pone el objeto en duda; la "lámpara" tiene que existir para que el lenguaje poético que alude a ella la reduzca hasta el concepto; en *Blanco* la existencia de la "lámpara" se pone en duda porque el lenguaje poético descubre que carece de identidad sustancial.

El fuego que se invoca al principio de la sección II se nota en el reflejo de las sombras de una pareja durante el inicio de una sesión erótica. No sólo desborda de la anterior sección el motivo del "incendio" de las "consonantes y vocales"; también regresa la "penumbra" en forma de "la sombra" y "tu sombra y la mía", así como el "amarillo" implícito en el fuego. Si la sensación del latido fue el fundamento de la meditación sobre la palabra antes de ser dicha, ahora la sensación abarca todos los sentidos en este inicio del encuentro erótico de la pareja. Al principio no vemos, por cierto, a la pareja misma: se invocan, primero, sus sombras; y luego estas sombras se figuran como las de *"leones"* y una *"leona en el circo de las llamas"*. De esta manera, la sensación erótica, ámbito de la imaginación, comienza figurando a la pareja como animales en la naturaleza: el deseo erótico, como dice Paz en *La llama doble,* desvía o cambia "el impulso sexual reproductor" y lo transforma "en una representación" (p. 103). Es claro que la columna de la izquierda trata del discurso del hombre sobre la "muchacha", y que toda la sección está destinada a dar una impresión de cómo ésta le aparece al sujeto masculino. No sólo aparece como "leona" sino también como alimento ("Pan", *"frutos"),* vaso ("Grial") y fuente de calor ("Ascua"), invocados aquí como conjunto de atributos celebratorios. Como ha de ocurrir en todas las secciones pares, el verso final resumirá la impresión de la escena: se trata de **"La pasión de la brasa compasiva"**; una pasión, es decir, cuyo fuego se nutre de sí mismo: si la brasa es candente, su fuente es la mutua pasión *(com* + pasión) de la pareja.

El "pulso" de la palabra *latente* en la sección I seguirá insistiendo en la tercera, al igual que la luz de la lámpara con que el sujeto leerá la cita del diario de Livingstone (y que él escribe "Livingston"), que se sugiere el sujeto tiene a mano. Gimferrer describe este momento del poema "a la espera de la inminencia del habla", lo cual significa que de la sección I a la III pasamos de la latencia a la inminencia, un paso más cerca del nacimiento (creación o germinación) de la palabra. Ese "presentimiento de lenguaje" se le representa al sujeto, ahora callado, como un oscurecimiento de la frente, cuyos efectos simbólicos no hemos de comprobar sino más adelante. Por lo pronto, comprobamos ahora que después de la conflagración con que termina la sección I, la tercera regresa al punto de partida anterior —estamos una vez más en el silencio antes de la palabra, sólo que ya ha ocurrido un cambio: ha comenzado el poema que da cuenta del inicio. En este sentido, la "sequía" a la que alude la cita de Livingstone coincide con el estado "seco" del presentimiento del lenguaje, cercano al sentimiento de esterilidad. Lo cierto es que la cita del diario del explorador inglés en África es un hallazgo azaroso que ha hecho el sujeto y que ese hallazgo, a su vez, desencadena la meditación poética de este otro "explorador" mexicano en la India. Como la aparición de la lámpara en la sección I, el libro o la cita es otro objeto común y corriente más, que se sugiere sobre la mesa del sujeto.*

El referente de "el mío" no será, en este sentido, sino el río al que la cita alude *(river rising a little)*. Se trata de un río "rojo" y agostado, estancado, que el sujeto asocia, en la cadena de imágenes, con su pasado mexicano. Con esa invocación pasamos también, por cierto, del color amarillo y el fuego de las anteriores dos secciones al rojo y el líquido de estas próximas dos. El sujeto cae en sí mismo o en su pasado al reflexionar sobre la manera en que esa imagen del río puede o no ajustarse a su historia personal. La cita azarosa se convierte en signo de necesidad. Así, el propio nombre de *México,* por ejemplo, que se representa con el jeroglífico de "agua y brasa" (el "agua quemada" de los aztecas), significa la unión simbólica e ideal de opuestos; sin embargo, en la realidad caída del presente ese símbolo sólo puede evocar imágenes degradadas o contradictorias ("río seco", "boca de manantial/amordazado"). El sujeto confronta, de esta manera, su propia "sequía" —lo que en términos del tránsito de la palabra sería su difícil germinación— como prototipo o resumen de un pasado colectivo, si no estéril al menos sí vuelto contra sí mismo, como lo sugiere la imagen de la boca amordazada "por la conjuración anónima/de los huesos". Es el pasado mal enterrado de México, y que el sujeto ahora conjura, el que ha terminado secando el río del lenguaje, y lo que impide que se exprese la interioridad de cada uno. La crisis de este sujeto, cuando el lenguaje apenas se presiente pero no acaba de germinar, es síntoma de un estancamiento histórico más vasto.

De ese pesimismo histórico-cultural el sujeto pasa a otra reflexión igualmente melancólica sobre la labor del que "habla": el escritor. Si

---

* La cita en realidad proviene del libro *David Livingstone and the Rovuna: A Notebook,* ed. George Shepherson, Edinburgh University Press, 1965, p. 136. Agradezco este dato a mi amigo Eliot Weinberger, quien lo descubrió.

"el lenguaje/es una expiación" es porque con él nos libramos de la culpa de estar vivos cuando otros han muerto y ya no pueden hacer uso de la palabra. "Hablar", o hacer uso del lenguaje (lo que equivale a escribir), corresponde a "pulir huesos", "aguzar silencios/hasta la transparencia", en el sentido de que se permite el lujo de reflexionar en detalle, acaso inútilmente, sobre toda suerte de temas, incluyendo el pasado histórico. En la cadena de imágenes, por tanto, hemos pasado de la sequía como imagen de la sensación de estancamiento, al presentimiento del lenguaje, a la meditación histórico-cultural que a su vez evoca otra meditación sobre el lenguaje y sus usos en la historia. Al cabo de la cadena, donde se evocan los extremos a que llega la empresa del escritor ("hasta la transparencia", "hasta la ondulación"), la imagen que resume tanto uno como otro es la del "agua", igualmente transparente y ondulante, que se opone directamente al fuego con que había terminado la sección I.

Será bajo el signo del agua que la sección IV, la segunda del diálogo entre poema erótico y el conocimiento, abra y se desarrolle, como lo comprueba la serie de imágenes líquidas: *río, ríos, agua, torrente, oleaje, delta*. También es evidente que pasamos, en esta sección, de la sensación a la percepción como modo de conocimiento. Si toda sensación es "percepciones embrionarias —como nos explica Paz en *La llama doble*—, la percepción es concepción; al percibir la realidad le imponemos inmediatamente una forma a nuestra percepción, la construimos: 'cada percepción es un acto de creación'". En efecto, el paso de un modo de conocimiento a otro a lo largo del poema designará un proceso "que convierte a los datos y estímulos exteriores en impresiones, ideas y conceptos; en la sensación está ya presente la percepción que transmite esos datos a la imaginación que los entrega, como formas, al entendimiento, que, por su parte, los transforma en intelecciones" (p. 185). Si seguimos esta lógica, por tanto, comprobamos que la proliferación visual de la sección II, en la que aparecen los estímulos del fuego y las sombras, pasa ahora a ser interpretada con metáforas que se alternan con descripciones del encuentro físico de la pareja. Por ejemplo, en la secuencia

> los ríos de tu cuerpo
> país de latidos
> entrar en ti
> país de ojos cerrados
> agua sin pensamientos
> entrar en mí
> al entrar en tu cuerpo

se alternan versos donde aparecen metáforas del cuerpo con otros que describen el encuentro físico de la pareja. La metáfora que predominará, además del líquido, es el cuerpo de la mujer como "país": entrar en él equivale a entrar en un territorio que si al principio resulta apenas perceptible —un "país" de "latidos" y "ojos cerrados" y un "agua sin pensamientos"— luego se abre a la percepción —"país de espejos en vela / país de agua despierta". Todo lo cual sugiere que a la sensación física anterior le ha seguido la conciencia de esa sensación y, por tanto, la imposición de formas que la comprendan. De ahí que tanto en una columna como en otra se recurra no sólo a metáforas como las de "río" o "país" sino a descripciones más abstractas para referirse a la experiencia de la pareja. Incluida en esas descripciones está la cita de uno de los sonetos más conocidos de Quevedo, el "Retrato de Lisi que traía en una sortija", con su sugestivo verso "las altas fieras de la piel luciente". Como en el caso de la anterior cita de Livingstone, ésta concreta un estado interior: la percepción erótica de la imagen de las "altas fieras", la cual a su vez evoca a los "leones" de la sección II. (Tanto en esta cita como en la anterior, por cierto, se demuestra que el hablante cita de memoria, como si agarrase los textos al vuelo: el verso correcto de Quevedo es "las fieras altas de la piel luciente".)

Al contemplarse la "entrada" dentro del cuerpo ajeno, la percepción resultante será el reflejo, de manera que la cópula termina creando una mutua identidad. Si entrar en el cuerpo de la mujer significa entrar en un "país de espejos en vela", esa experiencia del reflejo lleva a la observación de que

> me miro en lo que miro   es mi creación esto que veo...
> me mira lo que miro   soy la creación de lo que veo

En efecto, como también informa el pasaje, *"la percepción es concepción"*, en el doble sentido de esta palabra: no sólo aprehende sino engendra. La abolición de la distancia física entre la pareja lleva a la abolición de la distancia psíquica y espiritual: los sujetos se vuelven creación el uno del otro. O mejor dicho: el otro desaparece. El símbolo que resumirá esta experiencia es el elemento líquido, y especialmente el agua, tanto transparente como reflectora. De ideal de expresión el símbolo líquido pasa a ser ideal de percepción. De ahí el resumen de la sección toda: "La transparencia es todo lo que queda".

La sección v es la central del poema. No sólo se trata de la tercera columna del centro; numéricamente es la del medio y también la que dramatiza la *pasión* —en el sentido de ceremonia y rito— de la palabra en su difícil germinación. De la tercera sección se desbordan las imágenes de sequía, y el paso consciente "del amarillo al encarnado" sugiere la gravedad de esta condición, como si se indicara un alza en la temperatura del paisaje y la análoga desesperación del sujeto. En esa "Paramera abrasada", suerte de *wasteland* del lenguaje, donde hemos pasado igualmente del elemento líquido a la "tierra... lenguaje calcinado", el único decorado es "tres buitres ahítos" en un "muro rosado". La imagen y escena toda sugieren algo como el reverso (acaso la degradación) del muro de la sección II, donde la pareja había disfrutado de sus reflejos por el fuego. Ahora, en cambio, el fuego está fuera de control y el sol, lejos de ser de justicia, invierte al castellano y resulta "injusto", como observa Gimferrer.

Estamos, por tanto, en el punto moralmente más bajo del sujeto en su relación con la palabra. Y si en efecto "el lenguaje / es una expiación", entonces el páramo que se dramatiza en esta sección es el teatro de esa culpa. Esa pasión incluirá un redoble de tambores, más adelante sugerido como metáfora de truenos que anuncian una tormenta. La tormenta incluye, por cierto, no sólo al paisaje sino a la escritura misma, pues la página es también el páramo donde ocurre el ritual: uno es el análogo de la otra. Así como "la tierra es un lenguaje calcinado", también la página se ennegrece junto al cielo. Y si antes "un presentimiento de lenguaje" había oscurecido la "frente" del sujeto, ahora la sequía ha llevado al ennegrecimiento de ambos, como si se anunciase o bien la germinación final o el silencio, el cambio o la destrucción. Así lo entienden al menos los "cuervos" que, como los buitres anteriores, han aguardado a sus posibles víctimas y ahora se dispersan.

Todo evoca la alteración violenta de la naturaleza, como lo sugieren "los arenales" que "se levantan" y "los árboles encadenados" que mugen. El sujeto, además, interpreta este cambio atmosférico, si no cósmico, por medio de dos series paranomásicas que a su vez recuerdan, por oposición, la serie del comienzo del poema: "Inminencia de violencias violetas" y "la cerrazón de reses de ceniza". El cambio ocurrirá con la afirmación "Te golpeo cielo/tierra te golpeo". Por primera vez en la columna central el sujeto se dirige a algo fuera de él, el cielo y la tierra, y hace contacto físico con ellos. Si justo unos versos antes el cielo se había ennegrecido "como esta página", entonces el golpe al cielo es también dirigido a la página. La acción de golpear indica no sólo una acción física; se trata también del resultado violento de la desesperación del sujeto ante la inminencia de la tormenta y la angustia ante la dificultad de germinación de la palabra. El ritual, después del redoble de tambores, incluye la "flauta" y la "centella", y su resultado inmediato será la apertura de la "tierra", lo que en términos atmosféricos sería el inicio de la lluvia. Si antes la tierra sólo era "lenguaje calcinado", ahora en cambio le dice: "tienes la boca llena de agua". El cambio no sólo es simbólico —de la sequía a la humedad, o de la esterilidad a la germinación—; pasamos también a un diálogo: discurso hacia un "tú-tierra" que ahora también adquiere un cuerpo: tiene "boca" y "chorrea cielo". La irrupción del diálogo coincide, a su vez, con la explosión de la tierra y el estallido de las semillas, como si se tratara de un rito de fertilidad en el que, final y apoteósicamente, llegamos a una suerte de primavera de página: "verdea la palabra".

A diferencia de las anteriores secciones de diálogo, o serie par, la sexta muestra las dos columnas unidas tipográficamente en versos corridos que sin embargo mantienen los dos tipos. Esta disposición sugiere la cópula física de la pareja: a los momentos iniciales de sensación y percepción sigue el imaginativo de unión. Una vez que cada miembro de la pareja reconoce su identidad última, concebida a través de la percepción, se unen físicamente. No es un accidente que esta cópula, dispuesta tipográficamente sobre la página, coincida materialmente con el rito de fertilidad de la anterior sección: se trata en efecto de su equivalente humano. La fecundidad de la palabra es análoga a la fecundidad de la pareja. De ahí también que pasemos, en la serie de colores, del rojo al verde, del extremo candente a la fertilidad.

Si el rito central del tránsito de la palabra fue la expiación que se resuelve en estallido, el rito central del diálogo entre eros y el conocimiento sería la cópula. En la tradición oriental (tanto hindú como budista), este momento ritual se conoce con el nombre de *maithuna*. En una nota a *Ladera este* que comenta un poema con este mismo título, Paz explica que representa "la unión sexual; el camino de la iluminación, en el budismo y el hinduismo tántricos, por la conjunción de *karuna* (la Pasión) y *prajna* (la Sabiduría). *Karuna* es el lado masculino de la realidad y *Prajna* el femenino. Su unión es *Sunyata*: la vacuidad... vacía de su vacuidad". Pero no es imprescindible leer la sección a partir de este código oriental; lo importante es que representa la unión física.

No es un accidente que la sección comience invocando formas impersonales. En la anterior sección par los sujetos se habían abolido, el otro había desaparecido; antes también (sección II) el hombre había reflexionado sobre la mujer: "el fuego te desata y te anuda". Ahora, en cambio, reflexiona que "se desata se esparce *árida ondulación*". De la misma manera que la explosión del agua, en el rito anterior, disolvió la aridez del páramo, ahora también afecta la percepción, y así la "ondulación" (sección III), antes asociada al agua, ahora aparece "*árida*". En todo caso, es un sujeto "desatado" y esparcido, unión de hombre y mujer, el que se diseminará indiscriminadamente a lo largo de la sección. El efecto será una deliberada *confusión*, no sólo de la identidad individual de cada miembro de la pareja, sino de la lectura. "La cópula ritual —dice Paz en *La llama doble*— es, por una parte, una inmersión en el caos, una vuelta a la fuente original de la vida; por otra, es una práctica ascética, una purificación de los sentidos y de la mente, una desnudez progresiva hasta llegar a la anulación del mundo y del yo" (p. 201).

Así, la confusión de los miembros de la pareja —"**en la reverberación del deseo**", que además *"renace se escapa se persigue"*— dispone de un confuso entramado de dos series de imágenes: una, femenina (*"ondulación"*, "desnuda", "idea negra", *"cabra"*, "vellón", "pechos verdes", "tendida", "pirausta"); y otra masculina (*"pensamiento gavilán"*, *"snap-shot"*, "sol inmóvil"). El efecto será también doble: por una parte proyecta una imagen de la mujer como tierra, mundo y paisaje (Gimferrer lo llama "la mujer en reposo telúrico y planetario") en imágenes como *"peña hendida"*, *"paraje desnudo"* y *"pradera quemada"*, todo lo cual se resume, al final, con la celebratoria de "**mujer tendida** *hecha a la imagen del mundo"*. Por otra, proyecta la imagen del hombre transitando encima de ese paisaje en busca de la satisfacción del deseo sexual: si su miembro "**se levanta se erige ídolo**", él también va "**girando girando** *visión del pensamiento gavilán* / **en** torno a la idea negra *cabra en la peña hendida"*; y siente asimismo que "**mis manos de lluvia** *oscurecida por los pájaros* / **sobre tus pechos verdes** *beatitud suficiente"*. El encuentro entre ambos, *axis mundi*, será en el sexo o vulva femenino: *"idea negra"* / *"vellón"*, *"sol inmóvil"* / *"lugar de la juntura"*. "La hendidura femenina —dice Gimferrer— es aquí un lugar de convergencia, centro de la contemplación de lo visible en la imaginación..." El verso final —*"El mundo haz de tus imágenes"*— resume el sentido de la cópula como la identidad que se establece entre la imagen que el hombre se hace de la mujer y el mundo; el hombre ve al mundo a través del filtro de imágenes que se hace de ella. También resume el hallazgo de la *imagen*, o la imaginación, como fundamento ontológico, nuevo estadio en la vía del conocimiento: *"El mundo haz de tus imágenes"*.

La sección VII prolongará el ritual de la germinación de la palabra y marcará la culminación de su tránsito al silencio. El primer verso resume el camino andado a través de los distintos colores: "Del amarillo al rojo al verde". Se trata en efecto de una "peregrinación hacia las claridades", suerte de "camino de perfección" místico, aunque no tanto para unirse a lo Otro divino como para alcanzar el conocimiento, la claridad: lo que antes se llamó la "transparencia" y el poema todo designa como "lo blanco" o "el blanco". Entramos ahora, por tanto, en una última etapa de "remolinos azules" a la que la palabra "se asoma".

Así como en las anteriores secciones objetos comunes y corrientes, como la "lámpara" y los libros a mano, habían surgido a lo largo de la meditación, así también ahora se trata de un "anillo beodo" que posiblemente lleva el sujeto en uno de sus dedos. El anillo ya se había sugerido en la sección IV, por cierto, en la cita del conocido soneto de Quevedo que versa sobre el tema del "retrato de Lisi que traía en una sortija". El giro o vuelta del anillo, que el sujeto bien puede efectuar en un descanso de la redacción del poema, tiene efectos inesperados, pues junto a él "giran los cinco sentidos / alrededor de la amatista / ensimismada". La amatista, que suele ser una piedra preciosa de azul turquesa, está montada sobre el anillo, y es lo que explica que el sujeto se refiera a él como "beodo". El nombre de la piedra viene del griego *methyo*, borrachera, y se le añade el privativo *a*, como indica María Moliner, "por suponerse que preservaba de la embriaguez". Al girar este anillo, de legendarias cualidades mágicas, giran también los cinco sentidos del sujeto y obtiene una suerte de iluminación: "Traslumbramiento: / no pienso, veo / —no lo que veo, / los reflejos, los pensamientos veo". Digo "suerte de" porque, como veremos, no se trata exactamente de una iluminación.

El neologismo *traslumbramiento* (que será el primero de dos que aparecen en esta sección) se compone de dos partes: la partícula *tras-* que significa atravesar (como en *traspasar* o *trascender*) y *lumbramiento*, que viene de *lumbre*, fuego, y que a su vez nos da el verbo *alumbrar*. *Alumbrar* tiene una connotación física, a diferencia por ejemplo de *iluminar*, que tiene un significado espiritual o moral. *Traslumbramiento* describiría por tanto la experiencia de ser atravesado por una luz o fuego; no es tanto una experiencia interior como exterior al cuerpo; una experiencia más física que espiritual o psicológica. De ahí que el sujeto diga: "no pienso, veo / —no lo que veo, / los reflejos, los pensamientos veo". Ver los pensamientos como reflejos supone percibirlos en su aspecto material o físico, por así decirlo. Estamos, claro está, en un momento de máxima imaginación, inmediatamente previo al entendimiento. Se trata de la experiencia de la *otredad* que a lo largo del poema ha ido surgiendo a cada paso como fuente de reflexión poética y conocimiento. En todo caso, en este momento clave se trata de una alteración de la conciencia en un momento clave: justo después del doble rito de germinación, de la palabra y la pareja.

El traslumbramiento del sujeto le hace experimentar "precipitaciones de la música", como si viniera de aquellas legendarias esferas pitagóricas que se imaginaban como origen del ritmo cósmico, y donde aparece "el número cristalizado", análogo a su vez a un "archipiélago de signos" que se percibe visualmente. Se trata de una visión totalizante, acaso una visión del propio poema que el sujeto está en vías de escribir, y que ahora describe como "aerofanía". Este segundo neologismo se compone, a su vez, de *aero*, aire, y *fanía*, misterio o ceremonia; como la *hierofanía*, se trata de una ceremonia secreta y sagrada, sólo que ésta consiste únicamente en transparencia, aire, último en la sucesión de elementos por el que atraviesa la pasión de la palabra. En la "peregrinación hacia las claridades" con que comienza la sección, la "aerofanía" invocada hacia el centro sería por tanto el ritual o al menos la experiencia que conduce hacia el blanco, la "claridad que se anula en una sílaba / diáfana como el silencio", y que el sujeto experimenta enseguida como "la cara en blanco del olvido, / el resplandor de lo vacío". Este vacío, huelga decirlo, no se experimenta directamente, sino sólo su "resplandor", brillo que refleja indirectamente una fuente imperceptible. Todo lo cual indica que el sujeto depende aún de formas visuales en su tránsito hacia el entendimiento y el silencio.

La invocación del vacío tiene a su vez el efecto de pérdida: primero de "mi sombra", la misma con que habían comenzado las sensaciones eróticas (sección II); luego será la falta de tacto ("bosques impalpables") que se experimenta a pesar del desplazamiento en el espacio, a lo cual se añaden imágenes de un paradójico desvanecimiento material, como son las "esculturas rápidas del viento". Por último, "mis pasos", como anteriormente "mi sombra", también "se disuelven / en un espacio que se desvanece", como si el sujeto experimentase un vacío dentro del vacío que sólo puede captarse por medio de una paradoja: "pensamientos que no pienso". Si al principio del poema el lenguaje aparecía "deshabitado", ahora el sujeto mismo lo está.

De la sección VI se desborda a la VII la misma disposición tipográfica que une las dos columnas y la misma dramatización de la cópula de la pareja. La unión de lo diferente se recalca (*"cielo y suelo se juntan"*), aun cuando esa disposición cambia hacia el final de la sección, sugiriendo así el final de la cópula y el efecto que tiene en el sujeto después del coito. Toda la sección consta del discurso del sujeto con el tú-mujer y se inicia con la imagen de la caída, que a su vez produce las variantes "**te precipitas**" y "**derramada**", además de imágenes como "cascada". La "caída" de la mujer describe, entre otras cosas, el acto de sumisión física al hombre, y atraviesa, según este discurso, un ciclo: del cuerpo a la sombra, de la sombra al nombre y del nombre al cuerpo "**en un presente que no acaba**". Pero el ciclo sugiere, además, la identidad última entre lo más material (el cuerpo) y lo más insustancial (la sombra, el nombre). La forma extrema que asume la cópula, por otra parte, es el sacrificio ritual, tal como sugiere la serie de imágenes que recalcan la fragmentación del lenguaje y del cuerpo. Las imágenes recuerdan, históricamente, los sacrificios humanos de los aztecas, o quizás la iconografía de la diosa Kali en la mitología hindú, como sugiere el verso posterior de "**los labios negros de la profetisa**":

> tú te repartes como el lenguaje *espacio dios descuartizado*
> tú me repartes en tus partes *altar el pensamiento y el cuchillo*
> vientre teatro de la sangre *eje de los solsticios*

Con esta serie se confirma el aspecto sagrado de la unión de la pareja, lo que a su vez lleva a la invocación de los momentos más físicos de la cópula en imágenes como *"los testículos solares /* **lluvia de tus talones en mi espalda**" o *"falo el pensar y vulva la palabra"*.

Sin embargo, y a contrapelo de esta impresión de extrema corporeidad en la intensidad de la cópula, se va entramando otra serie de imágenes que sugiere igualmente cómo ésta contribuye a una mayor apertura del entendimiento o intelección. La columna de la derecha, en este sentido, se compone de una serie de versos que varían desde el distanciamiento del entendimiento (*"intocable horizonte"*, "*yo soy tu lejanía", "el más allá de la mirada:"*); a través de la extrema corporeidad, arriba citada; y por último, hasta la intelección o entendimiento. El eje del cambio surge precisamente en los versos más corporales *("testigos los testículos solares / falo el pensar y vulva la palabra")* que adjetivan las partes sexuales con atributos de intelección. El resumen de este paulatino cambio a lo largo de la sección es el verso *"espacio es cuerpo signo pensamiento"*. Es decir, sólo cuando se experimenta el cuerpo o espacio plenamente, se restaura igualmente el signo y por tanto el verdadero pensamiento. O como dijo William Blake en su *Matrimonio del cielo y del infierno:* "Si se limpiaran las puertas de la percepción, todo le aparecería al hombre como es: infinito".

La experiencia de comprensión del mundo a través del cuerpo lleva a la afirmación de que **"tu cuerpo son los cuerpos del instante es cuerpo el tiempo el mundo"**. La comprensión o intelección adquirida se resume en una sabiduría: el cuerpo se ha vuelto no ya la clave del mundo sino su modelo último. A su vez, sin embargo, ese cuerpo no sólo sirve para comprender "el instante" sino que él mismo es instantáneo. Para que sea real tiene que desvanecerse; para que realmente sea modelo del mundo, está sujeto a una simultánea (y paradójica) desaparición: **"pensado visto encarnado /** *visto tocado desvanecido"*. Se recalca de esta manera, y nuevamente, la radical equivalencia entre el cuerpo y el no cuerpo, lo físico y lo espiritual, lo que es y lo que no es.

Un espacio en blanco dividirá esta sección de la siguiente, en la que por otra parte se vuelven a dividir las dos columnas, al igual que se abrirá un segundo espacio cinco versos después para dividir la última sección de cuatro versos. Los blancos no son únicamente divisiones retóricas: se trata de descansos temporales en la secuencia rítmica de la sección. Este segundo estadio, que se sugiere posterior a la cópula, se dedica a lo que Rimbaud, en una de sus célebres "cartas del vidente", llamara el "desarreglo de todos los sentidos"; sólo que Rimbaud recomendaba ese desarreglo como paso *previo a,* como *condición,* del auténtico estado visionario del poeta, y en este caso se trata de lo contrario: es el *efecto* que ha tenido la cópula, de significado ritual y sagrado, en la experiencia del sujeto de sus propios sentidos. Hemos llegado de esta manera a un final que es a un tiempo una vuelta en la trayectoria del sujeto: de la sensación inicial (sección I) a la percepción alterada de los sentidos como resultado de la cadena *percepción como concepción-imaginación-intelección o entendimiento.*

Así, si la columna de la izquierda nos da el testimonio del sujeto en este momento *post-coitum* ("contemplada por mis oídos:" y "olida por mis ojos", etc.), la de la derecha resume este testimonio traduciéndolo a términos metafóricos relativamente más abstractos (*"horizonte de música tendida / puente colgante del color al aroma"*). Los versos de la derecha van explicando y ampliando, en contrapunto, a sus equivalentes de la izquierda. La última parte de la sección demuestra la abolición del tiempo en el uso del infinitivo y en la insistencia en la imagen inicial de la caída. El *"grito"* de la mujer, signo hablado del orgasmo, es, como la sombra y el nombre, ciertamente inmaterial; pero a la vez es el signo más fehaciente de la experiencia del cuerpo. Los extremos, una vez más, se tocan. La sabiduría de esa experiencia se resume en los dos versos finales: "**La irrealidad de lo mirado / da realidad a la mirada**".

"Lo mirado —comenta Paz a mi borrador de este trabajo— es el mundo de las relaciones relativas; apenas nos damos cuenta de esto, el relativismo se entreabre y nos deja ver el otro lado: la realidad intocable e indecible. Y esta visión nos da también realidad a nosotros, criaturas mortales, accidentes en la cadena de la evolución." Así, si la sección VIII termina con la (entre)apertura del relativismo y la visión de la otredad, será no sólo porque la cópula ha alterado la conciencia del sujeto, sino por lo que había ocurrido en la sección anterior. Después de una serie de experiencias cotidianas en el proceso de escribir un poema (la última de ellas definitiva), y tras la experiencia de la cópula, que confirma que la compenetración erótica con el otro permite vislumbrar la otredad, el sujeto descubre lo que da "realidad a la mirada": el vacío ("la irrealidad"). Esa doble experiencia —y que hemos visto es una sola— le permite al sujeto entender que el mundo atado por relaciones (originación dependiente) le da sentido al mundo, aun cuando se trata, en última instancia, de un sentido ilusorio. Así como las experiencias más cotidianas —la sen-

sación de una lámpara, la cita de un libro, el giro de un anillo—
dieron pie a la germinación de la palabra y a la visión totalizante que
incluye el "archipiélago de signos" del poema, así también la transformación del sujeto sólo ocurre en virtud de la cópula física, de visos
sagrados, con su pareja.

Es en este momento de la meditación que la sección IX abre con la afirmación de que

>   En el centro
> del mundo del cuerpo del espíritu
>   la grieta   el resplandor

Estamos, en efecto, "en el centro", en el sentido de que hemos regresado, por última vez, a la columna del centro. También hemos llegado al meollo de la cuestión resumido en una pregunta: ¿qué significa "**La irrealidad de lo mirado / da realidad a la mirada**"? Pero es posible también que "el centro" se refiera aquí al "camino del centro", que es el nombre histórico de la aproximación filosófica de Nagarjuna y Chandrakirti: el camino de la relatividad, que equivale a decir, el camino del vacío que no afirma ni niega al mundo, sólo lo relativiza. El sujeto está listo, ahora, para hablar sobre ese camino, justo en el momento en que la palabra apunta hacia el silencio. Esa afirmación, que regresa a la idea de la identidad entre mundo, cuerpo y espíritu, apunta hacia "la grieta el resplandor" como clave: "grieta" como una metáfora no sólo de la vulva, variante de la "juntura" y "hendidura" anteriores, sino de la (entre)apertura que se efectúa tras el descubrimiento del vacío de la relatividad. El "resplandor", por otra parte, ya lo habíamos visto: fue la señal de "lo vacío" que el sujeto captó justo en medio de la "aerofanía" de la sección VII, y antes de la sensación de pérdida y desvanecimiento. "No", sílaba negativa, será por tanto el nombre provisional de ese vacío.

Sólo que los versos siguientes modificarán ese vacío afirmando lo contrario: "En el remolino de las desapariciones / el torbellino de las apariciones / Sí". El "Sí" de las apariciones (en su doble sentido de lo que aparece y es un fantasma) se opone al "No" de las desapariciones, la irrealidad del relativismo. La oposición constituye una corrección o modificación crítica. En su nota a "Sunyata", otro de los poemas clave de *Ladera este,* Paz explica el título e, indirectamente, el argumento de este pasaje del poema:

> *Sunyata* es un término que designa el concepto central del budismo madhyamika: la vacuidad absoluta. Un relativismo radical: todo es relativo e impermanente, sin excluir a la afirmación sobre la relatividad e impermanencia del mundo. La proposición que niega la realidad también se disuelve y así la negación del mundo por la crítica es asimismo su recuperación: *Samsara* es *Nirvana* porque todo es *sunyata* [p. 690].

La simultánea negación y recuperación, contradictoria o al menos paradójica para la mente occidental, se resumirá en el símbolo del "árbol de los nombres", metáfora del lenguaje, donde "No" y "Sí" aparecen como ramas, "palabras" que se contradicen mutuamente y que por tanto producen el efecto de que "aire son nada". La explicación de esta secuencia particular de imágenes aparece en una observación de Paz en su *Claude Lévi-Strauss,* que ya hemos citado en parte:

> La esencia de la palabra es la relación y de ahí que sea la cifra, la encarnación momentánea de todo lo que es relativo. Toda palabra engendra una palabra que la contradice, toda palabra es relación entre una negación y una afirmación. Relación es atar alteridades, no resolución de contradicciones. Por eso el lenguaje es el reino de la dialéctica que sin cesar se destruye y renace sólo para morir. El lenguaje es dialéctica, operación, comunicación [p. 127].

Regresaremos al resto de este pasaje clave en seguida. Por lo pronto, el verso "aire son nada" (que por cierto resonará en el posterior comentario de Paz a su traducción del "soneto en ix" de Mallarmé: "la caracola no contiene sino aire, es nada") expande, a su vez, la misma idea: sí y no son palabras base que afirman y niegan, respectivamente. El vacío —aire y nada— es la relación que se establece, a su vez, entre estas dos sílabas, base estructural de toda epistemología. A partir de esta observación *sí* y *no* abarcarán un catálogo de objetos y experiencias: un insecto revoloteando alrededor del sujeto cuando escribe, su propio pensamiento mientras escribe, los pasos que escucha en el cuarto vecino —y que se identifican como los de la mujer del sujeto—, el "árbol *nim*", "esta noche" y "(esta música)".

El mundo de objetos y experiencias, en su inmensa y a veces conflictiva variedad, está atado por relaciones relativas cuya base es la yuxtaposición de las dos sílabas *sí* y *no;* si la una afirma la otra niega, una no es comprensible sin la otra. Son en efecto "dos sílabas enamoradas" que niegan y afirman al mundo sucesivamente, en una armonía análoga a la que se sugiere en la serie de imágenes de oposición anteriores: "blanca y negra/primavera nocturna/jazmín y ala de cuervo/tamborino y *sitar*".

Según Gimferrer, la alusión en este momento del poema a la página y a "tus pasos en el cuarto vecino" constituye "la única anécdota que, en el plano de la realidad efectiva, de los hechos externos a la escritura, relata *Blanco*" (p. 69). Pero esta observación no toma en cuenta que a todo lo largo del poema, empezando con la lámpara ilusoria de la primera sección, se relata el encuentro significativo con objetos y experiencias. Ellos constituyen "anécdotas" en el plano de la "realidad efectiva" ajenos a "los hechos externos de la escritura", y son los trampolines, por así llamarlos, hacia la otredad que explora el poema. En *realidad* (y ya sabemos lo problemático que se vuelve este mismo concepto en el poema), el "instante" de la escritura que identifica Gimferrer, junto con el sonido de los pasos en el cuarto vecino, forman parte de un esfuerzo por nivelar objetos de índole no ya diferente sino opuesta (como son el humilde "insecto" y el sagrado "árbol *nim*"). Al nivelarse objetos tan diferentes en un mismo plano, se vuelven radicalmente idénticos, al menos en cuanto a su capacidad de evocar la experiencia de la otredad.

La última parte de la sección, separada por un espacio de la primera, constituye la conclusión del poema y resume las ideas fundamentales sobre la relatividad, el vacío y el lenguaje a un nivel más general. Comienza planteando la relación dialéctica entre "mundo" y "palabra": si el uno es "real", la otra es "irreal". Estamos, desde luego, en el momento final del tránsito de la palabra hacia el silencio, cuando se alude con más intensidad a ese "blanco", y la tensión lógica de estas expresiones invierte el sentido "normal" de los conceptos "real" e "irreal". El resultado es que las proposiciones empiezan a sonarnos absurdas, como esos juegos de lenguaje que Wittgenstein utiliza en su *Tractatus* para ilustrar el uso de ciertas palabras, cuando en verdad no lo son desde un punto de vista estrictamente funcional. El absurdo o locura será aquí una forma de sabiduría. Versos como éstos demuestran que las afirmaciones en torno a una verdad convencional se pueden utilizar para entender la verdad absoluta, aun cuando no se puedan referir a ella, o establecer correspondencias afines. "El silencio, *después* de la palabra —dice Paz en 'Recapitulaciones'— reposa en un lenguaje —es un silencio cifrado." Es precisamente a esta cifra que aludirá esta última parte del poema; sólo que la experiencia de ese silencio permanecerá indecible, alcanzable únicamente a base de alusiones, cifras y, claro está, tenso lenguaje poético como éste.

La última parte es deliberadamente recapitulatoria: trae a colegir imágenes y versos de secciones anteriores del poema con el propósito de atar cabos en la conclusión. Como al final de una sinfonía, los motivos regresan y se atan los unos a los otros. Así, los versos "la grieta el resplandor el remolino", "las desapariciones y las apariciones" y "aire son nada" citan el principio de la misma sección IX; de la misma manera que "el árbol de los nombres" citará la sección VIII. Se trata de un reordenamiento de imágenes anteriores para señalar cómo el descubrimiento de la relatividad dialéctica —la mutua necesidad de "sí" y "no"— abarca meditaciones ciertamente abordadas con anterioridad aunque quizá no explicadas o entendidas del todo en su momento. "Si el mundo es real / la palabra es irreal" fue precisamente la lección que el sujeto aprendió en la primera sección: es decir, si asumimos (erróneamente desde luego) que el mundo tal como lo percibimos es real, entonces al nombrar el mundo con esa percepción errónea pecamos de indiferencia hacia la otredad y producimos una palabra hueca ("irreal"). En cambio, si afirmamos que "Si es real la palabra / el mundo / es la grieta el resplandor el remolino", es decir, si estamos conscientes de las relaciones relativas y la palabra da cuenta de ese vacío, entonces se entreabre el mundo y vemos "el resplandor" de la otredad. En última instancia, sin embargo, tanto *real* como *irreal* son, como *sí* y *no*, términos mutuamente relativos cuya propia relación desmiente el argumento anterior: como *sí* y *no*, *real* e *irreal*, "aire son nada". Una vez más, "la proposición que niega la realidad también se disuelve, y así la negación del mundo por la crítica es asimismo su recuperación".

La última sección aborda, finalmente, el tema del silencio: "El habla irreal", es decir, el habla que toma en cuenta el vacío que es asimismo la recuperación del mundo "da realidad al silencio". Es aquí donde el sujeto vislumbra el trayecto final del tránsito de la palabra; se trata de un final que termina en un silencio que, como el del Buda, Paz explica hacia el final de su *Claude Lévi-Strauss*:

> el silencio, en sí mismo, es una respuesta [...] Hay dos silencios: uno antes de la palabra, es un querer decir; otro después de la palabra, es un saber que no puede decirse lo único que valdría la pena decir [...] Si el silencio del Buda fuese la expresión de este relativismo no sería silencio sino palabra. No es así: con su silencio cesan el movimiento, la operación, la dialéctica, la palabra. Al mismo tiempo, no es la negación de la dialéctica ni del movimiento: el silencio del Buda es la *resolución* del lenguaje. Salimos del silencio y volvemos al silencio; a la palabra que deja de ser palabra. Lo que dice el silencio del Buda no es negación ni afirmación. Dice otra cosa, alude a un más allá que está aquí. Dice *Sunyata*: todo está vacío porque todo está pleno, la palabra no es decir porque el único decir es el silencio. No un nihilismo sino un relativismo que se destruye y va más allá de sí mismo [p. 127].

"Sí" y "no" serán "sílabas enamoradas", pero el silencio (del Buda) no toma partido por una u otra: ni afirma ni niega al mundo. Los versos siguientes serán, por tanto, variaciones sobre ese tema y que aclaran, retrospectivamente, escenas y motivos que habían surgido en secciones anteriores. Si "Callar / es un tejido de lenguaje", entonces el "silencio" se vuelve "sello / centelleo / en la frente". El "presentimiento de lenguaje" que el sujeto experimentó en la sección III, primero como angustia de expresión ("Sin decir palabra / oscurece mi frente...") y luego en la sección V como tormenta ("centella y trueno"), ahora se aclara como lo que "realmente" fue: un "tejido de lenguaje" que él no pudo reconocer en su momento. El tránsito de la palabra del silencio al silencio demuestra ser, a estas alturas, tan ilusorio como la "lámpara" de la primera sección: en *realidad* no ha habido tránsito alguno sino sólo la paulatina compenetración del sujeto con la "irrealidad", por lo cual se deduce que "El silencio reposa en el habla".

El último movimiento del poema, que recoge la analogía de cuerpo-mundo-espíritu dentro del proceso común de "invención", en su sentido lato de ilusión, regresa a los temas de la "irrealidad de lo mirado / la transparencia es todo lo que queda". Si recordamos, éstos habían sido los resúmenes de las secciones VIII y IV, respectivamente, dos secciones pares donde se había detallado el diálogo del erotismo con los modos de conocimiento. Ahora estos resúmenes regresan para apuntar la relación entre esa "pasión" con la del silencio. Si en efecto el silencio después de la palabra "es un saber que no puede decirse lo único que valdría la pena decir", entonces estas fórmulas constituyen un homenaje a la mujer cuyos pasos "en el cuarto vecino" se vuelven a invocar. Y si el poema cierra con la imagen de la mujer será porque es ella la que resume, para el sujeto, el camino de esta doble pasión. Esos pasos son, por una parte, "el trueno verde" que el sujeto oyó en la sección V y que, a su vez, "madura / en el follaje del cielo", imagen que reúne las imágenes dispersas del "follaje" de la lámpara de la sección I y del cielo de la V. El homenaje recuerda también la desnudez ardiente de las secciones pares, que se resume con el último verso de la sección II ("la pasión de la brasa compasiva"). "El mundo es", en efecto —como lo comprueban todas estas imágenes sintéticas— "tus imágenes" que ahora aparecen "anegadas en la música". Esa "música" no es otra cosa que el propio poema, desde luego, que para entonces ya va como despidiéndose de su capacidad de significación y va entrando en otra forma estética: más allá de la representación y la significación, como es precisamente la musical. Por último, son los dos cuerpos, uno derramado en otro, repitiendo así la "caída" de la sección VIII, los que, como las sílabas *sí* y *no,* como *real* e *irreal,* fundamentan el relativismo que se destruye y va más allá —más allá de "la mirada" con que cierra el poema antes de pasar a una página en blanco.

Coda

"La irrealidad de lo mirado / da realidad a la mirada". Al final del poema el lector se queda, él también, mirando (leyendo) y "en blanco". No se trata ya de la experiencia de sujetos representados en el poema (como el poeta y su amada) sino de una relación más abstracta: la del lector con el texto. Si el lector ahora experimenta que "lo mirado" es irreal, entonces, ¿no es posible igualmente que el texto mismo no exista *en realidad,* y que sólo tengamos "mirada", es decir, lectura? El poema mismo —en su larga tira plegable, repleto de signos y colores— se nos desvanece como se desvanecen los cuerpos al llegar al "blanco", al objetivo del silencio. Acaso nunca ha estado presente: *Blanco* ni afirma ni niega. Cuando Paz dice, en "Los signos en rotación", que "la letra dejará de ocupar un lugar central en la vida de los hombres", está apuntando hacia la misma experiencia a la que apunta *Blanco,* la que se resume con una parodia del célebre título del cuadro de Magritte: "Esto no es un poema..."

Si "La transparencia es todo lo que queda", esa sabiduría se aplica no sólo a los sujetos del poema: incluye también la experiencia del lector. Esa "transparencia" deja leer a través de la letra hasta el espacio, el papel, que lo sustenta: el blanco. Esa misma sentencia recurrirá junto a la que sigue como si se tratase de recapitular el argumento central: el texto no está presente, sólo lo está el espacio que lo sustenta. O dicho de otra manera: el texto se ha desvanecido porque percibimos su verdadera naturaleza o estructura, la que depende de la "originación dependiente".

En la advertencia a la edición de *Ladera este,* Paz decía que "la tipografía y la encuadernación de la primera edición de *Blanco* querían subrayar no tanto la presencia del texto como la del espacio que la sostiene". Es curioso cómo a esta descripción, así como a la alusión en la hoja suelta sobre la forma de la espiral del poema, nunca se le ha dado la atención debida como descripción válida de *Blanco.* Pero como hemos comprobado, no se trata de metáforas gratuitas sino de resúmenes muy precisos de la lógica y poética del texto, aun cuando nos cueste trabajo aceptar la paradoja con que nos confrontan: el texto está y no está presente, sólo es real la mirada que lo construye. Se trata, por tanto, como dijo Valéry que le dijo Mallarmé cuando éste le reveló el manuscrito de *Un lance de dados,* de un "acto de demencia", una demencia lúcida que constituye un desafío a la imaginación e intenta apuntar hacia el futuro de la poesía, "dar en su blanco".

Que ésta es en efecto la lógica loca y extrema del texto de *Blanco* se puede comprobar, en parte, cotejando los otros dos textos que han extendido sus alcances: *Illuminations,* el "libro objeto" del pintor norteamericano Adja Yunkers, y *"Blanco.* Indicaciones escénicas" del propio autor. Yunkers, por ejemplo, quiso hacer un "libro objeto" a partir del texto de Paz extendiendo su última consecuencia, el desvanecimiento del texto, con una serie de estampas en relieve.

Letras y figuras sin tinta —lo describe Roger Shattuck en su introducción a esa edición— hundidas en el papel dejan la página tanto vacía como llena [...] Yunkers enmarcó las partes del poema de Paz que se imprimen convencionalmente, así como sus propios gráficos a colores, en su reverso —en *intaglio* sin tinta y sin color. En esas páginas, texto y/o dibujo no están ahí hasta que entornamos la cabeza, o la luz.

Algunos lectores de esa edición han comentado que *Illuminations* —título que Yunkers le dio a su "libro objeto" como doble homenaje a los manuscritos medievales y a Rimbaud— es en realidad un libro para ciegos: la mejor (quizá la única) manera de "leerlo" es palpar sus relieves como en el sistema Braille. El mismo Shattuck lo llama un "libro lazarillo": *"a seeing-eye book".*

Asimismo, cuando a Vicente Rojo le reveló Paz que la película basada en el poema que planeaba realizar era realmente "la proyección de su lectura", se trataba de otra variante del mismo concepto, sólo que esta vez exploraría "las relaciones entre sonido, plástica y palabra". En efecto, *"Blanco.* Indicaciones escénicas", el posterior libreto de lo que podría ser la puesta en escena del mismo proyecto, destaca que se trata de la *lectura* del poema. Salvo los epígrafes que sí se proyectan en una pantalla, en ningún momento el espectador ve el texto de *Blanco.* Antes bien, ve en escena mesas y lámparas de lectura junto con papeles. Después oye las voces que recitan el poema, y ve los colores y figuras correspondientes. La letra desaparece a favor de otra experiencia de lectura.

Tiene razón Haroldo de Campos cuando describe *Blanco* como un "caso límite" de la poesía. Dentro de la historia secreta del poema moderno, *Blanco* representa el tercer estadio después de la llamada a la acción de Rimbaud y la consiguiente crítica de Mallarmé. El poema aparece y desaparece, se afirma y se niega, y en su lugar regresa otra experiencia: la de la poesía.

BIBLIOGRAFÍA

Bharati, Agehananda, *The Tantric Tradition,* Greenwood Press, Westport, 1965.
Barthes, Roland, *Essais critiques,* París, Seuil, 1966.
Basho, Matsuo, *Sendas de Oku,* tr. Octavio Paz y Eikichi Hayashiya, UNAM, México, 1956.
Blanchot, Maurice, "Ecce liber", en *El libro que vendrá,* tr. Pierre de Place, Monte Ávila Editores, Caracas, 1959, pp. 251-274.
Cortázar, Julio, *62: Modelo para armar,* Sudamericana, Buenos Aires, 1967.
Dasgupta, S. B., *An Introduction to Tantric Buddhism,* University of Calcutta, Calcuta, India, 1958.
Davies, Gardner, *Vers une explication rationnelle du* Coup de Dés. *Essai d'exégèse mallarméenne,* José Corti, París, 1953.
Eco, Umberto, *Obra abierta,* 2ª ed., tr. Roser Berdagué, Ariel, Barcelona, 1979.
Fein, John M., *Toward Octavio Paz. A Reading of his Major Poems 1957-1976,* University of Kentucky Press, Lexington, 1986.
Gimferrer, Pére, *Lecturas de Octavio Paz,* Anagrama, Barcelona, 1978.
The Hevajra Tantra, tr. y ed. D. L. Snellgrove, Oxford University Press, Londres, 1959.
Mallarmé, Stéphane, *Oeuvres complètes,* eds. Henri Mondor y G. Jean-Aubry, Gallimard, París, 1945.
———,*Variaciones sobre un tema,* tr. y ed. Jaime Moreno Villarreal, Vuelta, México, 1993.
Ortega, Julio, *"Blanco:* Space of Change", *World Literature Today,* vol. 56, núm. 4, otoño de 1982, pp. 635-638.
Paz, Octavio, *Blanco,* Joaquín Mortiz, México, 1967.
———, *Ladera este (1962-1968),* Joaquín Mortiz, México, 1969.
———, *Poemas (1935-1975),* Seix Barral, Barcelona, 1979.
———, *Obra poética (1935-1988),* Seix Barral, Barcelona, 1988.
———, *Los hijos del limo,* Seix Barral, Barcelona, 1972.
———, *El arco y la lira,* FCE, México, 1967.

———, "La nueva analogía: Poesía y tecnología" y "El soneto en ix", en *El signo y el garabato*, Joaquín Mortiz, México, 1973, pp. 11-30 y 70-86, respectivamente.

———, "Prólogo" a *Poesía en movimiento*, Siglo XXI, México, 1966.

———, "Recapitulaciones" y "La persona y el principio", en *Corriente alterna*, Siglo XXI, México, 1967, pp. 69-78 y 131-139, respectivamente.

———, *Cuadrivio*, Joaquín Mortiz, México, 1964.

———, *Claude Lévi-Strauss, o el nuevo festín de Esopo*, Joaquín Mortiz, México, 1967.

———, *Conjunciones y disyunciones*, Joaquín Mortiz, México, 1969.

———, *La llama doble. Amor y erotismo*, Círculo de Lectores, Barcelona, 1993.

Paz, Octavio y Haroldo de Campos (eds.), *Transblanco. (Em Torno a Blanco de Octavio Paz)*, Guanabara, Rio de Janeiro, 1986.

Pezzoni, Enrique, "*Blanco*, la respuesta al deseo", en Alfredo Roggiano (comp.), *Octavio Paz*, Espiral, Madrid, 1979, pp. 265-285.

Quiroga, José, "*Blanco*: una poética del espacio", en *La Torre* (número especial sobre "Poesía y poética en América Latina", 1996).

Streng, Frederick, *Emptiness. A Study in Religious Meaning*, Abingdon Press, Nashville, 1967.

Suzuki, D. T., *Manual of Zen Buddhism*, Grove Press, Nueva York, 1960.

Yunkers, Adja, *Illuminations*, The Press, Nueva York, 1974. [Contiene facsímil del manuscrito, traducción al inglés de Eliot Weinberger y el ensayo "Blank and White", de Roger Shattuck.]

Para otras lecturas de *Blanco*, recomiendo la consulta de la excelente bibliografía de Hugo Verani, *Octavio Paz: Bibliografía crítica*, UNAM, México, 1986.

VIII. DÍPTICO

"Renga": la escritura en el sótano*

Una empresa casi imposible

Un 30 de marzo hace exactamente 22 años (coincidencia significativa, como veremos) en un sótano del hotel Saint Simon de París, cuatro poetas de cuatro distintos países se reunieron durante cinco días para escribir, en cuatro idiomas distintos —inglés, francés, español e italiano— el primer *renga* en Occidente. En esta empresa el líder indiscutible fue Octavio Paz, a quien se le ocurrió la idea, reclutó a tres de sus colegas y promovió el libro que lo incluye, una vez que fue publicado, con una elocuente justificación. *Renga* se publicó por primera vez en Francia en 1971; las ediciones mexicana e inglesa, con respectivas traducciones de Paz y Charles Tomlinson, salieron un par de años después. (Nunca se llegó a hacer, que yo sepa, la edición o traducción al italiano.) El libro recibió poca atención crítica. En México, a pesar de una buena distribución editorial y de inteligentes notas por parte de Salvador Elizondo y Severo Sarduy, el libro se reseñó poco. En otras partes su recepción no fue la que verdaderamente se merecía. La tesis de doctorado de Nicholas Carbo (1976) constituye la lectura crítica más sostenida hasta la fecha, aun cuando no es la más certera. El profesor Bill Matheson, organizador de este encuentro, nos ha dado la primera interpretación seria del poema. Nuestro simposio, en fin, es un reconocimiento de la creciente importancia del poema.

Hoy mi intervención tiene dos fines, igualmente modestos.

---

* El título original es "Lectura de *Renga*". Es un ensayo inédito en español; traduce mi conferencia en inglés en el simposio sobre poesía en serie *(linked poetry)*, celebrado en la Washington University, Saint Louis, en marzo de 1991.

Primero: discutir como lector de Octavio Paz el trasfondo de este poema. Segundo: describir la presencia de Paz en el poema. No puedo reclamar especialidad en el tema de la poesía japonesa en serie *(linked poetry)*, o siquiera en el de la secuencia lírica occidental. Mi contribución ha de ser el análisis de la presencia de Paz en el lenguaje del poema, y de ahí evaluar su relación con el todo. Tampoco trataré de hacer una lectura detallada del texto; ofrezco un resumen de las posibles motivaciones de Paz al emprender tal proyecto.

El centro móvil

Parece lógico empezar nuestra discusión sobre la presencia de Paz en *Renga* con un comentario a su introducción al libro. Sin duda se trata del más extenso de los cuatro prefacios, el que contiene más información y el más analítico. "Centro móvil" se divide en tres secciones. En la primera y más analítica se describen los principios de composición del texto, empezando con el concepto de traducción. Lejos de tratar de "conquistar un género", este *renga* trata de "traducirlo" como analogía occidental que crea "un sistema para la producción de textos poéticos". *Renga* es por tanto una práctica, no sólo un experimento estético.

Paz lo relaciona con dos preocupaciones de la modernidad: la poética combinatoria y el juego de carácter colectivo. Si combinar a varios poetas en la producción de una sola práctica establece un sistema ordenado en el que prospera el azar, el carácter colectivo constituye la paradoja central de la modernidad, al menos desde el romanticismo: la inspiración podrá ser anónima e impersonal, pero siempre la experimenta un artista individual. En esto, el juego de *renga* se acerca al surrealismo, movimiento con el que Paz se asoció al menos desde mediados de los años cuarenta, aun cuando el propio Paz subraya las diferencias entre uno y otro. En el surrealismo, el azar funciona dentro de un espacio abierto: un sujeto pasivo intenta máxima distracción para alcanzar máxima concentración. En *renga*, el azar funciona dentro de un espacio cerrado: las reglas estructuradas se interrumpen para así producir una distracción liberadora.

El juego surrealista se centra en el sujeto: su propósito es hacer posible un acto o experiencia poética; el poeta no se disuelve: se distrae. En *renga,* en cambio, el juego se centra en el objeto: su propósito es crear un poema, o una secuencia; los autores distraídos se disuelven tras esa secuencia.

La segunda y tercera secciones son más breves, pero no menos interesantes. En la segunda, Paz nos ofrece un diario de su experiencia de cinco días, un viaje a través de cinco sensaciones: abandono, opresión, vergüenza, voyeurismo y regreso. Paz lo llama la "irritación y humillación del yo". La tercera sección, a su vez, describe los tres rasgos formales del poema. Primero, su "lenguaje": cuatro idiomas distintos que comparten el mismo común denominador de la poesía moderna. Segundo, su elemento estructurador: utiliza el soneto, con sus elementos semiindependientes y separables, como equivalente occidental del *tanka.* Expresión formal de la lógica occidental, el soneto fluye de manera distinta al *tanka:* una dialéctica de oposición y reconciliación en vez de simple sucesión lineal. "No el río que fluye sino un lugar de reunión y oposición de diferentes voces: una confluencia." Tercero, la estructura general del texto: cuatro secuencias de siete sonetos cada una. Cada secuencia se inicia, a su vez, con un tema o motivo que establece cada poeta. Como las cuatro secuencias se escribieron todas al mismo tiempo, sólo cambiando de poeta con cada cuarteto o terceto, la lectura en secuencia o vertical se apoya en otra horizontal, que atraviesa las secuencias. De no haber sido por un obstáculo de tipo editorial, las dos lecturas, que no son evidentes a primera vista, habrían salido a relucir mucho más. En cambio, no se siguió el consejo que dieron los poetas de que se imprimiese el poema en ocho páginas dobladas, que es la forma del *renga* clásico. El formato que se acordó representa por tanto un compromiso imperfecto. Por último, cada uno de los poetas (la excepción fue Sanguinetti, el colega italiano, quien se negó a hacerlo) remata la secuencia con un soneto en un *solo.* Por tanto, el idioma italiano, madre de las secuencias líricas originales en Occidente, brilla por su ausencia al final.

Una poética de la otredad

Como se sabe, Octavio Paz se interesó muy pronto por la cultura japonesa, por lo menos desde mediados de los años cuarenta, cuando descubre la poesía nipona indirectamente a través de la obra de José Juan Tablada. Reafirmó ese interés cuando vivió en Tokio durante siete meses en 1952 como funcionario de la embajada mexicana. De esas experiencias salieron no sólo los *haikai* recogidos en *Semillas para un himno* (1954) sino varios ensayos y proyectos editoriales. Acaso la culminación de estos proyectos fue su traducción (con Eikiri Hayashiya) del *Oku no hosomichi* de Matsuo Basho. Sin embargo, esa traducción no puede verse realmente como antecedente directo de nuestro *renga*: el ensayo introductorio que acabamos de reseñar refleja más bien el repertorio temático de su obra durante los años sesenta. Es ahí donde se afinca nuestra discusión del texto.

Como se sabe, la década entre 1962 cuando Paz va a la India como embajador de México, y 1972, cuando se publica *Renga*, es quizá la más prolífica en su obra: produce nada menos que 13 libros, tres de poemas y 10 de prosa. Entre ellos se encuentran algunos de sus más conocidos: *Blanco, Ladera este* y *El mono gramático,* los ensayos sobre Lévi-Strauss y Duchamp, su importante colección *Corriente alterna,* así como sus ensayos especulativos *Postdata* y *Conjunciones y disyunciones.* *Renga* forma parte de esta misma década. Son los años atravesados por dos acontecimientos importantes en la vida del autor: su matrimonio, en 1964, con Marie-José Tramini, y su renuncia al servicio diplomático, en 1968, en protesta por la masacre de estudiantes perpetrada por el gobierno mexicano.

Es imposible, desde luego, señalar un ensayo clave que resuma las preocupaciones de toda la época, pero una de las mejores guías es el que la inaugura. Me refiero a "Los signos en rotación", que fuera publicado por separado en 1965 y luego se convertiría en el epílogo a la segunda edición revisada de *El arco y la lira* en 1967. En 1965, el editor que lanzó el ensayo por separado lo proclamó un "manifiesto", pero el propio Paz en una carta de la época al escritor mexicano José Luis Martínez lo describió de manera más modesta: "una 'declaración de principio', en singular y en el doble sentido de la palabra: mi idea de la poesía del medio siglo y lo que pienso o creo acerca del principio de una nueva poesía —que tal vez no escribiremos nosotros sino los que vengan después..." En todo caso, parte de su argumento es el siguiente.

La poesía del futuro, dice Paz en su ensayo, reconciliaría poema y acto, palabra viva y vivida: una poesía encarnada y por tanto *práctica*. Aunque Paz se muestra pesimista sobre los tiempos que le ha tocado vivir a esa poesía —"La conversión de la sociedad en comunidad y la del poema en poesía práctica no están a la vista. Lo contrario es lo cierto: cada día aparecen más lejanas"— la tarea del nuevo poeta será dar cuenta de la pérdida de la imagen a través del nuevo lenguaje de la técnica. A diferencia de Heidegger, cuya condena de la técnica es conocida, la actitud de Paz la reivindica, sin por ello dejar de criticarla. De ahí que la nueva tarea del poeta dé lugar, a su vez, a una nueva concepción del poema:

> ante la ausencia de toda imagen del mundo, la lleva a configurarse. Esa configuración es el poema. Plantado sobre lo informe a la manera de los signos de la técnica, y como ellos en busca de un significado sin cesar elusivo [...] no es todavía la presencia: es una parvada de signos que buscan un significado que no significan más que ser búsqueda.

Y es de esta manera como la nueva poesía sería, a su vez, una poesía de la otredad: "un suspender al hombre en una suerte de vuelo inmóvil, como si las bases del mundo y las de su propio ser se hubieran desvanecido". Si la otredad es "una experiencia más vasta que la religiosa y que es anterior a ella", en cambio se trata de una experiencia cotidiana, asequible por todos los seres humanos, sean éstos poetas o no: "Todos los hombres, sin excepción, hemos entrevisto la experiencia de la separación y de la reunión [...] Es la verdadera vida, la vida de todos los días [...] La experiencia de la *otredad* es, aquí mismo, la *otra* vida".

Para Paz, las raíces de esa poesía futura se encuentran no sólo en poetas como Rimbaud o Breton, en cuyas obras se dan la fusión de práctica poética y acción revolucionaria, sino en la de Mallarmé, y en particular en un poema como *Un coup de dés*. El de Mallarmé es un texto que para Paz marca una coyuntura en la poesía occidental: de hacer del poema un doble del universo pasa a negar la posibilidad del suelo temático y retórico del poema. En vez de cantar la presencia o representación plena del mundo, el nuevo poeta, heredero de Mallarmé, se duele de su pérdida y hace de esa derrota una nueva representación. Así, Paz encara una poesía futura, con el poema de Mallarmé como modelo, como intento colectivo de recuperar, por medio de la técnica, la imagen y sonido perdidos en el transcurso del arte occidental: "Hoy, el espacio se mueve, se incorpora y se vuelve rítmico [...] La página, que no es sino la representación del espacio real donde se despliega la palabra, se convierte en una extensión animada en perpetua comunicación con el ritmo del poema". Y si bien Paz encuentra que esta relación entre página y escritura es "nueva en Occidente", también dice que es un hecho tradicional en Oriente, dato que no deja de resonar en cualquier lector de *Renga*. Por último, para Paz la escritura del poema futuro evocará la imagen de una ceremonia: juego, recitación, *pasión* (pero nunca espectáculo), en el que el poema "será recreado colectivamente", aunque en realidad obedezca a principios radicalmente distintos a los del festival antiguo. Lo describe, a su vez, como "dispersión de la palabra en distintos espacios, y su ir y venir de uno a otro, sus metamorfosis perpetuas, sus bifurcaciones y multiplicaciones, su unión final en un solo espacio y una sola frase". El poema del futuro, por tanto, se aproximaría a una obra teatral: "la imagen" sería el único personaje; "el escenario una página, una plaza o un lote vacío; la acción, la continua unión y separación del poema, un héroe solitario y plural en perpetuo diálogo consigo mismo..."

"Renga": signos en rotación

Este apretado resumen del argumento de "Los signos en rotación" nos puede servir de mapa para una lectura de *Renga*. Visto retrospectivamente, el ensayo aparece como el anuncio del tipo de poesía que Paz estaba a punto de emprender a mediados de la década de los sesenta. No se trata de un manifiesto público sino de un proyecto privado que pronto encarnará en poemas tan distintos como "Vrindaban", *Blanco, Topoemas, Discos visuales* o *El mono gramático*. Todos estos poemas participan de lo que bien podríamos llamar una "modalidad tecnológica": cada uno concibe de una manera radicalmente distinta la relación tradicional entre escritura y página, ya sea a través de la simultaneidad tipográfica, la página móvil, rasgos de la poesía concreta, o ilustraciones. También conciben la poesía, justamente, como "configuración de signos en busca de un sentido cuya última figura es la dispersión". Principal entre los rasgos de esta época en la poesía de Paz será el concepto que el ensayo subraya hacia el final: el de la ceremonia o ritual en el que poeta y lector recrean el poema conjuntamente. Se trata de un espacio sagrado que, como hemos visto, Paz identifica como "juego, recitación y *pasión*", el último de cuyos términos el poeta mexicano no deja de subrayar, por cierto. Y veremos a continuación por qué.

Renga no es, por tanto, una excepción a este repertorio temático. El recurso a la poesía en serie *(linked poetry)* sería, en este sentido, apenas una versión más de la "modalidad tecnológica" a través de la cual Paz aspira a hacer del poema "una extensión animada en perpetua comunicación con el ritmo del poema". Existen de hecho varios puntos de contacto entre el ensayo de 1965 y la introducción de Paz a *Renga;* en especial, su concepto de la poesía como práctica: una encarnación de la experiencia vivida, lo cual equivale a una versión más de esa poética de la "otredad" que vimos expuesta en "Los signos en rotación". Como creación colectiva —no sólo de varios autores, sino de la colaboración entre poeta y lector— el texto de *Renga* va en busca de una lectura o lecturas cuyo sentido, desprovisto de un centro originario, se encontraría únicamente en interpretaciones futuras y concebibles del texto en cuestión.

Es en cambio el concepto de ceremonia o de *pasión*, metáfora central del poema futuro, la que encuentro más útil como clave de una interpretación. Recordemos, en primer lugar, que el principio estructurante de esa *pasión* —la dispersión de la palabra en espacios diferentes— sería lo opuesto del festival antiguo. ¿Cuál sería, entonces, la pasión que se despliega en *Renga?* Debe quedar claro que el concepto de ceremonia que invoco aquí alude no sólo a un sentido restringido de esa recreación colectiva, o conjunta, que realizan autor y lector. Se trata también de ese sentido abiertamente teatral que en el ensayo de 1965 aparece como recurso del poema y que le permite tener acceso a la experiencia de la otredad. En esto encuentro una insólita confluencia entre el uso que hace Paz del concepto de ceremonia como clave de una poética futura y el que, por su parte, ha hecho el profesor Roland Greene en su gran libro *Post-Petrarchism* (1991) del concepto de ritual. Greene lo llama "una unidad dramática *(performative)* en la que lectores y público pueden entrar voluntariamente". En suma, utilizo este concepto de ritual, en la doble versión que nos presentan estas fuentes, para llegar a una conclusión más bien sencilla: *Renga* lleva a cabo una ceremonia de muerte y resurrección.

La pasión según "Renga"

Desde luego, semejante conclusión tiene poco de original. Más allá de las evidentes resonancias órficas del poema, la primera oración del prólogo de Claude Roy alude a cómo "en abril de 1969 cuatro poetas de Europa desaparecieron bajo tierra durante una semana", y a cómo "en el mito, los retiros subterráneos siempre auguran una cosecha". Roy se refiere, además, a figuras mitológicas como Alcestis y Perséfona, encarnaciones de muerte y resurrección. El lector del poema recordará, de hecho, que el tema central de la secuencia II gira precisamente alrededor del mito Ceres-Perséfona: *"Ceres, Persephone, Eve, sphere / earth, bitter our apple, who at the last will hear that love cry?"* (p. 54). Mucho más preciso que la excursión mitológica de Roy, Tomlinson, autor de estos versos en inglés, aludirá en su propio prólogo a cómo, una vez que los poetas terminaron el poema, "regresamos del mundo subterráneo *(underworld)* no en el tercer sino en el quinto día, y a cómo cada uno regresa a su lugar propio, para luego componer el soneto final de la secuencia que había comenzado". Paz, quien echara a andar la secuencia I, y por tanto el texto todo, consignará en su diario, por su parte, cómo en el quinto día, a medida que empezaba a tener "una sensación de regreso", la vida en lo que llama "la cueva mágica, cueva de Polifemo, escondite de Alí

Babá", se le fue transformando "de angustia a risa", "de aislamiento a fraternidad".

Sin embargo, ninguno de estos indicios de la temática de muerte y resurrección sirven por sí solos como lectura del poema. Para completarlo resultaría esencial, aunque desde luego más allá de los alcances de este breve ensayo, trazar la "trama", o "tramas", de esa ceremonia total. De esta manera, se derivaría el comentario, o comentarios, del ritual (lo que Greene llama la "unidad dramática" del poema). Invoco el plural de "comentarios" porque dicho procedimiento tendría que abrir la posibilidad de al menos dos lecturas: dentro de cada secuencia y a lo largo de ellas, una lectura vertical y otra horizontal. (Tal debe haber sido, por cierto, la idea tras la tesis doctoral de Carbo; por desgracia no lo llevó a cabo.) Porque si, en efecto, *Renga* constituye una "configuración", "una parvada de signos que buscan un significado, que no significan más que ser búsqueda", entonces el ritual de muerte y resurrección que encontramos en el poema —mito central sobre el sentido en Occidente: signo perdido y recobrado— representaría una versión de ese mito. Sería, además, un "caso límite" de ese mito: como texto abierto a diversas lecturas, su significado último aguarda una futura interpretación, o varias interpretaciones.

Por último, y a la luz de la presencia de tal ceremonia, de tal *pasión,* podemos preguntarnos: ¿qué queda de la noción de poesía como práctica? ¿Acaso todo *Renga* se reduce a un solo disparo de un "sistema para la producción de textos"? ¿O es que nuestros cuatro poetas fueron tan transformados por esta experiencia que ahora sólo podemos esperar de ellos *rengas* más extensos y brillantes? (De hecho, 10 años después, Tomlinson y Paz colaborarían en otro poema en serie: *Air born / Hijos del aire.*)

Sospecho, sin embargo, que las circunstancias de la reunión de 1969 no fueron tan inocentes, o al menos que hayan estado desprovistas de lo que un surrealista ortodoxo podría llamar su "campo magnético". ¿Fue pura casualidad, me pregunto, que los cuatro poetas se reunieran en 1969 —como de hecho nosotros lo estamos haciendo hoy— durante Semana Santa? Dice Paz: "Desde el primer día, en nuestro cuarto de sótano del Hotel Saint Simon, y durante los siguientes días, del 30 de marzo hasta el 3 de abril, humillación e irritación del yo". Sólo tenemos que consultar un calendario perpetuo para descubrir que en 1969 la secuencia del Domingo de Ramos hasta Jueves Santo en efecto cayó entre el 30 de marzo y el 3 de abril. Esto querría decir que los cuatro poetas terminaron el poema y "surgieron del mundo subterráneo" *(id est:* "resucitaron de entre los muertos") inmediatamente antes del 4 de abril, o Viernes Santo. Como sugiere Tomlinson, les tomó cinco en vez de tres días resucitar. Lo hacen, en cambio, "batiendo el récord", como quien dice —resucitando justo antes del viernes— y por tanto, modificando a su manera el ritual de muerte y resurrección, la ceremonia, la "unidad dramática", la *pasión,* que sostiene al texto. El texto entero parecería estar determinado, de esta manera, por lo que Mijail Bajtin ha llamado una "cronotopia" —radiografía implícita del espacio-tiempo que surge del sistema cultural del texto.

A su vez, sin embargo, lo que he llamado la cronotopía cultural estaría atravesada por otra, de índole privada: otro "campo magnético" subjetivo o personal. Porque el 31 de marzo de 1969, segundo día de la reunión de los poetas, fue también el quincuagésimo quinto cumpleaños de Octavio Paz, así como también mañana mismo, 31 de marzo de 1991, el poeta, cumple, por cierto, 77. En *Renga* no se alude al cumpleaños de Paz (salvo oscuramente en las referencias que Sanguinetti hace en el soneto 13); en cambio, en el diario de Paz ese día sí aparece consignado como "opresivo" *(quote),* opresión que únicamente se resuelve con la aparición de "las esposas" y la salida de las cuatro parejas a la superficie tres días después. La presencia de este otro "campo magnético" significaría que dentro de la economía ritual de la *pasión* que ofrece el poema, "la irritación y humillación del yo" ocurre precisamente durante el cumpleaños del actor principal, es decir, del instigador de la producción del texto. Todo lo cual contribuye, a su vez, a incrementar el valor totémico del ritual, dando a entender así que el sacrificio de la ceremonia es tanto mayor, al igual que los frutos de la poesía que se produce.

Renga constituye una versión más de la poética de otredad que Paz concibe a raíz de su regreso a la India y cuya gran apertura es el poema *Blanco.* Tanto en uno como en otro, el texto se concibe como un juego, a la vez que echa mano de un lenguaje que trata de captar la experiencia vivida por el poeta, la extrañeza de la vida en todo su esplendor combinatorio.

Laberinto de amor: "La llama doble"*

> Amor es una palabra equívoca, como todas.
>
> "Carta de creencia"

Entrada

Con la publicación de *La llama doble* se confirma lo que todo el mundo ya sabía: que además de ser un gran poeta del amor, Octavio Paz es también uno de sus grandes pensadores. Unido a la legión de analistas del tema (de Platón a Denis de Rougemont, y de Stendhal a Freud), a veces contra ellos, Paz se propone deslindar las fronteras entre amor, sexo y erotismo; trazar la historia humana del amor con la virtud de una amplia lectura que no conoce fronteras culturales; y rescatarlo de la degradación en la que la presente incultura lo ha sumido. El poeta pide una reforma no sólo semántica o conceptual sino moral, y para ello nos ofrece una figura diamantina: "El fuego original y primordial, la sexualidad, levanta la llama roja del erotismo y ésta, a su vez, sostiene y alza otra llama, azul y trémula, la del amor".

El propio autor confiesa, en el "Liminar" del libro, que en realidad empezó a escribirlo en su adolescencia, cuando sus primeros poemas delataron una fascinación con el fenómeno amoroso. No menciona, en cambio (seguramente por pudor) que durante esos mismos años también escribió un diario poético (que él llamó "Vigilias: Diario de un soñador", hoy recogido en nuestra edición de *Primeras letras*, 1988) en el que la reflexión sobre el amor, a un tiempo cerebral y

---

*Este ensayo, titulado "Laberinto de amor", se publicó en México en *El Ángel*, el 21 de marzo de 1994, con motivo del 80° cumpleaños de Octavio Paz.

apasionada, es uno de los temas más frecuentes. Si como dice allí mismo, "para mí la poesía y el pensamiento son un sistema de vasos comunicantes", ese sistema tuvo su inicio en la adolescencia del poeta y culmina hoy, más de medio siglo más tarde, con esta concentrada e importante meditación.

El camino entre el inicio y la culminación lo marcan una serie de hitos, algunos de los cuales Paz se ocupa de repasar. Si no menciona toda la poesía amorosa que escribe antes de 1957, pasando por el apasionado *Raíz del hombre* (1937) y culminando 20 años después con *Piedra de sol,* sí revela en cambio que en 1960, durante su segunda época parisina (1959-1962), había escrito "medio centenar de páginas sobre Sade". En efecto, aquel ensayo, que titula "El más allá erótico", versaba sobre el pensamiento del divino marqués, pero iba precedido de una extensa meditación que acertaba en deslindar erotismo de sexualidad pero en cambio excluía el tercer y esencial tema: el amor. (El ensayo permaneció inédito, por cierto, y sólo fue incluido en *Los signos en rotación y otros ensayos,* la excelente antología de ensayos de Paz que en 1971 recopiló y prologó Carlos Fuentes.)

El tema esencial surgió entre la escritura y la publicación de ese ensayo. No sólo como la experiencia central del amor único —es durante esos años que el poeta, entonces embajador de México en la India, conoce a Marie-José Tramini y se casa con ella— sino en los dos grandes poemas amorosos que escribe entonces: *Viento entero* y *Blanco.* "Entonces decidí escribir un pequeño libro sobre el amor que, partiendo de la conexión íntima entre los tres dominios —el sexo, el erotismo y el amor— fuese una exploración del sentimiento amoroso." Si el lejano ensayo trunco quedaba de esta manera corregido, otros accidentes de la historia (como el fatídico 1968) impedirían la realización del proyecto. Una vez de regreso a México, para un número especial del antiguo *Plural* (número 11, agosto de 1972), Paz regresaría al tema bajo el avatar del pensamiento de Charles Fourier. Fourier aparecía entonces como justo precursor de la erótica moderna (prácticamente desconocido hasta entonces, con la luminosa excepción de André Breton) y como contrapeso filosófico al adusto (y poco enamorado) Carlos Marx. Década y media más tarde, en "Carta de creencia", un poema de *Árbol adentro* (1988) con el que, según el "Liminar", y ya veremos, este libro "tiene una relación íntima", la exploración del amor que realiza el libro quedaría esbozada. Menciono sólo hitos, claro; cotejar todos los textos donde Paz menciona el tema sería imposible. Pero es sin duda en un texto capital de la producción de Paz, el célebre apéndice a *El laberinto de la soledad* (1950), donde aparece en todo su esplendor. Escrito bajo la influencia del surrealismo, el apéndice se refería entonces a cómo "en nuestro mundo el amor es una experiencia casi inaccesible" ya que "todo se opone a él: moral, clases, leyes, razas y los mismos enamorados". Confundido con la institución del matrimonio y rechazado como un acto antisocial, el amor es suprimido por la sociedad en aras de superar la dialéctica que lo hace posible: la soledad del individuo y la consecuente ansia de comunión. A esa tesis central regresará el escritor una y otra vez en sus escritos, pero nunca con más claridad que en el poema con el que el libro dice tener una "relación íntima".

II

"Las palabras son inciertas / y dicen cosas inciertas", señalaba, prácticamente como tesis, hace seis años, el poema "Carta de creencia". Si la palabra *amor* es en efecto "equívoca", pues se confunde con muchos otros sentimientos que eluden su especificidad (deseo, sexo, amistad, admiración, erotismo), entonces un análisis y demostración se hacía necesario. Toda la segunda sección de ese poema dramatiza los componentes de ese elusivo sentimiento y experiencia a base de una serie de relaciones dialécticas, péndulos conceptuales y morales que delimitan el espacio del amor: el cuerpo y el fantasma, el instante y el tiempo, lo humano y lo divino, la imaginación y el erotismo, el Otro (o la otra) y el Mismo:

                amar es dos
siempre dos,
abrazo y pelea,
dos es querer ser uno mismo
y ser el otro, la otra,
                dos no reposa,
no está completo nunca

La "llama doble" del título no sólo alude, por tanto, al doble aspecto de amor y erotismo; se trata también de la dualidad de la pareja ardiente —el ansia de otredad en respuesta a la carencia del Uno. *La llama doble* retoma estos componentes que aparecían esbozados en el poema, los amplía, analiza y saca de ellos una serie de conclusiones, a veces francamente sorprendentes. Como *El laberinto de la soledad,* el libro consta de nueve capítulos —dos de introducción al tema, tres sobre la historia del amor en sus representaciones culturales, mayormente literarias, tres sobre su manifestación (las más veces, su crisis o ausencia) en el mundo moderno, y una conclusión. La analogía con el libro de medio siglo es justa y pertinente: se trata de una investigación sobre la *historia* del amor, dividida en "prehistoria" (título del tercer capítulo), origen, apogeo, actual decadencia y maneras de rescatarlo. Paz saca una radiografía del amor en el tiempo, elogia sus grandezas, diagnostica sus síntomas y recomienda remedios. Porque en efecto vivimos una *crisis* del amor cuyos síntomas los tenemos a la vista: la confusión semántica que impide conocer las diferencias entre, por ejemplo, sexo y amor, es sólo el más saliente de otros más perniciosos —el alza internacional en la tasa de divorcio, el comercio sexual, y las plagas venéreas, sobre todo el sida. Es curioso que las millonarias campañas gubernamentales contra este último hayan prescrito de todo —desde la castidad hasta el mayor uso eficiente del condón de látex— pero nunca se hayan planteado lo que parece más lógico y que el libro de Paz plantea: "el amor es el mejor defensor en contra del sida, es decir, en contra de la promiscuidad [...] Un día se encontrará la vacuna contra el sida pero, si no surge una nueva ética erótica, continuará nuestra indefensión frente a la naturaleza y sus inmensos poderes de destrucción".

III

Lo que parece paradoja se aclara cuando se entiende la tesis ética de Paz sobre el amor y que el libro explica en detalle (pp. 113-127).*

---

* Las páginas citadas de *La llama doble. Amor y erotismo* son de la edición de 1993, en Barcelona, por Círculo de Lectores.

El amor, a diferencia del sexo o el erotismo, se caracteriza por cinco componentes: es exclusivo (1); es resultado tanto de un obstáculo transgredido (2), como del dominio y la sumisión (3) de los amantes; (4) "el amor es atracción involuntaria hacia una persona y voluntaria aceptación de esa atracción": es decir, muestra la tensión entre fatalidad y libertad; (5) y último, "el amor consiste [...] en la unión indisoluble de dos contrarios, el cuerpo y el alma". La sexualidad, puro instinto de reproducción, no es amor, si bien el amor desemboca en ella. El amor es, como apunta Paz, "la metáfora final de la sexualidad", porque "sin atracción física, carnal, no hay amor". El erotismo, por su parte, desvía o cambia el impulso sexual y lo transforma en representación, variante como las culturas, plural como la misma gente. Así, se esboza un dispositivo para la comprensión de los tres vértices del fenómeno: "No hay amor sin erotismo como no hay erotismo sin sexualidad".

Pero para que sí haya amor debe haber *personas*. A aclarar esta idea Paz le dedica no pocas páginas, y no sería exagerado llamarla la piedra angular de su visión ética.

La noción de *persona* se confunde con la de *libertad* —nos dice— puesto que al reconocer la libertad del Otro reconocemos su singularidad y su capacidad de elección. Reconstruir nuestro concepto de persona significa, a su vez, hacer conciencia de otro concepto, más metafísico pero a la vez más central, por lo menos en la tradición occidental: el de *alma*, lo que en la antigua teología marcaba la singularidad del individuo. El amor es una atracción hacia una persona única: a un cuerpo y a un alma.

Por eso, el camino al amor supone el respeto a la persona, sustentado a su vez por la conciencia del alma. Sin embargo, ese camino aparece obstruido, en el siglo XX, por el doble asedio ideológico de nuestro tiempo: "El crimen de los revolucionarios modernos ha sido cercenar del espíritu revolucionario al elemento afectivo. Y la gran miseria moral y espiritual de las democracias liberales es su insensibilidad afectiva. El dinero ha confiscado al erotismo porque, antes, las almas y los corazones se habían secado". La condena aparece tan pasmosa como la cura urgente.

IV

Hacia el final del libro (sobre todo el penúltimo capítulo, "Rodeos hacia una conclusión"), se aclara —y he aquí uno de los aspectos más sorprendentes— que las meditaciones de Paz al respecto surgen, o se confirman, a partir de lecturas sobre la más reciente cosmología. Analiza varios libros escritos por científicos sobre el tema: *Origins*, de Lightman y Brower; *Life Itself*, de Francis Crick; y *Bright Air, Bright Fire. On the Matter of the Mind*, de Gerald Edelman. En todos ellos Paz ve un aspecto saludable: nos demuestran que "las preguntas que la filosofía ha cesado de hacerse desde hace dos siglos —las preguntas sobre el origen y el fin son las que de verdad cuentan". Pero también ve otro aspecto, aún más peligroso: en su afán por encontrar una respuesta lógica a la pregunta sobre el origen y el fin, la más reciente cosmología ha optado por modelos deshumanizantes: "la analogía entre la mente y la máquina no es sino una analogía, tal vez útil desde el punto de vista científico, pero que no puede interpretarse literalmente sin riesgo de terribles abusos". La observación sobre la nueva cosmología, que Paz describe y analiza y a la que hace valientes reparos, se extiende, a su vez, a la de dos de sus precursores filosóficos, Hegel y Marx. "En ambos casos —observa— literalmente se roba a la persona humana parte de su ser, se reduce el hombre al estado de cosa y de instrumento." "Necesitamos hoy —termina observando— otro Kant que haga la crítica de la razón científica."

Un Kant futuro puede empezar por este Paz de hoy.

Salida

Aparte de su mensaje ético, *La llama doble* constituye un diálogo con la tradición del tratado amoroso, incluso en sus notables ausencias —como es el caso de las conocidas meditaciones de Ortega y Gasset y Georges Bataille. Si sorprende que ninguno de los dos se mencione, tampoco es extraño que lo haga: tanto *Estudios sobre el amor* de Ortega (1939) —y que es mayormente una meditación sobre la "anatomía" de Stendhal— como *L'Érotisme* (1961) de Bataille no tratan propiamente del amor sino del erotismo: describen las múltiples variantes de la sexualidad, no el trasfondo espiritual que la sustenta.

Pero el libro es también otra cosa: el mejor estudio que tenemos ahora del tema del amor en la literatura universal. Supera con mucho al célebre estudio de C. S. Lewis *(The Four Loves)* y critica con justicia el igualmente célebre, pero a la postre insuficiente, de Denis de Rougemont, *L'Amour et l'Occident*. Una marca del gran escritor es el desenfado con el que puede debatir con los grandes de la tradición: Paz critica por igual a Rougemont que al mismo Platón; corrige lo que ya parece insostenible (como su peregrina tesis sobre los cátaros) de aquél y se pregunta sobre éste: "¿Diotima habló realmente del amor?" En este sentido, me hubiera gustado que Paz hubiese discutido más sobre el amor desde el punto de vista exclusivamente femenino. La mujer, ¿concibe el amor de la misma manera en que lo hace el hombre? ¿De la misma manera el erotismo? Es cierto que el libro analiza muchas representaciones poéticas y literarias de la mujer (toda la discusión sobre *La hechicera* de Propercio y las heroínas de Proust son iluminadoras y novedosas). Pero, ¿no estarían estas representaciones contaminadas de la perspectiva masculina de sus autores, lo cual impediría verlas como testimonios reales o históricos? Es elocuente, por eso, la deslumbrante descripción del encuentro erótico del último capítulo (y en particular las páginas 196-198), las que delatan que el libro todo es la visión de un poeta, y en especial de *un hombre*: "Sólo podemos percibir a la mujer amada —nos revela— como forma que esconde una alteridad irreductible o como substancia que se anula o nos anula".

Final

Para vivir, o sobrevivir, en ese "valiente mundo nuevo" que nos espera habrá que regresar con Paz a los valores que él recuerda. La llama doble nos alumbra y nos calienta: nos ampara.

APÉNDICE
"CONVERSAR ES HUMANO":
ENTREVISTA CON OCTAVIO PAZ*

SANTÍ: *Octavio, a mí me gustaría comenzar nuestra conversación preguntándote acerca de* El laberinto de la soledad. *Cuando lo escribiste, ¿qué intención tenías? ¿Te propusiste cambiar a tu lector mexicano?*

PAZ: No, de ninguna manera, bueno... uno nunca tiene intenciones realmente cuando escribe, escribe urgido por una necesidad interior. Yo lo escribí en París y no para cambiar al lector mexicano. Lo escribí en París porque después de una ausencia prolongada de México, primero en los Estados Unidos, pasé dos años y luego en París un año o dos, entonces me sentí diferente, me sentí distinto y claro, fue una tentativa de autoconocimiento. De modo que *El laberinto de la soledad*, no, yo no tuve ningún propósito didáctico o moral sino un propósito de autoconocimiento y claro, al tratar de reflexionar sobre uno mismo, uno reflexiona sobre su propia historia y sobre la historia de los que son de su sangre o de su sociedad. Así es que esta meditación sobre México, sobre lo que es México, me llevó a las raíces, es decir, a la historia de México. De ahí que *El laberinto de la soledad* sea por una parte una reflexión, una descripción de ciertas actitudes, una descripción psicológica y también una reflexión sobre la historia de México. Yo creo que la parte histórica fue la más fecunda.

—*Cuando escribes* Postdata *veinte años después, esa situación ha cambiado un poco. Lo mismo se podría decir de los ensayos de* El ogro filantrópico, *y tal parece, me imagino, por las fechas que sirven de subtítulo a cada libro, que en cada uno te propones como episodios de una crónica de interpretación de la actualidad histórica y también, como acabas de decir, de tu propia vida y de la historia de México, ¿no te parece?*

—Sí, es verdad, Postdata es también como *El laberinto de la soledad,* una reflexión sobre la realidad mexicana. Naturalmente, es una reflexión que me incluye a mí mismo, pero diríamos que la perspectiva cambia sustancialmente porque se refiere sobre todo a la actualidad. Fue escrito después de los sucesos de 1968 este pequeño libro y entonces es una reflexión, por una parte, sobre la historia reciente de México y, por otra, sobre las posibilidades

---

*Ésta es una transcripción de la entrevista en video que hicimos Paz y yo para la serie *Espejo de escritores* que realizó Ediciones del Norte, de Hanover, New Hampshire. La entrevista ocurrió en la librería El Juglar de la ciudad de México en marzo de 1987 y se publicó por primera vez en *La Torre*, año III, núm. 9, enero-marzo de 1989, pp. 105-121.

de un cambio. De modo que *Postdata* se une también a muchos ensayos de *El ogro filantrópico*. En todos ellos hay una preocupación moral. Tampoco intenté ser consejero de príncipes ni de pueblos; yo no apunto recetas ni remedios. Pero sí quiso ser un diagnóstico y, claro, eso está unido a mi vida personal también. Mi generación creyó en la Revolución pero no creyó en la democracia, la historia del siglo XX en cierto modo ha sido la historia del fracaso histórico de las revoluciones. Hay que ser un poco relativistas: fracaso en el sentido de que si se compara lo que se propusieron con lo que se consiguió, se ve que es muy distinto. Así es que las revoluciones del siglo XX, cuando han triunfado, se han transformado en tiranías mucho más despóticas que las del pasado y han creado una nueva clase que se llama de un modo inexacto burocracia. No es realmente la vieja burocracia de las viejas sociedades europeas o asiáticas: es algo nuevo en la historia. De todos modos toda esta historia del siglo XX en el mundo y la historia particular de México, me llevó a reflexionar otra vez sobre la democracia, y entonces me di cuenta de que probablemente no era la solución porque la democracia no es una panacea, no es una solución. Pero sí, el camino para recobrar la salud pasa por la política y pasa naturalmente por la democracia. Después de la Revolución mexicana en México los líderes inventaron un sistema muy inteligente, muy equilibrado, muy sutil que fue un compromiso entre las viejas dictaduras a la manera latinoamericana, que México había padecido como el resto de América Latina, y regímenes plenamente democráticos. Y esta solución intermedia operó en el país durante muchos años, cerca de medio siglo, con bastante éxito, le dio estabilidad al país, le dio muchas cosas buenas. Pero me parece que ya cumplió su función. Me parece que gran parte de los problemas que tiene México es porque no ha sabido cambiar el sistema. Estos libros míos, los últimos, intentan ser, por una parte, una descripción del sistema mexicano y naturalmente una reflexión sobre las causas internacionales y nacionales que han producido este sistema. Creo que fui el primero en darse cuenta del carácter absolutamente nuevo de la nueva clase dirigente mexicana. Es un tema que merece todavía mucha reflexión y mucho estudio, pero eso es fundamental.

—*Octavio, pocos escritores como tú han logrado destacarse tanto en poesía como en ensayo. Con raras excepciones diría yo, el poeta no suele ser buen ensayista o viceversa, ¿cómo explicas esa doble vocación tuya?*

—Bueno, yo no estoy muy de acuerdo contigo. Creo que en la historia de la poesía y de la literatura de Occidente, desde el principio, ha habido grandes poetas que también han sido excelentes ensayistas. El ejemplo más notable fue el de Horacio, uno de los grandes poetas de Roma y también el que escribe una poética, una poética en verso, pero es un ensayo, una reflexión sobre la poesía. Lo mismo digo de Lucrecio, en el cual la poesía está ligada íntimamente al discurso filosófico. Pero en fin, yo creo que el ejemplo más notable de esto es Dante. Dante probablemente es el poeta más importante de nuestra civilización. Al mismo tiempo, fue uno de los intelectuales más notables de su época. Le debemos ensayos esenciales sobre el lenguaje vernáculo, fue el primero que habló sobre este tema, sobre la política, la monarquía, las relaciones entre el papado y el imperio, sobre el amor. Su gran libro de amor, el de la juventud, es también una reflexión sobre el amor. Y después en la tradición española, imagínate, San Juan de la Cruz, la mitad de su obra también es la reflexión sobre su propia poesía, o el gran Quevedo, que es uno de los grandes ensayistas y uno de los grandes poetas de la lengua. Después en la época moderna, pues tenemos a Coleridge y sobre todo tenemos a Baudelaire. No pensaríamos casi nada de lo que pensamos sobre arte, sobre poesía, sobre la modernidad sin Baudelaire; fue un gran poeta pero también fue un gran ensayista. Y claro en el siglo XX, pues está lleno de figuras notables que han sido grandes poetas: el francés Valéry, el inglés-norteamericano Eliot, y en España tenemos una gente que ha sido nuestro maestro, Antonio Machado. Así es que no, yo sí creo que la poesía y el pensamiento viven en casas separadas pero contiguas. Hay siempre un pasadizo secreto y los buenos poetas frecuentan al pensamiento porque la buena poesía es lucidez y también los grandes filósofos se alimentan de poesía.

—A propósito de tu poesía, déjame hacerte una serie de preguntas. ¿Desde cuándo es que escribes poemas? ¿Responde a una necesidad psicológica?

—Bueno, yo lo primero que recuerdo cuando me veo como escritor es escribiendo un poema. Lo primero que escribí fue un poema. Era casi niño, de modo que yo creo que la poesía es una actividad infantil, no solamente es la actividad de los pueblos primitivos. Todos los pueblos primitivos tienen gran poesía: la prosa, la novela, el ensayo, la filosofía son géneros tardíos. Los pueblos nacen con mitos y con poemas y los niños también. Los niños inventan, crean mitos y crean atmósferas poéticas. De modo que yo empecé a escribir desde niño, y… ¿qué más me ibas a decir?

—Te iba a preguntar si escribir poesía responde a una necesidad psicológica interna tuya. ¿Qué te empuja, por así decirlo, a hacer un poema y cómo te sientes cuando lo escribes? ¿Se podría decir que escribes para conocerte?

—Bueno, no sé. Escribo quizá para inventarme. Para ir más allá de mí mismo por una parte o bien para recordarme porque la poesía está ligada con la memoria y también con la divinación. Pero yo creo que el fenómeno poético, el misterio poético, me desveló desde niño. Por eso escribí ese libro

El arco y la lira. De modo que siempre he pensado que la poesía representa la parte fatal del hombre. Yo siempre he creído que todos los hombres son poetas, pero que algunos, unos cuantos, persisten en serlo, y la mayoría lo olvida. Así es que yo creo que el ejercicio de la poesía un poco es la tentativa que tenemos por recobrar al hombre que fuimos o que pudimos ser. Por un momento, diríamos, en acuerdo mágico con el mundo natural, con la naturaleza o con las potencias que pueblan este universo. En fin, la poesía y la creación artística en general es uno de los grandes misterios del hombre. Los psicólogos, Freud por ejemplo, han intentado investigar esto. No lo han logrado. Los poetas no son neuróticos, o son neuróticos que van más allá de la neurosis.

—*A propósito de neurosis y a propósito de poesía. Uno de los temas que más prominentemente atraviesa tu obra, Octavio, es la soledad. Se diría que es tu tema central. ¿Escribir te ayuda a sentirte menos solo? Y después de cuarenta años de obra, ¿crees que has conquistado la soledad?*

—Bueno, mira, la soledad es la condición constitucional del hombre. Los hombres, y las mujeres, por supuesto, nacemos solos y morimos solos, esto es lo fundamental. Sin embargo, en el concepto y en la experiencia de la soledad intervienen siempre los otros. Para sentirse solo, para saberse solo, hay que saber que está uno separado o distante de los otros, de modo que uno de los componentes esenciales, diríamos, de la experiencia de la soledad es la experiencia de los otros; si no hubiese otros, yo no me sentiría solo. Ésa es la paradoja, por ejemplo, de aquel anacoreta san Simeón el Estilita, que se subió sobre la columna y vivió años y años en la punta de la columna, solo absolutamente. Sin embargo, en la llanura había miles de gentes que lo estaban viendo, curiosos, devotos, etc. Así es que para sentirte de veras solo tienes que vivir en la muchedumbre. Por eso la sociedad moderna es particularmente propicia a la soledad, porque sólo aquel que está en medio de la muchedumbre, en medio de la multitud, sabe lo que es sentirse realmente solo. Así es que esto es fundamental. Ahora tú me preguntas si yo he conquistado la soledad. Bueno, yo creo que hay otro tipo de soledad, la que no se sufre como carencia, sino como autosuficiencia. Bueno, esto es imposible porque los hombres somos seres imperfectos y necesitamos completarnos: completarnos en el amor, en cualquier actividad en lo que llamamos cultura. Sin embargo, sí creo que el hombre moderno no sabe estar solo y tampoco sabe estar en compañía. Aquel que realmente sabe estar solo, es aquel que realmente puede vivir en compañía.

—*Ya veo entonces cómo se relacionan al tema de la soledad, los temas del amor y la mujer en tu obra. ¿Lo has explicado?*

—Claro, lo he explicado. Creo que la soledad como el amor son consecuencia de la naturaleza humana. Los hombres somos criaturas por naturaleza imperfectos y somos imperfectos porque somos mortales: nos vamos a morir. En consecuencia somos criaturas enamoradas de lo absoluto, pero que nos estrellamos cada vez que queremos asir el absoluto. Estamos hechos de tiempo y el tiempo siempre es relativo, un minuto pasa después de otro minuto; no podemos abarcar la totalidad. Solamente los dioses, y nosotros no somos Dios. Esto tiene que ver también profundamente, primero, con la constitución humana. Los animales están perfectamente adaptados a su ambiente; viven, no se hacen problemas. En cambio, el hombre desde niño vive mal, desde que nace vive mal, se siente solo, vive mal en su ambiente y tiene que inventar otro ambiente, es decir es el inventor de cultura. Como tenemos conciencia de la muerte y como somos capaces de inventar, creamos cultura, es decir, creamos ambientes artificiales para completarnos. También porque los hombres y las mujeres tenemos sexo. El mito extraordinario es el andrógino, porque el andrógino es autosuficiente, no necesita del otro, tiene los dos sexos. Pero yo estoy condenado a mi sexo y la mujer está condenada a su sexo; entonces necesita complementarse. Esto es tan viejo como Platón y tan fresco como Platón. Es decir, sí creo que en esto hay necesidad de completarse los unos a los otros, rehacer el andrógino. Todo esto tiene que ver también con mis poemas sobre el amor. Y también otro tema que me parece que está ligado es el de la naturaleza. La naturaleza se nos presenta a todos, incluso a los que vivimos en la ciudad como un todo. Comparte árboles, nubes, estrellas, ríos... todo forma parte de lo que llamamos el mundo natural, por oposición al mundo de la cultura que es el mundo que hemos inventado. Pues bien, el enamorado de la mujer tiene también una visión de la naturaleza. Por eso la ve, con metáforas tan viejas como el hombre, como árbol, como agua corriente, como nube. En fin, la poesía de todos los tiempos está llena de metáforas en que se identifica a la mujer con la naturaleza. Si las mujeres escribiesen poesía con la frecuencia de los hombres, diríamos que ocurriría lo mismo. Para ellas, el hombre es evidentemente la visión, la encarnación, diríamos, de la naturaleza. De modo que en el amor está no solamente la ruptura de la soledad sino la sed de totalidad de los hombres.

—*Octavio, has dicho en la "Advertencia" a tu última colección de poemas, que tu verdadero primer libro fue* Libertad bajo palabra *en su edición de 1949. Eso sugiere que fue en ese libro donde encontraste tu voz poética. ¿Cómo describirías entonces tu obra anterior a ese libro, anterior a 1949?*

—Creo que la obra anterior fueron exploraciones. Pero también lo que he escrito después son exploraciones. Yo creo que la poesía como todo lo que hacen los hombres es una continua exploración. Ahora yo no creo mucho en eso de la voz poética, ¿no? La voz poética personal. No entiendo bien qué es lo de la voz poética personal. Imagínate por ejemplo los mejores poemas de Ezra Pound son en general aquellos en los que no se oye la voz de Ezra Pound sino la voz de otros poetas del pasado. Bueno, en mi caso yo diría que lo esencial no es tener una voz personal sino tener voz y yo creo que no son sino poemas bien hechos y poemas mal hechos y esto así lo divido, nada más.

—*Tu obra poética, de hecho, posee una riqueza de registros y modalidades, pero se caracteriza a rasgos generales por el poema extenso de meditación filosófica. Pienso por ejemplo en* Piedra de sol, *en* Blanco, *en* El mono gramático. *¿Cómo ves tú ese impulso hacia la extensión poética, hacia la síntesis entre pensamiento y poema?*

—Bueno, has dicho la palabra exacta: síntesis entre pensamiento y poema. Sin embargo, vamos por partes. A mí también me ha interesado muchísimo la poesía del instante, la poesía instantánea. Por eso me fascina el haikú, los epigramas griegos y latinos. Yo soy un gran lector de la antología griega, las coplas españolas, me encanta la poesía tradicional española y la poesía china. Así es que yo he practicado también; en mi obra vas a encontrar muchos poemas breves, el poema breve, el poema del instante. Pero, claro, me ha interesado también el poema extenso. El "poema extenso" diríamos entre comillas porque también los poemas modernos no son muy extensos, no son la *Divina comedia*. Yo creo que el gran fracaso de algunos poetas contemporáneos, por ejemplo Pound, está en su ambición de escribir la *Divina comedia:* los *Cantos* son una enciclopedia pero no son un gran poema. Es una colección de fragmentos, algunos lamentables y otros extraordinarios. No, yo creo que el poema moderno es un poema de extensión media. Y el que dio la medida, la pauta, fue Mallarmé en aquel poema famoso *Un coup de dés, jamais n'abolira le hasard*... Bueno, a mi juicio entre los trescientos y los mil versos es lo que puede ser un poema largo en el siglo XX. Claro, lo interesante del poema moderno, ahora me doy cuenta, es que el poema moderno trata de enlazar dos cosas contrarias: en primer lugar, el discurso filosófico, el discurso mental que va, digamos, de un modo lineal: una proposición, detrás de otra proposición, y que es lento. Por naturaleza, el discurso es como el curso de un río, es lento. En cambio, la poesía lírica es instantánea, es un relámpago. Bueno, el poema moderno trata de unir el relámpago con el curso del río, por eso es muy difícil el poema moderno.

—*¿Cómo se combinan el relámpago y el río en* Piedra de sol, *en* Blanco *o en* El mono gramático?

—Es una pregunta muy difícil. En *Piedra de sol* hay un discurso, pero es un discurso circular. Es un poema que trata de ser un poco la autobiografía no solamente mía, sino de mi generación, pero claro, pretende ser un poema, sobre todo, algo mucho más. Cuando se escribe un poema extenso siempre hay el peligro del principio y el fin. Yo escogí la forma circular, que se regresa sobre sí misma, primero e influido probablemente por el pensamiento precolombino mexicano, por eso se llama *Piedra de sol,* pero también por preocupaciones mías muy antiguas. Siempre me fascinó el misterio del tiempo y en el tiempo he encontrado el instante. En *Piedra de sol* aparece el instante, pero el instante está integrado al fluir del tiempo, y el tiempo tiene una forma circular. Es una idea muy antigua, la idea de que el tiempo se repite, pero al repetirse se recrea, de modo que nunca es una exacta repetición. En cambio, la perspectiva de *Blanco* fue muy distinta, las circunstancias personales mías por una parte, pero también mi visión de la poesía. Yo diría que en *Piedra de sol* lo esencial es el elemento temporal y esta lucha, esta dialéctica entre lo instantáneo y el curso del poema, mientras que *Blanco* en primer lugar está poseído por la idea del absoluto, hay una influencia evidente del Oriente. Y también en *Blanco* lo espacial es más importante que lo temporal. Mi modelo fue en realidad un mandala, es decir un espacio dividido en cuatro puntos, los cuatro puntos cardinales que también son los cuatro colores fundamentales. En cambio, la escritura de *Blanco* fue muy distinta. En primer lugar lo escribí años después, en circunstancias fundamentalmente distintas. *Piedra de sol* lo escribí regresando a México. En cambio, *Blanco* lo escribí en la India. En *Piedra de sol* los dos elementos del poema son el tiempo que pasa y el instante, que también es otra forma de la temporalidad. De modo que es un poema esencialmente con una visión del mundo como tiempo, mientras que en *Blanco,* influido probablemente por el Oriente, la visión es sobre todo espacial. Me inspiró un mandala, el mundo dividido es un espacio (mandala) y el mundo está dividido diríamos en cuatro, los cuatro puntos cardinales y en el centro ese punto en el cual se neutralizan todos los puntos. Así que cada parte del mandala es un color, es uno de los elementos naturales, es una forma de aprehensión de la realidad, pero también ¿qué une a todo esto? Lo unen dos realidades en apariencia contradictorias, pero que se funden finalmente: por una parte, la palabra es un poema sobre la palabra. Por otra, la mujer es un poema sobre la mujer. En *Piedra de sol* hay un desfile, erótico diríamos. En *Blanco,* hay la concentración en una sola mujer. Por eso se llama *Blanco,* porque en el blanco todos los colores se funden o se desvanecen, como tú quieras, pero es una cosa que está más allá de los colores. Es decir, es una tentativa de aprehender lo absoluto dentro de nuestra muy pobre realidad humana relativa.

—¿*Y en cuanto a* El mono gramático?

—Bueno, *El mono gramático* es muy distinto... pues ahí hay una reflexión, es un libro escrito en prosa. También hay otra vez los dos polos: la mujer y la palabra.

—*Ahora, Octavio, es interesante que hablas de la convergencia de la palabra y de la mujer, porque justamente muchos de estos mismos poemas, me refiero a* Piedra de sol, Blanco *y* El mono gramático, *movilizan a la vez una explicación, es decir, una discusión del lenguaje.* Blanco, *por ejemplo, propone varios textos o aventuras, al igual que en* El mono gramático *convergen el símbolo del camino y la escritura del poema. Ahora, ¿no se podría decir entonces que tus poemas son objetos del lenguaje y que al mismo tiempo hacen del lenguaje un objeto?*

—Bueno, lo has dicho de un modo muy elegante. Está bien, muy bien. Sin embargo lo del lenguaje como objeto aunque entiendo cómo lo has dicho y por qué lo has dicho, tengo ciertas reservas y te voy a explicar por qué. Porque yo no creo que el lenguaje sea realmente un objeto. Una de las fallas, a mi juicio, de las limitaciones de la lingüística moderna, es considerar al lenguaje como un objeto. Ahora, un objeto es algo por definición separado del observador, o que intenta separarse del observador, eso no es posible porque las redes de pescar palabras de los lingüistas están hechas de palabras. Es decir, que el lenguaje es uno de los constituyentes, uno de los elementos constitutivos del hombre. El hombre es un animal que habla, y en consecuencia, el lenguaje no se puede separar del hombre; un estudio sobre el lenguaje debe incluir de algún modo un estudio sobre el hombre mismo. Esto por una parte. Por la otra, el lenguaje nunca termina en sí mismo. Yo estoy hablando en este momento y estoy esperando que tú me respondas, o que el oyente me escuche y comente lo que digo, es decir que el lenguaje nunca termina en mí mismo ni en él: termina en el lenguaje, aunque sea mudo, del otro. En suma, el lenguaje, diríamos, es uno de los testimonios de la imperfección del hombre. Cuando digo imperfección quiero decir lo que le falta al hombre, el hombre no es un ser completo. No es un ser completo y por eso habla para completarse, como por eso se enamora para completarse, por eso hace política, para completarse. Para los dioses hablar y hacer es lo mismo, un dios da un salto y crea un mundo, da otro salto y destruye un mundo: no necesita hablar. O mejor dicho las palabras de los dioses son las catástrofes cósmicas. Nosotros no somos Dios, tenemos que hablar y tenemos que hacer... y esto lentamente. Así, pues, el lenguaje no es un objeto en ese sentido.

—Ahora, *hay otros poemas en que no parece haber este tipo de preocupación o de discusión sobre el lenguaje. Me refiero por ejemplo a poemas como en* Himno entre ruinas *o aun secciones del propio* Piedra de sol *o ciertamente un poema reciente como* "Nocturno de San Ildefonso". *Es decir, el tema del lenguaje está presente en ellos desde luego, pero me parece que de ellos también se desprende una marcada preocupación por la historia y sobre todo por la historia mexicana. Es más, a veces leyendo poemas como ésos, me da la impresión que eres un poeta histórico, como Lucrecio, como Lucano, como John Dryden. No sé si estoy exagerando la nota histórica, pero me pregunto si puede ser válida esa aproximación a tu poesía.*

—No, yo no creo que exageres, tienes absoluta razón. Me parece que hay una parte en mí esencial, de hombre que se interesa en la historia. Soy un hombre de la ciudad y para mí la ciudad es la historia. ¿Cómo empezó mi preocupación por la historia? Pues simplemente porque soy un ciudadano, hombre de la ciudad quiere decir ciudadano. En la Edad Media las gentes eran caballeros, clérigos, campesinos. En el Renacimiento y en la edad barroca eran militares, capitanes, cortesanos, poetas, filósofos. Pero en la edad moderna, el hombre sobre todo es un ciudadano, y por eso las grandes revoluciones del siglo XVIII y del siglo XIX para conquistar la ciudadanía y por eso también la lucha de las mujeres en la época moderna por convertirse en ciudadanas. Bueno, ser ciudadano es tener conciencia de la historia, conciencia de los otros, conciencia de tu ciudad, en esto podríamos parecernos a los griegos, que fueron los inventores de la democracia, y eso es una de las tantas cosas que nos ligan a ellos. Por supuesto, es muy distinto el hombre moderno al hombre griego. Nada más diferente a la ciudad de la Antigüedad, con sus murallas, su número reducido de habitantes, etc., que las grandes aglomeraciones modernas, con nuestras máquinas y el gran desorden, diríamos creador muchas veces, de la gran ciudad moderna. Pero en esencia la ciudad moderna es la productora de la historia moderna. Entonces, cuando yo he escrito sobre temas de la ciudad, como que es una tradición de la poesía moderna. Empieza en Baudelaire, quizás antes. Probablemente he escrito sobre la historia, y la historia en nuestro siglo asume la forma de la política. El "destino" de los antiguos tiene la máscara de la política en el siglo XX. Esto lo vio antes que nadie Goethe, cuando vio a Napoleón y dijo: "Ahí pasa el destino". El destino se llama en la época moderna política; bueno, esto es esencial. También en mi interés por la ciudad probablemente existe un regreso. Primero escribí sobre la poesía y después escribí sobre la poesía en la ciudad, y sobre la poesía de la ciudad interviene otro factor, el fracaso, diríamos, de México. Esto me ha conmovido, me ha estremecido y me ha hecho escribir una serie de poemas.

Una civilización que en menos de un siglo ha desencadenado dos guerras mundiales y que ha creado sistemas como el sistema nazi y el sistema staliniano con campos de concentración y matanzas colectivas, que no ha tenido escrúpulos en echar bombas sobre Japón. Una sociedad, en fin, que ha perdido la fe en sí misma, porque la ha perdido, entonces es una sociedad que ha fracasado fundamentalmente. De modo que cuando se habla del fracaso de América Latina y de México, es verdad, es parte de un fracaso mucho más grande, el fracaso de la civilización en la segunda mitad del siglo XX. Lo que nos hace falta en este momento quizás es un nuevo pensamiento que sea a un tiempo crítico y creador. Es lo que yo no veo por ningún lado, ni en Europa ni en América ni en Asia.

—Es interesante, Octavio, que precisamente mencionas estas preocupaciones tuyas que se acentúan en tu obra a partir de los años setenta con tu regreso a México, es decir, la "vuelta" de la que has hablado muchas veces. Esa vuelta en tu obra es, justamente, la dramatización de estas preocupaciones que siempre has tenido, pero que se afincan aún más. ¿Cómo explicas tú esa vuelta en tu obra, sobre todo en relación con los años inmediatamente anteriores, es decir, en los años que pasaste en la India entre el 62 y el año 68?

—Bueno, hay aquello que decía aquel historiador inglés Toynbee, que hay un ritmo de salida y regreso; es el ritmo de todos los hombres, es el ritmo humano: salimos de la matriz y volvemos a la tumba. Ésa es la vida del hombre y nuestra vida personal. Como en la vida de las sociedades este doble ritmo de salida y retorno se reproduce no una sino muchas veces. Yo he salido y he regresado muchas veces. Este ritmo de regreso y salida es fundamental.

—En cuanto al Oriente, en donde pasaste tanto tiempo, ¿sientes hoy al paso de los años que entiendes al Oriente, te sientes oriental?

—No, yo no sé qué es el Oriente, fíjate... Hay muchos orientes, como hay muchos occidentes. Yo no me siento alemán aunque admiro a los alemanes, ni siquiera italiano aunque tengo pasión por Italia, así que menos al Oriente, ¿no? Pero incluso me pregunto si por ejemplo el Islam, ¿tú crees que es Oriente? Yo no lo creo. El Islam está entre el Oriente y el Occidente, yo creo que el Oriente está compuesto por dos civilizaciones: la India, por una parte y la civilización del Extremo Oriente, es decir, China, Japón, Corea, etc. Esas dos civilizaciones son muy distintas. Nada más distinto al temperamento de la India, que son en realidad muchos temperamentos, que el de China. Bueno, yo he admirado y me he sentido muy cerca, ¿no? También mi mujer, yo la conocí en la India y los dos nos enamoramos de la India, pero luego descubrimos también el otro Oriente, la otra cara del Oriente que no es la cara vital, inmensa, metafísica de la India, sino una cara mucho más dibujada, mucho menos escultórica, irónica, sabia de China y de Japón. Entonces son dos Orientes, dos polos, muy distintos, nada más distinto al politeísmo delirante de la India que el politeísmo reticente de Asia.

—*Bueno, hablando de pasiones y de enamoramientos, tu obra está repleta de pasiones, pero hay dos en particular que me interesaría indagar un poco contigo: una es la pintura y la otra es la traducción poética, o mejor dicho la traducción de poemas. ¿Por qué te gusta tanto la pintura y por qué la traducción?*

—Bueno, mira, no solamente me gusta la pintura, me gusta la arquitectura, me gusta la música. Mi mujer y yo viajamos toda la India en busca de la arquitectura y de la escultura y oímos y descubrimos la música de la India. Pero nunca me sentí competente para escribir algo sobre la música; me pareció un arte demasiado completo en sí mismo. En cambio, la pintura me pareció más accesible; además, estaba muy cerca de los pintores y me interesó mucho su lucha por expresarse. Creo que la aventura de la pintura moderna y de la poesía moderna fueron gemelas hasta cierto momento; ahora están separadas. Los nuevos pintores, sobre todo los de los Estados Unidos, y los poetas viven en mundos separados, pero el mundo que me tocó a mí vivir fue un mundo en el cual la poesía y la pintura estaban muy ligadas, de modo que no es extraño que yo haya escrito sobre pintura. En cuanto a la traducción, bueno, siempre pensé que cuando leía algún poema, pensaba que faltaba ese poema admirable en lengua española y también algo, diríamos, ¿por qué no hay que decirlo?, algo de generosidad, de alegría. El descubrimiento de un gran poema me llevaba a decir siempre, "caramba, si yo tuviera talento me gustaría traducirlo". He hecho pocas traducciones en realidad, pero en fin, las he hecho con amor, y siempre he pensado que traducía no un texto de otra lengua nada más, sino un gran poema de otra lengua que podría ser recreado en español.

—*Octavio, gran parte de tu pensamiento se dedica a combatir la mentira hecha institución. Tu propósito es moral, naturalmente, y la manera en que lo llevas a cabo es analítica, casi se diría didáctica. Pienso naturalmente en* El laberinto de la soledad, *en* Postdata, *pero también en* Sor Juana Inés de la Cruz o las trampas de la fe, *que me parece algo más que una sencilla biografía. ¿No te parece que, a propósito de este último libro tuyo en particular, se ha leído algo sentimentalmente? Si no me equivoco, en tu libro utilizas a Sor Juana como ejemplo o quizá como pretexto para realizar una crítica tajante del intelectual latinoamericano o quizá del intelectual a secas. ¿Estarías de acuerdo con esa lectura?*

—Sí... es una de las lecturas posibles y una de las buenas lecturas de este libro mío. En realidad, este libro sobre Sor Juana es una proyección, de modo que yo podría decir un poco como Flaubert: "Madame Bovary, c'est moi". Me veo en Sor Juana, pero claro, Sor Juana fue algo mucho más, fue una gran poeta y fue una gran intelectual, pero sí, ella encarna en cierto modo el destino de los intelectuales en la época moderna. Aunque ella haya vivido a fines del siglo XVII, la sociedad en la cual vivió fue una sociedad dominada por una parte por una ortodoxia ideológica y por otra parte por una burocracia que era la beneficiaria y la administración de esa ortodoxia. Las burocracias se vuelven feroces cuando la ortodoxia se quiebra. Sor Juana encarna en cierto modo el destino del intelectual moderno, aunque ella haya vivido en el siglo XVII. Sin embargo, la sociedad en la cual vivió prefigura débilmente lo que después iba a ocurrir. Lo que iba a ocurrir es el siglo XX. En primer lugar, la existencia de una ortodoxia y la existencia de una burocracia, en este caso una burocracia eclesiástica, destinada a vigilar el cumplimiento de la ortodoxia. Esa burocracia se siente identificada con la ortodoxia pero al mismo tiempo la ortodoxia justifica su poder. Cuando la ortodoxia se rompe o empieza a hundirse, las burocracias se vuelven feroces, porque por esos huecos puede aparecer la crítica y es el anuncio del fin de la burocracia. Por eso Sor Juana de un modo modesto, diríamos, prefigura la situación del intelectual del siglo XX, sobre todo en los países totalitarios. Claro, también es el destino del intelectual latinoamericano pero se entiende un poco distinto, es el intelectual que lucha con los poderes constituidos y con la sociedad pero que no tiene armas, sino su propia pluma nada más.

—*¿Te gustaría hablar sobre el libro de poemas que estás terminando o acabas de terminar? Lo has estado trabajando hace como diez años y conociendo el paño seguramente marca un nuevo rumbo en tu obra poética. ¿Es así?*

—Bueno, mira, es difícil hablar sobre un libro que aún no ha sido publicado, de modo que no me gustaría hablar mucho sobre él.* Por otra parte, es un libro que voy a enviar en estos días a la imprenta. Yo no sé si marque nuevos rumbos, yo nunca he creído en marcar nuevos rumbos. En mi poesía ha habido cambios, pero esos cambios obedecen a mi naturaleza personal y a la vida que he llevado, eso es todo. Yo siempre he pensado que la poesía en cierto modo es un diario. La poesía, decía Goethe, siempre es poesía de circunstancias. Bueno, hay algo de verdad en esto. El diario poético, el libro de poemas es un diario poético, es decir es un diario de las sensaciones, de las intuiciones, de las emociones, de los sentimientos, de

---

*Se trata de *Árbol adentro*, publicado en 1987 por Seix Barral en Barcelona.

las experiencias y también de los pensamientos de un poeta, así es que yo no sé; pero en fin, reúne, diríamos, sí, lo que he vivido y pensado en los últimos años. En suma, yo no te puedo decir mucho sobre ese libro, excepto, claro, que mi relación con el lenguaje ha cambiado. No es lo mismo escribir un poema cuando se tiene veinte años a cuando se tiene mi edad. Pero mi relación con el lenguaje ha cambiado también porque ha cambiado mi idea de la poesía en la última época. Yo quiero escribir cada vez más de un modo sintético, simple y espontáneo: lo más difícil.

—*Uno de los temas que más has discutido en tu obra es la modernidad, "la modernidad y sus desenlaces", para decirlo con una frase de* El signo y el garabato. *De hecho, tú eres en parte responsable de la actualidad y la circulación en el mundo de ese tema, así como también de otro, lo posmoderno o la posmodernidad, que naturalmente complementa la modernidad y hasta cierto punto la contradice. ¿Podríamos hablar un poco acerca de esos dos temas?*

—Es verdad que uno de los primeros que se ocupó de este tema en relación con el arte y con la poesía fui yo. Por los años sesenta empecé a reflexionar, desde hace más de veinte años ya, sobre este tema. De cómo lo que llamamos vanguardia en el arte se había agotado y cómo no había nada que lo substituyese, excepto obras individuales. Esto me llevó después en las conferencias aquellas de Harvard, en los Norton Lectures, a ocuparme de un modo más detenido sobre el tema de la modernidad en el arte, y escribí *Los hijos del limo*. Poco puedo agregar excepto que hay una confusión. Los norteamericanos, los críticos, ingleses también, es decir la gente de lengua inglesa, se han ocupado de este tema un poco más tarde que yo y que otros pocos que nos habíamos ocupado de este tema. Ellos utilizan un lenguaje que yo repruebo; hablan de "modernismo" y "posmodernismo". Bueno, esto representa un etnocentrismo lamentable porque es olvidar que la gran poesía de lengua española del siglo XX comienza con un movimiento que se llama el modernismo. Lo que pasa es que ni en los Estados Unidos ni en Inglaterra hubo grandes movimientos de vanguardia. Hubo un pequeño movimiento que duró muy poco, aunque fue gente eminente la que participó en este movimiento en Londres, el vorticismo, coincidiendo con la primera Guerra Mundial, eso es todo. Pero no hubo los grandes movimientos de vanguardia que hubo en Europa; no hubo cubismo que fue un movimiento; no hubo futurismo, no hubo expresionismo, no hubo surrealismo, no hubo ultraísmo, no hubo creacionismo, los dos grandes movimientos latinoamericanos. Por eso ellos usan una palabra equívoca —*modernism*—, pero nosotros no podemos aceptar eso, y es triste que muchos críticos latinoamericanos y españoles e incluso franceses, con una especie de docilidad de ciervos, acepten este lenguaje arrogante de los norteamericanos y de los ingleses. Lo primero que hay que hacer es decir que esa fraseología, que esa terminología, es equivocada, que no se puede emplear la palabra *modernismo* para calificar a Ezra Pound o Eliot cuando se ha usado la palabra *modernismo* para calificar a Rubén Darío, a Antonio Machado, a Juan Ramón Jiménez, a Ramón del Valle-Inclán, que no son de ninguna manera poetas inferiores a Eliot o a Pound. Esto los profesores de lengua inglesa, los profesores y los críticos literarios norteamericanos e ingleses deben aprenderlo y no olvidarlo nunca. Están en el mundo; la lengua inglesa no es todo el mundo. Pero aparte de esto, es evidente que vivimos un mundo distinto, un mundo de la posmodernidad, que la vanguardia ha desaparecido y que ahora lo que cuenta son las aventuras individuales. Bueno, a mí no me parece mal, me parece que al contrario, puede producir muchas cosas buenas. Después de todo, Baudelaire escribe *Las flores del mal*, uno de los libros esenciales de la segunda mitad del siglo XIX, después del romanticismo. Así es que yo sí creo que esta posmodernidad puede dar grandes obras, y las está dando, no en el centro, sino en la periferia. Las ha dado en América Latina y en la Europa del Este. La gran literatura del siglo XX está en la América Latina y en la Europa del Este: en Polonia, en Yugoslavia, Checoslovaquia, entre los disidentes rusos y, claro, entre los poetas y los novelistas de América Latina. Sobre eso también quiero decir algo: cuando se habla de literatura hispanoamericana o latinoamericana, cuando eso está en manos de editores, los profesores a veces se han convertido en los cómplices de los editores. Se habla siempre de la novela; no, la literatura no se puede reducir a la novela, los poetas de lengua española son tan importantes como nuestros grandes y admirables novelistas.

—*Octavio, otro fenómeno muy actual es la irrupción de una cultura hispánica dentro de los Estados Unidos. Se calcula que para fines de este siglo los hispanos formaremos la minoría más numerosa de ese país, y que su cultura tendrá una importancia inconmensurable. Como tú fuiste uno de los primeros en destacar esa presencia en las primeras páginas de* El laberinto de la soledad, *me gustaría saber, ¿pensaste entonces que esa minoría llegaría a tener tanta importancia cultural como la tiene ahora o la tendrá?*

—No, lo pensé muchos años después, pero cuando me di cuenta de que la cultura hispánica ofrecía una resistencia mayor a la cultura norteamericana que las culturas de las otras minorías, entonces me di cuenta que allí había un fenómeno absolutamente nuevo en la historia del mundo y que es la presencia de esta gente de cultura hispánica en los Estados Unidos, en ese gran país. Yo no sé qué va a ocurrir, pero sí sé que si los Estados Unidos van a cumplirse a sí mismos su promesa histórica, tendrán que ser una sociedad multirracial. Ya lo están haciendo, pero también tendrán que ser una sociedad multicultural y ahí el interlocutor de la cultura norteamericana sajona será la cultura norteamericana hispánica. De eso estoy convencido.

—*Por último, Octavio, ¿crees que has sido bien leído o bien comprendido, y por otra parte te has leído tú mismo bien, crees que te comprendes a ti mismo?*

—Si me comprendiese ya no sería humano. La máxima más difícil de cumplir es la máxima socrática "Conócete a ti mismo". Es muy difícil conocerse a sí mismo y, aún más, conocer a los demás. No, creo que mi obra ha sido mal interpretada y que yo mismo la he malinterpretado. Creo que esto es la limitación fatal para los escritores; en esto yo no soy una excepción... Cervantes también se equivocó al juzgar su obra, el escritor más ilustre de nuestra lengua, de modo que no es raro que yo me equivoque y que no sepa exactamente lo que yo escribí. Esto es el riesgo de todo escritor: uno escribe para ser uno mismo, pero en realidad uno escribe para ser otro, ese desconocido que escribe en nosotros.

EPÍLOGO: "LA CASA DE LA PRESENCIA", O LOS DERECHOS DE LA POESÍA*

Los organizadores de esta presentación de las *Obras completas* de Octavio Paz me han pedido que haga en 15 minutos una semblanza de la trayectoria intelectual de Paz a lo largo de sus más de 60 años de obra. Mi primera reacción, al enterarme de lo que debería hacer, fue pensar en el título de mi programa de televisión favorito de hace unos años: *Misión imposible*. Pasado el asombro, y una vez resignado a la imposibilidad de mi tarea, pensé que también había justicia en el encargo, puesto que gran parte de lo que tengo que decir en realidad puede reducirse a una sola palabra. Pero antes de pronunciar esta palabra, diré también lo siguiente.

¿Qué podría cualquiera, a las alturas de una obra que abarca 61 años y de una voluminosa recepción crítica como la que Octavio Paz ha recibido, ofrecer hoy como descripción que no suene a hipérbole irreal? Recuerdo que hace unos años, con motivo de un recital de poesía en la Universidad de Georgetown, me tocó hacer la presentación formal del poeta. Dije entonces, reaccionando un poco en contra de la publicidad que se había distribuido con motivo del recital, que la obra de Octavio Paz no se podía medir únicamente en el contexto de México o América Latina, sino en el contexto del mundo entero. Paz es el escritor más importante hoy vivo, dije entonces. Recuerdo también que en el *cocktail* después del recital, un colega del departamento de inglés se me acercó para felicitarme. "Sus palabras —me dijo— me han hecho pensar y estoy de acuerdo, ¿quién en el mundo se puede comparar con Octavio Paz hoy?" La escena ocurría en 1988, dos años antes de que el Premio Nobel confirmase mi afirmación, pero la reacción de mi colega revelaba no sólo

---

*Es el texto de la conferencia que leí en la presentación de las *Obras completas* de Paz que organizó el Fondo de Cultura Económica en la ciudad de México el 6 de abril de 1994.

mi temeridad sino las expectaciones a las que se enfrentaba. La pregunta de mi colega en realidad encerraba otra: "¿Quién iba a decir que un mexicano escribiendo en español podría convertirse en el escritor más importante del mundo?"

¿En qué consiste esa importancia, podríamos, a nuestra vez, preguntarnos nosotros? Resulta significativo que la edición de las obras completas de Octavio Paz, a cuyo lanzamiento en México asistimos hoy, consiste en 14 tomos; pero además que la edición comienza y termina, a su vez, con tomos que recogen su pensamiento poético y la recopilación de sus poemas, respectivamente. Pocas veces en la historia intelectual de Occidente, y nunca en la de lengua española, un escritor había situado con tanta prominencia a la poesía como marco de un quehacer que desborda los límites de la creación poética o la crítica literaria. "Mi pasión más antigua y constante ha sido la poesía... La reflexión sobre la poesía y sobre los distintos modos en que se manifiesta la facultad poética se convirtió en una segunda naturaleza. Las dos actividades fueron, desde entonces, inseparables", nos dice en *La casa de la presencia*. Al hacer de la poesía el marco de referencia de toda su obra —que como sabemos pasa, entre otros, por la crítica de arte y literatura, una biografía que es asimismo un cuadro histórico y una reflexión moral, ensayos sobre política, y múltiples temas de historia y antropología— Paz afirma de esta manera el carácter previo y fundacional de la poesía en relación con todos los otros discursos, saberes o disciplinas. La vieja polémica entre poesía y filosofía queda, de esa manera, echada a un lado. La poesía no será ya, como quiso Aristóteles, únicamente "lo que podría ser" a diferencia de la historia que "es", sino una actividad paralela a la filosofía, o para decirlo en palabras del propio poeta, en su entrevista con mi amigo Alberto Ruy Sánchez, "la poesía, como la filosofía, contempla [...] es contemplación [...] es una actividad anfibia [...] que participa de las aguas movientes de la historia y de la limpidez del movimiento filosófico, pero que no es ni historia ni filosofía. La poesía siempre es concreta, es singular, nunca es abstracta, nunca es general".

La vasta defensa de la poesía por la que se conoce toda la obra de Paz —desde las *Vigilias* de los años treinta hasta *La otra voz* de 1989—

y que es como su espina dorsal, hoy adquiere, dentro del marco institucional que le otorga esta edición, otra dimensión que si bien ha estado presente hoy se vuelve más precisa. No se trata de acudir a la defensa de la poesía contra sus detractores, aun cuando hoy sobreviven muchos de ellos, sino que la poesía, como legítimo discurso del ser humano, tiene el derecho de incursionar en aquellos ámbitos de la civilización que tradicionalmente se habían reservado para otros tipos de saber y que, sobre todo a partir del siglo XVIII, a partir de la llamada modernidad, habían desplazado el saber poético de la arena de la discusión pública. Los derechos de la poesía, que bien podría ser el título de una biografía intelectual de Octavio Paz, denomina el gesto por el cual la poesía como forma de pensamiento retoma, en la obra de Octavio Paz, su lugar en el mundo.

Para encontrar paralelos a semejante posición habría que remontarse a la obra de Goethe, y en especial su polémica con Kant (y en particular con la *Crítica de la razón pura*), en la que el poeta alemán abogaba por un "pensar en objetos", así como por el descubrimiento de armonías y analogías entre los procesos creadores de la naturaleza y los del arte. No dudo que haya otros antecedentes igualmente honrosos —la querella entre poesía y filosofía comienza realmente con Platón. Pero a lo que me quiero referir es que pocas veces en la historia intelectual de Occidente —y estoy consciente que una vez más se me puede acusar de hiperbólico: tales son los riesgos de la proximidad histórica— nos encontramos ante la obra de un poeta que ha podido articular las cuestiones más fundamentales del ser humano no ya a la altura de otros discursos o disciplinas —desde la política hasta la cosmología— sino en provecho de aquéllos.

La preferencia por el discurso marginal que hoy nos resulta tan evidente en un nivel, digamos, macroscópico, en realidad tiene sus raíces en otro nivel, esta vez microscópico, que es como un motivo recurrente dentro de la trayectoria intelectual de Octavio Paz. En México, durante su primera juventud, sus modelos literarios serán los miembros del grupo Contemporáneos, quienes ya para entonces habían sido desahuciados por el cardenismo. En la España republicana encontrará la mejor afinidad entre los poetas de una revista literaria valenciana, *Hora de España,* que constituía como una isla libertaria en el maremágnum de las contiendas de esa guerra. Durante su primer exilio de nueve años se identifica primero en los Estados Unidos con poetas solitarios como Robert Frost, o con socialistas rezagados, como los que escriben entonces para *Partisan Review*. Luego en París, en un ambiente de posguerra dominada por la revancha del existencialismo, opta por reunirse con viejos surrealistas (como André Breton y Benjamin Péret), ya para entonces miembros de una especie en vías de extinción. De vuelta en México, su presencia casi secreta se hace sentir en grupos minoritarios como fueron Poesía en Voz Alta y la *Revista Mexicana de Literatura*. En la India, en lo que con los años se convertirá en una suerte de segundo exilio, lo fascinará no tanto el hegemónico politeísmo hindú como el budismo, la minoría religiosa del subcontinente, y dentro de este margen otra minoría aún más marginal: el budismo tántrico de las castas más inferiores. Para cuando regresa a México definitivamente en 1971 llevaba casi 10 años de vida itinerante en diversas partes del mundo —Francia, los Estados Unidos, Inglaterra—, después de su ejemplar renuncia al servicio diplomático mexicano. Y será precisamente la marginalidad solitaria del exilio la que sin duda nutre su prolífica obra en prosa y en verso de esos años. El resto, como sabemos, es historia. Pero cómo olvidar que se trata de una historia cuyo arco e itinerario continúa ese tránsito fecundo del margen al centro, sólo que será un centro que cuestionará su centralismo sin cesar como precaución moral y medida de independencia. "El escritor —dirá en una de las frases más memorables del antiguo *Plural,* y que hoy no podemos leer sin conmovernos ante su sencilla sabiduría— no habla desde el Palacio Nacional, la tribuna popular o las oficinas del Comité Central: habla desde su cuarto."

He aquí, sin duda, la fuente de la irritación que han sentido aquellos que denuncian el pensamiento de este poeta como un delirio reaccionario, sobre todo cuando las conclusiones lógicas que se derivan de ese pensamiento, como por ejemplo la caída del llamado socialismo real, han resultado tan ciertas, tan reales por así decirlo. Esa irritación, me atrevo a calificarla, no ha sido tanto el normal desacuerdo con las ideas —lo cual ocurre a diario entre ellos— sino el hecho de que lo haya dicho un poeta a partir del lenguaje de fundación y la autenticidad moral que supone esa articulación. En el diálogo sobre la cosa pública —nos dicen estos hijastros de Platón— el poeta no puede hablar sin hacer el ridículo. Y así, confunden el rencor con la crítica, el desacuerdo con la humillación. Y sin embargo, no podemos dejar de preguntarnos ¿dónde acudir, ante el desprestigio de las llamadas ciencias sociales y la barbarie que nos ha tocado vivir durante este siglo que compartimos, si no al análisis del poeta? Para aquellos de nosotros que desde niños hemos vivido en el destierro, para aquellos que nos sentimos desamparados en medio de la gritería y los disparos, para aquellos que nos preocupamos por el mundo que estamos legando a nuestros hijos, la casa de la presencia que nos otorga la obra de Octavio Paz es el refugio donde acudimos a meditar nuestra acción de todos los días.

Pero en realidad yo sólo vine aquí hoy para decir una sola palabra en la que se resume toda la importancia de la trayectoria intelectual de Octavio Paz. Una palabra, agregaré, que ha sido desterrada de nuestro vocabulario crítico, que no se escucha en la recepción crítica que de su obra poética se ha hecho, y por desgracia mucho menos en lo que toca a su crítica moral y política, pero que hoy pronuncio con la admiración de un lector y el cariño de un amigo. Esa palabra es gracias. Muchas gracias, Octavio, por todo lo que has hecho y sigues haciendo por todos nosotros.

ÍNDICE

Prólogo 7

I. *Introducción a Octavio Paz* 9

II. *Introducción a "Primeras letras"* 21
   Antes: 1931-1937 23
   España, 1937 33
   Después: 1938-1943 42
   Apéndice: Primeras palabras sobre "Primeras letras" ... 65

III. *El libro de las mutaciones: "Libertad bajo palabra"* ... 79
   1. Libro de cambios 79
   2. Cambios de libro 86
   1935-1943, 87; 1943-1953, 94; 1953-1959, 104.
   3. Libro de libros 110
   Bibliografía 120
   1. Obras de Octavio Paz, 120; 2.Crítica sobre la poesía de Octavio Paz, 121.

IV. *Introducción a "El laberinto de la soledad"* 123
   1. Prehistoria de la soledad 127
   a) Odisea de agua y fuego, 127; b) Soledad y comunión, 140; c) Odisea de papel, 143
   2. Estructura y filiación intelectual 167
   a) Descripción preliminar, 167; b) Del monismo histórico a la alienación, 176; c) Amor y muerte, 184; d) Romance familiar, 191; e) Sociología de lo sagrado, 196; f) "Collage" y analogía, 202; g) La pirámide y el círculo, 207; h) La puesta al día, 211; i) Un mito para México, 216.
   3. Alcances 220
   Apéndice" "Respuesta y algo más" (1960) 225

V. *Crítica y poética: "El arco y la lira" y el poeta crítico* 232
    1. Política de la poética 232
    2. La lectura de Phillips 234
    3. Entre el surrealismo y la fenomenología 238
    4. La lectura de Lemaître 244
    5. El poeta-crítico 250
    Conclusión 256

VI. *Sor Juana, Octavio Paz y la poética de la restitución* 258
    1. Introducción 258
    2. Restitución 263
    3. Poética 275
    4. Conclusión 298

VII. *"Esto no es un poema": Lectura de "Blanco"* 301
    1. Contexto 304
    Signos en rotación, 304; signos de relación, 315.
    2. El texto 325
    Título, epígrafe, poema crítico, 325; Como tirar al blanco, 332; Comentario a "Blanco", 339; Coda, 363.
    Bibliografía 366

VIII. *Díptico* 368
    "Renga": la escritura en el sótano 368
    Una empresa casi imposible, 368; El centro móvil, 369; Una poética de la otredad, 371; "Renga": signos en rotación, 373; La pasión según "Renga", 375.
    Laberinto de amor: "La llama doble" 378
    Entrada, 378; II, 380; III, 381; IV, 383; Salida, 383; final, 384.
    Apéndice: "Conversar es humano": Entrevista con Octavio Paz 385

Epílogo: "La casa de la presencia", o los derechos de la poesía 400

OTROS LIBROS DE ENRICO MARIO SANTÍ

Pablo Neruda: The Poetics of Prophecy (1982)
Escritura y tradición: Texto, crítica y poética en la literatura hispanoamericana (1988)
Pensar a José Martí. Notas para un centenario (1996)
Por una politeratura. Literatura hispanoamericana e imaginación política (1997)
Son peregrino [poemas] (1995)

EDICIONES

(con E. Rodríguez Monegal), *Pablo Neruda* (1980)
Octavio Paz, *Primeras letras, 1931-1943* (1988)
Octavio Paz, *Libertad bajo palabra, 1935-1957* (1988)
Pablo Neruda, *Canto general* (1990)
Octavio Paz, *El laberinto de la soledad* (1994)
Octavio Paz, *Blanco / Archivo Blanco* (1995)

Este libro se terminó de imprimir en julio de 1997 en los talleres de Impresora y Encuadernadora Progreso, S. A. de C. V. (IEPSA), Calz. de San Lorenzo, 244; 09830 México, D. F. En su composición, parada en el Taller de Composición del FCE, se emplearon tipos Garamond 3 de 14, 11:13, 10:12 y 8:9 puntos. La edición, de 2 000 ejemplares, estuvo al cuidado de *Rubén Hurtado López*.